데니스 베르캄프 자서전
STILLNESS AND SPEED

STILLNESS AND SPEED

DENNIS BERGKAMP

데니스 베르캄프 자서전

데니스 베르캄프 · 데이비드 빈너 · 야프 비서 지음

이성모 옮김

한스미디어

데니스 베르캄프

1969년 암스테르담에서 태어나 아약스와 인터 밀란에서 뛰었다. 1995년 750만 파운드의 이적료로 아스널에 입단해 11년 동안 400경기 이상 활약했다. 이 기간 동안 그는 1998년, 2002년 '더블'을 포함해 3번의 프리미어리그 우승을 달성했고, 2004년에는 팀의 무패 우승을 함께했다. 네덜란드 대표팀에서도 79경기를 뛰었던 그는 2006년에 은퇴했다. 이후 아약스에서 유소년 코치, 수석코치로 일했다.

데이비드 빈너

'윌리엄 힐 올해의 스포츠 책' 후보에 선정된 바 있는 《위대한 오렌지: 네덜란드 축구의 천재들》의 작가다. 그는 이외에도 많은 스포츠 관련 책을 썼다.

야프 비서

네덜란드에서 가장 뛰어난 스포츠 작가 중 한 명이다.

일러두기

원서에는 '데니스'라고 이름을 부르는 경우가 많지만, 한국 독자들의 이해를 돕기 위해 대부분 널리 사용되는 '베르캄프'로 통일하여 표기하였고, 주요 선수들의 이름도 '성'으로 통일하여 표기하였다.

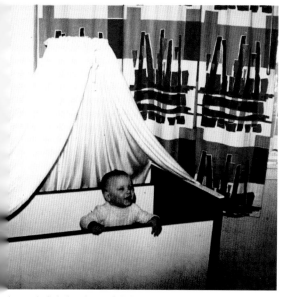

|스 로가 아기 베르캄프를 내려다보고 있다(암스테르담, 1970).

제임스 로스카데 거리에 있던 집 앞에서(1975).

베르캄프(앞줄 가운데)는 형들(빔 주니어, 로날드, 마르셀)과 함께 드렌테에서 휴가를 보냈다. 모자를 쓴 사람은 TV 배우 얀 크롤이다.

빌스크라흐트 D팀의 점심시간 (파란색 트랙수트를 입고 팔을 들고 있는 아이가 베르캄프다).

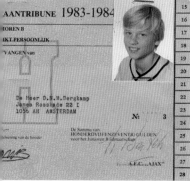

아약스 유스 1983-84시즌 티켓 (14살의 베르캄프).

벨기에에서 열린 대회에서
아버지와 함께(1983).

베르캄프가 공예 시간에 나무를 깎아
색칠해서 만든 마라도나 모형.

'아약스 U-15 팀에서 주장으로 출전한 베르캄프' - 상대 골키퍼를 넘기는 슈팅이
당시의 트레이드 마크였다(1983).

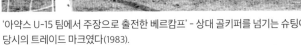

아약스 주니어 A팀의 코르 판 데르 하르트 코치와 함께(윗줄 왼쪽 5번째가 베르캄프).

컵위너스컵 우승 후 동료 프랑크 페를라트와 승리를 자축하는 베르캄프(아테네, 1987. 5).

아약스에서 첫 풀타임 경기를 치른 베르캄프가 하를렘 수비수 루크 니홀트와의 볼 경합에서 이기는 모습(1987. 2).

말뫼 FF를 상대로 엄청난 활약을 펼친 뒤 기립 박수를 받으며 경기장을 떠나는 베르캄프를 크루이프 감독이 격려하고 있다(Louis van de Vuurst, Ajax, 암스테르담, 1987).

FC 덴보스를 상대로 득점을 기록한 후 기뻐하는 모습(1988. 11).

'쿠르트 린데르 감독이 해고된 이후의 아약스 벤치'
- 왼쪽부터 스피츠 콘과 루이 판 할, 교체 선수 아르놀트 무렌과 물리 치료사 핌 판 도르(ANP, 1988. 9).

'볼의 지배자' - 아약스에서의 마지막 시즌
(Louis van de Vuurst, Ajax, 1992).

첫 메이저 대회 우승 후 컵위너스컵 우승 트로피를 들어올리는 17살의 베르캄프(아테네, 1987. 5.).

FC 볼렌담을 상대로 한 헤더 슈팅(ANP, 1988).

'아약스 시절의 동료 아론 빈터르와 함께' - 라치오와 인터 밀란의 경기 후(ANP, 로마, 1993).

UEFA컵 우승트로피를 들어 올리는 대회 득점왕 베르캄프 (Getty Image, 산 시로 스타디움, 1994. 5).

빔 용크와 함께 UEFA컵 우승 메달을 움켜쥔 베르캄프 (Getty Image).

아르센 벵거 감독과 함께(Stuart Macfarlane, Arsenal, 2004 프리시즌).

'FA컵 대회에서 레드카드를 받기 직전의 베르캄프' – 세스크 파브레가스가 셰필드 유나이티드의 대니 쿨립에게 당한 파울로 쓰러지자 베르캄프가 화를 내며 대니를 밀치고 있다(Stuart Macfarlane, Arsenal, 2005. 2).

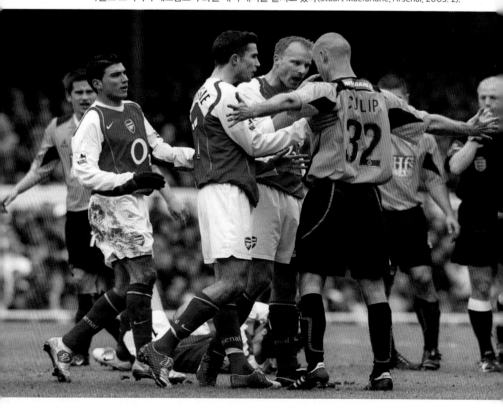

공중에서도 고요한 플레이를 보여준
베르캄프(하이버리 스타디움, 2003. 12).

"도대체 내가 어떤 부분을 의도하지 않았다는 건가?"
- 뉴캐슬과의 경기에서 베르캄프의 득점 장면(Stuart Macfarlane, Arsenal, 2002. 3).

'드레싱룸에서 무패 우승 멤버들과 함께' - 왼쪽부터 백업 골키퍼 라미 샤반, 프레디 융베리, 옌스 레만, 에두, 질베르토, 솔 캠벨, 장비 관리자 빅 에이커스(Stuart Macfarlane, Arsenal, 하이버리 스타디움, 2004. 5).

큰딸 에스텔과 우승을 축하하는 베르캄프(Stuart Macfarlane, Arsenal, 하이버리 스타디움, 2004. 5).

티에리 앙리와 런던 콜니 훈련장에서(Stuart Macfarlane, Arsenal, 2001. 10).

'올해의 선수상'을 받은 베르캄프(Getty Image, 1998. 4

'첫 번째 프리미어리그 우승과 첫 번째 더블 달성'을 축하하는 베르캄프와 오베르마스, 이안 라이트
(Getty Image, 하이버리 스타디움, 1998. 5).

토니 애덤스와의 볼 경합에서 이기고 상대를 넘기는 슈팅으로 득점한 베르캄프(ANP, 웸블리 스타디움, 1993).

클라렌스 세도르프, 에드가 다비즈, 프랑크 레이카르트 코치와 함께 유로 2000에서 훈련하는 모습(ANP, 2000).

"이 순간을 위해 살았다"
- 1998 프랑스 월드컵에서 아르헨티나를 상대로 원더골을 기록하는 베르캄프 (ANP, 1998).

1998 프랑스 월드컵 준결승전에서 베르캄프의 사진을 들고 응원하는 네덜란드 팬들(ANP, 마르세유, 1998).

네덜란드 대표팀에서의 마지막 경기였던 유로 2000 준결승에서 이탈리아에게 패한 뒤
관중들에게 박수갈채를 보내는 베르캄프(Louis van de Vuurst, Ajax, 2000).

윌니스의 새 집에서 부모님과 함께 (1992).

'뫼행 비행기 티켓' - 메모에 따르면 학생이었던 베르캄프는 스포츠 저널리스트 키스 얀스마와 동승했다(1987).

블라리쿰에 있는 집 정원에서 아내 헨리타와 아이들(에스텔, 야스민, 사프롱, 미첼)과 함께(Jan-Dirk van der Burg, 2013).

'펠레가 선정한 100명의 위대한 선수 멤버들과 저녁을 함께하며' - 로베르 피레스, 파트리크 비에이라, 에드가 다비즈, 뤼쉬튀 레츠베르, 호나우지뉴, 파트릭 클루이베르트 (Getty Image, 런던 자연사 박물관, 2004. 3).

베르캄프의 집에 전시된 아스널,
란드 대표팀, 아약스, 인터 밀란
니폼(Jan-Dirk van der Burg, 2013

'위대한 10번' - 밥 판 페르시(로빈 판 페르
시의 아버지)의 작품이 베르캄프의 집 벽에
걸려 있다(Jan-Dirk van der Burg, 2013).

윌니스에 있는 베르캄프의 어
머니 집에 전시된 수집품(Jan-
Dirk van der Burg, 2013).

'코치로 첫 발을 내딛은 베르캄프' - 아약
스 D-유스 팀 '데 투콤스트'의 트레이닝
시간(Louis van de Vuurst, Ajax, 2010. 8).

Contents

옮긴이의 말   22

1   길거리 축구   26

2   요한 크루이프   43

3   루이 판 할   68

4   인터 밀란   89

5   네덜란드 대표팀 : 플레이어 파워   146

6   논 플라잉 더치맨   171

7   잉글랜드행   177

8   브루스 리오치의 평행 우주   191

9   아르센 벵거와 아스널의 '계획'   199

10   체력   208

11   조커   225

12   완벽   234

13   영감   250

14   다른 모습   260

15   리더   272

16   네덜란드 대표팀 : 파워 플레이어   287

17   페널티   305

18   의미의 의미   325

19   요리사   335

20   골퍼   367

21   미래의 미래   377

옮긴이의 말

"베르캄프 자서전은 한국 서점에 꼭 있어야만 하는 책이고 한국 축구팬들에게도 의미가 큰 책입니다."

이 책의 출간을 앞두고 옮긴이가 한국의 몇몇 출판사들에 이 말을 처음 했던 것이 언제인지 이메일을 뒤져보니 무려 5년 전의 일이다. 그때도 지금도 옮긴이의 생각은 변함없이 그대로다. 다소 늦었지만 지금이라도 이 책이 한국에 나올 수 있게 된 것을 기쁘게 생각하면서, 그 과정에 작은 기여를 할 수 있었던 것에 감사함과 보람을 느낀다. 그에 앞서 무엇보다 이 책의 출간을 가능하게 해준 한스미디어와 박재성 이사님께 큰 감사를 드리고 싶다.

베르캄프는 모두가 인정하는 '아스널 레전드'다. 하지만 베르캄프를 아스널 레전드로만 여기는 팬들이 있다면 그것은 베르캄프의 절반밖에 보지 못하는 것이다. 그는 아스널 레전드이기 이전에 요한 크루이프, 판 할 감독을 거쳐 아약스와 네덜란드 축구계의 간판스타가 되었던 인물이다. 그렇기 때문에 1970, 1980, 1990년대 그리고 2000년 대까지 네덜란드, 이탈리아, 잉글랜드를 중심으로 한 유럽 축구계의 흐름과 그 변화 과정의 산증인이기도 하다. 실제로 이 책을 번역하면 서 과거에 번역했던 마이클 콕스의 책《조널 마킹》과《더 믹서》가 떠 오르는 장면이 많았다. 그런 의미에서 이 책은 선수 개인의 자서전일 뿐만 아니라, 큰 그림에서 볼 때 유럽 축구 전술의 변화를 베르캄프 라는 주인공을 통해 보여주는 책이라고 보아도 무리가 없다.

특히, 이 책의 앞부분에 해당하는 2챕터, 3챕터에서 축구 역사상 가장 유명한 앙숙이기도 한 크루이프, 판 할 감독을 차례로 거치는 과정이 이어지는데, 두 감독을 모두 겪은 베르캄프의 관점에서 차분 하게 회상하는 그 당시의 상황들과 그때 축구계의 풍경들은 단연 이 책의 백미라고 생각한다. 가능하다면 이 부분은 한국의 모든 축구팬 들께 꼭 읽어보시도록 권하고 싶다. 과거 요한 크루이프의 자서전 역 시 번역했던 옮긴이의 입장에서는 비슷한 상황에 대해 크루이프와 베르캄프가 각자의 입장에서 말하는 장면을 보는 것이 또 하나의 묘 미였다.

이 책은 또한 한국 축구와 인연이 깊은 인물들을 다른 관점에서 볼 수 있는 책이기도 하다. 2002 한일 월드컵의 영웅인 거스 히딩크 감독은 1998 프랑스 월드컵 당시 네덜란드 대표팀 소속으로 대한민 국을 5-0으로 완파했던 감독이었고, 베르캄프는 그날 골을 기록한 선수들 중 한 명이었다. 특히 2022 카타르 월드컵을 앞둔 현재 시점 에서 과거 히딩크 감독과 베르캄프가 함께했던 시기의 네덜란드 대표 팀에서 벌어졌던 일들을 살펴보는 것은 의미가 깊은 일이다. 히딩크 감독이 대한민국 대표팀 감독으로 오기 전에 감독으로서 어떤 경험을 했고, 또 그 경험에서 어떤 영향을 받아 2002년의 모습을 보여줄수 있었는지에 대한 흥미로운 연결고리가 될 것이라 생각한다. 또 히딩크 감독 이후 대표팀을 이끌었던 또 다른 네덜란드 출신 감독인 딕아드보카트의 등장도 한국 팬들로서는 흥미로운 부분이다.

또 한 가지 독자들이 꼭 주목했으면 하는 부분은 이 책의 독특한구성이다. 이 책은 자서전이지만 주인공인 베르캄프가 1인칭 시점으로 독백을 하는 형식이 아니라, 책 전반적으로 당시의 상황에 대해질문을 받고 베르캄프가 그에 대해 솔직한 답변을 하는 형식으로 이루어져 있다. 이는 전통적인 자서전 형식과는 조금 다르게 느껴질 수있어 수정을 해야 할까 고민하기도 했다. 그러나 이런 책의 스타일 역시 베르캄프라는 인물, 또 네덜란드라는 독특한 문화를 가진 나라의스타일이라는 점을 감안해서 최대한 있는 그대로 작업했다. 오히려대화 형식으로 책을 읽는 것이 마치 다큐멘터리 영화를 보는 것처럼생생하게 느껴지는 독자들도 있을 것이라고 생각한다.

이 책의 번역 작업을 마감하면서 옮긴이에게 가장 강하게 남아 있는 베르캄프라는 인물의 이미지를 한 단어로 표현하자면 '장인'이다. "모든 패스에는 메시지나 생각이 담겨 있다"라는 그 자신이 했던 말에서, 또 단 한 번의 훈련도 대충 한 적이 없었다는 이 책에 등장하는 수많은 감독, 레전드들의 '증언'에서 알 수 있듯이 그는 진정한 의미의 축구 '장인'이었다. 갈수록 정신적인 요소보다는 엔터테인먼트적인 요소가 중요해지고 있는 축구계에서 그런 베르캄프의 모습은 앞으로도 시사하는 바가 클 것이라고 생각한다.

이 책을 다 옮긴 후에 옮긴이에게 가장 기억에 남는 부분은 아르센 벵거 감독이 그에 대해 했던 말이었다. '축구를 일종의 종교처럼, 자기 자신보다 존중하는 정신 자세'에 대해 했던 발언인데(정확한 전체 문맥은 본문에서 직접 읽으시는 편이 더 이해가 수월할 것이다), 그런 그의 모습은 미래의 축구 선수를 꿈꾸는, 베르캄프라는 장인을 롤모델로 삼고자 하는 수많은 유소년 선수들에게 하나의 나침반이 될 수 있을 것이다.

끝으로, 이 책의 번역 작업을 하면서 한국의 열정적인 아스널 팬이자 현직 수영 선수 겸 컴퓨터 포렌식 연구원인 이은영 님으로부터 많은 도움을 받았다. 특히 아스널 팬으로서 이 책을 보는 관점에 대해 미리 조언을 받을 수 있었다. 이은영 님은 물론 한국의 수많은 아스널 팬들에게도 이 책이 단순히 책이 아닌 하나의 '기념비'가 될 수 있다면 더 바랄 것이 없을 것이다.

2022년 10월
이성모

1

길거리 축구

"곧 소음에 익숙해질 거예요. 신경 쓰지 마세요." 베르캄프가 웃으며 말했다.

우리는 베르캄프가 어린 시절을 보낸 암스테르담 외곽의 A10 순환 고속도로 근처에 서 있었다. 그가 살았던 집은 이 고속도로 주변에 있다. 도시의 서쪽 맨 끄트머리에 자리한 이곳은 1950년까지 소가 한가롭게 거닐던 진흙길이었다. 베르캄프 가족이 이곳으로 이사 온 1970년대부터 고속도로 건설이 시작됐다. 아직 갓난아기였던 베르캄프는 유아용 의자에 앉아 창문 너머로 불도저와 모래 트럭, 크레인들이 도로를 건설하는 모습을 흥미롭게 지켜보며 자랐다. 지금은 도로와 주택가 사이의 나무들과 유리벽이 자동차 소음을 줄여주지만, 건설 당시에는 도로와 주택가 사이에 아무것도 없어서 정말 시끄러웠다. 그래도 베르캄프는 그 시절을 흐뭇하게 떠올린다. 도로가 다

건설되고 나서 그에게 어떤 도움을 주었는지 아직까지도 기억하고 있기 때문이다. "고속도로가 다 만들어졌을 때 그 도로가 도시 외곽을 이어 준 덕분에 6분 만에 훈련장에 도착할 수 있었어요. 그 전에는 45분이나 걸렸거든요." 그가 자란 동네를 거니는 동안 그는 줄곧 유년 시절의 행복한 기억에 대해 이야기했다.

베르캄프는 근면하게 일하는 독실한 가톨릭 가정의 넷째 아들로 태어났다. 그의 아버지 빔Wim은 눈빛이 날카로운 장인이자 겸손한 완벽주의자였다. 빔은 전기 기사로 일하면서 빌스크라흐트Wilskracht('의지'라는 의미) 클럽에서 축구를 했다. 또한 그는 가구나 장난감, 퍼즐 같은 것들을 만들거나 고치는 일을 아주 좋아했다. 베르캄프의 어머니 토니는 젊은 시절 뛰어난 아마추어 체조 선수였다. 제임스 로스카데('카데' 거리)James Rosskade(the 'Kade')에 가정을 꾸린 뒤에는 네 아들을 헌신적으로 돌보는 어머니이자 따뜻하고 강인한 이웃으로 소문이 자자했다.

베르캄프는 너른 인도를 가로질러 22번지 건물 쪽으로 향했다.

"저기 보이는 건물 2층이 제 방이었죠. 우리는 집 앞 도로에서 축구를 하곤 했어요." 낡은 건물은 쇠락해 보였지만, 베르캄프는 그렇게 생각하지 않았다. 그는 벽돌담과 지저분한 발코니를 흐뭇하게 바라보더니 활짝 웃으며 말했다. "저는 이곳에서 완벽한 유년 시절을 보낸 것 같아요."

베르캄프의 가족에게는 축구가 아주 중요한 부분을 차지했다. 베르캄프 형제들(빔 주니어, 로날드, 마르셀, 데니스)은 집 앞 거리는 물론 집 안의 복도와 주변 공터에서도 축구를 했다. 형제들은 배수로를 가로 지르고 나무판자를 뛰어넘어 터널을 빠져나가 도로 건너편에 있는 진짜 잔디 구장에 가곤 했다. 경비원이나 감시견이 자리를 비울 때면 몰래 잔디 구장에 들어가 볼을 차고 놀았다. 요즘과 같은 축구 중계가 드물던 시절이라, 가족은 토요일 저녁마다 근처에 있던 성 요셉 성당에 갔다. 미사가 끝난 뒤에 TV에서 하는 독일 축구 경기 중계를 보기 위해서였다. 당시에 드물게 생중계로 볼 수 있었던 경기 가운데 잉글랜드 FA컵 결승전이 있었는데, 베르캄프 가족에게는 '특별한 선물'과도 같았다. 베르캄프에 대해 널리 알려진 '전설' 가운데 그의 아버지가 가장 좋아했던 선수인 데니스 로Denis Law(맨체스터 유나이티드의 레전드 공격수)의 이름을 따서 '데니스 베르캄프'라고 지었다는 이야기가 있다. 스펠링은 좀 다르지만 사실이라고 한다. 당시 10세, 7세였던 베르캄프의 두 형은 'Denis'는 약간 여자아이 이름 같다고 하면서 'Dennis'라는 스펠링을 쓰는 게 좋겠다고 주장했다고 한다. 정작 베르캄프는 데니스 로보다는 글렌 호들Glenn Hoddle(AS 모나코, 토트넘의 레전드 축구 선수)을 더 좋아하면서 자랐다.

"왜 그런지는 모르지만, 볼을 컨트롤하는 것이 가장 재미있었어요. 특히 공중에 뜬 볼을 처리하는 걸 좋아했지요. 드리블이나 개인기, 골을 넣는 것에는 큰 관심이 없었어요. 볼 컨트롤에 완전히 꽂혀 있었죠. 그래서 가끔 TV에서 잉글랜드 축구 경기를 볼 때면 글렌 호들에게 눈길이 가곤 했어요. 글렌은 정말 균형이 잘 잡힌 선수였거든요. 그가 공중에 뜬 볼을 잡자마자 곧바로 완벽하게 컨트롤하는 모습을 정말 좋아했어요. 그의 터치는 정말 완벽했지요."

베르캄프의 담임이었던 더 부르 선생님은 체육관에서 아이들에게 실내 축구를 시키곤 했다.

"우리는 12시에 수업이 끝나자마자 집에 달려가서 가능한 빨리 샌드위치를 먹은 다음 다시 학교로 뛰어갔어요. 12시 30분 정도에 체육관에서 '스틱 축구'라는 걸 했는데, 모두 각자의 스틱을 지키면서 다른 사람의 스틱을 먼저 쓰러뜨리면 이기는 경기였어요. 제 스틱은 디에고 마라도나Diego Maradona였는데, 미술 시간에 직접 만든 거였죠. 스틱에 머리랑 가슴을 붙이고 파란색, 하얀색으로 칠한 다음 등번호 10번도 새겼지요.

우리는 항상 축구를 했어요. 그 시절에는 카데 거리가 더 넓었고 차도 별로 없었어요. 진정한 의미에서의 길거리 축구라고 할 수 있었죠. 4 대 5든 5 대 5든 5 대 4든 가리지 않았어요. 길거리에서 축구를 하려면 어느 정도 실력을 갖춰야 했죠. 안 그러면 콘크리트 바닥에 넘어져서 정말 크게 다칠 수 있거든요. 우리가 사용한 골대는 구석에 있던 나무였는데, 그곳에 골을 성공시키면 정말 기분이 좋았어요. 나무는 아주 작은 타깃이라서 거길 맞추려면 슈팅을 정확하게 해야 했거든요. 문도 골대로 썼는데, 거기에 골을 넣으려면 주변을 잘 활용할 정도로 영리해야 했어요. 벽이나 자동차와 원투패스를 하기도 했는데, 차 문을 맞추면 혼나기 때문에 정확히 바퀴를 노려야 했어요. 정확하면서도 창의적이어야 했죠. 그게 길거리 축구를 하면서 가장 중요했기 때문에 늘 해결책을 찾아야 했지요."

물론 그렇게 축구를 하다 보면 골을 기록한 다음에 볼을 다시 가져오는데 한참 걸리는 사고가 발생하기도 했다.

"그런 일이 많았지요! 매일 저녁 집 뒤쪽 공터 풀밭에서 축구를 했어요. 우리가 사는 지역에는 터키나 모로코에서 온 아이들이 많아서 항상 네덜란드 대 모로코, 네덜란드 대 터키, 이런 식으로 편을 나눠 경기를 했어요. 정말 재미있었죠. 저녁 식사를 마친 주민들이 발코니에 앉아 우리의 경기를 마치 스타디움에서 보는 것처럼 즐기곤 했어요."

이후에 베르캄프는 그의 형들처럼 빌스크라흐트에 입단했다. 그의 운동신경과 재능은 어릴 때부터 남달랐다.

"체육 시간에 크로스컨트리 하는 걸 정말 좋아했어요. 사실 체육 시간에 하는 건 다 좋아했는데, 딱 하나 체조는 별로였어요. 체조 선수였던 엄마는 내가 체조를 별로 안 좋아하는 걸 보고 실망하기도 하셨죠. 그것만 빼면 야구, 농구, 로프 클라이밍 등 거의 모든 종목을 잘했어요."

아홉 살이 되자 베르캄프는 집 가까이에 있던 AAC 애슬레틱 클럽에 가입했고, 단거리 달리기와 1500m 달리기, 멀리 뛰기 등 거의 모든 종목에서 메달을 땄다. 그중에서 그가 가장 좋아한 종목은 던지기였다.

"쉬는 날마다 던지기 연습을 하면서 기록을 재곤 했어요. 저녁을 먹고 씻어야 하는 시간에 형들한테, '형 미안해 아빠랑 나가서 던지기 연습하고 올게'라고 말하기도 했죠. 뒤에서 지켜보던 어머니께서 '잘 던졌다. 데니스'라며 칭찬도 해주셨어요."

베르캄프에게 독특한 터치를 가르쳐 주고 발전시킨 사람이 요한 크루이프Johan Cruyff나 루이 판 할Louis Van Gaal, 혹은 아약스의 전 감독이라는 말이 있지만 실제로 그의 기본기는 '독학'의 결과물이었다.

"저는 그 어떤 감독의 '작품'도 아닙니다. 크루이프, 벵거Arsène Wenger, 그리고 네덜란드 대표팀의 거스 히딩크Guus Hiddink 감독 같은 제가 경험한 최고의 지도자들은 대부분 제가 하고 싶은 걸 스스로 찾을 수 있도록 자유를 줬어요. 모두 다 저를 잘 이해해주신 분들이었죠."

그는 오히려 자신의 형들에게 더 빚을 졌다고 말했다.

"사실 그 어떤 감독이나 코치들보다 형들이 더 큰 도움을 줬어요. 저는 어린 시절에 친구가 별로 없었는데, 사실 친구가 필요 없었기 때문이었죠. 이미 집에 최고의 친구 세 명이 항상 있었거든요."

현재 회계사로 일하고 있는 첫째 형 빔 주니어와 분자생물학자가 된 둘째 형 로날드, IT 전문가가 된 셋째 형 마르셀은 베르캄프의 이 말을 듣고 아주 놀라워했다. 자신들이 베르캄프에게 크루이프나 판 할보다 더 큰 영향을 미쳤다는 말을 듣고 형들은 이렇게 반응했다.

"데니스가 그렇게 말했다니 저희로서는 큰 영광입니다. 우리는 코치가 아니었어요. 그저 함께 지내면서 편하게 플레이하도록 도왔을 뿐입니다." 로날드의 말이다.

"우리만 그렇게 한 게 아니라, 데니스도 우리를 마찬가지로 대했죠." 빔 주니어가 덧붙였다.

"우리는 항상 함께하면서 서로를 도왔어요." 마르셀도 말했다.

베르캄프의 형들은 하나같이 그를 '독학자'라고 말했다. 특히 마르셀은 베르캄프의 뛰어난 점은 놀라운 '관찰력'에 있다고 말했다. "데니스는 함께 놀 때면 늘 아주 작은 소소한 면까지 파고들었어요. 시간이 지난 뒤에 물어보면 그 자리에 누가 있었고, 어떤 일이 벌어졌었는지 정확하게 기억하고 있었죠. 정말 대단한 관찰가였어요. 데니스는 골프도 잘하는데, 한 번도 레슨을 받은 적이 없어요. 남들이 하는 걸 지켜보면서 스스로 터득한 거죠. 테니스나 스누커(당구의 일종)도 마찬가지였어요."

빔 주니어가 맞장구쳤다. "데니스는 무언가에 관심이 생기면 그것을 계속 지켜보다가 직접 해보곤 했어요. 완벽을 추구하는 성격을 갖고 있었죠. 아마 아버지에게 이어받은 것 같아요. 아버지는 자기가 한 일에 절대 만족하는 법이 없으셨거든요. '언제나 더 잘할 수 있다'라는 신념을 갖고 계셨죠. 데니스가 그런 걸 이어받은 것 같아요."

축구 역사상 베르캄프만큼 완벽하고, 부드럽고, 우아하고, 장인 같은 볼 터치 능력을 가진 선수는 없었다. 2006년에 그가 은퇴했을 때, 〈파이낸셜 타임스Financial Times〉 기자 사이먼 쿠퍼는 1년 전 암스테르담에서 '네덜란드 축구 레전드'들과 가진 저녁 식사에서 있었던 일에 대해 이야기했다. 밤이 깊어지자 그들의 대화는 자연스럽게 '네덜란드 축구 역사상 최고의 선수는 누구였을까?'로 이어졌다.

쿠퍼에 따르면 그 당시까지 네덜란드 선수가 유럽 올해의 선수상을 수상한 것은 7번이었는데, 그것은 독일 다음으로 많은 횟수였다. 뛰어난 공격수 출신이자 작가로 활동 중인 얀 뮐데르Jan Mulder는 그 질문에 대한 답으로 올해의 선수상이나 챔피언스리그 우승을 단 한 번도 차지하지 못했던 선수를 선택했다. "물론 베르캄프지. 그는 최고의 기술을 가진 선수였어."

네덜란드 대표팀의 위대한 감독이었던 거스 히딩크도 그 말에 고

개를 끄덕였고, 그걸로 그 주제에 대한 토론은 종결되었다.

그로부터 몇 년이 지난 후, 로빈 판 페르시Robin Van Persie는 네덜란드의 한 방송사와의 인터뷰에서 베르캄프가 그에게 어떤 의미였는지에 대해 설명했다. 작가 헹크 스판과의 인터뷰에서 그는 아스널 훈련장에서 있었던 일에 대해 이야기했다. 판 페르시가 아직 유망주였던 시절 베르캄프는 이미 베테랑 선수였다. 판 페르시가 훈련을 마치고 창가에 있는 자쿠지에서 휴식을 취하고 있는데, 창문 너머로 베르캄프가 빠른 속도로 볼을 받아 패스를 하면서 슈팅 연습을 하고 있는 모습을 발견했다. 판 페르시는 베르캄프가 연습 중에 실수를 하면 욕조에서 나올 생각이었다고 한다.

"베르캄프는 정말 이상한 선수였어요. 그때 그는 부상에서 회복 중이었는데, 15~16세쯤 되는 훈련생들과 피트니스 코치와 함께 훈련하고 있었죠. 마네킹을 세워두고 패스하고 슈팅하는 45분짜리 훈련을 하는 중이었는데, 세상에… 베르캄프가 시도한 패스 중에서 완벽하지 않은 것은 단 한 번도 없었어요. 단 한 번도! 그는 훈련 중에도 자신이 할 수 있는 극한의 실력을 100% 보여줬어요. 슈팅, 컨트롤, 플레이, 패스까지 온 힘을 다하는 그의 모습을 지켜보는 건 정말 아름다웠습니다. 저에게 그건 예술처럼 보였어요. 욕조에 앉아 그 모습을 지켜보는데 소름이 돋더군요. 그래도 계속 지켜봤어요. 실수를 단 한 번이라도 하는지 보려고요. 그런데 절대 그런 일은 일어나지 않더군요. 그때 저는 답을 얻었습니다.

제가 그동안 품고 있었던 정말 많은 질문에 대한 답을 베르캄프가 훈련하는 모습을 보면서 깨달을 수 있었던 거죠. 저도 볼을 잘 다루는 정말 훌륭한 축구 선수라고 자부했어요. 그런데 베르캄프는 추진력 자체가 달랐습니다. 모든 동작에 집중했죠. 그런 모습을 보면서 제 자신에 대해 생각했어요. '나도 충분히 잘하고 있지만 저런 수준까지 도달하려면 아직 더 많은 단계가 필요할 거 같아.' 그리고 베르캄프처럼 되고 싶다면 저런 수준이 될 때까지 더 노력해야 한다는 걸 깨달았답니다. 그때 이후로 훈련할 때마다 완전히 집중하기 시작했어요. 간단한 패스나 슈팅 연습을 할 때도 100% 집중하면서 실수하지 않으려고 노력했죠. 그러다 실수라도 하면 정말 화가 났어요. 저도 베르캄프처럼 되고 싶었기 때문이었죠."

베르캄프의 완벽에 대한 추구는 어린 시절 제임스 로스카데 거리에서 매일 벽에 볼을 차면서 시작되었다. 그는 매일 몇 시간을 들여, 그렇게 몇 년 동안이나 볼을 찼다.

지금 당신의 여덟 살 시절에 대해 묘사하려는 중입니다. 벽에다 볼을 차는 모습 말이에요. 그때 무슨 생각을 했습니까?

베르캄프 "아무 생각도 하지 않고 그냥 볼만 찼어요. 계속 볼을 차면서 나만의 방법을 찾았죠. 집 건물 입구 쪽에 있는 벽돌에 찬 적도 있어요. 저기 골대 크로스바 같은 벽돌 보이죠? 저 벽돌에 볼을 차면서 어떻게 튀어 오르고, 어떻게 다시 돌아오는지 지켜봤어요. 그러면서 볼을 계속 컨트롤했죠. 너무 재밌었어요. 매번 다르게 컨트롤하려고 시도했지요. 오른발로도 해보고, 다음에는 왼발로도 해보고. 발

안쪽으로도 해보고, 바깥쪽으로도 해보고. 계속 볼을 컨트롤하면서 저 나름의 리듬을 찾으려고 했죠. 점점 더 빠르게 했다가, 또 느리게도 했다가. 가끔 저 벽돌 중 하나를 정해놓고 노려서 차기도 했어요. 크로스바에다 하는 것처럼 말이에요. 왼발로 차다가, 오른발로 차다가, 볼에 회전을 주었다가 하면서 계속 반복했죠. 그냥 그게 재미있었어요. 정말 재밌어서 볼을 차는 일에 푹 빠졌죠. 나중에 성인이 되어서 경기 중에 패스를 보낼 때, 이 터치는 어떻다는 걸 느낄 수 있었지만 어린 시절에는 그런 게 없잖아요. 그러니까 패스를 생각하는 게 아니라, 그냥 벽에 계속 볼을 차면서 그 나름의 메커니즘을 이해하려고 노력하는 걸 즐겼던 거죠.

나중에 이런 말을 한 적이 있어요. '모든 패스에는 메시지나 생각이 담겨 있다'라고. 그건 선수가 되기 한참 전부터 제 몸과 마음에 새겨져 있었어요. 벽에 볼을 차면서 일부러 벽돌 하나를 골라 거기에 맞추려고 했고, 일부러 노린 대로 컨트롤하려고 연습하면서 일종의 '가능성 놀이'를 한 셈이지요. 벽에 볼을 차면 한 번 튕겨서 돌아올 때가 있어요. 그러면 '이번에는 두 번 튕기도록 해볼까?' 하면서 조금 부드럽게 차거나 조금 높게 차거나 하는 거죠. 볼이 두 번 튕긴다는 건 대부분 볼이 더 높이 떠서 돌아오는 거거든요. 그러면 그걸 다시 컨트롤하기 위해서는 다른 접근 방식이 필요해요. 그 모든 것이 저한테는 놀이였어요. 그렇다고 집착하지는 않았어요. 그냥 볼이 어떻게 움직이고, 어떻게 회전하는지가 정말 궁금했을 뿐이에요. 그 회전을 어떻게 컨트롤할 수 있을지 생각하는 게 재밌었던 거죠.

모든 구기 종목에서도 마찬가지예요. 로저 페더러Roger Federer가 서

브 앤 발리를 잘하는 선수와 상대할 때는 완전히 다르거든요. 제일 재밌는 게 뭔지 알아요? 결과? 우승? 아니에요. 페더러가 30년 넘게 테니스를 할 수 있었던 이유는 테니스를 정말 사랑했기 때문이에요. 특히 볼의 '바운스'를 아주 좋아했어요. 페더러는 경기 중에 작은 기술을 부리는 걸 정말 좋아했고 효과적으로 잘 사용했어요. 저도 그걸 아주 잘 알고 있어요."

당신도 평범한 스타일은 아니었어요. 그렇죠?

베르캄프 "페더러처럼 경기하는 스타일을 정말 좋아해요. 축구에서도 골키퍼나 상대 수비를 속이기 위해서는 컨트롤 능력이 중요하지요. 페더러의 드롭 발리 기술이나, 상대를 속이는 로빙 스킬 같은 거예요. 그런 기술을 쓸 수 있으려면 다른 사람들이 하지 않거나 이해할 수 없는 것을 해서는 안 돼요. 그게 내 관심사였어요. 다른 사람을 따라 하는 것보다는 제 자신의 것을 만드는 데 관심이 있었죠."

당신이 가진 기술 모두를 스스로 만들었다는 건가요? TV에서 본 다른 선수들의 플레이에서 영향받은 것은 없었나요?

베르캄프 "물론 그 영향도 있었겠죠. TV 축구 중계를 많이 봤거든요. 특히 글렌 호들을 좋아했어요. 아마 월드컵을 보고 난 뒤였을 거예요. 마르셀 형이랑 집 안 복도에서 고무공을 차면서 놀다가 헤딩으로 멋진 골을 날리고는 두 팔을 높이 들면서 '그라―치―아니!' 하고 외치기도 했었죠. (웃음) 정말 재미있었어요. (베르캄프와 그보다 네 살이 많았던 형 마르셀은 1982 스페인 월드컵에서 이탈리아의 프란체스코 그라치아니가 카메룬을 상대로 골을 넣은 다음에 했던 활기 넘치는 세리머니를 보고 첫눈에 반했다. 당시 그라치아니는 주먹을 불끈 쥐고 높이 뛰어올라 소리치면서 골을 넣은 기쁨을 표현했다. 그 이후 베르캄프와 마르셀은 기회가 생길 때마다 아나운서가 했던 것처럼 그라치아니의 이름을 외치곤 했다.) 마라도나도 정말 좋아했어요. 물론 나중에 아약스에 입단한 후 크루이프와 판 바스텐Marco van Basten이 온갖 기술을 쓰는 걸 직접 보기도 했죠. 그들의 기술을 완벽하게 따라 할 수 있는 것은 아니었지만, 그걸 나름 제 방식대로 따라 해보고는 '이것도 재밌네.' 하고 생각하곤 했었죠."

길거리에서 축구할 때도 잘했었나요? 그때도 지금처럼 자신만의 방식으로 플레이하는 편이었나요?

베르캄프 "아니에요. 당시에는 꽤 평범했어요. 제 말은 다른 아이들보다 조금 더 잘했을 수는 있지만, 그 나이 대에서 특출난 편은 아니었다는 거죠. 남들보다 조금 더 빠르고, 볼 컨트롤에 능숙하긴 했어요. 다른 아이들을 가볍고 빠르게 제칠 수 있는 그런 정도였지요."

당시에는 주로 어떤 포지션에서 뛰었나요?

베르캄프 "스트라이커였어요. 꽤 많은 골을 넣었죠. 킥이 정확한 편이었으니까. 키가 작은 골키퍼들 머리 위로 프리킥을 차서 골도 꽤 많이 넣었어요. 아직 꼬마들이라 손이 안 닿았죠. 9살, 10살 때는 코너에서 곧바로 골을 넣기도 했어요. 그때는 정식 규격 경기장은 아니었지만, 더 자란 다음에 정식 규격 경기장에서도 종종 그런 골을 넣곤 했죠. 30년 전부터 11 대 11로 정식 규격 경기장에서 축구를 하기 시작했다고요. 어리다고 작은 경기장에서 뛰었던 건 아니에요. 축구를 제대로 할 줄 안다면, 정식 규격 경기장에서도 뛸 수 있다고 생각한 거죠.

전반적으로, 어린 시절에는 꽤 평범한 선수였어요. 그나마 좀 달랐던 것은 속도였어요. 주력으로 수비수들을 제치기도 하고, 수비수 뒤로 볼을 밀어놓고는 더 빨리 달려서 벗어나는 그런 플레이를 하곤 했었죠. 그 외에는 대체로 평범했어요. 골을 넣을 때 약간 창의적인 부분도 있었어요. 골키퍼 키를 넘기는 슈팅을 했던 것처럼 말이에요. 항상 슈팅을 하기 전에 그냥 볼을 차기보다는 '뭘 할까? 뭘 할 수 있지?' 하고 생각하는 스타일이었어요. 그렇다고 그 로빙 슈팅이 제가 스스로 만든 기술이라는 건 아니에요. TV에서 많이 봤던 기술이니까요. 아마 당시에 크루이프가 하를럼을 상대로 아주 유명한 로빙 슈팅을 기록한 적이 있을 거예요. 아마 그게 크루이프가 아약스에서 넣은 첫 골이었을 걸요? 아닌가? 호들도 비슷한 골을 기록한 적이 있어요. 네덜란드에서는 그런 슈팅을 'Stiftje'라고 불러요. 골프에서 웨지 샷이랑 비슷한 거죠. 골키퍼 뒤에서 갑자기 뚝 떨어지는 그런 슈팅에 성공할 때마다 정말 즐거웠어요. 재미도 있었지만, 아주 효과적이었거든요. 종종 사람들이 저에게 '멋진 골만 넣으려고 한다'라고 할 때는 그런 평가가 마음에 안 들었어요. 그건 멋짐의 문제가 아니라 최선의 노력으로 얻은 골이었거든요. 골키퍼 위에는 실제로 많은 공간이 있어요.

운이 좋았죠. 어린 시절 제가 살던 집 주변에는 저와 비슷한 나이

대 소년들이 많았거든요. 수업이 끝나면 모두 '축구하자'며 모여들었고 항상 다섯 아니면 여섯 명 이상 축구할 친구들이 있었죠. 그게 바로 아주 전형적인 길거리 축구죠. 마르셀 형은 비슷한 또래가 여자아이들뿐이라 그게 불가능했어요. 상황이 저와 달라서 함께 축구할 친구가 없었어요. 그래서 제 또래들과 같이 하거나, 아니면 로날드 형이랑 같이 했죠. 종종 누군가 저에게 '어떻게 프로축구 선수가 되었나요?'라고 물어보면 어쩌면 그것도 하나의 이유일 수 있어요. 로날드 형도 저와 비슷한 면이 있었죠. 학교에서 10점 만점에 9점을 받으면 절대 만족을 못하는 성격이었어요. '제가 뭘 잘못했죠? 왜 10점이 아니죠?'라고 했을 정도였죠. 저도 똑같았어요.

그게 제가 벵거 감독이 저에게 했던 말을 아주 좋아하는 이유 중 하나예요. 그는 저를 완벽주의자라고 부르면서 '베르캄프는 완벽을 위해 항상 분투하길 원한다'라고 했어요. 그 목표를 달성하지 못하더라도, 저는 그 목표를 위해 노력하는 과정을 좋아했어요. 항상 조금씩 더 노력하고 발전하고 나아가면서."

이야기를 들어보면 꽤 전형적인 어린 시절을 보낸 것 같네요. 맞나요? 비디오게임도 별로 하지 않은 것 같고, 차에도 관심이 없었던 것 같고, 마치 74세대처럼 보이네요. 전쟁이 끝난 후에 텅 빈 거리에서 축구를 하며 자란 세대 말이에요.

베르캄프 "맞아요. 그 시절에는 여행을 가더라도 해외로는 가지 못했어요. 집에서 쉬면서 놀았죠. 어쩌면 우리 세대가 그런 마지막 세대였는지도 몰라요. 우리 세대 이후로는 길거리 축구를 하더라도 좀 달라졌지요. 마치 농구장처럼 주변에 높은 펜스가 있는 '코트'에서 축구를 하게 되었으니까요. 수리남 출신들이 그런 코트에서 축구를 했는데, 그 시기에 암스테르담에서는 코트 간에 경쟁이 있었어요. 그렇게 하면서 서로 성장한 거죠."

당신이 처음 입단했을 때 아약스의 분위기는 어땠나요?

베르캄프 "지금과는 많이 달랐어요. 당시 코치들에 대해 한 가지 말하고 싶은 게 있어요. 그때는 감독이 선수들에게 큰소리치는 게 당연하던 시절이라 선수들은 그 말에 그대로 따라야 했어요. 마치 군대에서 그러는 것처럼 말이에요. 보어만Bormann이라는 트레이너가 있었는데, 정말 좋은 사람이었지만 진짜 군대 스타일로 훈련시켰어요. 그 밑에서 2년을 지냈죠. 그 후에 뒤르크 데 그루트Dirk de Groot 감독을 만났는데, 그분도 정말 엄격했어요. '오, 아니야. 훈련 더 시켜야겠는데' 하면서 소리를 지르는 좀 무서운 감독이었죠. (웃음) 그래도 평상시에는 다정한 사람이었어요. 주니어 A팀에서 코르 판 데르 하르트Cor van der Hart를 만났는데, 항상 목이 쉬어 있을 정도로 열정적이었고, 역시 좋은 사람이었지만 아주 엄격했어요. 가끔 크루이프의 수석코치였던 토니 브루인스 슬롯Tonny Bruins Slot이 우리를 지도하기도 했어요."

그러면 이제 "어떻게 좋은 선수가 될 수 있었나?"에 대해 이야기해 봅시다.

베르캄프 "지금까지 제가 언급한 감독이나 코치들은 모두 달랐어요. 그들 모두 열정적이었고 저마다 어떻게 축구를 해야 하고 어떻게 운동해야 하는지, 어떻게 골을 넣어야 하는지, 포지션 훈련을 할 때는 어떻게 해야 하는지에 대한 각자 다른 생각이 있었지요. 그들 모두 선수들을 너무 오래 훈련시키지는 않았어요. 길어야 한 시간 반 정도였죠. 모든 것이 어떻게 조직되어야 하는지 너무 잘 알고 있었는데, 어쩌면 그게 문제였는지도 몰라요. 그래서 자기 스스로 훈련해야 할 때가 많았어요. 그 감독들의 고성이 오가는 중에도 결국에는 스스로 자기만의 것을 만들어야 했어요.

가끔씩 선수들끼리 길거리에서 하는 것처럼 시합을 하기도 했어요. 16명의 선수들이 함께 훈련했는데, 각 팀 주장들이 발로 가위 바위 보를 해서 이긴 순서대로 데려가고 싶은 선수를 자기 팀에 데려갔어요. 진짜 그렇게 팀을 만들었죠. 그게 벌써 30년 전 일이네요. 아약스 유소년 팀 소속이었지만 여전히 길거리 축구를 할 때처럼 즐기기도 했었죠. 코치가 지켜보기는 했지만, 코치라기보다 주심 역할에 가까웠어요. '이건 골이고, 이건 파울이야' 하는 식으로요. 지금이랑은 많이 다르죠.

요즘에는 코치들이 경기 중에도 잠시 멈춰놓고 '이럴 때는 어떻게 해야 하지?' 하면서 가르치는 일이 더 많아요. 그런 일은 크루이프가 맡았던 시기에나 가능했어요. 그 전에는 스스로 독학할 시간이 많았지요. 소리를 지르는 군대처럼 시키는 문화는 없었지만, 축구적인 관점에서는 더 엄격했어요. 모두가 코치였고, 모두가 감독이었지요. 모든 게 교과서대로 돌아갔어요. 어쩌면 너무 심했던 걸 수도 있지요. 요즘은 모든 게 다 잘 준비되어 있어요. 학교 버스를 타면 학교에 가고, 음식도 수업도 학교에서 모든 걸 제공해 주지요. 마치 '좋아, 애들아, 먼저 워밍업을 할 거야. 두 바퀴 뛰고 이걸 한 다음에는 저걸 하자'라고 하는 식이죠. 그런데 그렇게 하면 선수들이 어떻게 성장할 수 있을까요? 요즘 유소년 팀에서 성장해서 1군에 데뷔한 선수들 중에도 간혹 조금만 다른 상황이 발생하면 어떻게 해야 할지 몰라서 벤치만 쳐다보는 경우가 있어요.

이런 건 정말 문제가 크다고 생각해요. 루이스 수아레스Luis Suarez가 아약스에 있을 때를 생각해 보세요. 물론 그의 몇몇 행동들에는 동의할 수 없지만, 그는 언제나 새로운 무언가를 만들어내려고 했어요. 늘 '이 상황에서 어떻게 하면 더 잘할 수 있을까? 앞에 있는 선수의 유니폼을 잡아당겨야 할까? 아니면 볼을 잡기 위해 다른 곳으로 이동해야 할까?' 그는 항상 그런 것들을 생각하기에 바빴지요. 그러다 종종 다른 선수의 발을 밟거나 손을 쓰기도 했어요. 그건 바보 같은 짓이죠. 하지만 그의 그런 사고방식은 나쁘지 않았어요. 정말 창의적이었지요. 그래서 저는 지금 우리 유소년 팀에서 그런 부분을 키워주기 위해 노력하고 있어요. 선수들이 스스로 창의적이 되도록 그런 기회를 주는 거지요. 창의적이면서도 특별하고 독특한 방법을 스스로 찾을 수 있도록 돕는 거예요. 과거에 했던 걸 그대로 복사해서 붙여넣기할 수는 없어요. 어떻게든 다른 방법을 찾아야 하고, 그래야 1군 무대에 올라가는 선수들이 창의적인 플레이를 할 수 있어요. 스스로 생각하면서 차이를 만들어낼 수 있게 되는 거죠. 그게 우리가 원하는 거예요. 다른 10명의 선수들과 똑같이 해서는 자기만의 스타일을 가질 수 없거든요. 그건 스스로 찾아야 하는 거예요."

2

요한 크루이프

"자기 입으로 말한 적은 없지만, 그는 네덜란드 축구 그 자체였어요."

베르캄프가 자신의 축구 스승 중 한 명이었던 크루이프에 대해 이렇게 말했다. 크루이프는 베르캄프가 아약스 유소년 팀에 있었을 때 그의 재능을 알아보고 그에게 기회를 줬던 감독이었다. 그는 마치 영화 〈스타워즈〉의 요다가 루크 스카이워커에게 했던 것처럼 베르캄프를 더 높은 단계로 이끌었다. 크루이프의 가르침은 종종 놀랍고도 신비로웠다. 물론 그는 베르캄프뿐만 아니라 위대한 재능을 가진 다른 많은 네덜란드의 선수들은 물론 스페인과 덴마크의 수많은 선수들에게도 영향을 끼쳤다. 베르캄프는 크루이프가 네덜란드라는 한 나라의 축구 정체성을 완성한 존재라는 사실이 더 중요하다고 말했다.

"네덜란드 선수들은 모두 모험가적인 기질을 갖고 있어요. 그건 우리 모두가 크루이프로부터 물려받은 겁니다. 그의 성격이나 축구 철학이 곧 네덜란드 축구의 개성으로 자리 잡았어요. 물론 대표팀이나 각 클럽들이 각자의 스타일로 변형시키기는 했지만, 그래도 여전히 네덜란드만의 축구 성향을 공유하고 있습니다. 우리는 모두 우리만의 방법으로 하고 싶어 하죠. 그래서 이렇게 말하곤 합니다. '나는 내가 무슨 말을 하는지 알고 있고, 무엇을 원하는지, 무엇을 할 수 있는지 알고 있어.' 실제로는 그렇지 않지만 이렇게 말하면 조금 거만해 보일 수 있어요. 크루이프는 네덜란드 축구계에서 가장 큰 거인입니다. 하지만 그는 거만하지 않았어요. 그저 자신이 무슨 말을 하는지 잘 아는 사람이었죠. 그것은 어쩌면 네덜란드, 아니 암스테르담의 특징인지도 몰라요. 어쨌든 크루이프가 네덜란드 축구계에 가장 큰 영향을 끼친 사람인 것은 분명합니다. 그는 선구자였고, 커리어도 엄청났어요. 그는 축구계의 정점에 오른 사람으로서 모든 걸 해냈어요. 그 전에는 누구도 하지 못했던 것들을 성취한 사람이었죠. 선수로서도, 감독으로서도 엄청난 업적을 남겼기 때문에 우리가 그의 말에 귀를 기울이는 겁니다."

크루이프와 베르캄프는 오랫동안 스승과 제자 관계였다. 시간이 흐르면서 최근에는 두 사람의 관계가 많이 달라졌다. 2010년, 크루이프는 베르캄프에게 직접 연락해서 그가 자신과 함께 행동하도록 설득했다. 이 부분에 대해서는 이 책의 뒤에서 다시 다룰 텐데, 이는 아약스라는 구단에서 발생한, 어쩌면 축구계에서 발생한 가장 논쟁적이고 특이한 사건일 수도 있다. 어쨌든 크루이프와 베르캄프는 늘 가까이에서 협력했고, 아약스라는 클럽, 특히 유소년 시스템을 개혁해 세계의 부러움을 받을 수 있는 모습으로 바꾸었다.

"사실 우리는 오랫동안 만나지 못했어요. 그 일을 계기로 다시 자주 만나게 됐지요. 전과는 좀 다른 일도 있었어요. 그가 제가 소속된 팀의 지도자였을 때 저는 항상 존칭을 사용해서 불렀습니다. '크루이프 감독님'처럼 말이죠. 그런데 시간이 흐른 뒤 그와 함께 같은 목표를 위해 일하는 사람들이 그를 '요한'이라고 친근하게 부르는 것을 보면서 저도 자연스럽게 그렇게 부르게 되었죠. 솔직히 저에겐 아주 어색한 일이었어요. 왜냐하면 저는 지금도 어머니에게 존칭을 쓰거든요. 제가 그를 '요한'이라고 부르는 게 스스로도 아주 어색하고 놀라웠어요. 시간이 흐르면서 이제 좀 익숙해지긴 했죠. 저는 그를 '친구' 사이라고 생각하지는 않지만, 점점 그는 저에게 '요한'이 되었어요."

과거에 많은 사람들이 크루이프의 진정한 후계자는 마르코 판 바스텐이라고 말했다. 오늘날에는 세계적으로 존경받는 바르셀로나 출신, 크루이프의 후계자였던 펩 과르디올라Pep Guardiola와 베르캄프가 그 자리를 대신하고 있다.

두 사람은 크루이프가 바르셀로나와 미국에서 8년을 보낸 후 아약스에 다시 돌아온 다음에 처음으로 만났다. 베르캄프는 아약스 홈구장 뒤편에 있는 훈련장을 사용하던 14세 이하 유소년 팀에서 훈련 중이었다. 어느 날 슈팅 훈련을 하던 중 크루이프가 갑자기 나타나 코치 대신 직접 베르캄프를 지도하기 시작했다.

"그건 정말 엄청난 의미를 갖는 일이었어요. 저는 그 이후로 더 발전하고 싶다는 강한 동기부여를 얻었어요. 그의 앞에서 좋은 모습을 보여주고 싶은 생각을 강하게 갖게 되었죠."

◆◇◆

크루이프는 당신의 우상이었나요?

베르캄프 "그렇게 말하고 싶지는 않아요. 저에게 '우상' 같은 존재는 없었습니다. 크루이프는 다른 모든 선수들과 비교할 수 없이 앞서 있는 세계 최고의 선수였죠."

크루이프가 깜짝 등장하자 유소년 시절의 베르캄프가 강한 동기부여를 얻었던 것은 지금도 마찬가지다. 프랑크 더 부르Frank de Boer나 베르캄프가 눈앞에서 보고 있으면, 아약스의 1군 선수들도 평소보다 더 열심히 훈련에 임하며 자신들의 우상에게 좋은 인상을 보여주고 싶어 한다.

크루이프가 당신의 감독이었을 때, 많은 것을 가르쳐준 것으로 알려져 있는데 정확히 어떤 말들을 해줬나요?

베르캄프 "사실 우리는 따로 많이 대화를 나누지는 않았어요. 훈련장에서 지나치면서 몇 마디 대화를 나눈 정도였죠. 사실 그걸로도 충분했어요. 그가 제게 직접 몇 마디 해주는 걸로 충분했다는 거죠. 그는 다른 선수들에게는 훨씬 더 많은 이야기를 했지만, 저에게는 기대하는 것이 확실했어요. 그는 제 성격이 조용하고 차분하지만 경기장에서는 뜨거운 사람이라는 것을 잘 알고 있었죠. 그저 '네가 잘하는 것을 해라'라고 하면서 자신감을 심어주었어요. 그런 모습은 벵거 감독과도 비슷했어요. 그는 절대 '이건 이렇게 하고, 저건 저렇게 해라'라고 말하지도 않았어요. 크루이프 감독이 저에게 했던 것은 대부분 '유소년 팀에서 하던 것처럼 그대로 해라. 그러면 다른 선수들이 널 도와줄 거다. 얀 바우터스Jan Woulters, 프랑크 레이카르트Frank Rijkaard가 도와줄 거다' 같은 말이었어요. 단체 훈련을 할 때도 다른 선수들에게는 좀 더 왼쪽이나 오른쪽으로 움직이라거나 공간을 좀 더 만들라는 말을 많이 했지만, 제게는 그런 말을 절대 하지 않았어요. 그걸 보면서 제가 지금 잘하고 있다는 자신감을 갖게 됐어요. 사실 그건 제 커리어 내내 비슷했어요. 저에게 제 방식을 바꾸라고 요구한 감독은 없었지요."

'과묵한 크루이프'라는 건 상상하기 힘들다. 그는 1960년대 중반 아직 소년이었을 때부터 그보다 나이 많은 선수들에게 그렇게 하면 안 된다며 그들이 무엇을 잘못하고 있는지 지적하던 사람이었다. 그 선수들이 가장 화가 났던 것은, 사실 크루이프의 말이 사실이라는 점이었다. '요피Jopie'라는 별명으로 불린 크루이프는 아약스 역사상 가장 말이 많은 '보스' 타입의 권위적인 주장이었다. 바르셀로나와 네덜란드 대표팀에서도 마찬가지였다. 크루이프는 항상 소리를 질렀고 잘못을 지적했다. 그는 무언가 잘못하고 있는 모든 사람들에게 그렇게 했다. 심지어 주심에게도. 그는 TV나 라디오 방송에도 자주 출연했기 때문에 아마도 세계에서 가장 많이 언급되고 인용된 네덜란드인일 것이다. 한번은 그가 왜 종교를 믿지 않는지에 대해 이렇게 말한 적이 있다. "스페인에서는 22명의 선수들이 경기장에 입장할 때 성호를 긋고 입장합니다. 만약 그들의 기도가 다 이뤄진다면 모든 경기가 무승부로 끝나겠죠." 크루이프는 단지 말하는 것을 좋아하는 것이 아니라, 자신만의 표현을 하는 것을 좋아했다. 네덜란드에서 그는 축구에 대한 다소 모순적인 표현들로 유명하다. "모든 우연은 논리적이다"라거나 "그 실수를 하기 전에 나는 그 실수를 하지 않았다" 혹은 "때때로 모든 일은 그 일이 일어나야 하기 이전에 벌어진다", "모든 불리함은 그 안에 유리함을 담고 있다"와 같은 말들을 남겼다. 하지만 아마도 그가 남긴 최고의 표현은 한 TV 인터뷰에서 논쟁을 벌이는 와중에 나왔던 다음과 같은 말일 것이다. "당신이 이해하길 바랐다면, 아마 내가 설명을 더 잘했을 것이다."

베르캄프와 크루이프는 항상 마음이 잘 맞았다. 마치 영화 〈샤이닝〉의 딕 할로런과 그 할머니처럼, 그들은 때로 입을 열기도 전에 이미 대화를 다 나눈 것 같았다.

크루이프의 지도 방식은 절대 평범하지 않았다. 때로 그의 지도 방식은 대담하고 도발적인 일종의 '갈등 모델' 스타일이었다. 그의 이런 스타일은 그의 스승이었던 리누스 미헬스Rinus Michels에게서 물려받은 것이다. 미헬스는 일부러 선수들 사이에 논쟁을 일으켜서 선수들의 에너지와 아드레날린 수준을 끌어올리는 감독이었다. 크루이프 역시 여러 복합적인 이유, 어쩌면 어린 시절에 세상을 떠난 아버지의 영향 때문에 그런 논쟁이나 갈등이 학습에 효과가 있다고 생각했던 것 같다. 그는 감독으로서, 그의 팀 최고 선수들의 기술이나 태도를 비판하며 그들이 더 창의적이고 발전하는 선수가 되기를 바란 감독이었다. 그는 절대로 '평범한 것'을 용납하지 않았다. 그는 발전과 완벽을 끝없이 추구한 감독이었다.

베르캄프가 관찰한 크루이프는 이렇다. "크루이프는 매우 본능적이고 직감이 뛰어난 사람이었어요. 다방면에 박식했고 강한 성격을 가졌고 모든 것을 지배하길 좋아했지요. 그게 바로 '토털 축구'예요. 모든 것을 보고, 모든 것을 하는 거죠. 토털 축구를 하는 선수라면 자신의 것만 신경 쓰면 안 돼요. 경기장 안에서도, 밖에서도 모든 것을 알고 있어야 하죠."

크루이프는 베르캄프의 기술과 지성을 좋아했다. "베르캄프는 제가 축구계에서 특별한 관계를 맺고 있는 사람 중 한 명입니다. 그는 판 바스텐, 레이카르트, 판트 스킵John van't Schip처럼 특별한 사람이죠. 축구는 머리로 하는 겁니다. 다리는 거들 뿐이죠. 머리를 제대로 쓰지 못한다면 다리도 쓸모가 없습니다. 왜 선수가 볼을 쫓아 다녀야 할까요? 그건 그 선수가 너무 늦게 달리기 시작했기 때문입니다. 항상 볼에 집중하고 머리를 써서 올바른 위치에 있어야 합니다. 볼을 늦게 받았다면 그것은 곧 그 선수의 위치가 잘못됐다는 것을 말합니다. 베르캄프는 절대로 늦은 적이 없었죠." 크루이프는 베르캄프에 대해 극찬하면서도 자신의 목표를 달성하기 위해 이런 말로 나름의 '마인드 게임'을 하기도 했다. "베르캄프, 너를 1군에 올리고 싶은데, 그전에 좀 더 강해질 필요가 있어."

10대 시절 베르캄프는 기술과 전술적인 부분에서 유소년 팀 최고 레벨인 A1 팀에 합류할 준비가 되어 있었다. 하지만 당시 그 팀의 코치는 베르캄프가 아직 1군에서 뛰기에 신체적으로 준비가 덜 됐다고 생각했다. 어느 날 크루이프의 코치인 토니 브루인스 슬롯이 베르캄프에게 나쁜 소식을 전했다. '동기부여가 부족하다'는 이유로 A2 팀으로 한 달 동안 강등한다는 소식이었다. 또 당시 그가 주로 뛰던 라이트윙어 포지션이 아니라, 라이트풀백으로 뛰게 할 것이라고 말했다. 베르캄프는 깜짝 놀랐다. "이해가 안 갑니다. 동기부여가 부족하다니요? 경기 중에 제 모습이 그렇게 보였는지는 모르지만, 전혀 그렇지 않습니다."

사실 그때의 경험은 베르캄프에게 큰 상처가 되기도 했다. 그는 지금도 그때 느낀 치욕감을 기억하고 있다. "나중에 종종 그때를 떠올릴 때마다 혹시 저를 자극하려고 일부러 그런 걸까 생각하기도 했어요."

크루이프는 그때 일에 대해 이야기하면서 웃음을 지었다. 그 일은 실제로 그가 준비한 일종의 전략이었던 것이다. "당연히 그를 자극하려고 한 것이었죠. 그에게 단점이 있었던 것도, 그의 태도에 문제가 있었던 것도 아닙니다. 그저 그의 끈기와 회복력을 더 강하게 만들기 위해서 그렇게 했어요. 1군 팀이 아니라 그 아래 팀에서 뛰는 선수들은 종종 클래스가 뛰어나지 않은 선수들을 상대해야 할 때가 있죠. 그런 경기들은 대단히 격렬하기 때문에 그에게 어려울 수 있습니다. 우리는 일부러 그를 다른 포지션에서 뛰게 해서 더 어렵게 만들었죠. 베르캄프 같은 선수가 라이트백으로 출전하고, 그 앞에서 뛰는 라이트윙어가 수비에 아무런 기여를 하지 않는다면 자신이 윙어로 출전했을 때 자기 뒤에서 뛰는 라이트백이 어떤 생각을 하는지, 어떻게 뛰는지 이해할 수 있게 됩니다. 그는 그런 경험을 통해서 정말 많이 배울 수 있었어요. 때로는 그를 센터포워드로 뛰게 하면서 윙어들에게 높은 크로스를 계속 올리라고 시키기도 했죠. 그러면 베르캄프는 그 볼을 헤딩하려고 노력하는 과정에서 더 강해질 수밖에 없으니까요."

크루이프는 또한 팀에서 최고의 선수가 된다는 것에 대한 그의 반응을 궁금해했다. "최고의 선수들은 대부분 훈련을 하면서 많은 시간을 보냅니다. 그런 선수들은 시간을 현명하게 써야 합니다. 다른 선수들을 도와주고 지도하고 이끌면서 말이죠."

베르캄프는 A2 팀에서의 시간을 잘 보낸 후에 A1 팀으로 돌아왔다. 그런데 그 후에 또 다른 놀라운 일이 발생했다. 1986년 12월 13일, 암스테르담 클럽 DWS와의 경기 하프타임에 그의 코치가 갑자기 베르캄프에게 "널 뺄거다"라고 알린 것이다. 그는 자신이 잘 뛰고 있었다고 믿었기에 화가 났다. 그런데 그 코치는 이렇게 말했다. "너를 빼는 이유는 내일 1군 경기에서 뛰어야 하기 때문이야."

베르캄프는 크루이프가 아약스로 돌아왔던 1981년 당시 열두 살이었다. 네덜란드 역사상 최고의 선수인 크루이프는 바르셀로나에서 뛰면서 큰 부자가 됐지만, 그 후에 돼지 농장 투자 사기에 당해서 모든 재산을 날렸다. 그의 능력을 의심하는 사람들 앞에 다시 돌아온 크루이프는 복귀전에서 놀라운 로빙 슈팅으로 골을 기록했고, 그 후 아약스에서 다시 한번 축구계에 이어질 개혁을 시작했다. 그 당시 네덜란드 리그는 형편없었다. '토털 축구' 세대는 1978 아르헨티나 월드컵 이후 대부분 물러난 뒤였다. 유로 1980에서 네덜란드는 독일에 완전히 밀렸고 결국 그 시기에 3회 연속 메이저 대회 본선에 진출하지 못했다. 당시의 '현실주의(수비적 축구)' 트렌드가 네덜란드에서도 유행하기 시작했고, 아약스가 그 전에 갖고 있던 축구 철학과 교훈은 거의 잊힌 것처럼 보였다. 대신 헤랄트 파넨뷔르흐Gerald Vanenburg 같은 개인기가 뛰어난 드리블러들의 브라질 스타일 축구가 각광받고 있었다.

스승이자, 또 동료로서 크루이프는 바로 그때부터 오늘날 '네덜란드 스타일'이라고 불리는 축구 스타일에 다시 활력을 불어넣으며 재생시키는 작업을 시작했다. 그는 네덜란드 축구계, 특히 아약스에서 뛰는 선수들에게 아주 큰 영향력을 가진 사람이었다. 당시 네덜란드의 대표적인 선수들로는 레이카르트, 판 바스텐, 판트 스킵, 보스만John Bosman, 실루이Sonny Silooy 등이 있었다. 그는 물론 아약스에서 뛰던 덴마크 선수들인 얀 몰비Jan Molby, 소렌 레르비Soren Lerby, 예스퍼 올센Jesper Olsen에게도 영향을 미쳤다. 이 영향은 이후 1986년 월드컵에서 토털 축구를 구사하며 '덴마크의 다이너마이트'라고 불린 팀에 직접적인 영향을 미쳤다. 1982-83시즌 말, 아약스의 톤 함센 회장은 크루이프의 선수 계약 연장을 거절했다. 크루이프가 현역으로 뛰기에는, 또 그의 연봉만큼 팬들을 열광케 할 활약을 하기에는 너무 나이가 많이 들었다고 생각했기 때문이다.

그 결정에 격분한 크루이프는 아약스의 리그 경쟁자인 페예노르트와 계약했고, 그들을 위해 뛴 유일한 시즌에 (그의 축구에 대한 모든 지식과 태도를 당시 어린 시절의 루드 굴리트Ruud Gullit에게 전수하며) 페예노르트에 '더블'을 안겼다. 함센은 크루이프에게 "다시는 아약스에 돌아오지 못할 것"이라고 엄포를 놓았다. 페예노르트에서 자신의 진가를 보여준 크루이프는 1983-84시즌이 끝난 뒤 은퇴하고 암스테르담 남부에 있는 집에서 머물렀다. 휴식을 모르는 그는 곧 감독으로서의 커리어를 시작했다. 물론 크루이프는 네덜란드에서 진정으로 유일하게 사랑하는 클럽인 아약스에서 그 커리어를 시작하고 싶었다. 당시 아약스에는 이미 좋은 지도자인 아드 드 모스Aad de Mos 감독이 있었다. 아약스 회장이 크루이프를 싫어했지만, 더 큰 문제는 크루이프에게 감독 자격이 없다는 것이었다. 당시 네덜란드 축구협회 규정상, 지도자가 되기 위해서는 그 자격을 먼저 취득해야 했다. 그러나 아약스에서 뛰던 크루이프의 가장 가까운 두 사람인 판트 스킵과 판 바스텐이 크루이프를 지지했고, 결국 드 모스는 경질당했다. 네덜란드 언론 역시 크루이프의 편이었다. 결국 아약스 회장은 1985년에 크루이프를 감독으로 선임하는 방법 외에는 다른 길이 없었다. 크루이프는 네덜란드 축구협회의 규정을 피하기 위해 감독이라는 직함 대신 '기술 이사(테크니컬 디렉터)'라는 직함을 사용했다. 크루이프가 아약스를 이끌기 위해 도입했던 그 방식은 30년이 지난 지금까지도 축구계에서 널리 사용되고 있다.

베르캄프가 아약스 유소년 팀의 각 단계를 거치며 성장하는 동안, 크루이프는 곧바로 퇴보한 토털 축구의 새로운 버전을 설계하고 개혁하는 작업에 착수했다. 크루이프는 훗날 당시의 베르캄프에 대해 "나의 철학대로 일했다"라고 말하곤 했다. 그게 무슨 뜻이었을까? 베르캄프는 이렇게 설명했다. "상대에게 혼란을 주는 것이 곧 축구입니다. 상대 선수를 제치고 나면 그 선수는 혼란에 빠지게 되죠. 영리한 포지션 플레이로 상대 선수보다 한 명의 이점을 계속해서 만드는 것도 마찬가지의 효과를 가지게 됩니다. 상대 선수를 제치거나 그 이점을 확보하지 못한다면, 상대 팀은 조직력을 유지하게 되고 그러면 어떤 일도 발생하지 않아요. 그 한 명의 이점을 만드는 것이 곧 아약스의 축구였어요."

그 시기 아약스의 축구 영상들은 유튜브에서도 쉽게 찾아볼 수 있으니 직접 확인해보길 권한다. 단순히 "크루이프는 4-3-3 포메이션을 잘 썼다" 정도로는 충분하지 않다. 그에게 중요한 것은 포메이션이 아니라 선수들의 마음가짐이었다. 그가 이끈 아약스의 젊은 선수들은 항상 상대를 압박하면서 패스하고 이동했다. 그들 고유의 패턴을 계속 유지하면서 말이다. 레이카르트. 쿠만Ronald Koeman, 판트 스킵, 판 바스텐이 대표적이었다. 당시 맨유에서 이적한 아약스의 베테랑 선수였던 아놀드 무렌Arnold Muhren은 패스 미스를 한 적이 거의 없었고, 골키퍼 스탠리 멘조Stanley Menzo는 종종 미드필더처럼 보이기도 했다.

크루이프의 첫 시즌에 아약스는 120골을 터뜨렸고, 그중 판 바스텐이 26경기에 출전해서 37골을 기록했다. 물론 뛰어나지 않은 경기를 한 날도 있었지만, 그들이 좋은 경기를 하는 날에는 정말 환상적인 축구를 했다. 그로부터 몇 년 전에 판 바스텐은 페예노르트를 상대로 아약스의 8-2 대승을 이끈 적이 있다. 크루이프 부임 후에는 마치 럭비 스코어 같은 점수가 자주 나오기 시작했다. 9-0, 8-1, 6-0. 첫 시즌이 끝난 후 쿠만과 헤랄트 파넨뷔르흐는 더 높은 연봉을 제시한 PSV 아인트호벤으로 이적했다. 크루이프는 그 두 선수를 훌륭한 수비수인 대니 블린트Danny Blind와 얀 바우터스로 대체했다. 아약스 유소년 팀을 개혁한 크루이프는 아론 빈터르Aron Winter와 비츠헤 형제the Witschge brothers, 로비Robbie, 리처드Richard를 1군 팀으로 승격시켰다. 그렇게 새로 정비된 팀은 첫 시즌보다도 더 뛰어난 축구를 했다.

바로 그 시기가 베르캄프가 아약스에서 커리어를 시작하던 시기였다. 베르캄프는 그의 부모님이 자동차에 그를 태우고 1군 데뷔전인 로다와의 경기가 열릴 경기장에 데려다주던 날 자신의 기분에 대해

"즐거운 긴장을 하고 있었다"라고 말했다. 그의 어머니가 경비원에게 뒷좌석에 앉은 아들이 오늘 경기에 나설 선수라고 말했는데, 그 직원은 베르캄프에 대해 한 번도 들어본 적이 없어서 본부에 확인한 후에야 그를 입장시켰다. 경기장 안에 들어서자 그에게 레이카르트가 다가와서 환영해주며 농담을 건넸다. 베르캄프는 1군 선수들의 모습을 지켜보며 그 모든 걸 흡수했다. 그리고 크루이프가 도착했다.

"크루이프는 사실 몸집이 큰 사람은 아니었지만 존재감은 정말 엄청났어요. 그는 저에게 별다른 말을 하지 않았어요. 그건 좀 더 나중에 일어난 일이었죠. 경기가 시작되기 전에 식당을 관리하는 시엔 아주머니께서 저에게 인사했던 게 기억이 나네요."

경기가 시작되기 직전 베르캄프는 덕아웃에 가서 크루이프의 옆에 앉았다. 크루이프는 그에게 "여기서 만나니 좋구나. 주변을 돌아보고 분위기를 잘 느껴봐라. 그리고 즐겨라" 하고 말했다.

"크루이프와 함께 경기장에 앉아 있다니…. 하지만 전혀 겁나지는 않았어요. 제가 바란 유일한 것은 경기장에 들어가는 것이었죠. 크루이프 감독이 저를 그냥 벤치에 두려고 1군에 소집하진 않았을 거라 생각했죠. 하프타임이 지난 후 교체 투입하지는 않을까 기대했어요."

실제로 후반 21분에 크루이프는 베르캄프를 데뷔시켰다. 그 순간, 베르캄프는 열일곱, 더 정확하게는 열일곱 7개월이었고, 그건 22년 전 크루이프가 데뷔했을 때와 정확히 같은 나이였다. 베르캄프는 16번 유니폼을 입고 오른쪽 윙 포지션에 투입됐다.

"전혀 긴장되지 않았어요. 그냥 흥분이 됐지요." 베르캄프가 말했다.

경기장은 절반 정도 들어차 약 1만 1000명의 관중이 모여 있었다.

그의 부모는 비싼 돈을 주고 티켓을 사서 베르캄프와 가까운 레이놀드 스탠드에 앉아 있었다. 경기장 다른 쪽인 F좌석에 앉아 있던 마르셀은 주변의 팬들에게 "저기 제 동생이 몸을 풀기 시작했어요"라고 말했다. 베르캄프는 그날의 일을 아주 자세히 기억하고 있다. "피치에 나갔을 때 모든 게 다 너무 좋았어요. 잔디나 경기장의 분위기, 그 대단한 선수들과 함께 뛸 수 있다는 사실이 좋았죠. 특히 레이카르트를 비롯한 다른 선수들이 환영해주는 분위기가 느껴졌어요. 제 뒤에는 얀이 있었는데 정말 든든했죠. 들어가자마자 저를 막는 선수보다 제가 빠르다는 걸 알아챘고, 저의 강점은 스피드니까 그걸 이용하자고 생각했어요. '세상에, 내가 아약스에서 뛰다니', 그런 생각은 하지 않았어요. 그냥 기분이 아주 좋았고 자연스러운 느낌이었지요."

그날 경기에서 아약스는 2-0으로 승리했다. 경기가 끝난 후 레이카르트가 그에게 다가와서 몇 살이냐고 묻더니 이렇게 말했다. "열일곱 살이라고? 네 앞에는 엄청난 미래가 펼쳐질 거야."

그로부터 며칠 후, 네덜란드의 겨울 휴식기 이후 베르캄프는 처음으로 선발로 출전했고 그 경기에서 좋은 활약을 펼쳤다. 상대 팀 하를럼의 수비수 뤽 네이홀트Luc Nijholt's를 철저히 무너뜨렸고 골까지 기록하며, 팀의 6-0 대승을 이끈 것이다. 자신보다 훨씬 경험이 많은, 슬라이딩 태클이 장점이던 선수를 상대로 베르캄프는 아주 간단한 해법을 내놨다.

"그의 키를 넘기는 플레이를 하기로 마음먹었죠. 그러면 그를 무너뜨릴 수 있을 것 같았어요. 실제로 그가 다가왔을 때 볼을 톡 쳐서 그의 키를 넘겨서 제치기도 했죠. 그 후에는 노마크 상태에서 크로스를 올릴 수 있었어요. 그 시기 윙어들은 지금보다 훨씬 역할이 간단했어요. 박스 안까지 침투해서 직접 슈팅을 하는 역할이 아니었죠. 측면에서 머물면서 상대 수비수를 측면으로 끌어들인 후에 수비수를 제치고 크로스를 올리는 것이 윙어의 역할이었어요."

베르캄프는 그 후로도 꾸준히 출전했지만, 크루이프는 베르캄프를 더 강한 선수로 만들기 위한 시도를 계속했다. 크루이프는 "그 시기에 정말 다양한 시도를 했죠. 프리킥 상황에서 베르캄프에게 수비 벽에 서라고도 했고, 수비 벽 밖에서 골키퍼와 위치를 조정하라고 시키기도 했어요. 그가 그런 상황에 어떻게 대처하는지 보기 위해서였죠. 상대의 프리킥 상황에 그가 팔을 들어 자신의 얼굴을 가리는지 같은 것들을 보려고 했죠. 그는 빨리 배우는 선수였습니다. 그를 더 강한 선수로 만들기 위해 아주 많은 것을 알려줄 필요는 없었죠. 또 그는 책임감이 있었어요. 자신이 돈을 받으며 뛰는 선수라는 사실을 이해하고 있었죠. 그 시기 선수들의 수입은 관중 입장 수입과 직결되고 있었고, 그는 그보다 나이가 많은 선수들, 또 가족을 부양해야 하는 선수들에 대한 책임감과 이해심을 갖고 있었어요. 그는 예의 바른 사람이었지만, 일단 경기가 시작되면 자신에게 주어진 역할이 뭔지 정확히 아는 선수였습니다. 그런 걸 배우는 데 더 오랜 시간이 걸리는 선수들도 있죠. 예를 들면, 레이카르트가 좀 천천히 배우는 선수였는데, 베르캄프는 그와 달리 아주 영리한 선수였습니다"라고 말했다.

베르캄프는 그의 동료들, 특히 판 바스텐으로부터도 많은 것을 배웠다.

"저는 다른 선수들이 하는 모든 것들을 집중해서 관찰했어요. 특히 판 바스텐, 레이카르트를 중점적으로 살폈죠. 그들을 포함한 다른 선수들과 코치들이 어떻게 대화하고 어떻게 커뮤니케이션하는지, 드레싱룸의 분위기는 어떤지, 다른 선수들은 저를 어떻게 대하는지 등을 모두 지켜봤어요. 물론 저와 코치들의 관계도 마찬가지였죠. 이 모든 것들을 아주 면밀히 관찰했어요. 그리고 어린 시절 글렌 호들의 플레이를 TV에서 봤던 것처럼, 판 바스텐에게서 배울 점이 무엇일까 생각하면서 그가 훈련하는 모습을 지켜봤어요. 특히 그가 갑자기 속도를 내는 모습을 지켜보는 것이 흥미로웠어요. 그는 기술로 상대를 제친 직후에 갑자기 속도를 내는 걸 정말 잘했는데, 그러면 상대 선수는 이미 박살 난 것이나 다름없었죠. 그는 그 플레이를 정말 잘했고, 게다가 골 결정력도 뛰어난 킬러이기도 했어요. 항상 제일 앞장서서 공격을 이끌었죠. 저는 그보다 좀 더 뒤에서부터 공격하는 스타일이었어요. 만약 그 시절에도 축구 기록을 기록하는 매체가 있었다면, 판 바스텐의 골은 아마도 대부분 골라인으로부터 10미터 부근에서 나온 것으로 기록되었을 거예요. 저는 15미터 정도였을 거고요.

판 바스텐은 저보다 훨씬 더 확실한 킬러 스타일의 공격수였어요. 아스널 시절의 이안 라이트Ian Wright가 그와 조금 비슷한 유형이었죠. 하지만 판 바스텐은 모든 플레이에 우아함 같은 것이 있었어요. 상대 골문의 모든 구석에 골을 찔러 넣을 수 있었고, 슈팅도 날카로웠죠. 또 슈팅 타이밍도 아주 빨랐어요. 갑자기, 붐! 그건 저도 조금 비슷했죠. 그리고 단거리를 질주할 때 그만의 스타일이 있었는데, 그것도 저와 같았어요. 나중에 발목에 문제가 생겨서 슈팅 자세가 조금 달라졌지만, 저는 좀 더 수직적으로 서는 자세의 슈팅을 했어요. 그것

외에도 달리는 방식이나 앞으로 몸을 숙이는 방식, 스프린트하는 방식에서 그와 저는 비슷한 점이 많았죠. 그 방식대로 하면 아주 빠르게 달려서 상대 수비수를 제치는 데 유용했거든요. 그건 자연스럽게 체득하는 거지, 육상 클럽에서 따로 배우거나 한 건 아니에요. 육상 수업에서 저는 '너는 아주 자연스럽고 아름다운 달리기 자세를 갖고 있다'는 말을 들은 적이 있었어요."

베르캄프는 당시 세인트 니콜라스 리시움St. Nicolaas Lyceum 학교를 다니고 있었기 때문에 (참고로 이 학교는 루이 판 할이 공부한 학교이기도 하다, 크루이프가 말하는 '합리적인 우연'일까?) 오직 토요일에만 1군 팀과 함께 훈련할 수 있었다. 주중에는 학교 수업이 끝난 후에 리저브 팀 선수들과 함께 훈련을 했다. 크루이프의 말이다. "우리는 리저브 팀 훈련을 아주 강도 높게 하지는 않았습니다. 오히려 베르캄프의 교육을 위해 그의 단점을 개선하기 위한 시간으로 활용했습니다."

학교 수업과 빅 클럽의 축구를 병행하는 일은 점점 어려워졌다. 생물학 시험 때문에 베르캄프가 말뫼와의 컵위너스컵 8강전에 동료들과 함께 이동할 수 없었던 날이 있었다. 결국 그는 혼자 따로 이동했고, 경기에 출전하지 못한 채 벤치에만 앉아 있었다. 4일 후에 열린 2차전은 베르캄프가 다음 단계로 성장하게 된 경기였다. 당시 말뫼는 미래에 잉글랜드 대표팀 감독에 오르는 로이 호지슨Roy Hodgson이 이끌고 있었다. 1차전에서는 말뫼가 강도 높은 축구를 구사한 끝에 1-0 승리를 거뒀다. 2차전에서 베르캄프는 스웨덴 대표팀 경험이 풍부한 풀백 토르비욘 페르손Torbjorn Persson을 상대했다. 경기 전, 브루인스 슬롯이 선수들에게 상대 팀에 대한 자료를 보여줬다. 베르캄프는 깜짝 놀랐다. "그는 상대 팀에 대한 모든 것을 다 알고 있었어요. 이 수비수는 세미프로고, 그의 주업은 우체부고, 아이가 둘 있고, 왼발잡이고, 전방 침투를 좋아하고…. 솔직히 그런 정보에 크게 귀를 기울이진 않았어요. 저는 '어디 한번 해보자. 나는 내 스타일대로 플레이할 거고, 내 스피드를 믿으니까' 하고 생각했었거든요."

크루이프 역시 그와 비슷한 생각을 갖고 있었다. 그는 베르캄프에게 "저 수비수는 이미 늙어서 쓸모가 없어. 네가 그보다 훨씬 나은 선수다"라고 말했다. 그건 크루이프의 또 다른 심리전이었다. "저는 항상 제 공격수들에게 네가 상대편 선수보다 낫다고 말했습니다. 베르캄프가 경기장의 분위기나 방송사 카메라, 유럽 대회 트로피 같은 것들에 신경 쓰지 않고 그를 막는 수비수를 무너뜨릴 수 있기를 바랐죠. 저는 그에게 두 가지가 발생할 수 있다고 말했어요. 네가 그를 제쳐서 그가 더는 전진할 엄두를 못 내거나, 혹은 네가 그를 공략하지 못해서 그가 본인이 원할 때마다 공격에 가담하거나 둘 중 하나라고 했죠. 동시에 다른 선수들에게도 베르캄프 쪽으로 집중해서 볼을 전달하라고 말했습니다. 그의 수비수가 그를 내버려두고 있었으니까요. 물론 그건 감독 입장에서는 위험을 무릅쓰는 일이었죠. 말하자면 일종의 도박이었습니다. 그러나 대개의 경우 제 도박은 잘 적중했습니다."

베르캄프는 크루이프가 말한 그대로 플레이했고, 결국 페르손에게 잊고 싶은 밤을 선사했다. 베르캄프는 계속 기회를 만들어냈고 아약스는 3−1 승리를 거뒀다. 하지만 그에게는 승리를 만끽할 시간이 없었다. 다음 날 아침에 치를 수학 시험을 준비해야 했기 때문이다.

그건 참 특이한 경험이었을 것 같아요. 경기장 위에서는 수천 명의 팬들 앞에서 뛰는 스타 선수고, 다음 날 학교에 가면 평범한 학생이라니. 그런 차이는 어떻게 극복했나요?

베르캄프 "정말 이상한 경험이었죠. 그렇다고 절대 거만해져서는 안 돼요. 그런 건 네덜란드에서는 통하지 않거든요. '네가 유럽 대항전에서 뛴다고? 그래서 뭐?' 대개 이런 반응이죠. 물론 질투하는 몇몇 학생들도 있지만, 대부분의 친구들은 아주 긍정적으로 대해줬어요. 경기가 끝나고 나면 종종 방송사에서 교실로 찾아와 인터뷰를 하기도 했어요. 준결승 대진에 대해 어떻게 생각하는지 같은 질문을 했죠. 종종 생방송도 있었어요. '이건 어떻게 생각해?'라고 물었다가 대진이 나온 후에는 '자, 이번 대진에 대해서는 어떻게 생각해?'라고 묻는 식이었죠. 저는 '글쎄요. 별로 신경 쓰지 않습니다'라고 답했습니다."

나중에 스타 선수가 됐을 때의 인터뷰 연습이 되었겠네요?

베르캄프 "바로 그겁니다. 하지만 좋은 경험이었어요. 사실 학교에서도 아주 크게 놀라운 일은 아니었어요. 저는 그 학교에서 몇 년을 보냈고, 그 기간에도 계속 아약스 유소년 팀 소속이었으니까요. 그러니까 학교에서 제 상황을 이해해준 거죠. 아약스 소속 선수라는 것 자체가 학교로서는 정말 중요하거든요. 그런 일이 생길 거란 걸 학교도 미리 알고 있었던 거죠. 프로축구 선수가 있다는 것이 학교 입장에서도 나쁠 것은 없으니까요. 그들이 다른 곳에서 자랑할 수 있는 그런 것이기도 하고요."

베르캄프는 그가 스웨덴 클럽 말뫼와의 경기에서 보여준 경기력 이후에 따라온 것들에 놀랐다.

베르캄프 "그로부터 몇 년이 지난 후에도 사람들은 그 경기 이야기를 했어요. '오, 베르캄프. 네가 그 수비수를 박살냈던 경기 아직도 기억한다.' 이런 식으로요. 물론 그건 제게도 좋은 경험이었죠. 홈구장에서 1군 팀과 경기를 하고, 드레싱룸에서 나와 좁은 복도를 지나 다른 방향에서 다가오는 상대 팀 선수를 보는 일 같은 것들이요. 축구화 스터드가 타일에 부딪치는 소리나 꽃을 들고 가서 관중석에 던져주는 일, 아약스의 하얀색과 빨간색 유니폼을 보는 것, 그 아름다운 하얀 더비 스타 축구공을 보는 것들 말이에요. 넓은 피치는 항상 잔디가 완벽하게 관리되어 있었고 볼을 받을 때마다 커지는 관중들의 함성 소리를 들었던 것도 기억이 나요."

베르캄프와 아약스의 준결승전은 순조롭게 흘러갔다. 아약스는 레알 사라고사를 수월하게 꺾었다. 그다음 무대는 아약스의 1970년대 초 황금기 이후 첫 결승전이었다. 장소는 아테네였고 그들의 상대 팀은 동독의 로코모티브 라이프치히였다. 그들은 밝은 노란색 유니폼을 입고 결승전에 나섰다. 베르캄프는 학교로부터 특별히 허가를 받고 선수단과 함께 아테네로 이동했다.

베르캄프 "그때의 여행은 특히 인상이 깊었어요. 예를 들어 우리가 그리스에 도착했을 때 판 바스텐이 버스에서 제 옆에 앉아 경기 보너스에 대해 이야기했어요. 저는 1만 7500길더 정도일 거라고 생각했는데, 어쩌면 2만 5000길더였는지도 몰라요. 저에게는 아무런 의미가 없었으니까요. 그때는 돈에 별로 신경 쓰지 않았거든요. 저는 그냥 '알겠어'라고 대답했지만 속으로는 '지금 돈이 무슨 상관이야'라고 생각했지요."

그는 크루이프의 환상적인 심리전을 또 한 번 경험할 수 있었다. 아테네에서 대니 블린트가 해변가에서 조깅을 하다가 부상당하는 바람에 팀에 경험 많은 풀백이 비어 있는 상태가 됐다. 크루이프는 선수단에서 가장 어린 선수 중 한 명이었던 프랑크 페를라트Frank Verlaat를 그 자리에 발탁하고, 경험 많은 다른 선수들에게 문제가 있을 때마다 그 선수를 커버하라고 지시했다.

베르캄프 "블린트가 부상당했다는 소식에 모두가 당황했지만, 크루이프는 눈도 깜짝하지 않았어요. 그는 마치 뭔가 문제가 발생할 때마다 오히려 더 흥미롭게 여기는 것 같았어요. 아마도 그런 문제들이 그에게 자극을 주는 것 같아요. 저도 그런 부분이 있어요. 갑자기 상황이 바뀌어도 전혀 당황하지 않거든요. 그저 그 문제를 어떻게 해결할까를 생각하죠. 저는 편안한 상태에서 빠져나와 새로 적응하는 것을 즐기는 편이에요."

결국 페를라트는 큰 문제없이 경기를 치렀고 아약스는 다소 지루했던 그 경기에서 판 바스텐의 헤딩 골에 힘입어 1-0 승리를 거뒀다. 그 골은 그가 아약스를 떠나 AC 밀란으로 이적해서 루드 굴리트와 만나기 전에 터뜨린 그의 마지막 골이었다. 베르캄프는 후반전에 교체 투입됐지만 그 경기에 대한 기억은 많지 않았다.

베르캄프 "판 바스텐의 골은 아주 멋졌지만 제가 기억나는 건 그게 다예요. 아마 제가 공격에서 한 번의 기회를 만들었을 거예요. 그런데 갑자기 경기가 끝났고 우리는 우승을 차지했죠. 그 후에 호텔에서 파티가 있었어요. 저는 차분했지요. 저는 그 우승이 특별했다기보다 '이제 첫 번째 우승을 차지했구나'라고 생각했어요."

1987-88시즌 시작 전에 베르캄프는 아약스와 프로 계약을 맺었다. 그는 이후에도 심리학 공부를 1년간 지속했지만, 이제 그에게는 축구가 본업이 된 것이다. 한편, 크루이프는 아약스 이사진들과 갈등을 겪고 있었고, 상황은 점점 좋지 않게 흘러갔다. 크루이프는 판 바스텐의 빈 자리를 대신하기 위해 맨유에서 뛰었던 프랑크 스태플튼 Frank Stapleton을 영입했는데, 그 영입은 실패했다. 그는 컨디션이 좋을 때는 강하고 영리한 공격수였지만, 부상이 너무 잦았다. 아약스가 리그에서 고전하고 있을 때 크루이프는 선수들과도 논쟁을 벌였다. 그는 이사진에게 클럽이 더 프로페셔널한 미국 스타일로 운영되어야 한다고 주장했다. 그러나 함센 회장은 "크루이프는 남의 말을 들을 줄 몰라"라고 하며 분개했다.

크루이프는 아약스를 '아마추어' 같은 클럽이라고 비판했고, 팀 분위기는 점점 험악해지기 시작했다. 9월 중순에 이미 아약스는 3패를 당했다. 게다가 팀의 주장인 레이카르트가 크루이프에게 "그만 좀 불평하라"고 소리를 치며 방을 나간 사건도 발생했다. 비판을 받아도 아랑곳하지 않던 판 바스텐과 판트 스킵과 다르게 레이카르트는 더 이상의 비판을 받아들이지 않았다. 그는 결국 거의 팀에서 사라지다시피 했다가 시즌 후반에 레알 사라고사와의 경기에서 뛰고, 유로 1988에 출전한 뒤 AC 밀란으로 이적했다. 크리스마스 무렵, 아약스의 함센 회장은 공개적으로 크루이프와의 계약을 연장하지 않을 거라고 발표했다. 크루이프는 광분했다. 그로부터 며칠 후인 1988년 1월, 그는 회장에게 사임 의사를 밝혔다. 만약 그것이 협박을 위한 것이었다면, 그 결과는 오히려 더 좋지 않았다. 아약스 이사진은 그의 사임을 그대로 수락했고, 감독 크루이프와 아약스의 인연은 갑작스럽게 끝났다.

감독으로서 크루이프는 그 이후 더 큰 성과를 달성했다. 바르셀로나로 돌아가 바르셀로나의 '드림 팀'을 완성했고, 그곳에서 유러피언 컵(현재의 챔피언스리그) 우승을 차지했다. 당시 결승골을 기록한 선수는 쿠만이었다. 또 널리 알려진 것처럼, 자신이 가진 모든 노하우를 펩 과르디올라에게 전수했고, 바르셀로나의 새로운 유소년 팀('라 마시아')을 만들었다. 그중 상당 부분은 아약스의 모델을 본딴 것이었다. 당시 아약스 회장의 결정은 큰 관점에서 보자면 2010 남아공 월드컵에서 네덜란드의 우승을 좌절시킨 격이 됐다. 그 결승전에서 스페인은 완벽한 크루이프 스타일 축구를 구사하며, 아약스 출신 선수들로 가득한 네덜란드를 꺾었다. 하지만 이후에 다시 언급하겠지만, 베르캄프와 크루이프의 관계는 그것이 끝이 아니었다.

그 후로도 크루이프의 베르캄프에 대한 애정은 전혀 줄어들지 않았고, 특히 최근 아약스를 함께 운영하면서 더욱 깊어졌다. "베르캄프는 마치 헬리콥터에 올라타서 내려다보는 것 같은 시야를 가진 선수입니다. 그는 모든 것을 관찰하면서 완벽하게 균형을 잡죠. 그는 균형 그 자체입니다. 그를 압박하는 것은 무의미합니다. 그의 주변에서 사람들이 아무리 소리를 쳐도 그는 항상 차분하게 생각을 하죠. 그는 더 넓은 관점에서 보고 생각하기 때문에, 경기 중에 선수들 사이의 연결고리를 찾아냅니다. 그는 정말 차분하면서도 멋진 사람입니다. 그가 화를 내기 전까지는요. 화를 내더라도, 그는 그때조차 지성적입니다. 그럴 때 그가 하는 말들은 사람들에게 상처를 줄 수 있을 만큼 아주 정곡을 찌르는 말들이지만, 그럼에도 항상 사려 깊습니다. 그런 사람이 자신이 소속된 조직에서 영향력이 큰 사람이 되는 것은 어쩌면 당연한 일입니다. 그게 자연스러운 수순입니다."

한편, 베르캄프도 나이가 들면서 크루이프와 비슷한 모습을 보이기도 했다.

베르캄프 "저는 정말 크루이프를 좋아했어요. 제가 항상 그에게 동의한 것은 아니었다 하더라도 그와 나눈 논의들은 항상 세부적인 사항에 대한 것이었지, 단순한 원칙에 대한 것이 아니었어요. 우리는 원칙에 대해서는 의견이 다른 적이 없었어요."

그들의 관계는 매우 가깝다기보다는 서로에게 항상 기분 좋은 것이었지만, 베르캄프는 자기 자신이 크루이프 같은 존재로 성장했다는 말에는 괘념치 않았다.

베르캄프 "그게 문제될 게 있겠어요? 종종 그와 제가 아주 비슷한 생각을 한다는 걸 느꼈어요. 그게 제가 어린 시절 그로부터 받은 영향 때문인지, 아니면 그냥 그와 제가 비슷한 성향을 가진 사람이어서 그런지는 모르겠지만 말이에요."

일부러 크루이프처럼 되려고 노력한 적이 있었나요?
베르캄프 "설마 그럴 리가요. 누군가를 따라 하려고 하는 것은 제 스타일이 아니에요. 만약 제가 그랬다면, 크루이프가 곧바로 알아차렸을 거예요."

당신은 크루이프처럼 사람들과 싸우는 걸 좋아하지는 않지요?

베르캄프 "맞아요. 저는 크루이프가 항상 갈등을 일으키는 사람이
라는 평가를 듣는 걸 이해할 수 있어요. 어쩌면 그게 그의 성격일 수
도 있거든요. 그는 갈등을 필요로 하고 그걸 원했을 수도 있어요. 모
든 것이 순조롭게 흘러갈 때 그는 항상 다른 것을 찾았거든요. 맞아
요. 그는 늘 그랬어요. 하지만 저는 그가 왜 그랬는지 이해합니다. 그
런 부분이 그와 제가 다른 부분이에요. 저는 그보다는 모든 게 부드
럽게 흘러가는 걸 더 좋아합니다."

3

루이 판 할

자정이 가까운 시간 수만 명의 팬들이 레이체 광장에서 홍염을 터뜨리며 즐기고 있었다. 1992년 5월의 어느 밤, 아약스는 UEFA컵에서 우승을 차지했지만 정작 그곳에 주인공은 없었다. 이 대회 결승전 이전까지 뛰어난 활약을 펼쳤던 베르캄프는 감기와 고열로 인해 토리노와의 결승전이 벌어지던 시각, 잠에 빠져 있었다. 은색 트로피를 든 아약스 선수들로 가득한 시립 극장 발코니에서 패기 넘치고 의기양양한 루이 판 할이 연설을 시작했다. 마이크를 잡은 그는 발코니 난간을 향해 인파를 뚫고 나아갔다. 판 할은 오늘 밤의 승리에 감사하는 군중들에게 말하고 싶었다. 그는 메시아의 도착을 기다리는 것처럼 높이 든 검지를 밤하늘을 향해 찌르면서 "한 남자!"라고 외쳤다. 그는 발코니 앞으로 몸을 푹 숙이고 마치 떨어질 것 같은 자세로 다시 한번 "한 남자!"라고 외쳤다. 효과를 위해 잠시 멈췄던 그가 '데니스, 베르캄프!'라고 외치자 군중들이 열광하며 함성을 질렀다. 광장에 모여 있던 남녀노소 모든 팬들이 네덜란드의 새로운 스타의 이름을 한목소리로 외쳤다.

판 할 감독은 그 뒤로 베르캄프에 대해 공개 석상에서 그렇게 열정적으로 말한 적이 없었지만, 그날 밤 두 사람은 정말 뗄 수 없는 콤비처럼 보였다. 이스터 섬의 모아이 석상을 닮은 판 할 감독은 아약스 감독에 부임한 지 6개월 만에 팀의 유망주들을 스타로 만들어냈다. 아약스는 그 시즌 UEFA컵에서 특유의 개성을 모두에게 선보이며 경기를 압도했다. 창의적이고 빠르고 대담하면서도 멋들어진 조직력을 자랑하는 아약스의 축구, 그 중심에 있던 선수가 다름 아닌 베르캄프였다.

UEFA컵 우승은 그 시기에 아약스가 아주 불안정한 시간을 보내고 있었다는 점을 감안하면 더욱 인상적인 성과였다. 4명의 황제가 거쳐 간 서기 69년 무렵을 고대 로마 역사의 정치적 대혼란기라고 하는데, 1989년부터 1991년 사이 아약스에는 무려 9명의 감독이 거쳐 가는 대혼란기를 겪었다. 그것은 정말로 혼란스러운 조합이 이어진 시기였다. "순서조차 잊어버렸어요. 정말 짧은 시간에 너무 많은 감독이 왔다 갔죠." 베르캄프가 말했다.

1988년 1월 크루이프가 떠났을 때, 아약스는 보비 함스Bobby Haarms, 베리 홀쇼프Barry Hulshoff, 스피츠 콘Spitz Kohn에게 순서대로 팀의 지휘를 맡겼다. 그 후 독일인 쿠르트 린데르Kurt Linder가 팀을 이끌었지만(베르캄프는 그가 자신이 만나본 최악의 감독이었다고 기억한다), 그는 겨우 3개월 만에 콘에게 다시 자리를 내줬다. 그리고 잠시 (주니어 팀 담당이었던) 루이 판 할이 맡았다가 레오 벤하커Leo Beenhakker에게 지휘봉을 내주었지만, 그는 한 시즌 반 만에 레알 마드리드로 떠났다.

그뿐만 아니라, 1991년 판 할이 감독에 부임하기 이전에 크루이프와 격렬하게 마찰을 빚었던 함센 회장이 팬들의 거센 항의와 언론의 비판 속에 물러났다. 몇 달 후 그는 뇌졸중으로 쓰러졌다. 게다가 당시 세금 스캔들까지 겪었던 아약스는 한 훌리건 팬이 F면 테라스에서 금속 봉으로 상대 팀 골키퍼를 공격한 사건 때문에 유럽 대회 1년 출전 금지까지 받았다. 그동안 선수들은 전술적인 면에서 침몰에 가까운 엄청난 혼란에 시달려야 했다. 베르캄프 역시 한창 발전해야 하는 시기에 다양한 포지션과 역할 사이에서 혼란을 겪고 있었다. "그때는 정말 흥미로운 시기였죠. 하지만 그로부터 많은 것을 배우기도 했어요. 좋았든 나빴든 그 모든 감독들로부터 정말 많은 것을 배웠거든요."

베르캄프는 크루이프의 지도 아래 1군 팀에 승격했고 유럽 대항전 결승전에서 뛰었으며 오른쪽 윙어로서 자리를 잡았다. 레이카르트, 판 바스텐, 얀 바우터스 같은 선수들이 뛰는 팀에서 그는 자기 역할 이상을 해냈다. 그 이후 아약스 회장과의 갈등 속에 크루이프가 작별 인사도 남기지 못하고 떠났다. 실제로 그 이후 두 사람은 3년 반 동안 대화를 나누지 못했다.

"감독님이 연락을 해서 짧게라도 격려의 말을 해주지 않을까 생각했었죠. '침착하게 최선을 다해라' 같은 말이요. 어쩌면 일부러 연락을 안 하신 것 같아요. 제가 스스로 더 성장하길 바라는 마음에서.

그리고 저는 그렇게 했어요. 그때 그 일로 트라우마를 겪는다거나 그러지는 않았죠." 베르캄프가 말했다.

한편, 아약스는 1987-88시즌에 3명의 감독을 겪으면서 매우 혼란스러운 행보를 이어 갔지만 그럼에도 다시 한번 컵위너스컵 결승전에 진출했다. 그러나 그들은 전 아약스 감독인 아드 드 모스가 이끈 메헬렌Mechelen에 패했다. 베르캄프는 대부분의 경기에 출전했고 종종 골을 기록했다. 그러나 이 시기 그는 오른쪽 윙어로서 풀백들을 제치고 중앙 공격수에게 정확한 크로스를 올려주는 플레이에 집중했다.

다음 시즌 초 린데르 감독의 부임은 더 큰 문제를 불러왔다. 그는 함센 회장이 크루이프의 개혁을 되살리기 위해 데려온 감독이었다. 크루이프는 언제나 공격 축구를 추구했고, 아주 유연한 포메이션을 사용했다. 4-3-3, 3-4-3, 심지어 3-3-4까지. 함센 회장 역시 네덜란드의 많은 축구 보수주의자들처럼 크루이프가 대단하다는 것은 알았지만, 의지할 수 없는 사람이라고 생각했다. 이제 필요한 것은 규율과 수비의 안정성이었다. 그래서 그는 1980년대 초에 아약스를 잠시 이끌었던 독일 감독인 린데르를 데려왔던 것이다. 함센 회장과 함께 스키를 타는 친구 사이였던 린데르는 은퇴한 뒤 스위스에서 지내고 있었지만, 함센 회장은 그를 설득해서 다시 암스테르담으로 데려왔다.

"린데르 감독은 완전히 아웃사이더였어요. 그는 아약스의 문화를 전혀 이해하지 못했죠. 어린 선수들도 그에게 도전했고, 고참 선수들은 그보다 전술적인 면에 대해 더 잘 알았어요. 암스테르담 사람들은 조금씩 과장하고 으스대면서 자랑하는 걸 좋아하는 경향이 있죠. 감독에게는 그런 걸 다루는 두 가지 방법이 있어요. 자기 자신의 방법으로 다루던가(그러려면 다른 사람들보다 나아야죠), 혹은 그들의 방법에 맞추던가. 그런데 린데르 감독은 그 둘 다 아니었어요. 그래서 곧 훈련장에서 대놓고 조롱을 당하고 말았죠." 베르캄프가 말했다.

린데르는 아약스에서 뛰는 선수들을 전혀 통제하지 못했다. 당시 아약스에는 리누스 미헬스 감독의 지도를 받았고, 유로 1988에서 우승을 차지한 선수 세 명이 있었다. 처음부터 주장인 얀 바우터스가 팀의 세부적인 부분을 이끌기 시작했다.

"경기 중에 얀이 선수들에게 지침을 내렸어요. '너는 오른쪽으로 2미터 더 이동해. 너는 왼쪽 뒤로 이동해.' 린데르가 감독으로서 직접 지휘하려고 하면 얀이 화를 냈고, 그러면 감독은 '알았다. 네가 알아서 해라'라고 말하곤 했어요. 정말 황당한 상황이었죠." 그럼에도 린데르 감독은 베르캄프를 팀에서 배제하기 시작했다. "그는 윙어가 없는 4-4-2 포메이션을 썼어요. 그래서 저를 배제해버렸죠. 아무 말도 없이."

사실 린데르는 아주 짧게 말했다. 베르캄프, 또 미래에 바르셀로나에서 스타가 되는 리처드 비츠헤Richard Witschge를 유소년 팀으로 내린 후 그는 아래 레벨의 다른 팀 감독에게 말했다. "저 둘은 쓸모가 없어." 그때 그 말을 들은 사람이 다름 아닌 판 할이었다. 그러나 판 할의 생각은 달랐다. 베르캄프는 동기부여를 잃은 상태였지만, 판 할은 그에게서 가능성을 봤다. 그리고 베르캄프가 잘못된 포지션에서 뛰고 있다고 생각했다. 그래서 판 할은 베르캄프에게 윙어의 등번호인 7번이 아니라, 등번호 10번을 주고 윙어가 아니라 투톱 중 아래

포지션에서 뛰는 세컨드톱 공격수 포지션을 맡겼다. 그리고 베르캄프에게 전술적으로 생각하도록 권장했다. 볼렌담에서 열린 유소년 대회에서 베르캄프는 맹활약을 했다. 베르캄프는 빠른 발만큼이나 머리 회전이 빨랐다. 공격 라인 사이에서 자유자재로 오가면서 영리한 패스를 뿌려줬고 뛰어난 포지셔닝 능력으로 상대를 속이며 골까지 기록했다. 결국 베르캄프는 그 대회 최고의 선수에 선정됐다. 하지만 그보다 더 중요한 것은, 그가 운명의 포지션을 찾았다는 것이었다. 베르캄프는 그때 그 순간을 자신의 인생에서 아주 중요한 순간으로 기억하고 있다. 그에게 그 일은 크루이프가 그를 1군에 처음 발탁했던 순간과 리누스 미헬스가 3년 후에 그를 대표팀에 선발한 것처럼 중요한 순간이었다.

모두에게 다행스럽게도 (린데르 본인에게도 마찬가지로) 그는 3개월 만에 사임했다. 그의 뒤를 이어 콘과 판 할이 지휘봉을 잡았다. 형식적으로 판 할은 어시스턴트 코치 역할을 수행했지만, 실제로는 대부분의 중요한 결정을 내렸으며 그의 구상에 있어 베르캄프는 아약스의 핵심이었다. 베르캄프는 최전방 공격수 바로 뒤, 그리고 양측 윙어 가운데 위치에서 프리 롤을 맡아 엄청난 활약을 보여줬고 10경기 연속 골을 기록하며 네덜란드 축구 신기록을 세웠다. 당시에는 그가 맡고 있는 포지션을 정확히 일컫는 명칭조차 없었다. 그래서 네덜란드 언론이 만들어낸 표현이 바로 '섀도 스트라이커Shadow Striker'였다. 그는 평생을 뛸 그의 천직 포지션을 만난 것이다.

"그때부터 갑자기 플레이로부터 자유를 느꼈어요. 양발도 자유자재로 사용할 수 있게 됐고, 많은 골을 기록할 수 있는 선수라는 걸 증명할 수 있게 됐죠. 유소년 시절부터 항상 연습했지만 팬들은 아직 잘 모르던 모습이었어요. 또 등번호 10번을 달고 활약하는 것도 정말 큰 동기부여가 되는 일이었어요. 모든 게 새롭고 흥미로웠죠. 한 순간도 망설이거나 헤맨 적이 없어요. 어디로 뛰어야 하는지도 알고 있을 정도로 모든 게 아주 자연스러웠죠. 갑자기 저에게 정말 놀라운 일이 벌어졌어요."

그 시즌, 아약스는 정말 아깝게 리그 우승을 놓쳤다. 아약스의 새로운 이사진은 레오 벤하커에게 새 감독을 맡겼고, 베르캄프는 다시 기회를 잃었다. 다시 돌아보더라도 신기한 것이 벤하커는 베르캄프를 신뢰하지 않았고, 10번 자리에 빔 용크Wim Jonk, 론 빌렘스Ron Willems, 로날드 더 부르Ronald de Boer 등 세 선수가 더 좋은 활약을 할 거라고 생각했다. 베르캄프는 다른 역할을 맡았지만 어떤 포지션에서도 그 전처럼 활약하지 못했다. 이 기간 중 그는 중앙 공격수나 왼쪽 윙어, 딥라잉 미드필더 자리에 교체 선수로 주로 투입됐다.

"저는 의욕을 잃은 상태였어요. 왜냐하면 자신의 능력으로 팀에서 자리를 차지했다고 생각했었거든요. 팀에서 자신만의 '베르캄프 포지션'을 만들어냈다고 생각했었죠."

새로운 감독들이 올 때마다 베르캄프는 그만의 스타일로 팀에 기여할 수 있다는 것을 보여주고 싶었다. 그러나 감독들은 그들 고유의 스타일에 집착했다. 그것이 곧 그들의 팀에 대한 권력을 보여주는 일이었기 때문이다.

"콘과 판 할 감독이 저에게 와서 이렇게 말한 적이 있어요. '누가 처음으로 너한테 10번 롤을 맡겼는지 알지? 우리가 너에게 처음 그 기회를 준 사람들이다.' 저는 그런 말을 들으면 '왜 그런 말이 필요한 거지?'라고 생각했어요. 새로운 감독들은 모두 클럽 이사진들로부터 인정을 받길 원했어요. 판 할이 특히 그랬죠."

벤하커는 좋은 사람이었지만, 베르캄프는 린데르 감독 시절보다 더한 부진을 겪기 시작했다.

"최소한 린데르 감독 시절에는 왜 저를 출전시키지 않는지는 알았죠. 4-4-2 포메이션을 쓸 때 클래식한 역할을 수행하는 오른쪽 윙어가 필요없었기 때문에 배제된 거였어요. 그런데 벤하커 감독은 제 축구 기술을 믿지 못했어요. 제가 부족하다고 생각했죠."

벤하커는 훗날 이 사실을 부정하면서 그저 자신은 리그 우승을 위해 노력한 것뿐이라고 주장했다. 그러나 그는 그 당시 아직 20세였던 베르캄프에 대해 너무 소홀했고, 그가 1990 이탈리아 월드컵에 출전하기에는 아직 부족하다고 생각했다. (사실 당시 베르캄프에게는 행운이 따랐다. 네덜란드의 스타플레이어들은 크루이프가 대표팀 감독이 되길 원했고, 벤하커 감독 또한 월드컵에 집중하는 대신 매일 네덜란드 축구협회와 싸웠다. 월드컵에서 우승할 수 있는 전력이었던 네덜란드는 결국 1승도 하지 못했다.)

한편, 베르캄프는 그해 여름을 더 생산적으로 보냈다. 아약스로 돌아온 벤하커 감독은 그를 보고 깜짝 놀랐다. 벤하커의 말이다. "베르캄프는 완전히 다른 선수가 되어 있었어요. 자신감이 넘쳤고 태도도 당당했죠. 마치 저에게 '내가 누군지 제대로 보여주겠다'라고 말하는 것 같았습니다. 젊은 선수들은 몇 주 사이에 급성장하는 경우가 있잖아요. 그 여름 베르캄프는 유소년에서 성인 선수로 성장했던 겁니다.

물론 그건 제가 어떻게 했던 것이 아니라 그 스스로 한 것이었죠."

베르캄프는 그 시기에 대해 뚜렷하게 기억하고 있지는 않다.

"벤하커 감독님이 그렇게 말했나요? 만약 그가 그렇게 생각했다면, 그건 진짜였을 거예요. 저는 그 전 시즌에 상처를 받았었거든요. 감독님이 만족하지 못해서 출전시키지 않는다면, '아 내가 달라져야 하는 구나'라고 생각하게 마련이죠."

변화의 계기가 무엇이었든 간에, 한 가지는 확실했다. 베르캄프가 아약스 최고의 10번 선수라는 것. 그리고 그는 팀 동료들에 대한 이해도 매우 뛰어났다. 그는 훗날 이 능력 덕분에 이안 라이트, 니콜라 아넬카Nicolas Anelka, 파트릭 클루이베르트Patrick Kluivert, 티에리 앙리Thierry Henry와도 큰 활약을 하게 된다. 그의 움직임과 놀라운 수준의 정확한 슈팅 능력은 빔 용크의 수비를 무너뜨리는 패스와 환상의 조화를 이뤘다. 두 사람의 조합 속에 엄청난 골이 계속해서 만들어졌고, 또 다른 동료였던 스웨덴 출신 공격수 스테판 페테르손Stefan Pettersson은 베르캄프가 뒷 공간에서 침투해 골을 노리는 플레이를 헌신적으로 도와줬다. 베르캄프는 모든 동료들과 좋은 호흡을 보였고 벤하커는 그들의 플레이에 매우 만족했다. "베르캄프의 타이밍과 스프린트, 그리고 골 결정력은 갑자기 한계를 모르는 듯 성장했죠. 그의 성장은 정말 대단했습니다." 그럼에도 그는 베르캄프가 너무 겸손했다고 생각했다. "베르캄프는 다른 선수들과 함께 있을 때 돋보이려고 하는 사람이 아니었습니다. 그는 아주 예의 바르고 조금은 과묵한 유형의 사람이었죠. 이런 부분은 아주 훌륭한 요소이지만, 프로 선수에게는 꼭 그렇지 않은 경우도 있죠. 그는 경기장 안의 베르캄프와 경기장 밖의 베르캄프를 모두 발전시킬 필요가 있었어요. 둘이 자연스럽게 융화되도록."

마침내 벤하커가 스페인으로 떠나면서 판 할이 1군 팀을 지휘하게 됐다. 베르캄프는 그때를 잘 기억하고 있었다.

"그 후로 모든 게 좀 더 강도가 높아졌어요. 포지션의 문제라던가, 모든 경기의 세부적인 부분들을 아주 세세하게 이야기 나눴고요. 그는 항상 공책을 들고 다니면서 모든 걸 다 메모하는 습관이 있었죠. 그는 우리에게 조직적으로 뛰는 방식을 명확하게 알려줬어요. 그 시기 제 커리어가 지금도 마음에 들어요."

판 할이 감독이 된 후로 아약스는 소유권을 거의 잃지 않고 항상 강한 강도로 상대를 압박하는, 좀 더 토털 축구에 가까운 축구를 했다. 겨울 휴식기가 끝난 후부터 아약스는 비상하기 시작했다. 트벤테에 7-0 승리를 거뒀고, 그 경기에서 베르캄프는 대단한 골들을 기록하며 해트트릭을 달성했다. 판 할은 자신이 이끄는 젊은 아약스의 아름다운 플레이에 거의 눈물이 흐를 지경이었다. 리그에서는, 좀 더 현실적인 축구를 했던 PSV가 브라질의 축구 천재 호마리우Romário를 중심으로 팀을 강화시키고 있었다. 그러나 유럽 대회에서 베르캄프는 아약스의 핵심적인 역할을 하면서 UEFA컵에서 만난 상대들을 무너뜨렸다. 그중 한 팀이 오스발도 바뇰리Osvaldo Bagnoli가 이끌던 제노아였다.

"새로운 시대가 열리고 있다는 걸 모두 느낄 수 있었어요. 판 할 감독이 선수들을 모두 더 배고프고 야심차게 만들었어요. 그때 우리의 경기는 혁신적이었고 매력적이었고 또 즐거웠죠. 몇 경기에서 미끄러

지더라도 포기하지 않고 계속 다시 일어났어요. 그의 철학인 '팀은 어떤 선수보다도 중요하다'는 것에 대한 믿음이 있었거든요. 그는 '모든 선수들이 팀으로서 한 약속을 지킨다면 성공은 자연스럽게 따라올 것이다'라고 말했어요. 항상 그 말을 했죠. 그게 우리에게 팀으로서의 안정감을 줬어요."

판 할은 베르캄프에게 더 창의적인 동시에 비판적으로 경기를 바라보도록 지도했다.

"우리는 아주 꼼꼼하게 훈련했어요. 슈팅이나 패스 등 모든 면에서 더 발전했죠. 그리고 또 모든 면에서 아주 전술적으로 접근했어요. 이런 상황에서는 어느 방향으로 뛰어야 하고, 왜 그래야 하는지 같은 것을 숙지했죠. 그는 항상 '생각해라, 모든 움직임에 대해 미리 생각해라'라고 말했어요. 훈련 중에는 곧바로 지침을 받았지만 경기 중에는 직접 생각해야 했죠. 그는 항상 선수들이 자신이 하는 플레이에 대해 정확히 인식하고 있어야 한다고 강조했어요. 모든 움직임에 반드시 목적이 있어야 한다고 말이에요. 저도 제가 잘하고 있던 부분, 더 결정력을 높이는 부분에 집중했어요. 전술적인 부분이나 수비수들의 위치에 대해서도 더 많은 생각을 했고 상대의 약점을 알아내는 방법에 대해서도 마찬가지였어요. 그래서 주변에 있는 동료들과 소통하면서 더 좋은 위치를 찾을 수 있게 됐죠. 어떤 미드필더가 저를 마크하고 있다면, 가능한 전방에 높이 올라가서 그가 자기 팀 수비수들 위치까지 오게 유도했어요. 그리고 수비수가 저를 막고 있을 때면, 미드필드 진영까지 내려가서 그가 자기 위치를 벗어나도록 유도했죠. 그런 식으로 축구에 접근하는 것이 아주 즐거웠어요. 제 위치에 따른 다른 선수들의 움직임이나 경기 상황을 보는 것 말이에요. 그리고 항상 볼을 잡을 기회를 노렸죠. 항상 기회를 찾아서 질주할 수 있는 타이밍을 기다리면서요."

만약 이 이야기가 판 할과 베르캄프의 아름다운 우정의 시작처럼 들린다면, 그렇지는 않다. 축구는 항상 영화처럼 흘러가지 않는다. 감독과 스타 선수들 사이에 갈등이 발생하는 일도 많다. 그들의 두 번째 시즌에 그런 징후가 나타나기 시작했다. 여러 이유 중 하나는 판 할의 너무 강한 훈련 강도 때문이었다.

"우리는 어린 팀이었고 무엇이든 배울 자세가 되어 있었지만, 만약 우리가 그 상태로 5년을 지속했다면 그의 너무 강한 접근방식은 통하지 않았을 거라고 생각해요. 우리는 많은 논의를 했지만, 당시에 제가 한 결정이 최선이었다고 생각해요. 조금 건방지게 들릴지도 모르지만, 저는 그 당시 선수로서의 제가 감독으로서의 판 할보다 더 발전한 상태라고 생각했어요. 저는 본능적으로 제가 무엇을 해야 할지 알고 있었어요. 예를 들어 판 할 감독이 저에게 '수비를 지원하기 위해 뒤로 10미터 정도 더 물러서라'라고 말했다면, 저는 '감독님, 그렇게 하지 않는 것이 좋겠습니다. 왜냐하면 우리가 볼을 잡았을 때 제가 10미터 뒤로 처져 있다면, 그 10미터를 달리느라 마지막 순간에 결정력을 잃을 테니까요'라고 말했죠."

베르캄프는 다음 단계를 생각하고 있었다. 1년 전 UEFA컵 우승을 차지한 후부터 이탈리아어를 공부하기 시작한 것이다. 유럽의 빅클럽들이 그에게 관심을 보내고 있었다. 결국 베르캄프는 인터 밀란을 선택했다. 빔 용크도 마찬가지였다. 한 가지 문제가 됐던 것은, 그의 계약은 아약스와 PSV의 중요한 경기를 단 36시간 앞두고 헤이그에서 서명이 됐다는 것이었다. 판 할은 리그 우승을 간절히 원하고 있었고, 인터 밀란의 접근을 그에 대한 방해로 여겼다. 그리고 발렌타인데이에 펼쳐진 그 경기는 아약스가 원하지 않는 방향으로 흘러갔다. 전반 45분 동안 아약스는 좋은 플레이를 했고, 베르캄프도 자신의 최고 골 중 하나를 기록했다. 지금 돌아보면 그 골은 그가 6년 후 1998 프랑스 월드컵에서 아르헨티나를 상대로 기록한 그의 상징적인 골과도 유사했다. 50미터 거리에서 프랑크 더 부르가 보내준 패스를 무릎으로(!) 트래핑한 후에 아주 좁은 각도에서 골키퍼를 넘기는 칩샷으로 골을 성공시켰다. 그로부터 1분 후에 아약스의 실책으로 인해 PSV가 동점골을 기록한 것은 베르캄프의 잘못이 아니다. 호마리우조차 훗날 그날 경기 전반전이 1-1로 끝난 것은 이상한 일이었다고 회상했다. 그러나 전반전이 끝난 후에, 아약스는 지쳤고 PSV는 한 명이 퇴장당했음에도 2-1 승리를 차지했다. 아약스는 리그 4위로 떨어졌고, 판 할은 광분했다.

그로부터 24시간 후, 인터 밀란 이적이 공식적으로 발표됐다. 베르캄프와 용크는 기자회견을 가졌고, 곧바로 훈련으로 복귀했다. 이 모든 과정에서 베르캄프는 아약스에 절대로 피해를 주지 않기 위해 노력했다. 그들은 인터 밀란 유니폼을 들고 공식 사진 촬영까지 했지만, 새 시즌이 시작될 때까지는 이탈리아 언론과 인터뷰하지 않기로 했다. 그들의 유일한 관심은 아약스에서의 마지막 시즌을 우승하면서 성공적으로 마무리하는 것이었다. 그 두 선수의 에이전트였던 롭 얀센Rob Jansen은 두 선수가 아약스에서 백만장자가 되었지만 앞으로는 그보다 돈을 더 많이 벌 것이라고 농담했다. (인터 밀란은 용크에게 1000만 길더, 베르캄프에 3000만 길더를 지불했다. 두 선수의 이적료를 합치면 당시 네덜란드 역대 최다이적료였다.)

그 시즌 마지막 네 달 사이에 아약스는 점점 더 무너졌다. 결국 그 시즌에 우승을 차지한 페예노르트에게 0-5 대패를 당했고, 그 후에는 약체팀인 MVV 미스트리흐트에게도 승점을 잃었다. UEFA컵에서는 골키퍼 스탠리 멘조의 실수로 오세르전에서 패했고, 결국 판 할은 곧바로 그를 완전히 벤치로 내리는 잔인한 면모를 보여줬다. 그로 인해 기회를 잡은 선수가 어린 에드윈 판 데르 사르Edwin van der Sar였다. 또 다른 경기에서는 윙어 브라이언 로이Bryan Roy가 판 할 감독의 지시를 이행하지 않았다가 곧바로 포지아로 떠났다.

우승 확률이 점점 사라지면서, 판 할은 베르캄프와 용크에게 대놓고 분노를 드러내기 시작했다. PSV전에서의 패배의 책임을 그들에게 돌리면서 말이다. 여기까지만 해도 그래도 양호한 수준이었다.

"저와 용크에 대한 그의 비판은 부당했어요. 저는 그 시즌 아약스가 우승할 수 있도록 할 수 있는 모든 걸 다 했어요. 정말 그 목표를 위해 전력을 다했죠. 얀센이 인터 밀란과 협상을 하는 동안, 제 마음 속엔 오직 하나의 생각만 있었어요. PSV전에서 이기고 싶었어요. 금요일에 헤이그로 계약하러 간 것은 사실이지만, 저는 모든 일정을 잘 관리했어요. 토요일에도 빨리 잠들었죠. 하루 늦은 것 이상으로 노력했어요. 그런데 판 할은 저의 태도가 인터 밀란과의 경기 이후에 완전히 달라진 것처럼 대했죠. 그건 사실이 아니에요. 저는 매 경기에서 이전 경기보다 더 잘하고 싶은 사람입니다. 항상 그 목표를 갖고 뛰었죠. 최고의 선수가 되기 위해 또 이기기 위해. 그건 달라진 적이 없어요. 판 할은 그런 저에 대해 더 잘 알았어야 한다고 생각해요."

5월 초, 아약스는 빌럼 II에게 0-1로 졌고, 그 즉시 우승 가능성이 사라졌다. 후반전 20분, 판 할은 베르캄프를 빼고 수비수인 조니 한 센Johnny Hansen을 투입했다. 베르캄프는 교체되어 나오면서 이해할 수 없다는 듯 머리를 저으며 판 할을 바라봤다. "도대체 뭘 하는 거야?"라고 말하는 듯했다. TV 중계 화면에 판 할의 반응이 잡혔다. 마치 "내일 알려줄게" 하는 것 같았다. 다음 날, 판 할은 그 교체에 대해 언론과의 인터뷰에서 이렇게 말했다. "전술적인 교체였습니다. 베르캄프는 경기에 관여하지 못하고 있었어요. 아니, '이번에도 또' 경기에 관여하지 못하고 있었습니다. 그는 뛰어난 재능을 가졌지만 지금은 경기에 관심이 없는 것처럼 보입니다."

당시의 일에 대해 베르캄프는 이렇게 말했다. "제 입장에서는 그가 무엇을 하고 싶은지가 명백했어요. 하지만 그때는 제가 네덜란드의 아약스에서 보내는 마지막 시즌이었죠. 그래서 최고의 활약을 하고 싶었지만, 그는 저를 계속 끌어내리려는 것 같았어요. '너는 특별한 선수가 아니다. 그저 팀의 한 명일 뿐이다.' 이렇게 말하려는 것 같았죠. 그 경기에서 저를 교체한 건 정말 어리석은 결정이었어요. 저는 네덜란드 리그 득점 1위였거든요. 경기는 30분이나 남았어요. 그 경기를 뒤집을 충분한 시간이 있었죠. 그러나 그는 저를 빼면서 자신의 권위를 보이고 싶었던 거예요.

시즌 말 무렵부터 아약스가 저의 이적에 대해 언짢아하고 있다는 걸 느꼈어요. 그건 실망스러운 일이었어요. 저는 그 시즌(1992-93) 겨울 휴식기가 되기도 전에 이적을 발표했거든요. 구단에 미리 충분한 시간을 준 거죠. 그리고 떠나기 전에도 최선을 다했고, 아약스도 저를 내보내면서 많은 이적료를 받았어요. 더 이상 뭘 바라는 거죠? 아약스에서 훌륭한 성과를 남긴 선수가 높은 이적료를 팀에 안기고 해외로 이적하는 건 흔한 일이잖아요."

◆◇◆

당신과 판 할의 관계는 참 이상해요. 정말 생산적일 수도 있었는데 말입니다. 항상 긴장감이 넘쳤죠. 벤하커와의 관계는 덜 생산적이었지만, 관계는 아주 좋았잖아요?

베르캄프 "벤하커 감독을 상대로는 화를 낸 적이 없어요. 지금도 마찬가지죠. 그는 정말 좋은 사람이고, 팀을 이끄는 능력이 있는 사람이었어요. 말도 참 영리하게 하는 사람이었고, 스타 선수들도 잘 다뤘지만, 동시에 리저브팀 선수들과도 잘 지냈어요. 다른 어떤 감독보다도 스타 선수들이 많은 팀을 이끄는 데 능숙한, 사람 관리에 정말 뛰어난 사람이었어요. 그게 판 할과의 가장 큰 차이점이었죠. 벤하커 감독은 언론을 다루는 데도 뛰어났어요. 물론 저는 그가 생각하는 우리 팀의 10번 포지션에 대해서는 동의하지 못했죠…. '그건 내 자리라고!' 그래도 매일 하는 훈련이 즐거웠어요. 그는 선수들에게 한두 가지 실수를 알려줄 때도 항상 선수들을 존중하며 동기부여를 할 줄 알았어요. 저는 그런 점을 정말 존경했죠."

1992-93시즌 마지막 경기가 끝난 후, 아약스 팬들은 홈구장인 드 메어De Meer에서 베르캄프, 빔 용크와 감동적인 작별 인사를 나눴고, 불꽃놀이도 펼쳐졌다. 판 할 감독은 웃는 얼굴이었다. 그러나 그로부터 며칠 후 베르캄프가 아약스에서의 마지막 경기를 한 다음에는 그의 솔직한 생각을 털어놨다. 헤렌벤과의 네덜란드컵 결승전에서 골을 기록한 후, 그는 꽉 쥔 주먹으로 마치 포효하듯 자신의 화와 증오를 드러내는 듯한 세리머니를 했다.

그게 베르캄프와 판 할의 마지막이었다. 베르캄프가 판 할의 팀에서 뛴 마지막 경기가 됐기 때문이다. 그 후로 두 사람은 한 번도 만나지 않았다. 2000년에 판 할이 대표팀 감독이 됐을 때, 베르캄프는 이미 대표팀에서 은퇴한 뒤였다. 나중에 두 사람은 2011년 아약스에서 발생했던 내전 당시 서로 반대 진영에서 대립했다. 베르캄프는 크루이프 진영의 가장 든든한 동맹이었고, 판 할은 '안티 크루이프' 진영을 이끌고 있었다. 판 할은 그 후로도 네덜란드 대표팀 감독을 한 번 더 했다. 이 책을 쓰면서 판 할에게 인터뷰를 요청했을 때, 그는 인터뷰를 거절했고 그가 하고 싶은 말은 모두 2009년에 냈던《판 할: 전기와 비전Van Gaal: Biography and Vision》에서 다뤘다고 답했다. 그 책에서 판 할은 베르캄프에 대해 부정적으로 말했다. 아약스는 베르캄프가 떠났기 때문에 챔피언스리그 우승을 할 수 있었다고 말한 것이다. 그는 이렇게 썼다. "이렇게 말하는 것이 좋지 않을지도 모르지만, 야리 리트마넨Jari Litmanen은 베르캄프보다 더 진화한 10번 플레이어였다. 그 덕분에 팀이 더 밸런스를 가질 수 있게 됐다."

그건 아주 이상하고 비열한 발언이었다. 베르캄프와 리트마넨은 서로 아주 다른 선수고, 다른 시기에 다른 선수들과 함께 다른 역할을 수행한 선수들이었다. 그와 별개로 판 할은 분명히 아약스가 1995년 챔피언스리그 우승을 차지할 수 있었던 가장 큰 이유는 레이카르트의 복귀였다는 것을 알고 있었을 것이다. 레이카르트는 복귀 당시에는 미드필더로, 그 이후에는 중앙 수비수로 활약하며 팀의 성공을 이끌었다.

◆◇◆

당신과 판 할 사이에 심히 나쁜 관계가 있었던 건가요?

베르캄프 "우리 둘 사이는 괜찮았어요. 제가 그와 아예 상대하지 않았다면 그건 너무 과장이에요. 지금 돌아보면, 아마 그를 적당한 시점에 감독으로서 만났던 것 같아요. 한 시즌 더 머물렀다면 상황이 더 나빠졌을 거예요. 전쟁이 될 수도 있었겠죠. 하지만 그 당시에는 그렇게까지 심각하진 않았어요."

기본적으로는 그를 존경했던 거죠?

베르캄프 "물론이죠."

인터 밀란 시절 오타비오 비앙키 Ottavio Bianchi **감독과 겪었던 것과 비슷한 건가요?**

베르캄프 "아뇨. 절대 아닙니다. 그거랑은 전혀 달라요. 판 할은 항상 엄청난 축구, 아약스 축구를 하고 싶어 했어요. 본인은 절대 인정하지 않겠지만 그가 원한 축구는 크루이프나 벵거가 원한 축구와 같았어요. 그들과 방법론이 달랐을 뿐이죠. 크루이프의 지도 이념은 자신의 선수 시절 경험에서 비롯된 것이죠. 모험적이고, 화려하고, 공격적이고. 그래서 본능, 직감, 기술에 집중했고 분석에는 별로 의존하지 않았어요. 판 할은 좀 더 교훈적이었다고 할까. 그는 선수들에게 확실한 역할을 주고 왜 그렇게 해야 하는지를 주입하는 스타일이었어요. 그에게는 시스템이 절대적이었죠. 벵거는 그 두 사람의 어딘가에 있다고 할까요. 그의 별명은 '교수'였죠. 그는 전술에 뛰어났지만 동시에 팀의 밸런스를 만들어내는 데도 아주 뛰어났어요. 벵거는 시스템의 관점에서 생각하기보다는 선수 중심으로 생각했고, 영리한 선수들에게 직접 피치 위에서 시스템을 결정하도록 자유를 줬어요. 크루이프처럼 그도 기술적인 선수들을 좋아했죠. 본능적으로 플레이할 수 있는 선수들 말이에요."

판 할은 1990년대 중반 아약스에서, 또 그로부터 10년 후 AZ 알크마르에서 유소년 선수들을 지도하는 데 강점을 보였다. 그에게는 순종적이지 않은 선수들을 다루는 것이 쉽지 않았다. 바르셀로나 시절 그는 히바우두Rivaldo와 충돌한 적이 있다. 바이에른 뮌헨에서는 루카 토니Luca Toni, 프랑크 리베리Franck Ribery와 싸웠다. 그리고 1995년 챔피언스리그 우승으로부터 5년이 지난 후 그가 네덜란드 대표팀을 이끌었을 때, 5년 전에 그에게 순종적이었던 선수들은 더 이상 그에게 순종하지 않았다. 그 사이 해외의 빅클럽에서 성장한 선수들이 더 독립적이 된 것이다.

베르캄프 "판 할 감독에게는 모든 선수가 같았어요. 그는 스타 선수라는 걸 인정하지 않았죠. 모든 선수가 한 팀 내에서 같은 시스템 안에서 작동해야 한다고 생각했으니까요. 반면에 크루이프는 뛰어난 선수 개개인을 존중했고 그들에게 의존했죠. 그들이 경기를 결정 지을 수 있다고 믿었으니까요. 그래서 그는 자기 팀에서 가장 뛰어난 선수들을 자극했고, 필요할 때는 그들과 충돌하기도 했어요. 크루이프 본인이 역대 최고의 선수였기 때문에 다른 선수들이 모두 그를 따랐지만, 그건 판 할의 팀에서는 상상하기 힘들었어요. 아무리 뛰어난 선수라도 항상 팀을 먼저 생각해야 했죠. 하지만 생각해 보세요. 10명의 평범한 화가와 렘브란트가 있다면, 렘브란트한테 그가 다른 화가들보다 뛰어나지 않다고 말할 건가요? 아니면 그가 특별하다는 걸 인정하고 정말 아름다운 작품을 만들 수 있도록 이끌어 줄 건가요? 벵거 감독은 달랐어요. 그는 갈등을 만들지 않았죠. 그의 차분하고 진지하면서 프로페셔널한 모습과 지성적인 태도가 선수들을 누그러뜨렸어요. 그게 그가 모든 선수, 특히 팀의 스타 선수들이 프로답게 굴도록 만든 방법이었어요. 동시에 벵거는 그 선수들이 경기에서 자유롭게 자신의 강점을 발휘할 수 있도록 해줬어요. 그들이 위대한 선수로 빛날 수 있도록 말이에요.”

물론 네덜란드 축구의 렘브란트는 요한 크루이프다. 판 할이 크루이프 감독 아래서 처음 젊은 지도자로 성장할 때, 그 두 사람은 암스테르담의 가까운 동네에서 살았고 서로에게 흥미를 갖고 있었다. 그러나 그들의 관계는 변했다. 두 사람의 성격 차이는 점점 두 사람을 상상하기 힘들 정도로 멀어지게 만들었다. 강력하고 완고한 성격을 가진 두 사람의 화해는 거의 불가능해 보인다. 특히 2011년 아약스에서 벌어진 내전 이후로는 더더욱 그렇다.

철학적으로 말하자면, 가장 큰 문제는 판 할이 크루이프와 같은 축구를 추구하는 동시에 선수들로 하여금 항상 자신이 그들을 조종한다는 것을 확신하게끔 만들었다는 점이다. 체스에 비유하자면, 판 할은 본인이 그랜드마스터이고 선수들은 그의 체스 말처럼 여겼다. 반면에 크루이프는 재능 있고 영리한 선수들을 좀 더 독립적인 선수들로 성장하게끔 만들었고, 그들이 함께 효과적으로 협력하길 바랐다. 다르게 말하면, 판 할이 감독이라는 역할을 절대적인 보스의 위치라고 여겼다면, 크루이프는 선수들을 발전시키는 데 집중하면서 감독이 필요없는 존재로 만들려고 했다.

베르캄프는 크루이프의 방식을 완전히 선호했고, 그에 대한 보답으로 그 자신이 완벽히 크루이프가 원했던 이상적인 선수로 성장했다. 그래서 실제로 지금 아약스의 모든 유소년 교육의 목표는, 크루이프도 인정하듯이, 새로운 베르캄프의 세대를 만드는 것이다.

4

인터 밀란

1. 종교 전쟁

베르캄프에게 이탈리아 최고 명문 클럽 중 하나로 이적하는 것은 현명한 선택인 것처럼 보였다. 그러나 1993년 인터 밀란으로 이적한 것은 베르캄프에게 아주 큰 스트레스와 혼란을 겪는 계기가 됐다. 그는 인터 밀란에서 지켜지지 못한 약속의 희생양이 됐고, 문화적인 차이와 감독과의 갈등을 겪으면서 인터 밀란 팬들과 이탈리아 언론의 조롱을 받았다. 심지어 공격수 파트너였던 루벤 소사Ruben Sosa로부터 '자기만 아는 이상한 선수'라는 악평을 받기까지 했다. 결국, 그의 이탈리아 도전은 베르캄프가 조기에 은퇴를 고려할 정도로 심각하게 흘러갔다. 그렇다면 도대체 산 시로에서 보낸 2년을 어렵게 만든 원인은 무엇이었을까? 밀라노의 유력 일간지 〈코리에레 델라 세라〉의 저명한 스포츠 기자 토마소 펠리자리Tommaso Pellizzari는 "당시 인터 밀란은 종교 전쟁을 치르고 있었다"라고 말했다. 베르캄프는 자신도 모르는 사이에 이탈리아가 과거에서 미래로 가는 도중에 펼쳐진 전쟁에 휘말리고 말았던 것이다.

그가 겪은 갈등의 직접적인 요인은 외부인들이 보기에는 사소해 보일 수 있는 것들이었다. 그러나 당시 이탈리아 축구가 전술적인 부분을 매우 강조하고 있었기 때문에 그 문제는 예상 이상으로 컸다. 문제는 이탈리아 클럽들이 전통적인 '맨투맨' 축구를 계속해야 하는가 아니면 당시 유행하기 시작한 지역 방어 시스템을 도입해야 하는가였다. 그 질문의 배경에는 심오한 문제가 숨어 있었다. 수비 축구가 정말 공격 축구보다 우월한가라는 질문과 이탈리아 축구는 계속 스타일을 유지해야 하는가, 아니면 네덜란드 스타일을 받아들여야 하는가라는 질문이었다.

그 갈등의 씨앗은 1980년대 중반부터 싹트기 시작했다. 두 밀란 중 다른 한 클럽인 AC 밀란의 구단주이자 이탈리아 언론계의 대부였던 실비오 베를루스코니Silvio Berlusconi가 세리에 B의 파르마를 이끌고 있던 한 젊고 아직 무명이었던 감독에게 관심을 갖게 됐다. 그 감독의 이름은 아리고 사키Arrigo Sacchi였다. 사키는 젊은 시절부터 기존의 이탈리아 축구와는 다른, 전통적 기준에서 보면 '이단적'인 생각을 키웠다. 이탈리아 축구의 오랜 신조는 수비적인 안정성에 기초하고 있었다. 그들의 축구는 '카테나치오(빗장 수비)' 위에 지어졌고, 그 시스템은 상대 팀이 득점하기 어렵게 만드는 것을 전술의 기본으로 삼고 있었다. 더 구체적으로 말하면 중앙 수비수를 중심으로 함락하기 어려운 요새를 형성한 다음, 두 명의 미드필더가 맨 마킹하는 두 명의 선수들과 함께 '리베로'를 보호하는 것이 기본 체계였다. 작가 지아니 브레라는 "축구의 완성은 양 팀의 수비 실수가 없는 0-0 경기"라고 강조했다. 그러나 아무리 수비를 강조하는 감독이라도 최소한 한 명은 공격적인 선수를 기용해서 골을 넣도록 운영하기 마련이다. 그렇게 가져온 리드를 지키는 것이 그들 축구의 기본 철학이었다.

　많은 외국인들이 이탈리아 스타일에 매료됐다. 그런데 사실 그들의 강점은 역사적으로 스스로의 약함에 대한 성찰에서 나온 측면도 있다. (또 하나의 예외는 스탠리 큐브릭이다. 그는 이탈리아 스타일의 축구보다 네덜란드나 브라질 축구의 재미를 추구하는 매력을 선호했다.) 1930년대 무솔리니 정권 당시 이탈리아는 아스널의 전설적인 감독 허버트 채프먼Herbert Chapman이 사용했던 WM 포메이션을 활용해서 두 차례의 우승을 차지했다. 그러나 네덜란드가 토털 축구를 국가의 공식적인 기조로 삼았던 것처럼, 제2차 세계대전 이후의 이탈리아는 카테나치오를 신봉하기 시작했다. 이 시스템을 이용한 밀라노의 두 클럽인 AC 밀란과 인터 밀란이 1960년대에 나란히 유럽 챔피언이 됐다. 이탈리아 수비수들이 세계 최고라는 인식이 점점 굳어졌고, 카테나치오는 계속해서 승승장구했다. 오직 지금 작동하지 않고 있을 뿐이다.

　젊은 시절 아리고 사키는 자신의 친부가 운영하던 신발 공장의 영업사원으로 일했지만, 그가 진짜 열정을 품고 있었던 것은 축구였다. 그는 널리 알려진 통설과 달리 공격 축구를 구사했던 펠레의 브라질이나 1950년대의 위대한 헝가리 대표팀, 그리고 레알 마드리드를 본능적으로 좋아했다. 그러나 그가 가장 깊은 관심을 가졌던 것은 네덜란드식 토털 축구였다. 1970년대 초, 아약스는 크루이프, 요한 네스켄스Johan Neeskens와 함께 토털 축구의 완성에 거의 가까운 축구를 구사하면서 3년 연속 유러피언컵 우승을 차지했다. 그 시기, 사키는 아버지의 출장 때 직접 암스테르담까지 따라가서 아버지가 업무를 보는 동안 아약스의 훈련장을 찾아다니며 공부하곤 했다.

네덜란드 축구에 매료된 것은 사키뿐만이 아니었다. 1972년, 움브리아의 작은 팀 테르나나가 이탈리아식 토털 축구인 '지오코 코르토'를 구사했다. 이 팀의 감독이었던 코라도 비시아니Corrado Viciani는 자신의 선수들에게 전에는 상상하기도 힘든 수준의 훈련을 시켰다. 그리고 비시아니는 아약스가 1972년 유러피언컵 결승에서 인터 밀란과 상대할 때 방송국 인터뷰에서 이탈리아를 위해 인터 밀란이 3~4골 차이로 져야 한다고 말하기도 했다. "네덜란드는 진정한 축구를 하지만, 이탈리아의 감독들은 오직 수비에만 관심이 있다. 안티-미학적인 끔찍한 축구를 구사하는 것이다."

결국 아약스는 인터 밀란을 압도하면서 2-0으로 승리했다. 그다음 해에는 결승전에서 유벤투스에 1-0으로 승리했다. 아약스는 이 두 번의 결승전에서 이탈리아인들의 '끔찍하지만' 효과적인 축구에 대한 신념을 완전히 흔들어놓지 못했다.

한편, 사키는 신발 공장 사업을 정리하고 지역 팀에서 일하기 시작한 결과 파르마를 이끌게 됐다. 그의 꿈의 핵심은 이탈리아 축구의 핵심인 맨 마킹과 리베로를 없애는 것이었다. 그 대신 그는 '지역The Zone' 개념을 도입했다. 즉 당시 네덜란드 축구의 스타일처럼 네 명의 수비진이 유기적으로 움직이는 수비 형태를 형성하고, 전방까지 높은 압박을 가하는 스타일이었다. 그의 수비수와 미드필더, 공격수들은 하나의 유닛처럼 움직여야 했고 항상 공격에 집중해야 했다. 대부분의 이탈리아 팀들이 하루에 한 번 정도 훈련할 때 그는 하루에 두 번씩 훈련을 진행했고, 선수들이 다른 어떤 팀보다 더 많이 더 빨리 뛰도록 지도했다. 베를루스코니 AC 밀란 구단주는 이런 새롭고 흥미로운 축구의 잠재력을 알아봤다. 1987년에 파르마가 AC 밀란을 두 차례의 컵대회 경기에서 꺾자, 그는 곧 사키를 영입했다. 그리고 사키를 돕기 위해 크루이프가 지도했던 세 명의 위대한 선수 루드 굴리트, 마르코 판 바스텐, 프랑크 레이카르트를 데려왔다. 이후 이 세 선수는 이탈리아 리그의 가장 중요한 선수가 됐다. 그렇게 축구 역사상 가장 위대한 팀 중 하나인 '위대한 밀란'이 탄생했다. 사키의 이탈리아, 네덜란드 퓨전식 축구는 모두를 압도했다. 더비 라이벌인 인터 밀란도 마찬가지였다. 인터 밀란은 같은 시기에 아직 지오반니 트라파토니Giovanni Trapattoni 감독의 지도 아래 전통적인 카테나치오식 축구를 구사하고 있었다.

베르캄프가 밀라노에 도착하기까지 6년 사이에, 밀라노의 두 클럽은 종교적인 동시에 집단적인 갈등을 겪었다. 그리고 둘 사이의 싸움은 민망할 정도로 일방적이었다. 평생 인터 밀란을 응원했던 펠리자리라는 한 팬은, 1989년 AC 밀란이 막강한 레알 마드리드를 꺾었던 새로운 시대를 알리는 경기를 이렇게 기억하고 있다. "많은 사람들이 그 경기의 2차전을 기억하고 있습니다. 밀란이 5-1로 이긴 경기 말입니다. 그러나 그보다 더 놀라웠던 것은 1-1 무승부를 기록한 원정 경기였습니다. 마드리드에 간 이탈리아 팀이 그때 처음으로 홈경기처럼 플레이했었기 때문입니다. 상대 홈에 가서 공격 축구를 한 겁니다! 전통적이고 보수주의적인 팬들은 이탈리아 축구가 이렇게 하면 안 된다고 했고, 그것은 이탈리아 축구의 정체성을 배신하는 일이라고까지 말하는 사람들도 있었습니다. 트라파토니와 인터 밀란이 그런 사고방식을 대표하는 사람들이었습니다."

1989년 인터 밀란이 스쿠데토(세리에 A 우승)를 차지했을 때도, 그들은 유러피언컵 결승전에서 AC 밀란에 0-4 대패를 당하며 그들에게 압도당했다.

인터 밀란에서 베르캄프에게 있었던 일들에 대해서 이야기하기 전에, 아리고 사키가 AC 밀란에서 시도했던 개혁조차도 시작 단계에서 실패할 위기에 빠졌었다는 걸 상기할 필요가 있다. 그의 부임 초기 몇 달간, AC 밀란의 오랜 팬들은 새 감독의 스타일에 의심을 표했다. 프랑코 바레시Franco Baresi와 마우로 타소티Mauro Tassotti 같은 레전드 수비수들 역시 그전까지와는 전혀 다른 감독의 요구를 이해하기 힘들어 했다. 1987년 가을, AC 밀란이 UEFA컵에서 탈락하고 홈경기에서도 피오렌티나에게 패하자, 클럽 주변의 분위기는 거칠게 흘러갔다. 펠리자리의 말이다. "모두가 사키는 이미 끝났다고 생각했어요. 그런데 베를루스코니가 유명한 중재를 했습니다. 그가 직접 드레싱룸으로 찾아가서 선수들에게 사키 감독이 이번 시즌은 물론 다음 시즌에도 팀을 이끌 거라고 하면서, 그런데 너희들은 어떻게 될지 모르겠다고 말한 겁니다. 그의 말이 모든 것을 바꿨습니다." 사키가 이끄는 AC 밀란에 대한 이탈리아 전체의 분위기, 특히 이탈리아 감독들이 보는 관점은 냉소적이었다. 그들은 축구의 미학적인 부분에는 별 관심이 없었고, 오직 결과만 중요시했다. 펠리자리가 이어서 말했다.

"사키가 이뤄낸 진정한 개혁은 지역 개념을 도입한 축구로 그저 멋있는 축구를 한 게 아니라 결과를 만들어냈다는 겁니다. 이렇게 해도 이길 수 있다는 걸 직접 보여준 거죠. 그래서 이탈리아 최고의 축구 작가 중 한 명인 마리오 스콘체르티Mario Sconcerti가 사키는 이탈리아 축구에 있어 철학계의 칸트Kant와도 같은 존재라고 한 겁니다. 사키 이전과 이후로 명확히 나뉘는 거죠. 사키는 그전까지 이탈리아 감독들이나 그들의 후계자들이 축구를 생각하는 방식을 완전히 바꿔버렸어요. 사실 저는 사키가 아무것도 발명하지 않았다고 생각해요. 그는 그 아이디어를 네덜란드에서 빌려 왔거든요. 그런데도 사키는 이탈리아에서 마치 발명가와 같은 대우를 받고 있어요. 왜냐하면 아무도 그 전까지 이탈리아에서 그런 축구가 가능하다고 생각하지 못했기 때문이에요." 그 후에도 토털 축구의 르네상스가 있긴 했다. "올해 초에 미셸 달라이라는 기자가 왜 자신이 바르셀로나 축구를 싫어하는지에 대한 책을 썼어요. 책 제목은 《안티 티키타카Against Tiki-Taka》였는데 꽤 잘 팔렸답니다. 그 기자는 바르셀로나의 패스나 압박, 공격에 의한 축구를 싫어하는 사람이에요. 그들의 스타일을 '축구식 자위 행위'라고까지 말할 정도였죠. 그는 먼저 한 골을 넣고, 그런 다음 수비를 하는 축구를 선호하는 사람이었어요."

한편, 1990년대 초기에 인터 밀란은 위기에 빠져 있었다. 트라파토니가 1991년에 인터 밀란으로 떠난 후 그들의 회장이었던 에르네스토 페예그리니Ernesto Pellegrini는 AC 밀란의 우위를 인정할 수밖에 없었고, 결국 베를루스코니 회장이 했던 개혁을 따라 하기 시작했다. 그는 또 다른 철학적인 감독이자 세리에 B의 루체세에서 공격 축구를 구사했던 코라도 오리코Corrado Orrico 감독을 데려왔지만, 그는 사키가 아니었다. 또 인터 밀란의 터줏대감들인 주세페 베르고미Giuseppe Bergomi, 리카르도 페리Riccardo Ferri 등도 새 감독에 대해 회의적이었다. 오리코는 결국 실패했고, 그 후에 1985년 헬라스 베로나와 함께 세리에 A 우승을 차지했던 오스발도 바뇰리가 그를 대신해 인터 밀란 감독에 부임했다.

베르캄프가 아약스를 떠나기로 결심했을 당시, 유럽과 이탈리아의 명문 클럽들 중 반 이상이 그를 원했다. 그 무렵, 두 밀란 축구팀의 환경은 또 한 번 바뀌었다. 아리고 사키가 이탈리아 대표팀 감독으로 부임하면서, 그의 후임으로 파비오 카펠로Fabio Capello가 AC 밀란을 이끌기 시작한 것이다. 카펠로는 사키의 철학과 전술, 선수단을 거의 그대로 계승했다. 그가 이끈 밀란은 사키의 밀란보다는 덜 화려했지만, 더 견고했다. 1991년 5월부터 1993년 3월 사이에 카펠로의 팀은 훗날 아스널의 '무패 우승'이 달성되기 이전에 한 번도 지지 않고 58경기를 이어 간 진기록을 세웠다. 그러나 1993-94시즌, 네덜란드 출신 트리오는 없었다. 노장이 된 루드 굴리트는 삼프도리아로 떠났고, 레이카르트는 아약스로 돌아갔으며, 판 바스텐의 커리어는 발목 부상으로 인해 너무 일찍 끝나가고 있었다. 그렇다면 네덜란드 트리오의 뒤를 잇는 네덜란드 출신 스타들을 데려온다면 리그 우승 타이틀을 다시 가져올 수 있지 않을까? 그렇게 생각한 인터 밀란은 베르캄프와 빔 용크를 데려왔고, 그 둘은 파란색과 검정색 무늬가 새겨진 인터 밀란의 전통 유니폼을 입고 입단 사진을 찍었다. 이탈리아 언론은 인터 밀란이 그 둘을 영입한 것을 '신의 한 수'로 여겼다.

◆◇◆

유럽의 그 모든 명문 클럽들 중에 왜 하필 인터 밀란에 간 건가요? 당신은 당시 유럽 최고의 유망주였잖아요. 바르셀로나를 비롯해 AC 밀란, 유벤투스로도 갈 수 있었을 텐데 왜 수비 축구의 본거지 같은 인터 밀란으로 갔는지 솔직히 지금도 이해하기 힘드네요.

베르캄프 "글쎄요. 이미 약속은 한 상태였고, 그때는 그게 옳은 이적이라고 생각했어요. 제 삶을 돌아보면 많은 결정들이 직감적, 또는 본능적으로 이뤄졌죠. 그 이적도 마찬가지였어요. 그리고 결국에는 그게 좋은 결정이었을지도 몰라요. 인터 밀란에서의 생활을 즐긴 건 아니었지만 아주 많은 걸 배웠거든요. 한편으로 보면 성장하는 하나의 과정이기도 했죠. 만약 인터 밀란에서 보낸 시간이 없었다면, 아스널에서의 제 모습은 없었을지도 몰라요. 당시에 바르셀로나로 갈 수도 있었을 거라고 말했는데, 사실이었어요. 바르셀로나에 있던 크루이프가 저를 원하고 있다는 느낌을 받았거든요. 하지만 그는 저에게 직접적으로 오라는 말은 하지 않았어요. 그래서 저도 '뭐, 감독님이 안 부른다면…' 이렇게 반응한 셈이랄까. 어쨌든 그 시기 스페인에서는 한 클럽당 4명의 외국인 선수를 보유할 수 있는 쿼터 제도가 있었는데, 바르셀로나에는 이미 호마리우와 쿠만, 흐리스토 스토이치코프Hristo Stoichkov가 있었어요. 제가 네 번째 선수가 될 수도 있었죠. 하지만 그게 제가 인터 밀란을 고른 진짜 이유는 아니었어요. 사실 저는 아주 오랫동안 이탈리아 리그에 관심을 가졌었어요. 당시에는 이탈리아 리그가 세계 최고의 리그였거든요. 저는 오직 이탈리아에서 뛰고 싶다는 마음뿐이었어요.

결국 저에게 남은 선택은 유벤투스와 인터 밀란이었어요. 에이전트와 형들이 유벤투스와 대화를 나눈 다음에 별로 느낌이 좋지 않다고 말했죠. 그래서 저는 그들에게 '여러분을 믿어요. 여러분이 제 눈과 귀니까요'라고 말한 다음에 인터 밀란을 골랐죠."

AC 밀란의 '네덜란드 삼총사'에게 조언을 구할 생각은 하지 못했나요? 레이카르트, 판 바스텐과는 아약스에서 함께 뛰었고, 굴리트와도 대표팀에서 만난 사이잖아요.

베르캄프 "그들에게 그런 일로 전화 거는 게 내키지 않았어요. 더 중요한 건 그러고 싶지 않았다는 거예요. 저는 AC 밀란, 바르셀로나에 가는 편한 방법을 선택할 수도 있었지만, 저만의 모험을 해보고 싶었어요. 아약스와는 다른 무언가를 시도해보고 싶었던 거죠. 크루이프, 레이카르트, 판 바스텐도 제가 스스로 결정하길 바랐을 겁니다. 물론 그들은 언제든 저를 도와줬겠지만, 자신의 진로를 결정해야 할 때는 스스로 하는 것이 좋아요. 그것이 잘못된 선택이더라도 그렇죠."

그래서 당신은 직감에 따라 인터 밀란으로 갔지만… 그 뒤에 따라온 건 그저 끔찍한 시간이었잖아요. 아닌가요?

베르캄프 "꼭 그렇지만은 않았어요. 저는 이탈리아를 정말 좋아했어요. 개인적인 생활 부분에 있어서는 더 이상 좋을 수 없었죠. 헨리타Henrita Ruizendaal와 이제 막 결혼한 상태였는데, 이탈리아에서의 생활은 마치 긴 신혼여행 같았어요. 밀라노 인근의 시바테라는 작은 마을에 호수가 내려다보이는 아름다운 집을 구해서 그곳에서 지냈죠. 정말 아름다운 곳이었어요. 우리에게 집을 빌려준 사람도 인터 밀란의 열정적인 팬인 좋은 사람이었죠. 그는 자기 집 정원에서 도자기를 만들어 팔아서 사업가로 성장한 사람이었어요. 저는 그런 성공 스토리를 가진 사람들을 좋아해요. 스스로의 노력으로 부자가 된 사람들 말입니다. 나중에 제가 왜 집을 딸에게 물려주지 않는지 물었더니 그는 '내 집을 사위 놈에게 주기 싫소!'라고 하더군요. (웃음) 우리는 서로 사이가 좋았어요. 그는 평범한 사람이었지만 인터 밀란에 대해서는 항상 좋게 이야기했죠. 그도 인터 밀란의 당시 스타일에 대해서는 실망하고 있었어요. 어느 날 집세 계약에 관해 이야기하고 있었는데 그가 '됐으니까 골이나 많이 넣어 주슈'라고 하더군요. 미쳤어, 정말. (웃음). 그의 차고에 페라리 구형 모델이 있었는데, 자동차를 좋아해서 관심이 가더군요. 그랬더니 저한테 '이번 시즌에 20골을 넣으면 당신한테 주겠소'라고 하더군요. 그게 인터 밀란에서 첫 시즌을 시작할 무렵의 일이에요. 저는 네덜란드에서 25골을 기록하고 왔으니까 이탈리아에서도 할 수 있을 거라 생각했어요. 물론 그 차를 갖지는 못했어요. 어림없었죠!"

첫 번째 시즌은 나쁘지 않았어요. 멋진 골도 넣었고, 페널티킥 골도 많았잖아요. 그리고 많은 사람들이 당신을 UEFA컵 최고의 선수라고 생각했어요. 그런데도 그렇게 많은 사랑을 받지는 못했던 것 같네요.

베르캄프 "맞아요. 첫 번째 시즌에 UEFA컵 우승을 차지했었죠. 하지만 그 대회에서 인터 밀란 홈구장에 관중이 꽉 찬 경우는 한 번도 없었고, 대부분 그 대회를 별로 중요하지 않게 생각하는 분위기였어요. 그런데 뭔가 점점… 아내에게 이런 이야기를 한 적도 있어요. 이탈리아 다음에 잉글랜드로 갈 것이 아니라, 잉글랜드를 먼저 갔다가 이탈리아로 갔어야 했다고. 그게 훨씬 더 나았을 거예요. 하여튼 저는 안전지대였던 아약스를 떠나 인터 밀란으로 갔죠. 아약스가 창의적이고, 축구를 즐기는 따뜻한 분위기였다면 인터 밀란은 지루하고 조금은 비즈니스적인 분위기였어요. 축구가 갑자기 9시 출근, 5시 퇴근 같은 일이 되어버렸어요. 동료들에게 '오늘 경기 잘해보자'라고 하면, 다들 '아니, 좋은 결과를 얻자'라고 답하는 분위기였죠. 그건 정말 어려운 일이었어요. 왜냐하면 제가 할 수 있는 플레이를 잘 알고 있는데, 눈앞에 공간을 보고도 제 뜻대로 플레이할 수 없었으니까요. 인터 밀란에서는 누구도 제가 하고 싶은 플레이를 하는 걸 원하지 않았어요. 당시 저는 주체적으로 변화를 가져오기엔 너무 어렸죠. 그리고 저 스스로도 조금은 변했던 것 같아요."

약속에 대해 언급했었잖아요. 그건 정확히 어떤 약속이었나요?

베르캄프 "저에게는 정말 중요한 약속이었어요. 인터 밀란과 계약하기 전에 페예그리니 회장이 직접 네덜란드에 와서 저를 만났을 때 인터 밀란의 플레이 스타일을 바꿀 거라고 약속했었거든요. 그는 사키의 AC 밀란처럼 공격적인 축구를 하고 싶다고 말했어요. 그래서 저와 용크를 영입한 거죠. 그가 직접 그렇게 말했기 때문에 저는 그를 믿었어요. 그래서 첫 시즌 초반에 우리는 약속했던 대로 압박 축구를 시도했어요. 그들은 2년 후에 아스널이 그랬던 것처럼 '우리는 변화가 필요하다'고 했던 거죠. 하지만 우리는 프리시즌 두 경기에서 압박한다고 이리저리 뛰어다니기만 했어요. 인터 밀란의 축구와는 너무도 달랐기에 벌어진 당연한 현상이었죠. 게다가 바뇰리 감독은 30년 동안 똑같은 스타일의 축구를 했던 감독이에요. 아무래도 갑자기 바뀌긴 힘들죠. 어쩌면 그들이 사키처럼 젊고 개성이 강한 감독을 데려왔다면 상황이 좀 달랐을지도 몰라요."

인터 밀란에서의 두 번째 시즌은 끔찍했어요. 팬들도 언론도 당신에 대해 악의적으로 대했고, 부상도 많이 당해서 결국 두 골로 시즌을 마감했어요. 그리고 당신이 싫어하는 오타비오 비앙키 감독을 만나기도 했었죠.

베르캄프 "맞아요. 첫 번째 시즌은 그래도 괜찮았어요. 두 번째 시즌은 비앙키 감독 아래서 아주 힘들었죠."

비앙키 감독은 나폴리에서 마라도나를 지도했던 감독 아닌가요?

베르캄프 "맞아요. 그가 저에게도 몇 번 말했어요. 사실은 자신이 어떤 감독이었는지 항상 말했죠. 예를 들자면, 그는 자신보다 몇 살 나이 많은 수석코치와 함께 일했어요. 하루에 두 번 훈련하는 날에는 선수들이 휴식을 취하는 동안 그와 수석코치는 함께 테니스를 쳤죠. 테니스장까지 가려면 그들은 훈련장에서 드레싱룸을 통과한 다음 훈련용 피치 두 개를 지나가야 했어요. 저는 항상 저보다 나이 많은 사람들에게는 존중하는 모습을 보이라고 배웠어요. 그런데 어느 날 우연히 휴식을 취하고 있는데, 비앙키 감독은 휴대폰만 들고 앞장서서 걸어가고, 그보다 훨씬 나이 많은 코치가 그의 뒤에서 무거운 짐을 들고 따라가고 있는 걸 봤어요. 테니스 라켓과 물통 네 개, 가방, 그리고 온갖 짐들을 들고 있었죠. 비앙키 감독은 아무것도 들지 않은 채 걷고 있었고요. 그 순간 곧바로 저는 그에 대한 존중을 잃어버렸어요. 이탈리아에서는 그게 당연한지 모르겠지만, 저는 그런 모습을 인정할 수 없었어요."

베르캄프와 비앙키 감독의 관계는 점점 더 악화됐다. 특히 베르캄프가 사타구니 부상 치료를 위해 겨울 휴식 기간 네덜란드에 갔다가 돌아온 이후로는 더욱 심해졌다. (비앙키 감독은 베르캄프가 이탈리아에서 치료받기를 원했지만, 베르캄프는 자신의 부상 치료에 도움이 되지 못하는 이탈리아 의료진을 신뢰하지 못했다.) 2월에 비앙키 감독은 베르캄프를 사무실로 불렀다.

베르캄프 "그는 정말 강한 사람이었고, 저를 거의 공격하는 수준이었어요. 물론 그 시기 제가 활약하지 못한 것은 사실이지만 계속 노력 중이었어요. 그런데 그는 저에게 존중심이 부족하다는 식의 이야기를 하더군요. 그 순간 저는 '아, 이제 됐어. 이건 어쩔 수가 없구나' 하고 생각했어요. 그래서 그에게 말했습니다. '이보세요, 저는 당신을 존중할 수 없습니다. 저는 제 아버지를 존중하지만 당신은 아니에요. 당신이 지금까지 한 일들(테니스에 관련된 일이나, 그가 매일같이 마라도나에 대해 이야기했던 일, 또 그가 다른 사람들을 무례하게 대했던 일들)을 생각하면…, 그러니 저에게 존중에 대해 이야기하지 마십시오.' 그걸로 끝이었죠. 저를 아는 사람들은 잘 알 거예요. 제가 누군가에게 그렇게 말하기까지 정말 많은 일들이 있었을 거라는 걸. 그러나 저는 더는 도저히 참을 수 없었어요."

인터 밀란 시절에 대해 좀 더 자세히 이야기해줄 수 있나요?
베르캄프 "일단 팀에서 가깝게 지냈던 사람들은 마시모 파가닌 Massimo Paganin과 파올로 트라메차니Paolo Tramezzani였어요."

하지만 두 사람은 아직 주니어였잖아요. 당신과 사이가 안 좋았던 선수들 이야기도 해줄 수 있나요? 루벤 소사라던가.
베르캄프 "그들에 대한 이야기를 하라고요? 재미있을 것 같긴 하네요. 제 의견이 필요합니까?"

그들이 적대적으로 나올지도 몰라요. 그들은 "베르캄프는 쓰레기라며, 태도가 좋지 않았다고, 이렇게 저렇게 했어야 했다"고 말할 수도 있겠죠.
베르캄프 "그런 건 신경 쓰지 않아요. 제 입장을 말할 기회만 있다면 할 수 있어요."

이건 당신 책이니까 마음대로 말해도 돼요.
베르캄프 "그래요. 제가 한 말에 대한 다른 의견이 있을 수도 있지만, 그렇게 말한다고 어리석은 건 아니죠. 정직한 의견을 원한다면, 바뇰리 같은 사람들에게서 얻을 수 있을 거예요. 그는 진지하고 또 지성적인 사람이었죠. 아마 흥미로운 의견이 나올 거예요. 저는 그들이 저에게 무엇을 기대하고 원했는지 알았어요. 그러나 그들이 저에 대해 이런저런 사실을 말했듯 저도 그들의 진실을 알고 있어요. 어쩌면 그들이 합심해서 움직였을지도 모르죠."

2. 그들이 말하는 진실

베르캄프가 인터 밀란에서 보낸 첫 시즌의 감독이었던 오스발도 바뇰리는 이제 78세로 베로나에서 살고 있다. 그는 베르캄프가 그의 의견을 물었다는 말에 놀라워 했다.

바뇰리 "그가 나를 기억한다니 놀랍군요. 저와 그는 단지 1년 정도 함께 보냈을 뿐인데."

베르캄프에 대해서 어떻게 기억하고 계십니까?

바뇰리 "그는 좋은 사람이었죠. 하지만 아마 밀란에서는 정착하지 못했을 거예요. 그것이 그가 자신의 레벨을 발휘할 수 없었던 이유였을 겁니다."

문화적인 차이를 겪었던 걸까요?

바뇰리 "아마 베르캄프 자신조차 그에 대해 제대로 답하지 못할 거라 생각합니다. 아주 어려운 문제니까요. 예를 들면 저는 그가 비행기를 탈 때 겪었던 문제를 기억합니다. 그는 비행기로 이동하고 싶어 하지 않았죠. 저도 그랬습니다. 저도 비행기로 이동하는 것을 좋아하지 않았지만, 결국엔 그렇게 했죠. 일종의 자신만의 취향이었다고 생각합니다. '나는 그걸 좋아하지 않아. 그래서 하지 않을 거야' 같은."

베르캄프와 빔 용크가 인터 밀란에 입단했을 당시 인터 밀란 회장이 AC 밀란처럼 스타일을 바꿀 거라고 약속했다고 들었습니다. 당시 감독이셨으니까 페예그리니 회장이 당연히 감독님과 상의했을 거라고 생각하는데요.

바뇰리 "아니요, 그런 말은 한 번도 들어본 적이 없습니다. 매주 수요일마다 그의 집에서 저녁 식사를 했지만요. 단 한 번도 그런 말은 들은 적이 없군요."

그러면 감독으로 부임할 당시 페예그리니 회장이 리그 우승을 하라거나, AC 밀란처럼 플레이하라거나 그런 요청을 한 적은 있습니까?

바뇰리 "인터 밀란 감독이 됐을 당시 저는 56, 57세였습니다. 그리고 저는 경험이 많고 차분한, 그리고 오랫동안 우승하지 못한 팀을 이끌고 우승할 수 있는 팀으로 만드는 감독이라는 평판을 갖고 있었죠. 베로나 감독으로 일할 때도 우승을 차지했으니, 어려운 상황도 잘 이끌어 갈 수 있을 거라 생각했던 것 같습니다. 그렇더라도 그 누구도 저에게 특정한 스타일로 우승을 하라거나, 그런 비슷한 요구는 한 적이 없습니다. 왜냐하면 그 당시 우리는 아주 어려운 시기였거든요. 당시의 인터 밀란은 우승권 팀이 아니었습니다. 제가 이끈 첫 시즌에 우리는 2위를 차지했죠. 그건 정말 좋은 성적이었습니다. 하지만 두 번째 시즌에는 12경기를 남겨놓고 저를 경질했죠. 그런데 저를 경질한 다음 그들은 12경기에서 2승 2무 8패를 기록했습니다. 거의 강등당할 뻔했죠."

그러니까 페예그리니 회장은 플레이 스타일을 바꾸라는 요구를 한 번도 한 적이 없었군요?

바뇰리 "없었습니다. 가끔 그의 아내가 저에게 글씨를 적어달라고 부탁한 적은 있었죠. 나중에 알고 보니 그녀는 손 글씨 전문가였어요. 저의 손 글씨를 연구하고 있었죠. 어쩌면 제 글씨 때문에 경질됐는지도 모릅니다! 저는 팀과 클럽에 충성을 다하는 사람이었습니다. 그게 제가 베로나에서 9년, 또 제노바에서 시간을 보낸 방식이었죠. 우리는 종종 선수들에 대해 논의하곤 했습니다. 이 선수가 나은지, 아니면 저 선수가 나은지. 하지만 저는 보통 클럽의 뜻에 따르는 편이었어요. 베르캄프의 경우에는 클럽이 선택한 선수였습니다. 저는 우리 팀이 그를 데려온다는 사실 자체를 몰랐죠. 그래도 저는 괜찮았습니다."

베로나 시절에는 공격적인 축구를 구사한 감독으로 알려져 있었습니다. 그런데 인터 밀란에서는 전통적인 이탈리아식 수비 축구를 하셨죠. 어떻게 그렇게 된 건가요?

바뇰리 "저는 플레이 스타일을 저 혼자 결정하는 감독이 아닙니다. 항상 선수들과 대화를 나누면서, 그들이 원하는 것은 무엇인지 들은 다음에 함께 결정을 내리죠. 저는 선수들과 함께 팀을 조직하는 걸 좋아하는 감독입니다."

베르캄프와는 대화를 안 나눠보셨나요?

바뇰리 "이미 20년 전 일이다 보니 정확히 기억나지는 않습니다. 언어의 문제도 조금 있었던 것 같고요. 하지만 그가 원하는 플레이에 대해 알아보려고 노력했던 기억은 나는군요."

감독님과 함께했던 리카르도 페리에 따르면, 감독님은 3~4번의 패스만에 골을 성공시키는 것을 목표로 한다고 하던데요. 그런 방식은 베르캄프의 패싱 스타일에 어울리지 않는 것 같습니다.

바뇰리 "3~4번의 패스로요? 하지만 그건 사실입니다. 저는 평소 선수들에게 패스는 적을수록 더 좋다고 항상 말하곤 했습니다. 저는 '티키타카' 스타일의 축구를 좋아하지 않습니다. 골키퍼들에게도 그렇게 말했죠. 볼을 잡았을 때 공격수 주변이 비어 있다면 바로 공격수에게 볼을 보내라고요. 혹은 가능하다면 던지던가요. 하지만 그게 불가능할 때는 우리도 패스를 하거나, 점유율을 유지하면서 볼을 돌리는 플레이를 하기도 했죠. 한 가지 스타일만 쓸 수는 없으니까요. 이런 것들은 베르캄프를 위한 것이기도 했습니다. 우리 팀에서 그는 10번 역할을 하는 선수였죠. 물론 그가 수비 가담을 하지 않았다는 것은 아니지만요."

그러면 베르캄프가 전방에서 고립되어 있었다는 뜻인가요?

바뇰리 "선수 시절에 저는 공격형 미드필더였죠. 그래서 저에게는 축구에 대한 원칙이 있었습니다. 전방에 홀로 서 있는, 팀과 연계하지 않는 공격수는 아무 쓸모도 없다는 원칙이었죠. 그렇게 되면 항상 볼을 놓치기 마련입니다."

하지만 그게 바로 베르캄프가 겪었던 일인데요. 루벤 소사 같은 공격수들과 그는 전방에 고립되는 일이 많았고, 공격수 2명 대 수비수 5명의 상황이 자주 나왔습니다.

바놀리 "말씀하시는 방식이 성공적이었는지, 아니었는지는 정확히 기억나지 않지만, 그가 네덜란드에 있었을 때도 두 명의 공격수를 쓰지 않았던가요?"

아니요. 아약스에서 그는 10번 역할을 맡았었는데, 거기에서는 다른 세 명의 공격수, 미드필더, 수비수들이 함께 공격을 했죠. 아까 말씀하신 '함께 공격한다'는 것이 이탈리아에서는 조금 다른 의미로 사용되는 것일까요?

바놀리 "그럴 수도 있습니다. 하지만 다시 말씀드리지만, 제 첫 시즌에 우리는 리그 2위를 차지했습니다."

하지만 그 시즌에는 베르캄프가 없었잖아요. 그는 감독님의 두 번째 시즌에 이적했습니다.

바놀리 "그럴지도 모르죠. 하지만 잊어서는 안 됩니다. 그 시기에는 여전히 역습 공격을 중요하게 생각하는 철학이 강했습니다. 어쩌면 그것이 베르캄프가 다른 성과를 냈던 이유였는지도 모르죠."

베르캄프와 루벤 소사의 관계는 어땠습니까? 언론에 의하면 정말 끔찍했던 것 같은데요.

바놀리 "일반적으로 말하자면, 저는 언론에서 보도했던 것과 당시의 실제 상황 사이에는 꽤 차이가 있었다고 생각합니다. 20년이 지난 지금 돌아다니는 말과는 더 차이가 크죠. 솔직히 잘 기억나지는 않습니다. 제가 경질됐을 당시에 선수들 간의 문제는 전혀 없었습니다. 한 가지 분명히 기억하는 것은 베르캄프가 인터 밀란에서 불편하게 지냈었고, 좋은 관계를 만들지 못했다는 점입니다. 더 정확히 말한다면 좋은 관계도, 나쁜 관계도 만들지 않았다는 느낌을 받았습니다. 저는 선수들을 찾아가서 누구를 도와주라고 말하는 감독은 아닙니다. 하지만 다른 선수들이 베르캄프를 나서서 도와주지는 않았던 것 같아요. 저 역시 선수로 뛴 적이 있어서 드레싱룸의 분위기는 잘 알고 있습니다. 인터 밀란 선수들에게 베르캄프에 대한 적개심이 있었던 것은 아니라고 생각합니다. 사람들은 그것 때문에 베르캄프를 혼자 뒀다고 생각하는 것 같지만요. 어쩌면 베르캄프 본인이 그런 방식을 원했고, 그것을 좋아했기 때문에 선수들이 그렇게 됐는지도 모르죠. 어쩌면 다른 선수들은 그를 그런 스타일로 생각했는지도 모릅니다. 그래서 그들이 그를 리더로 여기지 않았는지도 모르죠."

바뇰리는 1994년에 인터 밀란에서 경질된 뒤에도 베르캄프에 대해 딱히 나쁜 기억을 갖고 있지 않았다. 인터 밀란은 잔피에로 마리니 Gianpiero Marini가 이끈 리그 마지막 11경기에서 7패를 당했지만, 2승을 한 덕분에 1점 차이로 강등을 모면했다. 반면 그들은 UEFA컵에서 공격적인 축구를 구사하며 우승을 차지했고, 8골을 기록하며 득점왕을 차지한 베르캄프는 그 대회 최고의 선수로 꼽혔다. 바뇰리가 했던 이야기를 빔 용크에게 들려주자, 그는 꽤 깊은 인상을 받은 것 같았다. 그는 전 감독의 말이 '진심이고, 솔직하다'고 말했다.

용크 "아무도 바뇰리 감독에게 다른 플레이 스타일에 대해 이야기한 적이 없는 것 같습니다. 우리가 다르게 할 수 있었을까요? 돌아보면 그렇게 하는 편이 더 좋았을 것 같습니다. 하지만 당시에는 인터 밀란이 두 선수를 영입하는 데 큰돈을 썼으니 당연히 계획이나 목표를 세웠을 거라고 생각했습니다. 하지만 그런 계획은 전혀 없었습니다. 오히려 당시 인터 밀란에는 두려운 분위기가 강했죠. 팀 내에 좋은 퀄리티를 가진 선수들은 많았습니다. 잘 활용했다면 분명히 다른 길이 열렸을 수도 있었을 거예요."

또한 그는 당시 인터 밀란의 나이 많은 선수들과 어린 선수들 사이에 축구에 대한 의견 차이도 존재했다고 말했다.

용크 "그래서 결국 저와 베르캄프는 이탈리아식 전통 축구를 고수하려는 그룹과 현대적인 축구를 시도하고자 하는 그룹 사이에서 표류하게 된 겁니다."

용크의 말에 대해서 어떻게 생각하시나요?

베르캄프 "그의 말이 맞다고 생각합니다. 베르고미, 페리 같은 나이 많은 선수들이 선수단의 발언권을 쥐고 있었죠. 그가 그것에 대해 더 자세히 말하지 않던가요?"

주세페 베르고미는 우아하고 인상적인 사람이다. 그는 여전히 인터 밀란 팬들 사이에서 레전드로 사랑받고 있다. 그는 19세의 나이에 월드컵 우승을 차지했고, 인터 밀란에서 20년을 뛰었다. 현재는 TV 해설가로 활동하고 있으며, 2006 독일 월드컵 준결승전에서 격정적인 목소리로 중계했던 것으로 유명하다. 이탈리아가 늦은 시간에 두 골을 넣으며 독일을 꺾고 베를린에서 열리는 결승전에 진출하자 그는 감격에 겨워 "우리가 베를린으로 갑니다!"라고 외쳤다. 그건 마치 1966년에 케네스 월스텐홈Kenneth Wolstenholme이나 베르캄프의 이탈리아전 골에 대한 잭 판 헬더Jack van Gelder의 반응과도 비슷했다.

베르고미는 산 시로 인근의 아파트에 살고 있다. 그의 집 내부가 얼마나 조화롭게 잘 정돈되어 있는지 보고 나면, 그가 얼마나 우아함을 중요하게 여기는 사람인지 새삼 깨닫게 된다.

인터 밀란에서 베르캄프에게 무슨 일이 있어서 그렇게 나쁜 결과가 나온 겁니까?

베르고미 "그건 상대적인 겁니다. 우리에게 왔을 때 베르캄프는 아주 어렸죠. 물론 1993-94 UEFA컵에서 아주 좋은 모습을 보여줬습니다. 그는 그 대회에서 우리의 성공에 아주 중요한 역할을 했죠. 그러니 인터 밀란에서 그가 보낸 시간이 아주 나쁘게 흘러갔다고 말하는 것은 부분적으로만 사실입니다. UEFA컵에서 그는 뛰어난 활약을 선보이며 7~8골을 기록했습니다. 다만 그는 팀에서 그렇게 환영받지 못하는 부분도 있었습니다. 팀이 그를 제대로 돕지 못했죠. 그래도 모두가 그의 퀄리티에 대해 알고 있었습니다."

베르캄프는 페예그리니 회장이 자신을 영입하면서 인터 밀란의 스타

일을 바꾸겠다고 약속했다고 하던데요?

베르고미 "제가 회장이나 감독이 어떤 생각을 갖고 있었는지 알 수는 없습니다. 그 시기 이탈리아에서는 모두가 AC 밀란의 혁신적인 축구 스타일을 따라 하려고 했지만 그렇게 할 수 없었죠. 왜냐하면 그건 이탈리아 축구 철학 그 자체를 바꾸는 일이었으니까요. 우리도 변화를 주려고 했지만 기본적으로 우리는 그렇게 하지 못했습니다. 그래서 우리는 원래 익숙하던 방식으로 회귀했죠. 바뇰리 이전에 우리는 트라파토니 감독과 5년을 보냈고, 그 후에는 오리코와 1년을 보냈습니다. (1991년에) 오리코는 AC 밀란을 따라 하고 싶어 했지만 완전히 실패했죠. 그리고 바뇰리 감독 시기에 우리는 트라파토니 감독의 스타일로 돌아갔습니다."

오리코 감독에 대해 말씀해주시겠습니까?

베르고미 "그는 거의 실험을 하지 않았어요. 이탈리아에서는 그런 식의 변화를 가져오려면 오랜 시간이 필요하거든요. 그런데 1년 안에 결과를 내지 않으면 경질당하죠. 1년은 팀의 전술을 완전히 바꾸기에는 충분하지 않은 시간입니다. 제 생각에는 오리코 감독도 전술을 바꿀 계획이 있었던 것 같아요. 하지만 그의 계획은 3-2-3-2 전술이었죠. 제2차 세계대전 전에 유행했던 스타일 말이에요. 그는 세리에 B 경험이 많았던 감독이에요. WM 포메이션은 정말 구식 전술이죠. 비토리오 포조Vittorio Pozzo처럼요. 정규리그 시작 전에 두 경기 정도 그 포메이션으로 경기에 나섰는데 세리에 C 팀도 이기지 못했어요. 이탈리아에서는 그럴 시간이 없습니다. 전술이 곧바로 성공을 거두지 못하면 실패하게 되는 거죠. 오리코는 사키처럼 레벨이 높은 감독이 아니었습니다. 선수 시절에는 몰랐지만, 지금 돌이켜보면 그가 우리에게 어떻게 할지 제대로 설명해주지 않았던 게 문제였던 것 같네요."

베르캄프는 아약스에서 인터 밀란으로 오면서 문화 충격을 분명히 겪은 것 같습니다. 그와 그 전에 인터 밀란에 왔던 세 독일 선수를 비교하면 어떻습니까?

베르고미 "위대한 선수들도 새 팀에 오면 적응이 필요하다고 생각합니다. 그의 퀄리티와 능력을 팀에 전달해줘야죠. 마테우스Lothar Matthäus나 브레메Andreas Brehme, 클린스만Jürgen Klinsmann이 했던 것처럼요. 그건 쉽지 않습니다. 마테우스와 트라파토니 감독은 툭하면 싸웠죠. 두 사람 다 매우 강하고, 까다로운 개성의 소유자였으니까요. 마테우스는 좀 더 공격적인 축구를 하길 원했습니다. 그걸로 많은 논쟁이 빚어졌죠. 그래서 트라파토니 감독이 '그럼 해봐'라고 하면 마테우스는 오히려 더 뒤로 물러섰습니다. 그러나 그는 멘탈리티가 다른 사람이었어요. '내일 우리가 이겨'라고 말하면 실제로 이겼습니다. 베르캄프에게는 그런 멘탈리티가 없었던 것 같아요. 아약스는 좀 더 즐겁고 재미있는 축구를 하는 것으로 압니다. 그가 어릴 때부터 지켜봤죠. 그런 환경에서 성장한 선수가 이탈리아 같은 환경으로 옮기면 어렵습니다. 클라렌스 세도르프Clarence Seedorf 같은 선수도 그렇죠. 그는 삼프도리아 시절에 어려움을 겪었습니다. 하지만 나중에 마드리드에 갔다가 AC 밀란에 와서는 큰 성공을 거뒀어요. 그에게는 적응할 시간이 필요했습니다. 아약스에서 다른 클럽으로 가는 선수들에게는 특히 어렵습니다. 매우 다른 멘탈리티를 가져야 하고, 인내심이 필요하죠. 그런데 인터 밀란은 베르캄프를 위해 그만큼의 인내심을 보여주지 못했어요. 왜냐하면 그 시기에 우승을 차지하지 못했고, 항상 전술을 바꿨으니까요. 그들에게는 즉시 결과를 내야 할 필요가 있었어요."

그러니까 그런 문화 차이가 베르캄프의 성공과 실패에 영향을 줬다고 생각하시는군요? 베르캄프 자신의 문제는 없었을까요?

베르고미 "물론 베르캄프도 더 잘할 수 있었겠죠. 그러나 클럽도 인내심이 없었고 그도 인내심이 없었습니다. 다시 말하지만, UEFA컵에서 그는 아주 뛰어난 모습을 보여줬습니다. 그는 그 대회 최고의 선수였죠. 아주 강한 인상을 남긴 좋은 영입 선수였습니다. 그러나 제 생각에 그의 문제(그들의 문제)는 베르캄프의 능력을 전부 팀에 전수하지 못한 것이었습니다.

베르캄프의 문제는 인간 관계에서 비롯된 거였죠. 왜냐하면 그가 그런 문제에 대한 큰 부담을 떨치지 못했으니까요. 언론의 압박 역시 다른 문화에서 오는 사람들이 겪는 어려움입니다. 우리는 함께 식사를 하고 같이 어울리면서 클럽이 그를 도울 수 있도록 하기 위해 노력했죠. 용크도 마찬가지였고요. 용크는 베르캄프보다는 좀 더 부드럽고 느긋하고 재미있는 캐릭터였습니다."

베르캄프는 자신이 잘 모르는 사람들 앞에서는 내성적인 사람이다. 하지만 그는 그가 편하게 느끼는 사람들 앞에서는 아주 재미있고 말썽꾸러기 같은 모습도 보이곤 했다. 아스널 시절 그는 항상 먼저 농담하는 편이었다.

베르고미 "(놀라서 눈썹을 치켜올리며) 하지만 베르캄프도 이탈리아에 적응하기 위해 좀 더 노력할 수 있었을 겁니다. 그의 실력을 생각하면 충분히 더 잘할 수 있었을 것 같아요. 예를 들어 나중에 호나우두Ronaldo가 입단했을 때 우리 감독은 지지 시모니Gigi Simoni였는데, 그때 우리는 전통적인 이탈리아 시스템을 다시 썼죠. 제가 맡았던 리베로를 후방에 배치한 카테나치오 시스템이었고, 호나우두는 공격을 맡았죠. 하지만 우리는 우승을 차지했습니다. 호나우두가 이탈리아 시스템에 잘 적응했으니까요."

호나우두는 개인기가 뛰어난 드리블러입니다. 베르캄프와는 전혀 다르죠.

베르고미 "호나우두는 자기 혼자서도 팀 전체인 것 같은 존재였죠."

베르캄프는 그런 플레이에 관심이 없었습니다.

베르고미 "아니요. 그건 분명합니다. 호나우두는 혼자서도 플레이가 가능했지만, 베르캄프는 다른 선수들이 필요한 팀 플레이어였죠. 우리는 그와 함께 1998년에 UEFA컵 우승을 차지했습니다. 아주 전통적인 이탈리아 스타일로 말이죠."

오타비오 비앙키에 대해서는 어떻게 생각하십니까?

베르고미 "그 둘 사이에는 갈등이 있었죠. 제 생각에 베르캄프의 비판에도 일리가 있습니다. 하지만 이탈리아에서는 결과를 만들어내는 것이 정말 중요합니다. 그런 면에서 비앙키는 성공적이었죠. 결과가 좋다면 무엇이든 원하는 대로 해도 사실 문제가 없는 겁니다."

베르캄프가 비앙키를 좋아하지 않았던 이유는 그가 다른 사람들에게 무례했기 때문입니다.

베르고미 "네. 그 부분에 대해서는 그의 말이 맞습니다. 그런 행동들은 이탈리아에서도 인정되지 않죠. 간단한 문제가 아닙니다. 하지만 궁극적으로는 그가 그런 관계를 더 잘 관리할 수도 있었다고 생각합니다. 그리고 그 시즌에는 비앙키도 더 잘할 수 있었을 거라고 생각하고요. 점심시간에 테니스 치러 가는 대신 훈련을 한 번 더 할 수도 있었겠죠."

그가 훈련을 다른 사람에게 맡겼나요?

베르고미 "네. 두 번째 훈련은 수석코치에게 맡겼죠. 비앙키는 정말 캐릭터가 강해서 어느 곳에 가든 쉽게 어울리지 못하는 사람이었어요. 그와 함께 일했던 사람들의 말을 들어보면 일반적으로 좋은 보스는 아니었죠. 하지만 베르캄프가 본 것에 대해서는 제가 뭐라고 하기가 어렵습니다."

그가 항상 마라도나에 대해서 말하던 것에 대해서는요?

베르고미 "비앙키가 항상 마라도나에 대해서 말한 것은 맞습니다. 그러나 팀의 다른 사람들이 그에 대해 궁금해 하거나 먼저 물어본 것도 사실입니다. 저 개인적으로는 나폴리가 빅클럽이 된 것은 마라도나 덕분이지, 비앙키 덕분은 아니었다고 봅니다. 그것은 확실합니다!"

베르캄프가 프리미어리그에서 훨씬 더 잘한 이유는 무엇이라고 생각하십니까?

베르고미 "당시 프리미어리그는 베르캄프나 졸라Gianfranco Zola처럼 기술이 뛰어난 선수들이 많지 않았습니다. 잉글랜드는 피지컬적인 능력이 중요시되고 있었고, 기술적인 면은 크게 중요하게 여기지 않았죠. 그래서 베르캄프나 졸라처럼 완전히 새로운 능력을 갖고 있으면서 축구에 대한 새로운 관점을 안겨주는 선수들을 보면서 행복해했던 거죠. 하지만 이탈리아 축구는 늘 전술과 기술을 겨루는 무대였습니다. 1980, 1990년대에 우리는 마라도나, 카레카Careca, 판 바스텐, 굴리트, 비알리Gianluca Vialli, 만치니Roberto Mancini 같은 선수들을 눈앞에서 봤죠. 이들은 모두 위대한 챔피언들입니다. 그러니 베르캄프가 이탈리아 팬들 눈에는 그렇게 놀라운 선수처럼 보이지 않던 겁니다. 그가 이탈리아에서 뛰던 시절, 경기에 나서지 못하는 경우도 많았죠. 이탈리아에서는 평범한 선수로 여겨졌지만, 잉글랜드에서 그는 특별한 선수로 보인 것이죠."

베르고미의 이야기를 듣고 하고 싶은 말이 있나요. 베르캄프?

베르캄프 "우선 리카르도 페리가 한 말을 먼저 듣고 싶어요."

페리는 당신에 대해 비판적이었어요. 인터 밀란에 대해서도 마찬가지 였지만.

베르캄프 "상관없어요. 들려주세요!"

◆◇◆

리카르도 페리는 베르캄프의 '지켜지지 않은 약속'에 심드렁한 반 응이었다. 네덜란드에서 약속은 '약속'이다.

페리 "그래서요? 이거 보세요. 그건 전 세계에서 일어나는 일입니 다. 사람들은 저에게 이런저런 약속을 하지만 지키지는 않죠. 인생은 실망했다고 해서 거기서 멈추는 것이 아닙니다. 저도 그런 경험이 있 죠. 페예그리니 회장이 저를 나폴리로 보내주겠다고 약속했지만 삼 프도리아로 보낸 것처럼 말입니다."

그러니까, 그런 일도 축구의 일부라는 말씀이군요?

페리 "인생의 일부라는 겁니다. 제 생각에 그건 베르캄프의 문제인 것 같습니다. 만약 제 아들이 어떤 일에서 실패했다면 저는 아들에 게, '그래 하지만 그게 세상의 끝은 아니란다'라고 하겠어요."

하지만 베르캄프의 인터 밀란에 대한 비판은 훨씬 더 진지했습니다.

페리 "클럽이 그에게 그런 약속을 했다는 것 자체가 매우 이상합니 다. 왜냐하면 제 생각에는, 그렇게 짧은 시간에 한두 명의 선수를 영 입했다고 클럽의 스타일 자체를 바꾸는 것은 불가능하기 때문입니다. 바뇰리는 뛰어난 감독이었습니다. 하지만 그는 결코 '게임 체인저'가 될 수 없었어요. 무엇보다 가장 큰 문제는 인터 밀란은 AC 밀란과 경쟁하고 싶었는데, 그걸 너무 빠르게 하려고 시도했다는 점입니다. 제대로 환경을 만들어 가는 대신 결과만 빨리 얻길 바랐죠. 저도 변화를 기다리며 함께할 수도 있었지만, 그게 그렇게 빨리 되는 것이 아닙니다. 좋은 통역자와 이탈리아어를 가르칠 선생님이 있어야 하고 최소 2~3년이 필요하죠. 그러나 이탈리아에서는 그것이 불가능합니다. 바로 결과를 내야 하기 때문에요. 모든 것이 단기간이죠."

경제적인 문제도 있었다고 들었습니다.

페리 "그 시기에 우리는 AC 밀란의 그늘에 가려져 많은 돈을 잃었습니다. 그건 페예그리니와 베를루스코니의 싸움이었어요. 우리가 14명의 선수를 보유했다면, 그들은 22명의 톱클래스 선수를 보유하고 있었죠. 선수단 규모 자체가 훨씬 더 컸습니다. 그건 아주 중요한 문제입니다. 우리도 13~14명의 좋은 선수들을 보유하고 있었지만, 그 외에는 파가닌, 트라메자니 같은 어린 선수들뿐이었죠. AC 밀란은 굴리트와 판 바스텐이 떠난 후에도 보반Zvonimir Boban, 파팽Jean-Pierre Papin, 마사로Daniele Massaro 같은 선수들이 있었습니다.

하지만 진정한 문제는 장기 프로젝트가 없었다는 점입니다. AC 밀란에는 그런 프로젝트가 있었죠. 그러나 인터 밀란에는 그것이 없었습니다. 쉽게 말해 콘셉트가 없었죠. 인터 밀란은 그저 '위대한 선수를 영입하라'뿐이었습니다. 그들을 어떻게 활용할 것인지에 대한 계획이 없었어요. 밀란 선수들은 아리고 사키의 철학에 맞게 움직였습니다. 타소티Mauro Tassotti, 바레시Franco Baresi, 말디니Paolo Maldini, 코스타쿠르타Alessandro Costacurta, 굴리트, 판 바스텐, 레이카르트…. 이들 모두가 압박을 기반으로 한 공격 축구에 어울리는 선수들이었습니다. 즉 밀란은 그들의 생각에 어울리는 선수들을 데려왔던 겁니다. 지역 개념을 살린 축구를 구사할 수 있는 선수들을요. 반면에 인터 밀란에는 그런 준비가 전혀 없었습니다. 물론 베르캄프는 위대한 재능을 가진 선수였죠. 하지만 인터 밀란에는 그의 재능을 발휘할 수 있는 구조 자체가 존재하지 않았습니다. 모든 아이디어가 잘못 낀 단추처럼 어긋났죠. 그는 위대한 선수지만 호나우두나 마라도나처럼 자기 혼자서 무언가를 만들어낼 수 있는 선수는 아니었습니다. 그 둘은 이탈리아 리그에서 차이를 만들어냈죠. 베르캄프는 그렇게 하지 못했습니다.

인터 밀란은 매년 루메니게Karl-Heinz Rummenigge 같은 위대한 선수들을 영입했습니다. 그것이 페예그리니의 '철학'이었습니다. 1년마다 한 명의 스타 선수를 영입해서 AC 밀란과 경쟁하는 것 말입니다. 하지만 그것은 제대로 된 전략이라고 보기 어렵죠. 인터 밀란은 어떤 면에서 아직까지도 그렇습니다. 제대로 된 큰 계획이 없어요. 여전히 스타 선수 영입에만 의존하고 있습니다. 그들이 어떻게 기존 선수들과 뛸지도 제대로 모르면서요. 무리뉴 시절 이후 3년을 돌아보면, 2010년 챔피언스리그 결승에서 바이에른 뮌헨을 꺾었을 때, 그들은 뮌헨보다 훨씬 뛰어났지만 그 후 1억 4000만 유로를 쓴 다음에는 어떻게 됐습니까? 리그에서도 챔피언스리그에서도 좋은 활약을 못하고 있습니다. 실패한 거죠! 같은 시기에 뮌헨은 1억 3500만 유로를 쓰고 유럽 최고의 팀이 됐습니다. 즉 그 3년 사이에 인터 밀란은 재앙을 겪은 셈입니다. 그건 베르캄프가 인터 밀란에 있을 때와 비슷한 상황이었습니다. 인터 밀란의 마시모 모라티Massimo Moratti 회장은 그만의 프로젝트가 없었습니다. 무리뉴와 만치니가 성과를 만들어냈을 뿐입니다. 그러니까 비전도 리더십도 부족한 시기가 계속 이어진 겁니다. 특히 지아친토 파케티Giacinto Facchetti(인터 밀란의 전 구단주)가 죽은 후로요."

베르캄프는 그중 어떤 상황에 맞는 선수였다고 생각하십니까?

페리 "팬들은 베르캄프가 판 바스텐처럼 해주길 바랐죠. 하지만 판 바스텐이 인터 밀란으로 오고 베르캄프가 AC 밀란으로 갔다면 둘의 상황은 반대가 됐을 겁니다. 베르캄프는 AC 밀란에서 스타가 되고, 판 바스텐은 인터 밀란에서 실패했겠죠. 그 시기에는 베르캄프 이상의 활약을 하지 못했을 겁니다."

하지만 베르캄프는 아주 어렸고 내성적이라서 그에 걸맞는 빅 플레이어가 되기에는 사회성이 부족하기도 했죠. 소사는 한 기자회견에서 그를 '이상하고 고독한 남자'라고 불렀습니다.

페리 "하하! 그건 사실입니다. 모욕이 아니죠. 루벤 소사는 남미 출신이고 베르캄프는 북유럽 출신입니다. '바이킹' 수준까지는 아니지만 그래도 진짜 북유럽 출신이죠. 용크도 마찬가지고요. 베르캄프는 좋은 집을 구하고 그곳에서 아내와 함께 지내고 싶어 했죠. 저는 베르캄프와 그의 아내, 또 용크와 그의 아내를 가끔 초대하곤 했습니다. '우리 집에 와서 저녁 먹고 가.' 그러나 그들은 절대 오지 않았습니다. 절대, 절대, 절대로! 우리 집에 좋은 보트가 있어서 그걸 타러 오라고 초대한 적도 있었는데 그는 절대 오지 않고 자기 집에만 있었죠. 그는 좀 냉정한 사람 같았어요. 팀의 모든 선수들이 노력했지만, 그는 항상 냉담했죠. 우리 선수들과 함께 잘 어울리지 않았어요. 소사는 그와 정반대였죠. 그는 아주 따뜻하고 다정하고, 공감을 잘하는 선수였죠. 재미도 있었고, 우리와 함께 식사를 하고 노래도 부르고 춤도 췄어요. 우리는 그의 집에 놀러가서 저녁도 먹었고, 같이 노래를 부르기도 했습니다. 하지만 베르캄프는 늘 예외였죠. 그와 용크는 한 번도 동참한 적이 없었어요. 사실 제가 용크와 같은 방을 쓴 일이 몇 번 있었는데, 저는 그에게 다정하게 굴면서 대화도 나누려고 시도해봤지만 무슨 이유에선지 그는 저를 항상 밀어냈습니다."

피치 위에서 소사와 베르캄프는 어떻게 어울렸나요?

페리 "전술 면에서 볼 때 그와 소사는 서로 맞지 않았습니다. 베르캄프는 다른 유형의 파트너가 필요했죠. 소사는 기술적으로 아주 뛰어나지만 결과물에만 관심이 있는 선수였어요. 자신이 드리블해서 돌파하고 슈팅을 날리는 걸 좋아했죠. 그는 개인기가 뛰어난 선수였습니다. 베르캄프는 협력자였죠. 동료에게 바로바로 패스를 보내주는 플레이에도 능했고요. 그러나 당시 인터 밀란에는 그런 플레이가 맞지 않았습니다. 바뇰리 감독 자체가 3~4번의 패스 만에 슈팅을 날리는 빠른 플레이를 원하는 감독이었으니까요. 그러나 베르캄프는 패스 플레이를 통해 만들어 가는 스타일을 좋아했죠. 인터 밀란의 스타일은 아약스처럼 점유에 의한 패스 플레이 스타일과 너무 달랐어요. 저는 베르캄프를 비판하고 싶은 것도, 소사가 완벽한 선수였다고 말하고 싶은 것도 아닙니다. 전혀요. 그러나 베르캄프는 사생활에서도, 피치 위에서도 너무 내성적이었어요.

마테우스, 클린스만, 브레메는 모두 정말 다정하고 외향적이고 사회성 좋은 선수들이었죠. 굴리트도 마찬가지였고. 레이카르트도 어느 정도는 그랬습니다. 판 바스텐은 좀 달랐지만요. 저는 삼프도리아에서 굴리트와 함께 뛴 적이 있습니다. 그는 아주 좋은 사람이고 저는 그와도 가까워질 수 있었습니다."

그러니까 하고 싶은 말씀이 베르캄프에게 성격상의 문제가 있었다는 겁니까?

페리 "네 맞습니다."

그러면 당시 인터 밀란의 팬들이나 언론의 경우는 어땠습니까?"

페리 "그들은 베르캄프에게 너무 가혹하고 잔인했습니다. 하지만 그 부분에 대해 저는 클럽에 책임이 있다고 생각합니다. 클럽 자체가 너무 기대감을 높여놨고 언론과 팬들은 그것에 자연스럽게 따랐을 뿐입니다. 클럽은 '베르캄프가 왔으니 우승할 수 있다'라는 메시지를 계속 던졌는데, 그것이 베르캄프에게는 매우 큰 부담으로 작용한 것이죠. 그것이 언론이 그를 공격한 이유입니다. 그것은 실수였습니다. 팬들은 클럽과 언론의 뒤를 따라갔을 뿐입니다. 그들은 베르캄프가 판 바스텐이 되길 바랐죠. 하지만 판 바스텐은 그를 뒷받침해줄 팀이 뒤에 있었습니다."

베르캄프의 두 번째 시즌 초기에 당신은 삼프도리아로 떠났고, 아약스의 또 다른 위대한 선수인 클라렌스 세도르프와 함께 뛰셨죠?
페리 "아주 좋은 사람이었죠!"

그 두 사람의 차이는 무엇이었습니까?
페리 "세도르프도 당시에는 아직 어렸죠. 그는 감독인 스벤 고란 에릭손Sven Goran Eriksson과 문제를 겪었어요. 그는 중앙에서 뛰고 싶어했는데 감독은 그를 오른쪽 윙어로 출전시켰죠. 그의 성격은 이탈리아에 잘 어울렸어요. 저는 그와 아주 좋은 친구가 됐습니다. 그가 지낼 집을 구하는 걸 도와주고 차를 살 때도 도와줬죠. 사실 그가 제노바(삼프도리아의 연고지)에서 차를 살 때 그를 속이려는 나쁜 놈들이 있었어요. 아주 나쁜 거래를 제시했었죠. 세도르프의 어머니와 여동생이 그의 훈련을 보러 오기도 했습니다. 훈련장 한쪽 구석에 차를 세워놓고는 내리지도 않고 과자만 먹은 일도 있었죠. 아무튼 세도르프와 베르캄프의 차이는 최고 레벨인 선수와 그저 조금 뛰어난 정도의 선수 간의 차이입니다. 베르캄프는 뛰어난 선수였지만 특출 난 선수는 아니었어요. 만약 그에게 다른 개성과 남다른 마음가짐이 있었다면, 그도 톱 플레이어가 될 수 있었을지 모릅니다."

아스널에서 그는 그런 플레이어였습니다. 모두에게 사랑받고 존경받았죠. 그와 아스널에서 함께 뛰었던 프랑스 선수들은 베르캄프가 지네

딘 지단Zinedine Zidane과 동급이거나 혹은 오히려 더 뛰어났다고 말했습니다.

페리 "글쎄요. 지단보다 빠르긴 하죠. 하지만 지단은 마음이 좀 더 열린 선수입니다. 베르캄프도 톱 플레이어이기는 하지만 그의 성격은 그렇지 못하죠. 너무 조용하고, 폐쇄적입니다. 지단과 달리 마음이 좁죠."

문화적인 차이일까요? 혹은 인간적으로 그렇다는 말씀입니까?

페리 "글쎄요. 그러나 그는 지단 같은 톱 플레이어가 되기 위한 모든 것을 갖추고 있었습니다. 단지 좀 더 강하고, 열린 마음을 가질 필요가 있었습니다."

하지만 런던에서 베르캄프는 잉글랜드 축구 문화를 바꾼 위대한 철학자 같은 대우를 받고 있습니다. 이전보다 훨씬 더 큰 가능성을 열어젖힌 선수로요. 그는 잉글랜드 축구를 바꾼 사람입니다. 잉글랜드 축구에 또 다른 비전을 안겨줬죠.

페리 "잉글랜드에서는 그렇죠. 그러나 이탈리아에서는 다릅니다. 네덜란드 대표팀에서는 어땠습니까?"

위대한 선수였죠.

페리 "아니요, 그는 평범한 선수였습니다."

1990년대 네덜란드는 항상 강하고 위대한 팀이었지만, 베르캄프가

2000년에 은퇴한 후로 내리막을 겪었습니다.

페리 "좋습니다. 하지만 저로서는 그가 결정적이었던 장면이 기억나지 않습니다. 네덜란드 대표팀에서 그런 선수들을 생각해보면… 쿠만, 세도르프…. 그 이전에 크루이프 정도? 지단이라고요? 아니요. 베르캄프는 지단 같은 선수는 아니었습니다. 그는 지단 같은 재능을 가졌기 때문에 좀 더 중요한 역할을 했어야 합니다. 네덜란드에서의 그는 아스널에서만큼 중요한 역할을 하지는 못했습니다."

네덜란드는 1998 프랑스 월드컵, 유로 2000에서 우승해야 했습니다. 그 시기 세계 최고의 팀이었으니까요.

페리 "네덜란드는 다른 재능을 가진 다른 유형의 선수들이 필요했습니다. 베르캄프도 더 잘해줬어야 했죠. 프랑스의 지단처럼요. 지단은 유벤투스와 레알 마드리드, 프랑스 대표팀에서 모두 압도적인 선수였습니다. 어디에서 뛰든 그는 항상 경기를 지배하는 선수였죠. 늘 분명한 리더였고요. 그러나 베르캄프는… 뛰어난 능력을 가진 선수는 맞지만, 지단은 좀 더 확고한 리더였고 상대를 압도하는 선수였죠."

아스널의 예전 선수들, 언론이나 TV 방송사조차도 베르캄프가 했던 모든 플레이를 제대로 보지 못했습니다. 그는 스스로 팬들의 주목을 끄는 선수가 아니었죠. 하지만 그는 기술적으로 완벽한 팀의 리더였습니다. 예를 들어 그의 완벽한 패스와 패스 타이밍, 속도, 커브…, 정말 모든 패스가 일품이었죠. 티에리 앙리가 말한 것처럼 완벽에 가까웠

습니다.

페리 "그래요. 베르캄프는 기술적으로는 대단했습니다. 그건 이론의 여지가 없죠. 정말 대단한 선수였습니다. 그러나 그의 성격에는 문제가 좀 있었습니다."

3. 베르캄프가 밝힌 진실

지금까지 다른 사람들이 당신에 대해 한 이야기를 정리했습니다. 어떻게 생각하시나요?

베르캄프 "글쎄요. 우선 베르고미와 페리의 말들은 아주 훌륭하다고 생각해요. 그리고 바뇰리의 경우는… 그의 위치를 생각해보면, 그가 별다른 중요한 말을 하지 못했다는 게 오히려 흥미로운 정도예요. 그런 입장에 있는 사람이 어떻게 별로 할 말이 없을 수가 있을까요?"

말을 아낀 것일 수도 있지 않을까요?

베르캄프 "말을 아낀다는 것이 의견이 없다는 걸 의미하지는 않잖아요. 감독이라면 뭔가 분명한 입장이라는 것이 있어야죠. 어쩌면 그건 그가 인터 밀란에서 중요한 존재가 아니었다는 증거일지도 몰라요. 마치 그에게 아무런 권한이 없었다는 것처럼 들리잖아요. 자신만의 철학도, 스타일도, 혹은 그가 저에 대해 갖고 있던 계획도, 정보도 없는 것처럼 들려요."

바뇰리는 조금 구식이긴 하지만 아주 사랑받는 1950년대 스타일 밀라노 사람이에요. 모든 사람들이 그를 사랑하죠. 특히 그들은 바뇰리가 몇 년 전에 베로나와 함께 리그에서 우승했다는 사실을 아주 자랑스러워해요.

베르캄프 "그건 확실히 그런 것 같군요. 그를 처음 봤을 때의 인상을 아직도 기억하고 있어요. 제가 첫인상을 꽤 잘 보는 편이거든요. 그를 처음 봤을 때 곧바로 '존경할 만한 사람이다'라는 생각이 들었어요. 그는 베로나에서 대단했고, 분명한 스타일이 있었죠. 그건 좋아요. 그러나 인터 밀란에서는 그렇지 않았어요. 하지만 어느 정도는 이해합니다. 그는 좋은 사람이었어요. 누구에게도 폐를 끼치지 않았죠. 선수를 더 발전시키는 사람은 아니었지만, 선수들과 문제를 일으키는 사람도 아니었어요. 토마소 펠리자리가 말했듯이 그냥 그곳에 있었어요. 어쩌면 우리가 반년 정도밖에 같이 보내지 않기 때문에 시간이 부족했을 수도 있어요. 그도 언젠가 저한테 비슷한 말을 했어요. 하지만 '압박 스타일의 축구를 꼭 해야 했던 겁니까?'라거나 '페예그리니 회장이 뭔가 말했습니까?'라고 물었을 때 그는 '아니요. 기억나지 않습니다'라고 답했죠. 저는 그게 중요한 것 같아요. 인터 밀란 감독직은 그의 커리어에서 가장 중요한 일이었어요. 그러니 그는 자세히 알 필요가 있었죠.

반면에, 토마소가 말했던 '종교 전쟁'이라는 표현은 적절한 표현인 것 같아요. 당시에는 그렇게 생각하지 않았지만 그의 말에 일리가 있는 것 같아요. 중요한 질문은 인터 밀란이 바뀌길 원했는가였다고 생각해요. 저는 그렇게 생각하지 않아요. 베르고미와 페리의 이야기는 훌륭하지만 그들의 이야기를 들어보면 인터 밀란은 변화를 원하지 않았던 것 같아요. 이제 그들은 그때 그렇게 했다면 좋았을 거라고 말하죠. 하지만 그 당시에는 변화하는 게 무서웠던 거예요. 만약 우리가 공격수를 한 명 더 활용했다거나 미드필드에 한 명을 더 넣었다면 그게 곧 수비수가 한 명 적어진다는 소리일까요? 그럴지도 모르죠. 하지만 그들은 그런 걸 하고 싶어 하지 않았어요. 페리가 한 '프로젝트가 없었다'라는 말이 정곡을 찌른다고 생각해요. 토마소의 말도 그와 일치하죠. 저 역시도 바로 그게 문제였다고 생각해요.

베르고미가 UEFA컵에서의 제 활약에 대해 좋게 말한 것은 꽤 감동적이었어요. 실제로 그 대회에서 저는 골을 많이 넣었죠. 그처럼 경험 많은 이탈리아 선수가 저를 인정해줬다면 그건 정말 의미가 큰 일이에요. 또 그는 비앙키가 아주 좋은 사람이 아니었다는 제 의견에도 동의했죠. 하지만 그가 잉글랜드와 이탈리아의 차이점에 대해 이야기했을 때는 벵거 감독의 말이 조금 떠오르기도 했어요. 선수들이 경기에 어떻게 임해야 하는지에 대한 말이요. 그때나 지금이나 제가 생각하는 것은, 이탈리아 사람들은 축구를 곧 세리에 A라고 생각한다는 거예요. 그들은 자신의 리그와 선수들이 최고라고 생각하고, 그 외의 모든 것은 그 둘을 위해 존재한다고 생각하죠. 지금도 그때도 사키처럼 변화를 만들어내는 사람들이 있어요. 하지만 근본적으로 이탈리아 축구는 그때부터 지금까지 크게 변하지 않았어요. 그게 그들의 문제죠.

한편으로 인터 밀란은 아스널과 비슷하기도 했어요. 두 팀 다 강했고 경험 많은 노장 수비수들이 중심이었고 또 변화를 겪기 직전의 상황에 놓여 있었죠. 그러나 변화를 위해서는 클럽 내부의 강한 캐릭터들과 언론의 도움이 필요해요. 아스널에서는 경험 많은 선수들이 스스로 변화에 동참했어요. 그들은 제가 아스널에 가져올 변화를 궁금해했고 그것에 꽤 긍정적이었죠. 당시 아스널 부회장 데이비드 딘 David Dein이 먼저 있었고, 그 후에 벵거 감독이 부임했어요. 그런 환경에서는 저도 경험 많은 선수들과 함께 변화를 이끌 수 있었던 거예요. 하지만 인터 밀란에서는 모두가 뒷짐을 지고 저를 쳐다보기만 했어요. 저녁 식사를 같이 하자고 초대하는 그런 일은 저에게 도움이 되지 않아요!

바르셀로나의 축구를 싫어하는, 한 골을 먼저 넣고 수비에 집중하려는 사람들의 생각도 흥미로웠어요. 그 사람들은 농담이 아니라 그게 진심인 것 같아요. 이탈리아에는 실제로 그렇게 생각하는 사람들이 많아요. 바놀리는 '틱톡틱톡'이라고 표현했는데, 그건 그가 그런 패스 플레이를 지루하게 생각한다는 걸 보여주는 증거예요. 저는 그들에게 '너희는 도대체 뭘 보는 거야?'라고 묻고 싶지만 그들은 바르셀로나의 축구를 보고도 여전히 그걸 좋아하지 않아요. 그렇게 생각하는 사람들에게는 뭘 해도 소용이 없죠. 그냥 그걸로 대화가 끝나는 거예요. 그게 그들의 의견이고요. 모든 이탈리아인들이 그렇게 생각하지는 않아요. 하지만 일반적으로 이탈리아인들은 그들의 스타일대로 하는 것을 좋아해요. 그렇게 해도 결승전에 진출하니까 괜찮다고 생각하죠. 그들에게 축구는 문화예요. 축구가 전부죠. 물론 아주 잘하기도 하고요."

마치 이탈리아 음식처럼 말인가요? 런던이나 암스테르담, 파리에 있는 슈퍼마켓에 가면 전 세계의 음식을 살 수 있어요. 이탈리아에서는 슈퍼마켓에 가면 이탈리아 음식만 살 수 있지요.

베르캄프 "그들은 변화를 원하지 않아요. 자신들의 음식만 좋아하죠. 물론 이탈리아 음식은 훌륭해요. 그리고 그들은 그들의 축구를 사랑하죠. 그렇다면 왜 그들이 바뀌어야 할까요? 그들은 천성적으로 변화를 받아들이지 않아요. 그리고 팬들이 '오, 지금 이탈리아 축구가 너무 좋아. 아주 중요한 발전을 하고 있어!'라고 말하는 일도 드물죠. 잉글랜드의 경우는 프리미어리그에서 그런 일이 발생했어요. 스페인에서도 마찬가지고, 독일도 그렇죠. 네덜란드는 항상 변화를 추구하고 있어요. 그게 네덜란드의 특성이죠. 항상 바뀐다는 것. 지금 네덜란드 축구는 미헬스의 시대와는 달라요. 크루이프 때와도 판 할 때와도 다르죠. 네덜란드에서 축구는 항상 진화하는 것이고 저는 그것이 아주 좋다고 생각해요. 축구는 항상 발전해야 하고 항상 새로운 것을 만들어야 하죠. 이탈리아 사람들은 오래된 것들에 안주하려고 해요. 사키에게 일어난 일을 생각해 보세요. 4~5년 정도 사키의 축구를 보면서 '정말 환상적이야'라고 했던 이탈리아 사람들이 다시 그 전으로 돌아가기 시작했잖아요. 변화가 지속되지 않는 거죠. 비앙키가 몇 번 프리시즌에서 시도한 적이 있지만, 그걸로 끝! 무슨 일이 생기면 곧바로 이전의 모습으로 돌아가는 거죠. 몇 번 정도 시도했다가 그게 편하지 않으면 그냥 회귀해 버려요. 네덜란드에서는 오히려 그런 보수적인 축구 콘셉트는 좋아하지 않죠. '우리는 늘 이렇게 해 왔기 때문에 계속 이렇게 하길 원한다'가 아니라, 네덜란드는 변화를 원하죠.

또 다른 인상적인 점은 그들 모두가 저를 사교적인 사람이 아니었다고 말하는 거였어요. 그건 정말로 이상한 일이에요. 페리는 제가 마음이 열린 사람이 아니었다고 말했죠. 글쎄요. 저는 꽤 많은 스트라이커들과 함께 뛰었고, 그들 모두 다른 성격을 가진 사람이었지만 별 문제없이 잘 뛰었어요. 그런데 제가 다른 나라에서 온 선수들과 함께 뛸 만큼 '오픈마인드'가 아니었다고요?"

그들은 당신이 소사와 문제가 있었다는 걸 인정했어요.

베르캄프 "그래요. 그렇더라도 그건 제가 그를 싫어한다거나 해서 생기는 문제가 아니었어요. 그보다는 제가 그를 보며 '주변을 봐, 내가 옆에 있어'라고 그렇게 생각하는 경우가 많았죠. 그는 제 커리어에서 유일하게 그렇게 하면 자신에게도, 저에게도, 팀에게도 도움을 줄 수 없다고 생각한 선수였어요."

그와 직접 대화를 해봤나요?

베르캄프 "아뇨. 왜냐하면 제 기억에 그는 당시 스물넷이었어요. 제 커리어는 이제 막 시작된 상태였죠. 네덜란드에서 제 커리어는 아주 훌륭했지만, 운전에 비유하면 아직 2단, 3단 기어를 놓고 잘 나가는 중이었던 거죠. 그런데 인터 밀란에 이적하면서 갑자기 모든 사람들이 제가 1단 기어를 놓고도 팀을 곧바로 우승으로 이끌 거라고 기대하게 된 거예요. 베르고미처럼 모든 것을 다 이룬 선수들이 이미 있던 팀에서 말이에요. 마치 '그래, 이제부터 네가 리더다'라면서 한번 해보라는 식으로 말이에요.”

그들이 직접 그렇게 말했나요?

베르캄프 “그때는 아니었죠. 하지만 지금 그들이 하는 말을 들어보면 그렇잖아요. ‘베르캄프가 리더가 되었어야 했다. 하지만 그는 그렇게 하지 못했다. 우리를 저녁 식사에 초대하지도 않았다! 우리와 함께 노래를 부르지도 않았다! 솔직히 생각해 봐요. 아직 새 문화에 적응하지도 못한 사람에게 곧바로 팀을 이끌어 주기를 바라는 게 맞는 건가요?’”

베르고미 같은 선수들이 당신에게 ‘네덜란드는 잊어라. 이곳은 아주 심각하고, 우리는 이런 것을 원한다’라고 말하거나 그런 대화를 시도한 적은 없었나요?

베르캄프 “사실은 제가 먼저 그런 대화를 시도한 적이 한번 있었어요. 첫 번째 시즌이었죠. 비행기를 타고 이동 중이었는데(그때는 아직 비행기를 타도 괜찮았어요!) 우리는 아주 좋은 대화를 나누고 있었죠. 다비데 폰톨란Davide Fontolan이 있었던 것 같아요. 그는 좋은 사람이에요. 성격이 좀 강하긴 하지만 재미있는 사람이죠. 또 파가닌 형제, 마시모, 안토니오도 거기 있었어요. 페리도. 빔 용크도. 우리는 옆에 나란히 앉아서 좌석을 뒤로 젖히고 편안한 자세로 영어와 이탈리아를 섞어서 대화를 나눴어요. 처음으로 인터 밀란의 일부라고 느꼈던 순간이었죠. 그들도 마음을 열고 대화를 나눴어요. 그들은 제게 ‘조금 다르게 해봐, 조금만 더 뛰고. 그것부터 먼저 해봐. 너에게 매 경기 해트트릭을 하길 기대하는 게 아니야. 하지만 조금 더 노력을 해봐'라고 말했죠. 그때까지 저는 아직 아약스 모드였어요. 제 역할은 변화를 만드는 거라고 생각했죠. 저한테 볼을 주면 뭔가를 보여주겠다는 생각이 먼저였어요. 그들이 그때 저에게 했던 말들은 나중에 잉글랜드에 갔을 때도 영향을 줬어요. '우선 100% 전력을 다하고, 그 후에 축구에 기대해라.' 그건 다른 관점이었죠.

아약스에서 기회를 놓칠 때도 있었지만 그건 큰 문제가 아니었어요. 왜냐하면 그 이후에도 계속 다른 기회가 왔으니까요. 아약스는 아주 잘 조직된 팀이었고 우리만의 패턴이 있었죠. 윙어가 어디 있는지, 미드필더들은 어디에 있는지 모두 이미 알고 뛰었거든요. 모두가 무엇을 해야 할지 정확히 알고 있었어요. 하지만 인터 밀란에서는 팀 시트를 봐도 뭘 해야 할지 하나도 이해가 안 됐어요. 이게 4-4-2인지, 4-5-1인지 혹은 4-3-3인지 분명하지가 않았어요. 그것에 대해 그 누구도 아무런 설명을 하지 않았고요. 그걸 제대로 알지 못하는데 제가 어떻게 팀을 이끌 수 있었겠어요? 저는 소사와 함께 전방에서 뛰었고, 모든 경기에서 5백을 상대했어요. 때로는 미드필더 중 한 명이 함께 공격에 가담하기도 했고요. 대단하죠! 이제 우리는 세 명이 공격을 해야 하는데, 나는 어디로 뛰어야 하지? 내 구역은 어디지? 다른 공격수들과는 뭘 해야 하지? 함께 뛰는 팀 선수들과 아무런 관계가 없다면 할 수 있는 게 없어요. 인터 밀란을 제외하고 제가 뛰었던 모든 팀에서 저는 저만의 방식이 있었고, 제가 그렇게 할 때 동료들이 어떻게 할지를 미리 알고 뛰었어요. 하지만 인터 밀란에서는…."

그러면 소사와의 문제가 아니었다는 건가요?

베르캄프 "모든 게 팀의 문제였어요. 팀의 시스템이 선수를 지원하지 않는다거나, 혹은 다른 선수들이 지원하지 않는다거나, 혹은 감독으로부터 제대로 된 지침이 없었다거나 그런 모든 게 문제였죠. 제가 경기 전에 받는 정보는 '아 경기를 하는구나' 정도가 다였어요. 제 스트라이커 파트너는 판체프Darko Pančev, 스킬라치Salvatore Schillaci, 아니면 소사였는데, 저는 항상 함께 뛰는 스트라이커들에게 맞추는 편이에요. 그게 제 성격이거든요. 그런데 소사의 경우 그가 볼을 잡았을 때 제가 공간으로 뛰어든다면 과연 나한테 패스를 했을까를 생각해보면, 분명히 아니었어요."

페리가 말하길 소사는 볼을 받자마자 돌아서서 드리블한 후에 슈팅하는 유형의 선수라고 했어요. 물론 그걸 참 잘했다고 했어요.

베르캄프 "그 말이 틀렸다고는 할 수 없어요. 인성으로만 보자면 나쁜 사람은 아니에요. 하지만 선수로서 볼 때는 '팀을 죽이고 있다'고 생각한 적이 많았어요. 아마 그는 그 외의 다른 방법은 몰랐을 거예요."

그는 그 시즌 전에 20골을 기록했어요.

베르캄프 "맞아요. 그러면 비판받을 사람은 저였을까요? 하지만 저는 축구란 시스템과 패턴으로 이뤄져 있다는 사고방식이 익숙한 곳에서 왔어요. 무엇보다 창의적인 축구를 중요시하는 나라에서 왔다고요. 저는 아직 적응을 하고 있는데 그들은 제가 팀을 이끌기를 바랐다니. 제가 어떻게 그렇게 하길 원했다는 것일까요?

이탈리아에서 바뇰리는 공격적인 축구를 하는 감독이라고 여겨지지만 그의 공격 축구에 대한 말을 들어보면 그가 생각하는 공격 축구가 제가 말하는 공격 축구와 다르다는 게 확실해요. 그는 2~3번의 패스 만에 슈팅을 날리는 축구를 추구했어요. 그건 공격 축구가 아니라 역습 축구예요. 그건 '수비를 먼저 생각하고 볼을 쟁취한 다음에 공격을 하라'라는 사고방식이 깔려 있는 것이거든요. 네덜란드의 어떤 선수라도 '공격 축구가 무엇인가?'라고 물으면 상대를 지배하면서, 상대 진영에서 플레이하는 것이라고 대답할 거예요. 그 둘은 완전히 다르죠. 누구도 저에게 그들의 방식을 설명한 적이 없었어요. 그 누구도. 인터 밀란과 계약할 때 페예그리니 회장과 피에로 보쉬 Piero Boschi(인터 밀란 단장)는 저에게 '네가 오면 이 상황을 바꿀 수 있을 거다. 우리는 압박과 공격의 축구를 할 거다'라고 말했어요. 어쩌면 그들은 압박이 무엇인지에 대해 근본적으로 다른 생각을 가지고 있었는지도 모르죠."

하지만 그들은 사키의 밀란을 봤잖아요. 당신도 봤고. 판 할이 1989년 유러피언컵 결승전에 당신과 선수들을 데려가지 않았나요? 그 경기는 최고의 퍼포먼스 중 하나로 불리는 경기인데, 그 경기에 대해서는 어떻게 생각하나요?

베르캄프 "맞아요. 우리는 한쪽 골대의 AC 밀란 팬들과 함께 그 경기를 봤어요. 우리도 그날 AC 밀란의 플레이를 아주 좋아했어요. 그리고 그 경기에는 분명한 '축구'가 있었죠. '오, 그들이 어떻게 플레이

하려는지 알겠다, 그리고 왜 그러려는지도 알겠다' 싶은 그런 경기였죠. 판 바스텐을 공격 중앙에 놓고, 굴리트가 주로 오른쪽 측면에서 경기를 풀어 나갔어요. 그리고 한가운데에서는 레이카르트가 그의 옆에 있던 도나도니Roberto Donadoni와 함께 경기를 조율했죠. 그러니 그 팀에는 이미 세 명의 스트라이커와 한 명의 미드필더가 있었던 거예요. 저는 그게 무엇인지 잘 알고 있었죠."

그 축구는 네덜란드 토털 축구의 색이 입혀진 이탈리아식 축구였다는 건가요? 과르디올라의 바르셀로나에 스페인 카탈루냐식 컬러가 있었던 것이나, 아스널이 잉글랜드와 프랑스의 컬러를 합쳤던 것처럼?

베르캄프 "맞아요. 그것도 흥미로운 부분이죠. 토마소가 말한 것 중에 사키가 처음 왔을 때 바레시와 수비수들이 어떻게 바뀌었는지 말했던 부분이요. 그들은 사키가 불편했어요. 하지만 그때 베를루스코니 회장이 직접 드레싱룸에 와서 너희가 어떻게 생각하든 말든 나는 이걸 원한다는 입장을 밝혔죠. 페예그리니 회장은 절대 그런 걸 하지 않았어요. AC 밀란과 크루이프, 혹은 이탈리아 축구와 잉글랜드 축구의 차이점에 대해서 말하긴 어려워요. 하지만 크루이프는 늘 선수들 사이의 간격을 중요하게 생각했어요. 사키는 줄을 이용해서 훈련을 하거나, 그림자 플레이 등의 훈련을 했어요. 벵거 감독도 아스널에서 그런 훈련을 했죠. 선수들 사이의 간격은 아주 중요해요. 예를 들어 왼쪽 윙어가 공격에 가담하기 시작하면 라이트백도 그에 맞춰서 움직여야 하죠. 만약 모든 선수들이 밧줄로 서로를 묶어서 20야드씩 거리를 유지할 수 있다면… 그건 마치 피치 위에서 모두가 동시에 움직이는 것 같을 거예요. 한 선수가 저기로 움직였으니까 다른 선수가 곧바로 그 자리를 채우고, 앞뒤로 그렇게 하는 거죠. 한 선수가 달리면 모든 팀이 함께 뛰는 거예요. 이것은 모두 선수들 간의 간격을 어떻게 유지하느냐에 달린 문제예요. 예를 들어 아스널에서 제가 상대 페널티박스 부근에서 볼을 잡을 때면 토니 애덤스Tony Adams나 스티브 볼드Steve Bould는 하프라인 부근까지 올라와 있었어요. 선수들 간의 간격은 좁아야 해요. 선과 선 사이는 20~25미터 정도가 적절하죠.

인터 밀란에서 저는 소사와 함께 공격을 맡았고, 두 명 정도의 미드필더들이 공격에 가담했어요. 그런데 공격 중에 뒤를 돌아보면 우리 수비수들과 미드필더들은 아직도 한참 뒤에 머물러 있을 정도로 선수들 사이의 공간이 너무 멀었어요. 그건 죽은 공간인 거죠. 그게 저와 팀을 죽이는 거예요. 왜냐하면 그럴 때 볼을 뺏기게 되면 그 즉시 공격에 가담했던 네 명의 선수들은 무용지물이 되고, 나머지는 상대 팀이 공격하는 걸 기다리는 형국이 되거든요. 제 생각으로는 그건 압박 축구가 아니에요. 바르셀로나, 밀란, 아스널이 했던 그런 압박 축구가 아니에요. 왜냐하면 그 팀들은 볼을 잃어버리는 순간, 자신의 진영에서 곧바로 뺏을 수 있기 때문이죠. 가능한 빨리 혹은 3~4초 이내에 볼을 다시 뺏지 못하면 최대한 빠르게 자기 포지션으로 돌아와서 공간을, 선수들 간의 간격을 좁히는 거죠. 공격할 때 선수들 사이의 간격은 평균적으로 약 30미터 정도고, 수비할 때는 그보다 좁은 10~15미터 정도예요. 그건 아주 중요한 거예요. 인터 밀란에서 저는 항상 무인도에 고립된 듯한 느낌을 받았어요. 그런데 어떻게 제가 24세인 선수에게 그걸 가르친다는 거죠? 페예그리니 회장은 분명히 그걸 이해하지 못했어요. 바뇰리에게 말하는 사람도 아무도 없었죠. 그는 훈련 중에 우리를 가르쳐야 하는 사람인데도 말이에요. 그에게 말조차 하지 않는다면…, 가능성이 없는 거죠."

빔 용크는 두 번째 시즌에 비앙키가 압박을 시도했다고 말했어요. 그리고 두 번째 경기에서 그게 잘 안 돼서 다시 수비 축구로 전환했다고 말했고요.

베르캄프 "맞아요. 그래도 비앙키는 철학과 주관이 좀 더 있었다고 생각해요. 이런 걸 시도해 봐야겠다는."

그러면 바뇰리에게 그런 의견을 내볼 생각은 하지 않았나요?

베르캄프 "설명하기가 어려워요. 우리는 이제 막 결혼을 했고 신혼 기간을 보내고 있었죠. 새 집도 구했고 차를 빌리는 대신 새 차를 구했어요. 다른 나라에 적응하려고 노력 중이었죠. 새로운 삶을 위해 적응해야 할 것이 수백 가지였어요. 그런 와중에 축구에 대해 새롭게 적응해야 할 것도 수백 가지가 생겼던 거죠. 저는 준비가 안 된 상태였어요. 물론 여전히 자신이 좋은 선수라고 생각했지만 아직 배우는 단계였어요. 인터 밀란으로 이적했을 때 저는 경험이 많은 선수와 팀으로부터 배울 것이 많을 거라 생각했고, 저도 그들에게 뭔가 줄 수 있는 것이 있을 거라고 생각했어요. 아스널로 이적했을 때도 마찬가지였죠. 하지만 인터 밀란에는 경험 많은 선수는 있었지만 그들은 변화를 원하거나 시도하지 않았어요. 아스널의 경우는 달랐습니다. 그들도 경험이 많았지만, 그들은 마음이 열린 상태였고, 저를 기꺼이 따랐죠…."

인터 밀란이 말하는 좋은 선수와 당신이 말하는 좋은 선수는 좀 다른 것 같아요. 그렇지 않나요? 그들은 아주 전통적이에요. 공격수의 임무는 무에서 유를 창조하는 거예요. 선수에게 볼을 주면 어떻게든 골을 넣는 거죠. 정확히 어떻게 하는 것인지는 모르지만, 그게 그의 임무니까요.

베르캄프 "그 부분에서 중요한 것은, 계속 말하지만, 그들은 제가 적응하길 바랐다는 거예요. '너는 모두가 인정하는 뛰어난 선수잖아, 너는 그 재능을 어떻게 발휘할 거야?' 그런 식의 태도였죠. 저는 지금 코치로서 어떻게 하면 선수들로부터 최선을 이끌어낼지를 항상 고민해요. 그건 다른 선수들에게 맞춰야 한다는 의미가 아니에요. 다른 선수들도 그에게 적응해야 하는 거죠. (제가 8골을 넣었던) UEFA컵에서 베르고미는 저에게 비슷한 말을 했어요. 저는 그 대회에서만큼은 훌륭한 활약을 했었죠. 그러니 그걸 본 그들이 어떻게 하면 저를 잘 활용할지, 저를 잘 도와줄지에 대해 생각했을 수도 있었을 거예요. 선수를 도와준다는 건 그 선수를 저녁 식사에 초대하는 게 아니에요. 그들은 아마 당시에 뭐가 문제였는지 정확히 모르겠으니까 저를 비판하는 거죠. 제가 그들과 잘 어울리지 않았다는 말이나 하면서."

당신은 아스널에서도 별로 사교적이지는 않았어요.

베르캄프 "아니에요. 하지만 그런 일이 축구계에 일어나나요? 선수들은 자기가 편한 사람들과 어울리잖아요. 제가 선수들과 어울리지 않은 것은 그게 제 커리어에 도움이 될 거라고 생각해서 한 것이 아니었어요. 외식을 할 때는 그걸 즐기려고 하는 거죠. 그 시기, 인터 밀란에서의 첫 시즌에 페리는 딱히 어울리고 싶은 사람이 아니었어요. 그래서 빔 용크와 같이 어울렸죠. 예전부터 알던 동료였으니까요. 저는 그런 부분이 축구적인 문제를 해결할 거라는 태도가 정말 이해되지 않아요. 물론 서로 관계가 좋은 것이 성공적인 팀에 도움이 된다는 통념이 있긴 하죠. 하지만 반드시 그렇지는 않아요. 아스널에서 보낸 몇 년 동안 저는 많은 선수들과 좋은 관계를 맺었어요. 하지만 인터 밀란은 축구를 먼저 해결해야 했어요. 그게 그들의 문제였으니까요. 그것도 아주 깊은 문제였어요. 그들이 골키퍼를 훈련시키는 방법을 보세요. 그들은 아주 열심히 훈련하지만, 각자 따로 훈련을 해요. 그 후에 다른 팀과 합류하죠. 저는 슈팅 훈련을 해야 했는데, 골키퍼들이 이미 너무 지쳐 있었어요. 그래서 네 번 슈팅을 하면 그 중에 한 번 제대로 막는 정도였죠. 그런 건 저에게 도움이 되지 않는 거죠. 네덜란드에서는 가능한 많은 골을 넣고 공격을 더 잘하기 위해 필요한 모든 걸 다하자는 자세가 강했어요. 이탈리아에서는 골키퍼가 가장 중요했어요. 클린시트를 기록하면 지지 않으니까요. 저에게는 그런 차이가 때로는 정말 경악할 수준이었어요. 슈팅 연습을 하고 싶은데 골키퍼가 제대로 하질 않는다니까요. 그러면 어떻게 슈팅 능력을 향상시키죠? 제가 그 훈련을 하자고 하면, 저 골키퍼는 하루 종일 훈련했으니까 좀 쉽게 해줘. 그런 식이었어요."

아마도 이탈리아에서는 공격수들이 개인주의적이라는 사고가 있는

것 같네요. 페리는 베르캄프는 호나우두가 아니라는 말을 매우 강조했어요. 다르게 말하면 당신이 호나우두처럼 되길 바랐다는 말도 되는 거죠. 판 데르 사르가 유벤투스에 갔을 때 그는 네덜란드 골키퍼 스타일로 뛰지 않기 위해 주의해야 했다고 말한 적이 있어요. 이탈리아식으로 골라인 바로 앞에 서 있도록 요구했었죠. 훗날 그는 그것에 대해서 자신의 원칙을 배신하는 느낌이 들었다고 하기도 했어요. 그는 이렇게 말해야 했는지도 모른다고 했어요. "사실, 나는 그렇게 하지 않는다. 나는 내 방식이 더 옳다고 생각한다." 그래서 나중에 잉글랜드의 풀럼에 온 후에는 자신을 다시 발견했다고 말했죠. 당신이 떠난 후에 호나우두가 인터 밀란으로 왔어요. 그는 카테나치오 스타일을 유지하는 걸 꺼리지 않았어요. 그 위에서 혼자 공격하는 스타일이었으니까요. 그는 당신과 다르게 그 스타일에 빠르게 적응했죠. 어쩌면 당신도, 호나우두나 이탈리아 스타일처럼 드리블러로서 그런 스타일을 시도해볼 수도 있지 않았을까요? 그러면서 새로운 스킬을 배울 수 있었을지도 모르잖아요. 하지만 당신은 그렇게 하는 것은 곧 무언가를 잃어버리는 것 같다고 여겼어요. 마치 자신의 운명을 거스르는 것처럼. 그 부분에 대해서는 어떻게 생각하나요?

베르캄프 "저는 제 주변에 다른 선수들이 필요해요. 그럴 때 저도 좋은 선수가 되죠. 동료들도 저처럼 함께 움직이면서 뛰는 게 필요하니까요. 이탈리아 리그에서 배운 부분들이 있어요. 네덜란드에서는 축구가 좀 더 즐거웠죠. 마치 '내가 이런 것도 할 수 있다고, 잘 보라고!' 이런 느낌이랄까요. 이탈리아에서의 축구는 좀 더 '직업' 같은 느낌이었어요. 한 번의 찬스가 왔을 때 그걸 반드시 성공시켜야 했죠.

물론 그런 부분에서도 배우는 것이 있어요. 아주 프로페셔널한 부분이죠. 그들은 하루에 두 번 훈련을 해요. 9시에 훈련장에 도착해서 중간에 휴식을 취했다가 오후에 또 훈련을 하죠. 매 순간 축구 선수로서 최선을 다하는 거예요. 그게 제가 거기서 배운 겁니다. 다만 그곳에서는 제가 잘하는 부분을 제외하고는 어떤 것도 할 수 없었어요. 저는 드리블러가 아니거든요. 비행기에서 대화를 나누면서 그들이 제가 좀 더 많이 뛰기를 원한다는 걸 알았어요. 그건 할 수 있었죠. 그러나 그건 문제 해결에 도움이 되지 않았어요. 저는 여전히 경기 중에 차이를 만들어내고, 환상적인 패스나 골을 터트리는 플레이를 좋아하니까요. 하지만 제 주변에는 아무도 없었어요. 절망스러웠죠. 하지만 그런 부분은 신경조차 쓰지 않았어요. 제가 팀을 위해 공간을 만들어서 뛰면 그들은 행복해했죠. 그건 정말 쉬운 일이지만, 그렇다고 경기에서 이길 수 있는 건 아니었어요. 저를 더 좋은 선수로 만드는 일도 아니었죠. 하지만 그들은 저에게 그걸 원했어요. 저는 그 가능성에 마음이 열려 있었어요."

당신 특유의 플레이 스타일에서 무언가를 뺀다거나, 다른 걸 더한다거나 하면서 이탈리아식으로 플레이하는 게 정말 당신에게 피해가 오는 일이었나요?

베르캄프 "그건 저의 강점이 아니었어요. 그래도 노력은 하려고 했죠. 어떤 점은 나중에 잉글랜드에 갔을 때 도움이 되기도 했어요. 잉글랜드에서는 매 경기 제가 가진 100%를 다 할 수 있었죠. 그곳에서는 좀 더 비즈니스적이랄까, 직업적으로 볼을 탈취하고 골을 기록하고 패스를 했던 것 같아요. 그런 멘탈리티를 배웠죠. 이번 패스가 정확해야 한다, 이번밖에 기회가 없으니까 혹은 이번 슈팅은 반드시 유효 슈팅이어야 한다는 등. 그게 제가 이탈리아에서 배운 것들이에요. 하지만 그런 부분들이 자신만의 게임에 영향을 주지 않게 하기 위해 노력했어요. 이탈리아의 모든 스트라이커들에게 존중을 담아 말하지만, 그리고 그들 모두가 그렇다는 것은 아니지만, 어떤 선수들은 그저 4-4-2 시스템을 사용하는 팀을 위해서만 존재하는 선수들이 있어요. 그냥 뛰기만 하고 볼을 받아서 패스하고, 상대 박스에 접근하는 식으로 말이에요. 잉글랜드에서도 유사한 경우가 있기는 했지만, 저는 절대 그것을 제 경기라고 여기지 않았어요. 만약 제가 그때, '이탈리아 축구에 적응하자'라고 생각했다면, 어쩌면 그 이후의 저는 지금보다 작은 선수가 되었을지도 몰라요. 그곳에서 더 오래 머물면서 저에게 더 만족했을 수도 있었겠지만, 지금 팬들이 기억하는 '베르캄프'라는 선수는 아마 없었을 거예요."

그러면 당신만의 비전을 고수하려고 했다는 건가요?

베르캄프 "아니요. 뭔가 느낌이랄까. 내가 더 나답고 자연스럽다고 느끼는 것을 지키고 싶었던 거죠. 저는 그저 '이건 내가 아니야'라고 느꼈을 뿐이에요. 나는 어떤 축구를 하고 싶은가, 어떻게 축구에 접근하는가, 행복한 축구란 무엇인가, 내가 할 수 있는 것은 무엇인가… 그 모든 건 기본적으로 어제보다 더 나은 선수가 되고 싶다는 마음에서 시작되었죠. 항상 가능성과 기회를 찾는 것도 마찬가지고요. 저는 양보다는 질을 찾고 있었습니다. 항상 한 단계 더 높은 수준에 이르고 싶었죠. 그들이 원하는 것을 했다면 사랑받았겠지만, 그저 많은 선수들 중에 한 명이 되었을 겁니다. 마음속에서 저는 항상 다른 선수가 되고 싶었어요. 그것이 애초에 다른 팀이 아니라 인터 밀란을 선택했던 이유이기도 했어요. 다른 팀들로 갔다면 아마 더 쉬웠을 거예요. 하지만 저는 쉬운 걸 원하지 않았어요. AC 밀란이었다면? 판 바스텐의 뒤를 바로 이었을지도 모르죠. 하지만 베르캄프로 기억되지는 못했을 겁니다. 저는 다른 선수들의 '후계자'가 되고 싶지 않았어요. AC 밀란에서 '제2의 판 바스텐'이 되거나 바르셀로나에서 '제2의 크루이프'가 되거나 그런 것은 원하지 않았어요. 저는 자신만의 길을, 저만의 방식으로 가고 싶었고, 궁극적으로는 데니스 베르캄프가 되고 싶었던 겁니다."

5

네덜란드 대표팀 : 플레이어 파워

네덜란드 대표팀의 민주적인 분위기는 베르캄프의 커리어에 도움이 된 적도 있었지만, 반대로 방해가 된 적도 있었다.

축구를 사랑하는 모든 나라 중에 네덜란드는 아마도 감독과 선수들 사이에 가장 복잡한 권력 관계가 형성되어 있는 나라일 것이다. 1990 이탈리아 월드컵, 유로 1996, 2012의 경우는 특히 악명 높았다. 팀의 전술이나 상금 등에 대한 문제들로 팀 전체의 분위기가 망가졌던 경우였다. 반대로 네덜란드의 자유로운 민주적인 분위기가 힘으로 작용한 때도 있었다. 1974, 1988년의 경우가 그렇다. 재능 넘치고 강한 의지를 가진 선수들이 한데 모여 어떤 감독도 혼자서 이뤄내기 어려운 힘을 보여주기도 했다.

1990년, 네덜란드 대표팀에서 베르캄프의 시대가 시작되기 전에는 양측이 모두 존재했다. 그해 여름 이탈리아 월드컵 당시 네덜란드는 슈퍼스타들 사이의 갈등과 사랑받지 못한 감독, 비협조적인 축구협회 등의 문제를 겪고 있었다. 판 바스텐, 굴리트, 레이카르트, 쿠만, 바우터스, 반 브뢰켈런Van Breukelen, 판트 스킵 모두 전성기를 보내고 있었지만, 그런 팀이 이집트조차 이기지 못했고 독일에 패한 후 치욕을 안고 돌아왔다. 그로부터 몇 달 후 모든 것이 바뀌었다. 베르캄프가 팔레르모에서 이탈리아를 상대로 데뷔전을 가졌고, 선수들 간의 파워 게임이 다시 시작됐다. 단, 이번에는 전보다 훨씬 생산적으로 전개됐다.

베르캄프의 첫 선발 경기에서 그는 판 바스텐과 함께 투톱으로 나섰다. 그 경기는 1990년 10월 유로 예선전이었고 상대는 포르투갈이었다. 그날 경기에서 감독의 전술에 혼란을 겪은 네덜란드 대표팀은 0-1로 패했다. 그 경기의 네덜란드 감독은 네덜란드 대표팀을 세 번째로 맡았던 위대한 명장 리누스 미헬스였다. 그는 1960년대와 1970년대 황금기에 아약스에서 토털 축구를 구현해냈고, 그것을 네덜란드 대표팀에 이식했다. (다르게 말하면, 토털 축구는 그가 선수들과 함께 만들어낸 것이라고 볼 수 있다. 특히 크루이프 같은 선수들과 함께) 이제 그는 62세였고, 그로부터 얼마 후 FIFA로부터 '20세기 최고의 감독'에 선정된다. 그는 4-4-2 포메이션의 다양한 전술을 네덜란드를 넘어 유럽 전체에 전파시켰고, 네덜란드 역시 그 전술 아래에서 유로 1988 우승을 차지했다. 1990 이탈리아 월드컵 이후, 그는 네덜란드 전에서 베르캄프가 보여준 경기력에 좋은 인상을 받지 못했다. 그래서 다음 경기인 그리스전에서는 그를 제외시키고 전 PSV 선수인 빔 키에프트Wim Kieft를 출전시키겠다는 계획을 발표했다. 빔은 보르도에서 뛰는 잉글랜드 스타일의 중앙 공격수였다.

한 가지 문제는 네덜란드 언론이 당시 대표팀의 전술에 비판적이었다는 것이다. 더 중요한 것은 판 바스텐도 마찬가지였다는 점이다. 훈련 중에 패스나 움직임이 마음에 들지 않을 때마다 당시 세계 최고의 공격수였던 판 바스텐은 고개를 가로저으며 미헬스의 공격 전술에 불만을 드러냈다. 판 바스텐은 미헬스 감독에게 아약스의 4-3-3 전술을 사용하면서 두 명의 윙어와 베르캄프를 활용할 것을 요청했다.

그다음 경기에서 베르캄프는 좋은 활약을 보였고, 자신의 국가대표팀 첫 골(이상하게도, 헤딩 슈팅이었다)을 기록했다. 네덜란드는 2-0으로 승리했다.

"그 경기는 팀에도 저에게도 아주 중요했어요. 우리는 아약스식으로 경기에 임했고 경기 시작부터 그게 잘 통했죠. 그것은 자신감을 키우는 데 큰 도움이 됐어요. 그 시기에 저는 좀 더 중요하고 강한 선수로 성장하는 길목에 있었는데, 그로부터 조금 전까지는 아약스 1군 팀을 오락가락하며 다소 어려운 시간을 보내고 있었거든요. 결국 저는 아주 많은 노력을 기울여서 그 문제를 스스로 해결했어요. 건강한 상태와 좋은 리듬을 유지하면서 그렇게 하는 것이 가능하고, 훈련이 끝난 후에는 추가로 슈팅 훈련을 한다든지 하면서 늘 긍정적인 마음가짐을 가지려고 노력했어요."

베르캄프의 네덜란드 대표팀 커리어는 그렇게 시작됐고, 이후 그는 미헬스 감독 아래서 당시 최고의 레전드로 인정받고 있던 AC 밀란의 '네덜란드 삼총사'와 함께 뛰면서 성장했다. 미헬스는 훈련을 자신의 제자였던 딕 아드보카트Dick Advocaat에게 맡겼다.

"아드보카트는 미헬스 감독이 터치라인에서 지켜보는 동안 우리의 훈련을 지도했어요. 그는 훈련을 진행하면서 선수들에게 말을 걸기도 했죠. 그의 경기 분석은 흥미로웠어요. 그는 아주 훌륭한 성격을 가진 사람이어서 모두 그의 말에 집중했습니다. 애초부터 미헬스에게 선택받는다는 것조차 특별한 거예요. 아드보카트는 중요한 인물이었고 저는 그에게 큰 존경심을 갖게 됐어요."

판 바스텐, 루드 굴리트, 프랑크 레이카르트와 함께 훈련을 하는 것도 좋은 경험이 됐다.

"AC 밀란의 '네덜란드 3총사'를 상대로 제 자신을 시험해보는 것도 즐거웠어요. 처음에는 '와, 이 선수들과 함께 경기에서 뛸 수 있다니 즐겁다'라고만 생각했었죠. 그러나 잠시 후에는 저도 그들처럼 위대한 발자취를 남길 수 있겠다고 생각하게 됐어요. 그 순간부터 이미 해외에서 뛸 생각을 하기 시작한 거죠. 처음에는 판 바스텐과 같은 방을 썼는데, 곧 밀란에서 온 선수들은 클럽에서처럼 각자 자기 방을 쓰기 시작했어요. 저는 별로 신경쓰지 않았어요. 저도 저만의 방을 갖고 싶었으니까요. 그때 제가 17살이었는데, 판 바스텐은 정말 놀라운 선수임에도 스타처럼 굴지 않았어요. 대표팀에서의 분위기는 마치 아약스에서의 분위기 같았어요. 저는 그와 아주 잘 지냈죠. 그는 자신을 아주 평범한 사람처럼 여겼고, 유머 감각도 좋아서 그와 대화를 나누다 보면 웃는 일이 많았죠. AC 밀란에서 빅 스타가 된 후에도 그는 전과 크게 달라지지 않았어요. 저는 판 바스텐이 정말 특별한 사람이었다고 생각해요."

네덜란드는 1992년 6월에 순조롭게 예선을 통과했고, 베르캄프는 스웨덴에서 열린 유로 1992에서 국가대표팀 소속으로 자신의 첫 메이저 대회를 앞두고 있었다.

"딱히 긴장을 하진 않았어요. 압박을 받지도 않았고. 그냥 궁금했어요. 그래서 스스로 한번 겪어보자고 생각했어요. 저는 우리가 반드시 이겨야 한다고 생각하지 않았고, 우승을 할 수 있을지도 알지 못했어요. 당시 대표팀은 젊은 선수들과 나이 많은 선수들의 균형이 정말 좋았어요. 저는 자신의 경험을 즐기면서 좋은 시간을 보내고 있었죠. 그 대회를 정말 즐겼던 것 같아요. 긴장감도 들었지만, 그게 방해가 되거나 하지는 않았어요. 그때 5개의 국제 대회를 겪었는데, 그 모든 대회를 즐기면서 뛰었어요. 항상 경기들을 즐겼고, 훈련도 잘했었죠. 모든 것이 좋았어요."

대표팀에서 그의 역할은 클럽 팀과는 조금 달랐다. 아약스 시절 베르캄프는 스테판 페테르손의 지원을 받아서 공격하는 역할을 주로 맡았다면, 네덜란드 대표팀에서 그의 첫 주요 역할은 판 바스텐을 돕는 것이었다. 네덜란드의 조별 리그 첫 두 경기는 다소 실망스러웠고, 판 바스텐도 골을 기록하지 못했다. 베르캄프의 골로 스코틀랜드를 꺾었지만, CIS(소련 붕괴 이후, 러시아 이전의 팀)를 상대로 0-0 무승부를 기록하자 네덜란드 홈팬들의 분위기는 싸늘했다. 이제 준결승 진출 여부는 독일전 승리에 달려 있었다.

유럽 축구사에서 가장 맹렬한 라이벌 간의 경기가 다시 열렸다. 네덜란드는 1974 서독 월드컵 결승에서 독일에 패하며 준우승에 그친 트라우마를 아직도 극복하지 못한 상태였다. 유로 1988 준결승에서 독일을 꺾은 것이 그나마 작은 위안이 되긴 했지만, 유로 1992를 앞두고 벌어진 두 팀의 경기(밀라노에서 열린 1994 미국 월드컵 지역예선 2라운드 경기)에서 독일이 다시 승리를 거뒀다. 두 팀의 경기 이면에는 제2차 세계대전 당시 악명 높은 나치 독일의 침공과 네덜란드 지배에 대한 분노가 자리 잡고 있었다. 이제 세계 최고의 두 팀(월드컵과 유로의 디펜딩 챔피언)이 스웨덴 예테보리의 울레비 스타디움에서 다시 만나게 됐다.

"그 경기는 그때까지의 제 인생에서 가장 중요한 경기였어요. 경기 분위기도 완전히 달랐죠. 언론의 관심이나 압박감, 그 모든 것이 제가 이전에 경험했던 것보다 훨씬 더 강했어요. 독일에는 위대한 선수들이 뛰고 있었죠. 쾰러Jürgen Kohler, 브레메, 에펜베르크Stefan Effenberg, 묄러Andreas Möller, 클린스만, 리들레Karl-Heinz Riedle 등등."

오래된 앙숙과의 대결에서 네덜란드 대표팀의 모든 것이 제대로 불붙었다. 그 경기에서 네덜란드는 열정과 집중력, 정확도가 모두 결합된 최고의 퍼포먼스를 보여주면서 그 시대 국가대표팀 경기 중 최고로 손꼽힐 만한 경기력을 보여줬다. 독일은 네덜란드의 움직임과 창의력, 기술을 따라잡지 못했고, 네덜란드는 흡사 토털 축구가 부활한 것 같은 모습을 보여주며 3-1 승리를 거뒀다. 베르캄프 역시 판 바스텐의 도움을 받아 네덜란드의 세 번째 골을 기록했다. 아론 빈터르가 측면에서 볼을 올려줄 때 판 바스텐이 니어포스트로 위협적인 움직임을 가져가다가 베르캄프가 더 좋은 위치에 있다는 것을 발견했다. 판 바스텐은 니어포스트로 달려가면서 베르캄프에게 신호를 보냈다.

"그 순간 저는 판 바스텐이 빈터르를 향해 저를 가리키는 것을 봤고, 빈터르도 그게 무슨 뜻인지 확실히 이해한 것 같았어요. 저는 판 바스텐이 니어포스트로 들어가면서 만들어낸 빈 공간으로 들어 갔죠. 최근에는 미드필더들이 뒤로 처지면서 상대 팀 공격을 막아내 는 경우가 많은데, 당시에는 그렇지 않았어요. 공격수가 자신을 마킹 하는 수비수를 끌고 들어가면 그 자리에 빈 공간이 생기기 마련이죠. 저는 헤딩에 능한 선수는 아니지만 빈터르의 크로스가 정말 적당한 속도로 날아왔고 저도 빠르게 쇄도하고 있었기 때문에 필요한 플레 이는 머리로 볼을 터치하는 것뿐이었어요. 그건 정말 대단한 기분이 었죠."

당시 베르캄프의 골은 지금 봐도 멋진 골이다. 결국 네덜란드는 그 그룹에서 1위를 차지했고, 독일이 2위를 기록했다. 두 팀은 결승전에 서 다시 만날 수도 있었다. 네덜란드가 해야 할 일은 덴마크를 꺾는 것뿐이었다.

그러나 4일 후에 열린 경기에서 네덜란드는 경기를 망쳐버렸다. 독 일과 만났던 같은 경기장에서 열린 덴마크전에서 네덜란드는 최악의 경기를 펼쳤고, 2-2로 비긴 후 승부차기 끝에 패했다. 피터 슈마이켈 Peter Schmeichel이 판 바스텐의 마지막 페널티킥을 막아낸 것이다. 그 경기를 직접 본 관중들과 역사가들은 네덜란드의 패배를 거만함과 지나친 자신감의 산물이라고 꼽았다. 그러나 베르캄프의 생각은 달 랐다.

"우리는 덴마크를 전혀 무시하지 않았어요. 다른 경기들과 똑같이 준결승전을 준비했거든요. 다음 경기에 완전히 집중한 상태였죠. 누 구도 결승전에 대해 언급조차 하지 않았어요. 물론 독일을 꺾고 축하한 것은 사실이고, 그 후에 이전보다 경기력이 나빠졌다고 생각할 수도 있어요. 하지만 우리는 준결승전에서도 완벽한 동기부여가 된 상태에서, 또 전적으로 집중한 상태로 임했어요. 그럼에도 우리는 모두 놀랐고 제 경기력을 발휘하지 못했어요. 우리 중 누구도 정확히 무슨 일이 벌어지는지 알지 못했어요. 그건 자만심의 문제는 아니었어요."

그 경기에서 첫 골을 기록한 베르캄프는 승부차기에서도 첫 번째 골을 성공시켰다.

"저는 긴장감 때문에 고생한 적은 없었어요. 페널티킥을 차기 전의 압박감도 즐기는 편이죠. 킥을 하기 위해 걸어가는 과정도 포함해서요. 물론 긴장이 되긴 했지만 그것에 사로잡히진 않았어요. 이미 충분히 연습했던 것을 자신 있게 할 거라는 걸 알았으니까요. 그 순간 가장 중요한 것은 이미 수없이 많이 연습했던 과정을 그대로 잘 실행하는 것뿐이에요."

그는 슈마이켈을 상대로 왼쪽 슈팅을 날렸고, 골키퍼의 손이 닿을 수 있는 범위에 있긴 했지만 강도가 강해서 막히지 않았다. 그의 슈팅은 골망을 크게 흔들었고, 그 이후 많은 것이 달라졌다.

1994 미국 월드컵 본선에 가기 위한 여정은 예상보다 어렵게 흘러갔다. 네덜란드는 잉글랜드와 같은 조였고 두 팀 모두 수월하게 본선으로 진출할 거라 예상됐다. 그러나 에질 올센Egil Olsen 감독이 이끈 노르웨이가 잉글랜드의 롱볼 전술 이론가 찰스 립Charles Reep의 영향을 받은 전술을 활용해서 잉글랜드와 네덜란드 두 팀 모두에게 일격을 가했다. 한동안 노르웨이는 세계 랭킹 2위를 기록하기도 했다. 미

헬스의 수석코치였던 딕 아드보카트가 이끄는 네덜란드와 그래엄 테일러Graham Taylor 감독이 이끈 잉글랜드는 결국 조 2위 자리를 놓고 두 번의 치열한 경기를 갖게 됐다. 베르캄프는 그 두 경기에서 모두 핵심적인 역할을 했다.

두 나라는 직접적인 경쟁자가 된 지 오래되지 않았다. 크루이프의 '토털 축구' 팀이 1977년 돈 레비Don Revie가 이끌었던 잉글랜드를 압도한 적이 있긴 하지만 그건 친선전이었다. 그보다 가깝게는 판 바스텐이 당시 22세였던 토니 애덤스를 완전히 농락하며 해트트릭을 기록해 잉글랜드가 유로 1988에서 탈락한 일이 있었다. 그로부터 5년후, 1993년 4월 웸블리에서 잉글랜드는 2-0으로 리드를 잡았다가네덜란드의 추격에 2-2 무승부에 그친 적이 있었고, 그 경기의 터닝포인트는 베르캄프의 가장 유명한 골 중 하나였다. 전반 35분에 얀바우터스가 잉글랜드 페널티 에어리어 끝 쪽에 있던 베르캄프에게볼을 연결했고, 토니 애덤스가 막으려 했으나 베르캄프가 순간 속도를 활용해 부드럽게 첫 골을 기록했다. 애덤스는 그 골 장면에 대해지금도 기억하고 있다. "지금도 그 장면을 이해하기가 어려워요. 그볼은 우리 뒤에서 높은 위치로 다가오던 볼이었는데 베르캄프는 그걸 단 한 번의 터치로 반대편 방향으로 돌려서 골을 성공시켰죠."

베르캄프의 기준에서 봐도 그 골은 정말 대단했다. 완벽하게 컨트롤되면서 로빙 패스를 반대편 코너로 날려버린, 그래서 상대 골키퍼크리스 우즈Chris Woods가 반응조차 하지 못했던 골이었다. 보통의 골키퍼라면 그 상황에서 니어포스트로의 슈팅을 예상하고 방어를 준비하는데, 베르캄프는 그 정반대로 슈팅을 했기 때문이다.

애덤스 "그 경기 아마 친선전이었지?"

베르캄프 "미안, 토니. 그 경기는 아주 중요한 월드컵 경기였어."

애덤스 "젠장! (웃음) 공격수들이 항상 유리하다니까. 자유가 있잖아. 플레이의 자유. 잃을 게 없어. 공격수들의 실수는 곧 잊히지만, 수비수들은… 한 번의 실수가 영원히 남는다고. 팬들은 절대로 잊지 않아!"

그 장면을 중계했던 스카이스포츠의 마틴 타일러는 이렇게 코멘트했다. "베르캄프가 자신의 클래스를 입증합니다. 데니스 베르캄프, 데니스 로의 이름을 딴, 그리고 글렌 호들을 존경했던 이 선수는 자신이 선망했던 잉글랜드 선수들의 팀에 큰 한 방을 날렸습니다." 그리고 그의 옆에서 해설을 맡았던 앤디 그레이는 이렇게 덧붙였다. "저건 정말 환상적인 골이네요."

6개월 후에 로테르담에서 열린 경기는 전설적인 경기로 기억되고 있다. 가장 결정적인 이유는 독일 출신 주심이 네덜란드의 로날드 쿠만이 잉글랜드의 데이비드 플랫David Platt에게 명백한 퇴장성 파울을 했는데도 그를 퇴장시키지 않았고, 그로 인해 잉글랜드가 경기에서 패했기 때문이다. 그 장면 덕분에 덜 기억되고 있는 장면은 카를 요제프 아센마허Karl Josef Assenmacher가 전반전에 오프사이드 트랩을 잘못 써서 레이카르트의 골을 취소시킨 것이었다. 쿠만은 자신의 퇴장성 파울이 나온 지 몇 분 후에 프리킥으로 네덜란드의 첫 골을 성공시켰다. 그로부터 몇 분 후, 베르캄프는 또 한 번 애덤스를 제치고 미래에 자신의 동료가 될 잉글랜드 골키퍼 데이비드 시먼David Seaman을 무너뜨리는 골을 성공시켰다. 많은 잉글랜드 선수들은 그 경기에서 부당한 결과가 나왔다고 분노했지만 애덤스는 담담하게 그 결과를 받아들였다. "우리는 그들의 홈구장에서 너무 과도한 욕심을 부렸습니다. 네덜란드가 더 좋은 경기를 했어요."

어찌 됐든, 이제 네덜란드와 베르캄프가 실망과 트라우마, 배신을 경험할 차례였다. 그 일은 다시 한번 크루이프로부터 시작됐다. 과연 크루이프는 1994 미국 월드컵에서 네덜란드 대표팀을 이끌 수 있을까? 1990년, 선수들은 크루이프가 대표팀 감독이 되길 바란다며 투표까지 했지만 네덜란드 축구협회에 의해 거절당했고, 협회는 그 대신 레오 벤하커 감독을 선임했다. 미헬스 감독이 더 선호한 후임이라는 이유였다. 이번에는 팬들, 언론, 선수들, 협회까지 정말 모두가 한마음이 되어 크루이프를 원했다. 딕 아드보카트도 기꺼이 물러날 수 있다고 말했다. 그럼에도 협상은 실패했다. 협회는 크루이프와 구두 합의에 도달했다고 말했고, 크루이프도 원했던 것처럼 보였다. 그러나 문제는 네덜란드 대표팀의 유니폼을 입기 위해서는 '로또Lotto'의 로고를 사용해야 했는데, 크루이프는 자신의 고유 브랜드인 크루이프 스포츠를 사용하고 싶어 했다. 네덜란드 축구협회는 크루이프에게 팩스로 제안을 보냈지만 크루이프는 그 팩스를 보지 못했다. 팩스를 사용하는 방법을 몰랐기 때문이었다. 결국 양측의 협상은 제3자에 의해 진행됐다. 양측의 돈 문제가 불거졌고 결국 협회는 협상을 포기했다. 그리고 양측은 서로를 질책했다.

대회 시작 하루 전, 네덜란드 대표팀의 '자멸'이 다시 한번 시작됐다. 판 바스텐은 부상으로 인해 결국 출전이 어려워졌고, 굴리트는 기자회견에서 돌연 미국에 가지 않겠다고 발표했다. 그는 이유를 설명하지 않았고 한참 후 그 사유가 밝혀졌을 때 팬들은 충격을 받았다. 몇몇 팬들은 굴리트 응원용 가발을 태우기도 했지만, 정작 다른 선수들은 놀라울 정도로 무관심해 보였다. 굴리트는 팀 내에서 인기 있는 선수가 아니었고, 이제 기존의 스타들이 사라진 팀의 중심을 베르캄프가 맡게 됐다. 그걸 강조하기라도 하듯, 네덜란드는 2일 후 대회 전에 열린 헝가리와의 친선전에서 7-1로 승리했고, 그 경기에서의 첫 골을 기록한 것은 베르캄프였다.

그로부터 거의 20년이 지난 후에 굴리트는 여전히 그때의 이유를 정확히 설명하지 않았지만, 베르캄프는 자기 나름대로 왜 그가 떠났는지에 대해 이해하고 있다.

"1990년 이후 굴리트는 이탈리아 스타일의 축구를 하고 싶어 했어요. 수비 블록을 확실하게 하고 그 앞에 세 명의 자유로운 공격수를 기용하는 스타일말이에요. 하지만 그 시기에 미헬스는 아약스 시스템에 집착했어요. 4-3-3 포메이션에 수비형 미드필더를 기용하고 중앙 공격수 바로 뒤에 섀도 스트라이커를 놓은 다음 다이아몬드 대형의 미드필드진을 구축하는 스타일이었죠. 아드보카트도 그 방식을 고수했어요. 그 구조는 매우 굳건해서 네덜란드 대표팀은 굴리트 한 사람 때문에 그걸 바꿀 마음이 없었죠. 특히 1994 미국 월드컵이 코앞인 상황에서는 더더욱 그랬어요. 팀 전체가 잘 준비하고 있었고 모두가 그 과정에 만족하고 있었어요. 굴리트가 떠난다고 했을 때 다른 선수들의 반응도 같았죠. 떠나고 싶다면 떠나게 내버려두자. 안타깝지만 그가 없어도 우리는 잘할 수 있다."

1994년이 되자 이미 1988년의 황금 세대는 사라지고, 이제

1998년의 세대가 만들어지고 있었다. 프랑크, 로날드 더 부르 형제, 오베르마스Marc Overmars, 용크. 베르캄프.

"물론 드레싱룸에서 갈등이 있기도 했어요. 하지만 그때는 우리가 더 발전할 수 있으니 우리에게 책임을 달라는 자신감이 강했어요. 프랑크 더 부르 등 많은 선수들이 비슷하게 생각했죠."

네덜란드는 다음 친선전에서 흔들리는 모습을 보였다. 토론토에서 열린 경기에서 캐나다를 상대로 3-0 승리를 거두긴 했지만, '지루한 경기'를 했다고 네덜란드 언론으로부터 큰 비판을 받아야 했다. 그에 대한 반응으로 네덜란드 대표팀은 언론과의 인터뷰를 줄이기로 했다.

"저는 이제 막 이탈리아에서 어려운 시즌을 보내며, 큰 비판을 받은 후였어요. 그래서 월드컵이 시작도 되기 전에 계속 비판을 받고 싶지는 않았죠. 네덜란드 언론에게 '꺼져버려'라고 생각했고 동료들도 마찬가지였어요. 그래서 언론에 대응하지 않기로 했죠. 그들도 우리의 결정을 반기진 않았어요. 특히 저를 타깃으로 삼았죠. 그때부터 저는 더 이상 언론과 모두의 사랑을 받는 선수가 아니게 됐어요."

네덜란드는 30도 중반이 넘는 뜨거운 열기 속에서 열린 사우디 아라비아와의 조별 리그 첫 번째 경기에서 2-1 승리를 거두며 대회를 시작했다. 올란도에서 열린 벨기에와의 조별 리그 두 번째 경기에서는 골을 기록하지 못하며 0-1로 패했고, 모로코와의 조별 리그 마지막 경기는 베르캄프가 골을 기록하며 2-1로 승리했다. 16강에 진출했지만 네덜란드 언론은 우호적이지 않았다. 31세의 주장 쿠만이 무더운 날씨에 고전하자 TV 중계자인 에디 폴만은 그를 비웃기도 했다.

"우리의 '월드 클래스' 수비수가 뚱뚱한 늙은 여자처럼 플레이하고 있습니다."

그러나 16강 토너먼트 아일랜드전에서 네덜란드는 마침내 손발이 맞기 시작했고, 잭 찰튼Jack Charlton이 이끈 팀을 전반전 내내 압도했다. 베르캄프는 첫 번째 골을 기록한 것뿐만 아니라, 명장면을 만들어냈다. 코너킥에서 자신을 스쳐가는 볼에 가볍게 발을 갖다 대어 그 볼이 곧바로 골키퍼 앞에 있던 공격수의 머리 방향으로 이어지는 패스를 보낸 것이다. 마르크 오베르마스가 낮고 강하게 찬 코너킥을 베르캄프가 오른발로 부드럽게 터치하자 볼은 수류탄처럼 페널티 지점으로 향했다. 로날드 더 부르의 슈팅은 안타깝게 빗나갔지만, 그는 이 장면에서 놀라운 창의성을 보여줬다.

이어진 8강전, 네덜란드는 댈러스에서 브라질을 만났다. 영국에서는 그 경기를 가장 흥미로운 대회 최고의 경기 중 하나로 꼽았다. 하지만 베르캄프에게 그 경기는 씁쓸한 기억으로 남아 있다. BBC는 그 경기에 앞서 시청자들을 대상으로 퀴즈쇼를 진행했는데, 그들은 그 쇼에서 베르캄프, 베베토Bebeto, 호마리우, 레이카르트 등 스타 선수들의 얼굴 대신 다른 이들의 얼굴을 썼다. 0-0으로 끝난 전반전, 네덜란드는 다소 긴장한 채로 경기를 진행했다. 그러나 후반전에 브라질이 두 골을 기록했고, 네덜란드도 열정적으로 반격을 시작했다. 베르캄프가 첫 골을 기록했고 이어서 빈터르가 코너킥에서 헤딩 슈팅으로 동점골을 기록했다. 이제 경기는 네덜란드의 분위기로 흘러가기 시작했지만, 잠시 후 브라질이 약 35미터 거리에서 얻어낸 프리킥에서 브랑코Branco의 엄청난 골에 힘입어 3-2 승리를 거뒀다. 그 골이 들어간 직후 BBC 해설자였던 데스 리남은 이렇게 말했다. "이 경기는 엄청난 경기가 될 잠재력이 있다고 말씀드렸죠, 이제 현실이 됐습니다!"

《월드컵의 역사History of the World Cup》라는 책에서 브라이언 글랜빌은 이 경기에 뛰지 않은 몇몇 네덜란드 선수들이 있었다면 결과가 바뀌었을 거라고 적었다. "논쟁이 있을 수도 있지만, 만약 굴리트가 그 경기에 뛰었다면 네덜란드가 브라질을 꺾었을지도 모른다. 그랬다면 이탈리아를 꺾고 우승을 하는 것도 가능했을 것이다."

아직도 베르캄프의 마음에 남아 있는 것은 그 경기에서 코스타리카 출신 주심 로드리고 바딜라와 바레인, 이란 출신 부심들의 결정이었다. 브라질의 첫 번째 골을 기록한 호마리우는 첫 번째 상황에서 오프사이드처럼 보였고, 결승골을 기록한 브랑코는 오베르마스의 얼굴을 밀었지만 아무런 조치도 취해지지 않았다.

"코스타리카에서 온 주심과 이란, 바레인 출신 부심에게 그런 중요한 경기를 어떻게 맡길 수 있나요? (4년 후 네덜란드는 4강에서 브라질을 만났고, 그때는 UAE 출신의 주심과 오만, 쿠웨이트 출신 부심이 경기를 맡았다) 판 후이동크Pierre van Hooijdonk가 다이빙을 했다며 옐로카드를 받았는데, 사실은 페널티박스 안에서 상대 수비수가 유니폼을 잡아끌었습니다. 그런 장면을 보면 뭔가 이상하다고 생각할 수밖에 없어요. 우리는 월드컵에서 브라질을 두 번 만났는데, 두 번 다 주심의 석연치 않은 판정을 겪어야 했어요."

베르캄프는 또 같은 팀 동료 선수들의 용기와 야망이 부족한 것에 큰 좌절감을 겪었다. 경기가 끝난 후 아드보카트 감독은 경기력에 흡족한 듯 보였다. 그는 비행기를 타고 네덜란드로 돌아가는 길에 네덜란드 언론에 "우리는 월드컵에서 8강을 기록했다. 이는 세계 8위 안에 들었다는 뜻이다. 나쁜 기록은 아니다"라고 말했다.

"아드보카트 감독은 제가 만난 사람 중 가장 야심이 큰 사람 중 한 명이고, 저는 그와 좋은 관계를 맺고 있습니다. 그는 늘 헌신적으로 일하며 원동력을 만들어내 최고의 결과를 낳기 위해 노력하죠. 월드컵은 감독으로서 그가 처음 맡은 중요한 대회였어요. 우리가 그 대회에서 더 잘할 수 있었다고 생각해요. 브라질전이 끝난 후 그는 마치 우리가 너무 못하지 않았다는 것에 안도한 것처럼 보였어요. 하지만 그가 할 수 있는 최선의 결과를 이끌어낸 것은 아니었어요. 우리에게는 용기가 부족했어요. 그 이상의 실력을 발휘할 수 있었는데도 말입니다. 선수들은 우리가 호마리우나 베베토를 막을 수 없을 거라며 걱정했고, 그로 인해 너무 겁을 먹었어요. 그들의 재능과 당당한 모습에 말이에요. 아드보카트 감독이 우리를 좀 더 강하게 나아가도록 이끌었다면 좋았을 것 같아요. 우리는 그럴 준비가 되어 있었어요. 오베르마스, 판 보센Peter van Vossen 등 모두 다 경기력이 좋았고, 공격도 효율적이었어요. 쿠만, 바우터스, 레이카르트처럼 경험이 풍부한 선수들도 있었죠. 그들은 브라질이 피지컬적으로 우리를 위협하려고 할 때 현명하게 대처할 수 있는 선수들이었어요."

월드컵에 참가하기 위해 미국에서 보낸 1개월은 다른 측면에서도 끔찍했다. 베르캄프는 그 시기에 두 차례 비행 사고를 겪었다. 그중 한 번은 네덜란드 선수들이 비상 탈출을 해야만 했다. 네덜란드 대표팀을 따라다니며 취재하던 언론 기자 중 한 명이 술에 취해서 비행

중에 통증을 호소한 것이 문제였다. 또 다른 한 번의 경우는 가짜 폭탄 경보 때문에 비행이 4시간 연착된 경우였다. 특히 댈러스에서 있었던 그 일이 있은 이후 베르캄프는 완전히 지쳐버렸다.

"정신적으로도 신체적으로도 너무 피곤해서 곯아떨어진 상태였어요. 중요한 경기에서 나온 주심의 결정에 여전히 화가 난 상태이기도 했죠. 또 우리가 더 잘할 수 있는 데도 최선을 다하지 않았다는 것에도 실망했어요. 그런 생각은 특히 중요한 대회에서 탈락을 겪은 후에 종종 하는 생각이었죠. 정말 내가 할 수 있는 모든 걸 다했는데, 나 이외의 다른 모든 사람도 그렇게 할 수는 없었을까? 하는 생각이었죠."

월드컵이 끝난 후 아드보카트 감독은 후한 조건을 제안받고 PSV 감독으로 자리를 옮겼고, PSV를 이끌고 1988 유러피언컵 우승을 차지한 거스 히딩크가 대표팀 감독을 맡았다. 다시 한번, 유로 예선이 잉글랜드에서 진행됐고 쉽지 않게 흘러갔다. 1995년 6월, 베르캄프는 더 이상 비행기를 타지 않겠다고 선언했다. 다행히 1998 월드컵은 프랑스에서 열렸고, 유로 2000은 네덜란드와 벨기에에서 공동 개최됐다. 만약 그가 2002 한일 월드컵에도 진출했다면 비행기를 타지 않는 문제가 심각해질 수 있었지만, 결국 그가 유로 2000을 끝으로 국가대표팀 은퇴를 선언하면서 그의 비행 거부는 진지한 문제가 되지는 않았다.

어찌 됐든, 유로 1996 이후의 문제는 전혀 다른 것이었다. 그 대회가 시작되기 전, 베르캄프는 선수단 내에 문제가 발생했다는 것을 느꼈다.

"당시 저는 선수 협회의 일원이었고, 흑인 선수들이 점점 더 많이 가입하고 있었어요. 처음에는 당연히 환영했죠. 그런데 협회가 커질수록 관리하는 게 어려워지기 시작했어요. 왜 그렇게 협회에 가입하는 선수가 많았냐고요? 그게 중요한 부분인데, 그들이 협회를 신뢰하지 않는다는 것이 문제였어요."

한편, 그는 흑인 선수들이 점점 더 자기들끼리 따로 어울리기 시작하는 것을 느낄 수 있었다. 식사 시간에도 그들은 따로 하는 습관이 있었다. 그래서 한쪽 테이블에는 수리남 음식이, 다른 테이블에는 네덜란드 전통 음식이 준비됐다. 한번은 클라렌스 세도르프가 점심 시간에 늦게 식당에 들어오자 당시 팀의 주장이었던 대니 블린트가 "1시 30분이야. 벌써 1시 30분이라고"라면서 지적하자, 세도르프가 곧바로 "나는 내가 오고 싶을 때 식당에 올 거야"라고 쏘아붙이는 일도 발생했다. 당시 네덜란드 대표팀의 문제는 아약스 내부의 갈등과도 연관이 있었기에 히딩크 감독은 그 이슈에 관여하지 않았다.

선수단 자체의 퀄리티 면에서는 긍정적인 요소가 많았다. 1994년에 등장한 새로운 젊은 세대 선수들이 대표적이었다. 그중에서도 파트릭 클루이베르트와 세도르프는 아약스의 1995년 챔피언스리그 우승에 큰 역할을 했다. 아약스는 1996년에도 결승전에 진출했지만, 유벤투스와의 승부차기에서 패했다. 12월, 부주의한 예선전을 보낸 끝에 네덜란드는 아일랜드를 플레이오프에서 꺾었다. 많은 사람들이 네덜란드의 우승을 점쳤고 베르캄프도 긍정적이었다.

"그 시기는 저에게도 대표팀에게도 어려운 세대교체의 시기였어요. 클루이베르트는 떠오르는 스타였고, 저는 인터 밀란에서의 시간을 정리하고 축구의 즐거움을 다시 되찾은 시기였죠. 클루이베르트가 새로운 스타로 떠오르자 저는 자신을 의심하면서 대표팀에서의 입지를 고민하던 시기도 있었어요. 하지만 아일랜드와의 플레이오프는 아주 잘 흘러갔어요. 클루이베르트 뒤에서 플레이하면서 마치 이전에 판 바스텐 뒤에서 뛸 때처럼 섀도 스트라이커의 역할을 하는 느낌이 들었죠. 아주 좋았어요. 다음 유로 대회가 기대가 될 만큼 우리는 아주 젊고 새로운 팀이 되었죠. 아약스에서 챔피언스리그 결승에 두 차례 진출한 선수들도 있었어요. 이번에는 우리가 해낼 수 있겠다는 생각이 들었죠."

네덜란드의 조별 리그 첫 경기는 스코틀랜드전이었고, 차분하게 흘러간 끝에 0-0 무승부로 끝났다. 스위스와의 2차전부터 네덜란드는 제대로 시동이 걸리기 시작했다. 베르캄프와 요르디 크루이프Jordi Cruijff(요한 크루이프의 아들)가 골을 기록하며 2-0 승리를 이끌었다. 그러나 그 경기의 진짜 중요한 장면은 벤치에서 나왔다. 경기 시작 26분 만에 히딩크 감독이 세도르프를 교체한 것이다. 세도르프는 전반 14분에 경고를 받았고, 그 사이에 한 번 더 경고를 받아 퇴장당할 뻔한 장면도 있었다. 히딩크가 그를 교체한 것은 퇴장 상황을 피하기 위함이었다.

그러나 세도르프는 이른 시간에 자신을 교체한 것을 모욕으로 여겼고, 경기가 끝날 때까지 계속 벤치에서 그의 친구인 에드가 다비즈 Edgar Davids와 화를 냈다. 다비즈도 그 경기에서 교체를 당한 참이었다. 그날 저녁, 다비즈는 외국인 기자들에게 히딩크 감독이 몇몇 선수들을 편애하지 말아야 한다고 말했다. 그는 히딩크 감독이 백인 선수들(블린트, 더 부르 형제 등)을 흑인 선수들보다 편애한다고 여긴 것이다. 결국 히딩크 감독은 그를 따로 불러 면담을 가졌고, 다비즈가 감독에게 사과하기를 거부하자 그를 선수단에서 쫓아내고는 선수단 회의를 소집했다. 그는 그 자리에서 선수들 간의 갈등에 대해 알고 있다고 말한 뒤에 (외국인들의 눈에는 놀랍게도) 선수들끼리 그 자리에서 직접 해결하라며 나가버렸다.

결국 그곳에서 그동안 쌓였던 모든 해묵은 감정이 터져 나오기 시작했다. 다비즈, 클루이베르트, 미카엘 라이지거Michael Reiziger 등 수리남 선수들을 대표해 세도르프가 먼저 포문을 열었다. 그는 히딩크 감독과의 관계에서 블린트, 더 부르 형제 등이 너무 큰 영향력을 행사하고 있다고 말했다. 당시 20세였던 세도르프는 그가 1년 전에 아약스를 떠나 삼프도리아로 갔던 이유가 판 할이 그에게 약속했던 오른쪽 미드필더 자리를 보장받지 못했기 때문이었다고 공개하기도 했다. 그 대신 자리를 차지한 것이 로날드 더 부르였다는 주장이었다. 즉 그의 생각에 더 부르는 대표팀뿐만 아니라 아약스에서도 그에게 부정적 영향을 준 선수였던 것이다. 세도르프에 이어 라이지거도 입을 열었다. 그는 아약스에서 흑인 선수들이 어린애 취급을 받고 있다고 말하며 자신의 계약 조건을 밝혔다. 그의 말에 의하면 블린트는 클루이베르트보다 6배가 많은 주급을 받고 있었다.

"도대체 무슨 일이 벌어지고 있는지 믿을 수가 없었어요. 정말 모든 불만이 폭발한 것처럼 아주 공격적이었죠. 그 당시 네덜란드에는 세 그룹이 있었어요. 세도르프, 클루이베르트, 라이지거, 윈스턴 보가르데Winston Bogarde가 한 그룹이었고, 블린트와 더 부르가 또 한 그룹, 또 다른 한 그룹은 제가 속했던 그룹으로 그냥 아무 말 없이 그들의 말을 지켜보고 있었죠."

몇몇 선수들은 아약스의 주급 체계가 인종차별적이라고 생각했지만, 베르캄프는 인종차별과는 아무 관계가 없다고 믿었다. 아약스에서 중요하게 여긴 것은 선수들이 팀에서 얼마나 오래 뛰었는가라는 점이었다. 블린트는 35세였고 팀의 주장이었기 때문에 이제 20세이고 1군이 된 지 2년밖에 안 된 클루이베르트보다 주급을 더 받는 것은 당연한 일이었다. 그러나 여전히 일부 선수들은 아약스가 챔피언스리그에서 우승을 차지한 것은 대부분 그들 덕분이었기 때문에 더 좋은 대우를 받아야 한다고 믿었다. 그런 성과에 대한 '리스펙트'가 필요하다고 주장했고, 히딩크가 그들을 선발 출전시키지 않는 것이 그들에 대한 존중심이 부족한 증거라고 여겼다.

그 모습을 지켜보던 대부분의 다른 선수들은 "도대체 아약스의 문제가 대표팀 문제와 무슨 상관이야?"라는 반응을 보였다.

"정말 절망적인 분위기였어요. 그 시기에 잠재되어 있던 온갖 크고 작은 문제들이 다 터져 나왔거든요. 특히 아약스의 문제를 거론하는 선수들이 많았죠. 그때까지 아약스에서 문제가 터지지 않은 것이 기적 같을 정도였어요. 혹은 판 할 감독이 잘 억누르고 있었는지도 모르죠."

그 자리에 있던 중립적인 입장의 선수들이 양측을 진정시키려고 노력했다. 가장 대표적인 선수는 베르캄프와 PSV의 아서 누만Arthur Numan이었다. 그러나 그날 최고의 중재자는 뜻밖의 인물이었다. 바르셀로나 소속으로, 대표팀에 합류한 뒤 처음으로 중요한 대회에 참여하게 된 요르디 크루이프였다. 그는 그 자리에서 이렇게 말했다. "저는 이 그룹에서 아웃사이더고 잘 모르는 동료들도 아직 많습니다. 하지만 우리는 지금 의견 차이보다 더 중요한 것 때문에 모였다는 사실을 잊으면 안 된다고 생각해요. 우리가 모인 이유는 유로 1996을 준비하기 위해서입니다. 그러니 각자의 의견 차이는 잠시 접어두면 어떨까요."

베르캄프는 그의 말에 깊은 인상을 받았고, 다른 선수들도 마찬가지였다. 물론 모든 문제가 해결된 것은 아니었지만, 요르디의 그 말 이후로 선수들은 조금씩 합의점을 찾아가기 시작했다.

"요르디는 그때 처음 대표팀에 합류한 선수였는데, 그룹에서 잘 어울렸다고 생각해요. 저와 함께 방을 쓰기도 했고 마음도 잘 맞았죠. 우리는 비슷한 부분이 많았어요. 유머 감각도 비슷했고, 제가 농담을 하면 그도 곧바로 농담으로 받아치곤 했죠. 그는 아주 좋은 사람이었어요."

베르캄프는 요르디가 히딩크 감독의 대표팀에 합류한 것이 그의 아버지인 요한 크루이프 덕분이라는 말은 웃어 넘겼다.

"그건 정말 웃긴 소리예요. 히딩크 감독이 크루이프를 무서워할 게 뭐가 있겠어요. 물론 그 두 사람은 아주 사이가 좋았어요. 하지만 요르디는 자신의 능력 덕분에 대표팀에 합류할 수 있었어요. 그는 바르셀로나에서 윙어로 뛰고 있었고, 오베르마스가 부상을 당했으니 그가 합류한 것은 논리적으로도 맞는 일이었죠."

이제 선수들 사이의 문제가 모두 해결됐으니, 모든 것이 좋아졌을까? 그렇지 않았다. 네덜란드의 조직력은 혼란스러웠고, 그들의 마지막 조별 리그 상대는 스코틀랜드에 패한 잉글랜드였다. 경기 장소는 웸블리 구장. 그들은 웸블리에서의 경기에 대한 애국심뿐 아니라, 1988년과 1993년에 있었던 일들에 대한 복수심에 불타고 있었다. 게다가 당시 잉글랜드 감독이었던 테리 베너블스Terry Venables는 네덜란드를 어떻게 전술적으로 무너뜨릴지 정확히 알고 있었다. 그리고 네덜란드 축구의 대참사가 벌어졌다. 반대로 말하면, 잉글랜드에게는 최고의 경기였다. 최종 스코어는 4-1이었다. 잉글랜드가 전술적으로 꼼꼼하고 정교하게 공격을 전개한 반면, 네덜란드는 자멸하고 말았다. 그 경기에서는 두 번의 정말 훌륭한 골이 나왔는데, 앨런 시어러Alan Shearer(잉글랜드의 세 번째 골)의 골 장면에서 나온 폴 개스코인 Paul Gascoigne의 드리블과 셰링엄Tedd Sheringham의 움직임이 그중 하나였다. 네덜란드의 유일한 득점은 세도르프로부터 베르캄프의 아름다운 어시스트로 연결되어 클루이베르트의 골로 완성됐다. 놀라운 것은 그 한 골 덕분에 네덜란드는 운 좋게도 8강에 진출해서 프랑스를 만나게 됐다는 것이다. 안필드에서 열린 프랑스전에서 베르캄프는 후반전에 종아리 부상으로 교체되어 나왔고, 결국 네덜란드는 승부차기 끝에 프랑스에 패했다. 최소한 베르캄프는 이 대회 잉글랜드전이 끝난 후 훌륭한 어시스트 덕분에 존중을 받으면서 경기장을 나올수 있었고, 미래에 팀 동료가 되는 토니 애덤스와 유니폼 교환도 했다.

애덤스는 그 경기에 대해 이렇게 회상했다. "저는 3세대에 걸쳐서 뛰었어요. 네덜란드에서는 판 바스텐이 저와 동시대 선수입니다. 그에게 복수할 기회를 항상 원했는데, 젠장 은퇴를 해버렸네요! 그래서 1996년에 베르캄프의 팀을 꺾었을 때는 마치 '엉뚱한 사람에게 복수하는 느낌'이 들기도 했어요. 저는 그 시기에 네덜란드가 혼란에 빠져 있다는 걸 알고 있었지만, 우리의 플레이에 집중하면서 아주 훌륭한 경기를 했습니다. 테디 셰링엄은 완벽한 10번 역할을 수행했어요. 저는 잉글랜드 사람이고 애국심이 강합니다. 저는 베르캄프를 정말 사랑하고 그가 슈퍼스타라고 생각하지만, 함께 뛴 셰링엄도 비슷한 롤을 아주 잘 수행했다고 생각합니다."

히딩크 감독은 그날의 참패는 잉글랜드의 능력이라기보다는 네덜란드의 자멸의 결과라고 생각했다. 그는 선수들에게 이제 그만 정신을 차리라고 요청했다. "너희들이 국가대표팀에서 이런 대회에 나갈 수 있다는 것이 얼마나 큰 특권인지 잊지 마라. 이 목표를 위해 다른 것들은 다 제쳐둬라."

그러나 잉글랜드전에서 네덜란드 대표팀 선수들은 여전히 선수들 사이의 갈등에 정신이 팔린 모습이었다.

"그 경기는 마치 선수들 스스로가 정류장을 지나쳐서 앞으로만 달려가는 느낌이었어요."

그러나 궁극적으로는 그 대회가 끝난 후 일부 긍정적인 면이 있었다. 그 모든 더러운 갈등들이 그 기간에 끝나면서, 베르캄프도 새로운 시작을 할 수 있게 됐기 때문이다.

베르캄프는 조금 다르게 생각했다.

"저는 그 문제들이 정말 지긋지긋했어요. 사실 그 문제가 처음 불거졌을 때 이미 우승은 물 건너갔다고 생각했죠. 희망이 없으니 우승은 불가능하다고. 그건 정말 끔찍한 대회였어요. 그날의 대화가 끝난 후에는 모두가 대화가 끝난 걸 안도했지만, 서로 간의 불신이 너무 강했죠. 그 논의도 너무 늦게 이뤄졌어요. 만약 그런 논의가 대회 시작 전에 이뤄졌다면, 차라리 모두가 그 문제를 해결하고 정상적인 방법을 찾을 수도 있었을 것 같은데. 하지만 그 문제가 불거진 후에는 이미 너무 늦은 후였죠."

그 대회에서 한 가지 긍정적인 장면은 그가 클루이베르트에게 어시스트해서 얻은 골이었다.

"그 장면은 나중에 아스널에서 했던 것과 매우 유사한 플레이였어요. 그 장면은 아주 의미가 깊었어요. 인터 밀란에서는 저만의 방식을 많이 잃었지만, 아스널에서 다시 축구에 대한 사랑을 되찾았으니까요. 하지만 제 역할이 처음부터 명확한 건 아니었어요. 저는 골도 넣지만, 어시스트도 기록하죠. 점점 더 득점보다 어시스트를 하는 일에 더 익숙해졌어요. 특히 그 경기에서 클루이베르트의 골은 대표팀에서의 역할도 그렇게 변화하고 있다는 걸 보여주는 장면이었어요."

하지만 부정적인 면들이 긍정적인 면보다 더 많았다.

"그건 제가 경험한 세 번째 큰 대회였어요. 그런데 그런 생각이 들더군요. 만약 이 대회가 내가 대표팀에서 참가한 마지막 대회였다면? 선수들 사이의 그런 프로답지 못한 문제가 마지막 대회를 망친 거라면? 계속 그런 생각이 들어서 정말 안타까웠어요."

6

논 플라잉 더치맨

"'치료받을 수 있는 거 아니야?'라는 말을 정말 화가 날 만큼 많이 들었어요."

베르캄프가 '비행기를 타지 않는' 문제의 발단은 1994년 여름에 시작됐다. 인터 밀란에서 보낸 스트레스가 많았던 첫 시즌 이후 1994 미국 월드컵 역시 댈러스의 열기 속에서 실망적으로 마무리됐다. 8강에서 2-3 패배를 당했던 당시의 일에 대해 그는 이렇게 말했다.

"정말 기진맥진한 상태를 겪고 난 뒤라 쉽게 회복하지 못했어요. 사실 경기가 끝난 후에 그 정도로 지치는 것이 드문 일은 아니지만, 저는 보통 빠르게 회복하는 편이었거든요. 그런데 그때는 달랐어요. 호텔에 돌아가서도 계속 상태가 안 좋더니 몸이 덜덜 떨리기 시작했어요. 계속 몸이 안 좋아서 네덜란드로 돌아가는 비행기를 타는 것이 불안했어요. 이러다 잘못되는 것 아닌가 생각했을 정도로 정상이 아니었죠. 일종의 공황 상태였어요. 이탈리아에서 어려운 시기를 보내느라 정신적으로나 신체적으로 정말 지쳐 있었던 것 같아요. 그런 직후에 월드컵을 치렀던 거죠. 그것도 엄청나게 무더운 환경에서."

그의 다리는 납덩이처럼 느껴졌다. 다리뿐만 아니라 몸도 머리도 팔도 모든 것이 무겁게 느껴졌다. 그럼에도 그는 어떻게든 암스테르담으로 향하는 비행기에 올랐다.

"여전히 상태가 좋지 않았지만 그래도 비행기가 구름을 뚫고 조용히 이동하기 시작하니까 조금 나아졌어요. 그 후로는 괜찮더군요."

베르캄프의 정신은 괜찮았지만, 그의 몸은 아직 그렇지가 못했다.

"집에 도착하자마자 이틀 내내 잠만 잤어요. 그만큼 지쳐 있었던 거죠. 그 후에 서둘러서 프랑스 남부로 휴가를 떠났는데, 그곳에 도착해서도 좀처럼 피로를 회복하지 못했어요. 보통 휴가 기간에 다시 에너지를 보충하기 마련인데 이번에는 그렇지 못했죠. 바다도, 그 무엇도 즐길 수 없었어요. 숙소에서도 편히 쉴 수 없었고."

베르캄프는 그런 상태로 다시 축구를 하는 것이 부담스러웠다. 그래서 인터 밀란에 연락을 취해서 프리시즌 일정에 조금 늦게 합류할 수 있는지 물었다. 그러나 오타비오 비앙키 감독은 들은 척도 하지 않았다. 베르캄프에게는 그 어떤 예외도 적용되지 않았다.

"감독님. 죄송합니다만 정말 휴식이 필요합니다."

그러나 비앙키 감독은 베르캄프가 프리시즌 일정에 맞춰서 반드시 돌아와야 한다고 주장하면서, 그가 아직 월드컵에서 회복 중인 상태라는 것은 감안하겠다고 말했다.

"그건 정말 이상한 상황이었어요. 휴가를 간 날부터 인터 밀란의

172

첫 훈련에 가기까지 겨우 10일밖에 없더군요. 아스널 시절 벵거 감독은 선수들의 휴식 기간은 4주가 '최소'라고 늘 강조했어요. 그걸 아주 중요하게 생각했죠."

베르캄프가 아주 짧은 휴가를 마치고 거의 휴식도 취하지 못한 채 인터 밀란으로 돌아갔을 때, 그는 메디컬 체크를 받은 다음 마돈나 디 캄피글리오 근처의 돌로미티 산으로 갔다. 월드컵 이후 기진맥진했던 빔 용크 역시 휴가 연장을 요청했으나 거부당하고 같은 날 합류했다.

"빔과 저는 천천히 컨디션을 끌어올리면서 다른 선수들과 훈련에 복귀할 계획이었어요. 그런데 팀에서는 3일 만에 우리에게 전력을 다한 훈련에 참여하라고 지시했어요. 고산 지대에서의 훈련은 정말 힘들었고, 우리는 거의 한계치까지 체력을 쏟아부어야 했어요. 컨디션을 천천히 회복하지 못하고 그렇게 강훈련을 해야 했죠. 그때 이미 다음 시즌이 성공적이지 못할 거라고 예감했던 것 같아요."

고산 지대에서 가진 훈련에서 복귀하자마자 베르캄프는 비행을 해야 했다. 인터 밀란은 거의 모든 원정 경기를 국내선 소형 비행기를 이용해 이동했다. 베르캄프는 그 당시에 대해서 이렇게 기억한다.

"그 비행기들은 항상 구름 주변에서 비행했고 계속해서 흔들렸어요. 밖을 보면 항상 뿌연 하늘이 보였죠. 내부에는 거의 빈 공간이 없었어요. 너무 답답해서 거의 밀실 공포증을 느낄 정도였죠. 몸을 움직일 공간도 없었고, 비행 기간 내내 흔들리니까 기분이 정말 좋지 않았어요. 같은 일이 반복되자 점점 숨이 막히고 답답한 느낌이 강해졌어요. 그래서 다시는 비행기를 타고 싶지 않다고 생각하게 됐죠.

너무 후유증이 심해서 종종 원정 경기를 하다가 하늘을 쳐다보면서 날씨가 어떤지, 돌아오는 비행이 괜찮을지 경기 중에도 걱정할 정도였어요. 정말 지옥 같았죠. 마지막 결정적인 순간은 피오렌티나 원정 경기 때 발생했어요. 공항에서 아주 낡은 작은 비행기를 보자마자 진땀이 났고 당연히 그 비행은 정말 끔찍했어요. 그날 착륙하자마자 헨리타에게 전화를 걸어서 나를 좀 데리러 와줄 수 있겠느냐고 부탁하면서, 다시는 이런 일을 겪고 싶지 않다고 말했어요. 그녀는 결국 피렌체까지 차를 가져와서 저를 데리고 갔어요."

베르캄프는 그 일에 관해 아주 세세한 부분은 기억하지 못했다. 어쩌면 스트레스가 너무 심해서 그랬는지도 모른다. 하지만 그는 피렌체에서의 일 이후에도 몇 차례 더 비행기를 탔다. 이탈리아에서의 마지막 경기였던 나폴리전은 자동차나 기차로 갔었던 걸까?

"아마 아니었을 거예요. 마지막 한 번만 꾹 참고 비행기를 탔던 것 같아요. 정확히 기억나지는 않아요. 분명히 기억나는 한 가지는, 그 후로는 한 번도 비행기를 타지 않았다는 겁니다."

그는 1995년 6월에 벨라루스의 민스크에서 열리는 네덜란드 대표팀 경기를 위해 비행기를 타야 할지 고민했다.

"네덜란드의 훈련지 노르트베이크로 가야 했죠. 그날 밤에 잠을 잘 수 없었어요. 비행기를 탄다는 생각 때문에 계속 식은땀이 나고 잠이 도저히 안 오는 거예요. 그래서 결국 계속 이럴 수는 없다고 생각했어요. 그 후 대표팀 감독인 거스 히딩크와 팀 주치의 프리츠 케셀과 미팅하면서 제 상태에 대해 설명하고 더 이상 비행기를 타지 않겠다고 말했어요."

그 말을 하는 순간 그는 깊은 안도감을 느꼈다고 한다.

"이상한 일이었어요. 하지만 그건 뭔가 다시 자유를 되찾는 것 같은 느낌이었죠. 다시 한번 억제당하는 느낌 없이 축구를 즐길 수 있게 됐고, 그 후 저는 아스널에서의 훌륭한 커리어에 집중할 수 있게 됐어요."

그가 그렇게 공식적으로 자신의 입장을 밝힌 것은 그의 팀과 동료들이 그의 상황을 받아들이고 이해한다는 것을 의미했다. 물론 모든 이들이 그런 것은 아니었다. 그에게 치료를 받아볼 수도 있지 않았느냐고 반문하는 사람들에 대해 그는 이렇게 말한다.

"제가 비행에 대해 모르는 것이 아닙니다. 대형, 소형 비행기를 막론하고 정말 많이 탔어요. 아약스 시절에는 아주 작은 비행기를 타고 나폴리 근처의 에트나 산을 넘어갈 때 심각한 에어포켓(비행 중 저기압 지역에서 발생하는 급강하)을 겪기도 했죠. 저는 충분히 많은 비행을 해보고, 다시는 하지 않기로 결정했던 것뿐입니다."

그의 에이전트인 롭 얀센은 베르캄프가 바라는 대로 그에게 도움을 줬다.

"그는 제 의사를 곧바로 존중하고, '네가 그렇게 하길 바란다면 그렇게 하면 돼'라고 말해줬어요. '너 지금 무슨 말을 하는 거야? 그게 너의 커리어에 끔찍한 악영향을 줄 거야' 같은 말은 하지 않았죠. 그는 돈만 바라는 에이전트처럼 한 것이 아니라 마치 제 가족처럼 제 입장을 이해해줬어요. 그걸 보면서 믿을 만한 사람을 옆에 두고 있다는 확신을 갖게 됐죠. 사실 그 일로 인해 저에게 경제적인 불이익이 있었던 건 사실이에요. 이후 아스널과 계약할 때 제가 비행하지 않는다는 이유로 일부 급여가 자동적으로 감소된 부분이 있었지만 저는 그걸 받아들였어요."

물론 베르캄프의 가정에서도 그건 아무런 문제가 되지 않았다. 헨리타는 이렇게 말했다.

"저는 절대 그에게 강요하지 않았어요. 그가 이걸 극복하게 만들어야지라고 생각하지도 않았죠. 언젠가 극복할 수도 있을 거라 생각했지만, 심리 치료를 받는다거나 하는 방법이 아니라 자연스럽게 그렇게 되길 바랐어요. 그가 이런 문제를 갖게 된 것도 자연스러운 과정에서 그렇게 된 것이었으니까요. 결국 그 문제는 사라지지 않았지만, 그렇다고 그 문제 때문에 우리가 삶에서 큰 문제를 겪거나 한 것도 아니었어요. 오히려 그는 더 이상 비행하지 않겠다고 선언한 후로 차분해졌죠. 그의 내면의 차분함이 그 이외의 다른 모든 것들보다 더 가치가 있었죠. 첫째 에스텔레는 비행기 타는 걸 좋아하지만, 그게 베르캄프에게 어떤 영향도 주지 않습니다. 그는 그 부분에 대해 아주 현실적이에요. 자신이 못하는 걸 딸이 한다는 걸 오히려 좋아하죠. 비행기를 타지 않는다는 것이 그에게 핸디캡으로 작용한 일은 거의 없었어요. 가족을 공항까지 데려다주고, 나중에 다시 데리러 오기도 하죠. 우리 가족에게 그의 문제는 아무런 문제도 아니었어요. 만약 그나 우리 가족 이외의 사람들이 그걸 문제 삼는다면? 그렇다면 그건 그들의 문제인 것이지요."

7

잉글랜드행

1995년 여름, 베르캄프는 또 하나의 중요한 결정을 내렸다.

"첫 번째 계획은 이탈리아에서 최소한 4년, 혹은 6년 정도는 뛰는 것이었어요. 결국 2년 만에 이곳은 내가 있을 곳이 아니다라는 결론을 내리게 됐죠."

베르캄프의 에이전트는 인터 밀란의 모라티 회장을 찾아가 베르캄프는 계속 발전하길 희망하기 때문에, 새로운 감독 혹은 선수를 영입하거나 그게 안 되면 팀을 떠나게 해달라고 요구했다. 모라티 회장은 비앙키 감독을 교체할 생각은 없다고 했고, 베르캄프는 우리는 계속 친구로서 남길 바라지만, 팀은 떠나겠다고 말했다.

"돌아보면, 그 시절에 꽤 많이 망가졌던 것 같아요. 미국에서 열렸던 월드컵으로 완전히 지쳐버리기도 했고, 비행 문제도 그 시기에 시작됐어요. 그로 인해 축구를 즐길 수 없게 되는 바람에 수개월 혹은 수년간 치료를 받거나, 아니면 다른 식으로 축구를 즐길 수 있는 방법을 찾아야 했죠. 1995년의 그 여름까지 제 자신에 대해 많은 의구심을 품게 됐어요. 나는 어떤 선수일까? 앞으로 계속 좋은 커리어를 이어갈 수 있을까? 혹은 28살의 나이에 은퇴를 해야 할까? 인터 밀란에서 보내는 동안 너무나도 진절머리가 나서 더 이상 축구를 즐기지 못하고 있었습니다. 그러나 그해 6월에 잉글랜드로 간 이후에는 완전히 다른 것을 느낄 수 있었어요. 정말 좋았죠. 단지 축구뿐만 아니라, 훈련이나 플레이, 그리고 경기가 끝난 후에 동료들과 경기에 대한 이야기를 나누는 것, 그리고 나 자신이 되는 것. 이 모든 것이 저에게 그 무엇보다 필요했던 것이었어요.”

아스널 외에 다른 팀으로 갈 수 있는 팀은 없었나요? 그 시기에 아스널은 현재처럼 빅클럽은 아니었잖아요.

베르캄프 “여러 팀들이 있었어요. 독일에서도 관심을 보인 클럽들이 있었지만, 독일에서 뛰는 모습을 상상하기가 어려웠어요. 바이에른 뮌헨에서 뛴다는 건 뭔가 맞지 않았죠. 이탈리아에서 보낸 시간 이후에는 스페인도 별로 관심이 가지 않았고요. 오직 잉글랜드에만 관심이 갔어요. 맨유는 저한테 관심이 없었고, 뉴캐슬이나 리버풀 같은 곳들은 네덜란드에서 가기가 쉽지 않은 곳들이라 흥미가 덜했죠. 호들(베르캄프의 우상이었다)의 팀이었던 토트넘도 관심을 보였죠. 그런데 저는 이상하게도 토트넘보다 아스널에 더 관심이 갔어요. 지금도 왜 그랬는지 정확히 모르겠어요. 그래서 네덜란드에 돌아간 후에 제 에이전트였던 롭이 런던으로 갔어요. 그는 예전에 아스널에 갈 뻔했던 글렌 헬더Glenn Helder나 얀 바우터스 같은 선수들 때문에 이미 아스널과 관계가 있었어요. 한 가지 재밌는 것은, 그 당시 저는 아스널이 '지루한 아스널(조지 그래엄George Graham 감독의 아스널이 강한 수비로 1-0 승리를 노리는 축구를 했던 것에서 비롯되었다)'이라는 별명으로 불리고 있었다는 걸 전혀 몰랐다는 겁니다. 네덜란드 잡지에서 아스널에 대한 글을 읽은 적이 있었는데 좋은 인상을 받았어요. 매우 안정적인 팀이라는 느낌이 있었죠. 또 다양한 경험을 가진 선수들도 많았어요. 그런 팀이 적응하기에는 나을 거라는 생각이 들어서 느낌이 좋았어요. 아스널에는 토니 애덤스를 비롯해 두 명의 풀백(리 딕슨Lee Dixon, 나이젤 윈터번Nigel Winterburn)처럼 확실한 실력을 가진 선수들이 있었죠. 게다가 그 당시에는 이안 라이트, 폴 머슨Paul Merson, 존 옌센John Jensen 같은 선수들도 뛰고 있었어요. 당시 아스널은 '떠돌이들이 모인 팀'이 아니라, 거의 고정적인 8~9명의 선수들이 이끄는 팀이었어요. 그래서 '이 팀은 나와 잘 어울리겠다'고 생각했죠.

그들은 유럽 대회에서도 좋은 플레이를 했어요. 1994년에 컵위너스컵 대회에서 우승했고, 그다음 해에도 결승전에 진출했어요. 네덜란드 클럽들은 유럽 대회에서 8강 이상 진출하면 좋은 성과라고 생각해요. 그래서 저는 아스널이 런던에 있는 빅클럽이고, 다시 축구를 즐기고 싶은 곳이라고 생각하게 됐죠. 하이버리 스타디움도 아주 좋은 홈구장으로 알려져 있었어요. 어떻게 될지 보자 그런 생각을 했죠. 그런데 그곳에서 11년을 뛸 거라고는 전혀 생각지도 못했어요. 솔직히 말하자면, 인터 밀란 시절에는 28세까지만 해외에서 뛰고 다시 네덜란드로 돌아가자는 생각을 했었거든요. 그 전에 잉글랜드에서 몇 년만 더 뛰자고 생각한 거죠. 그런데 런던에 도착하자마자 그 생각이 바뀌었어요.

당시 저에게 가장 중요한 것은 이탈리아를 떠나는 것이었어요. 그리고 그것은 처음에 AC 밀란이나 바르셀로나 대신 인터 밀란을 선택했을 때와 마찬가지로 제가 내린 결정이었죠. 저는 당시 아스널에 없는 유형의 선수였기 때문에, 어쩌면 사람들에게 제 플레이 방식을 보여줄 수도 있을 거라고 생각했어요. 글렌 호들도 프리미어리그에서 제가 말한 자기만의 모습을 보여줬었죠. 잉글랜드에서는 그런 기회가 있을 거라는 걸 알고 있었어요. 그래서 일주일 만에 잉글랜드로 가기로 결심하고. 6월 말에 아내와 함께 해저 터널을 통해 잉글랜드로 갔죠.

제가 도착했을 때는 이미 양측의 계약 논의가 진행 중이었고, 메디컬 테스트도 준비 중이었어요. 우리는 포시즌스 호텔에서 게리 르윈 Gary Lewin(아스널의 의료팀 총괄)을 만나서 경기장으로 이동했죠. 그는 첫 시즌에 저를 모든 면에서 정말 많이 도와줬어요. 아주 친절하고 재미있는 사람이었죠. 그는 아스널에 대한 모든 걸 다 아는 사람이기도 했어요. 하이버리를 처음 봤을 때도 '와! 이게 축구장이구나!'라는 생각이 들었어요. 경기장 주변의 집들도 마음에 들었고요. 골목을 지나면 경기장 모습이 한눈에 들어오거든요. 그건 네덜란드식도 이탈리아식도 아니었어요. 유럽 대륙에서는 그런 모습을 거의 볼 수 없었죠. 그건 아주 잉글랜드다운 모습이었어요. 물론 경기장 안에서 아스널의 유명한 마블 홀Marble Hall도 봤죠.

경기장 계단을 올라가다가 에이전트랑 만난 것도 기억이 나네요.

제 형 빔 주니어도 저와 같이 있었죠. 그리고 안쪽에서 인터 밀란에서 온 두 사람이 계약을 마무리하고 있었어요. 그걸 보니까 제가 마치 사고파는 상품 같더군요. 이상한 느낌이었어요. 하여튼 저는 계속 계단을 올라가서 곧 기자회견이 있을 거라는 말을 들었어요. 그들은 계속 계약과 관련한 돈 문제에 대해 이것저것 대화를 나누고 있었고요. 그 논의가 다 마무리되자 드디어 경기장 안으로 들어가서 문을 열었는데, 자연스러운 잔디 구장의 모습이 정말 완벽했어요. 경기장을 처음 보자마자 '정말 환상적이네'라고 생각했죠. 그 후에 브루스 리오치Bruce Rioch 감독과 데이비드 딘 부회장이 제가 기록한 골과 어시스트 장면이 담긴 비디오를 기자회견장에서 보여주고 있었어요. 제 영상에 배경으로 쓰인 음악은 스톤 로지스의 〈This is the one〉이었죠.”

“나를 그 장관 속에 넣어주오. 내가 만든 모든 계획들⋯.”

〈This is the one〉의 가사

베르캄프 “정말인가요? 저는 그 노래 가사까지는 몰랐어요. 아무튼 노래는 좋았고 그 영상도 꽤 좋았던 것 같아요. 기자회견이 끝난 후에 아스널 유니폼을 들고 리오치 감독과 함께 경기장에 내려가서 사진 촬영을 했어요. 경기장 잔디 관리인이었던 스티브 브래독Steve Braddock이 저한테 절대 잔디를 밟으면 안 된다고 해서 터치라인 끝에 있는 나무판을 밟고 섰던 기억이 나네요. 그 순간부터 저는 이미 '인터 밀란보다 훨씬 좋다'는 생각을 했었어요. 인터 밀란에서는 아무 준비가 되어 있지 않은 일들을 하게 하곤 했죠. 때로는 제 성격과 전혀 맞지 않는 것도 있었어요. 잉글랜드에서는 모든 게 더 자연스럽게 느껴졌어요. 네덜란드와는 또 달랐죠. 네덜란드에서는 모두가 평등하다는 걸 강조하기 때문에 누군가의 위에 올라가거나 하지 않죠. 잉글랜드는 그 사이 어딘가에 있는 느낌이었어요. 그건 아주 좋은 균형이었죠. 저는 곧바로 아스널에서 환영받고 있고 제가 이곳에 와서 모두가 행복하다는 느낌을 받았어요. 그 당시에는 제 자신도 저만의 축구를 조금 잃어버린 상황이라서 세계 최고의 선수들과 어떻게 어울릴 수 있을지 궁금하기도 했죠."

프리미어리그에서 정상에 오르는 선수가 될 거라고 생각하지 않았던 건가요?

베르캄프 "전혀 못했어요. 제 자신은 좋은 선수라고 생각했고 아약스에서 꽤 좋은 모습을 보이기도 했었죠. 하지만 아약스는 아약스일 뿐이에요. 아약스는 네덜란드 클럽이고, 네덜란드 축구는 잉글랜드나 스페인, 이탈리아, 독일 리그보다는 조금 낮은 레벨인 게 사실이거든요. 저는 당시 거리에 나가면 저를 아는 사람들이 없을 거라고 생각했어요.

그 후에 호텔로 돌아갔어요. 계약이 다 마무리됐으니 방에서 좀 쉬고 싶었죠. 늘 그렇듯이 텔레텍스(TV를 활용해 자막 뉴스 등의 정보를 제공하던 서비스)로 뉴스를 봤어요. 네덜란드에 있을 때 BBC를 봤기 때문에 시팩스Ceefax에 대해 알고 있었죠. 그런데 301페이지를 보고 충격을 받았어요. 첫 번째 두 줄에 큰 글씨로 '베르캄프가 아스널에 입단했다'라는 뉴스가 나왔거든요. 처음으로 놀랐어요. 무슨 일이 벌어진 거지? 저는 잉글랜드라는 큰 나라의, 사람들이 왼쪽 좌석에서 운전을 하는, 런던이라는 조금 특이한 대도시에 있었는데, 제 이름이 거기 텔레텍스 안에 등장했던 거죠. 그때 저는 '아, 이곳 사람들은 내가 판 바스텐이나 굴리트처럼 하길 기대하는구나'라고 느꼈어요. 저는 제 자신에 대해 그렇게 생각하지 않았었거든요. 빠르게 축구 채널인 302페이지를 봤어요. 거기에는 좀 더 자세하게 '네덜란드 공격수가 750만 파운드에 아스널에 입단했다'라고 쓰여 있더군요. 그때 처음 아스널 팬들이 저에게 뭘 기대하는지 느꼈어요. 헨리타를 바라보면서, '이것 봐. 놀랍지 않아? 나 잘해야겠는데'라고 말했죠. 이탈리아에서 저는 제 자신의 실력에 대해 의심에 빠졌었고 좋은 플레이를 할 때조차 자신을 변호해야 했어요. 그런데 이제 런던에서는 호텔에서도 이런 뉴스를 접할 수 있었던 거죠. 그건 정말 강력한 느낌이었어요. 척추에서부터 온몸에 소름이 돋는 느낌이랄까. 그래서 아내와 서로 마주보면서, '와! 이건 정말 놀라운데'라고 이야기했던 거죠."

베르캄프는 그렇게 아스널과 계약을 맺었고, 시팩스에서 자신의 이름을 발견했다. 그는 이제 잉글리시 해협을 건너 암스테르담으로 돌아가야 했는데, 가던 중에 길을 잃고 말았다.

베르캄프 "완전히 길을 잃은 건 아니었어요. 지도를 잘못 봐서 길을 잘못 들었던 것뿐이죠. 아무튼 우리는 M25 도로를 달리고 있었는데, 실수로 남던던 방향으로 가고 말았어요."

그때 인근에서 다른 차에 타고 있던, 그 당시의 베르캄프를 기억하는 한 사람이 있었다. 그는 이후 베르캄프에게 아주 중요한 사람이 된다. 그의 말을 들어보자.

"크로이돈 방향으로 달리고 있는데, 라디오에서 베르캄프가 아스널과 사인했다는 뉴스가 나오더군요. 그 뉴스를 듣고 사실이면 좋겠다고 생각하고 있었어요. 아무튼 주유소에 가야 해서 휴게소에 들렀는데, BMW-7 차량이 엉뚱한 방향으로 들어오더라고요. 보자마자 '저 바보는 누구야?'라고 생각했죠. '아니, 누가 저렇게 멍청하게 주차를 하는 거지?' 그래서 차에서 내려서 주차 좀 잘하라고 말하러 갔는데, 그 차에서 베르캄프가 내리는 거예요. 보자마자 소리를 질렀어요. 그는 아주 차분한 모습이었는데, 저는 소리를 지르고 있었죠. 왜냐하면 방금 베르캄프가 아스널에 온다는 소문이 진짜였으면 좋겠다고 생각했는데, 눈앞에 그가 있었으니까요!"

베르캄프 "그 사람은 저를 보더니, '데비! 데비! 데니스 베르캄프!'라며 소리를 질렀어요. 그러고는 저한테 다가와서 강하게 포옹하더군요. 그가 너무 행복해하는 걸 보고, '아, 나를 진정으로 환영해주는구나'라는 생각이 들었어요. 휴가철이었고 시즌은 아직 시작도 되지 않았을 때였어요. 그리고 그곳은 제가 원래 가려고 했던 곳이 아닌 남런던이었고요. 런던 인구가 얼마나 되죠? 700만 명? 그런데 저는 거기서 아주 우연히 이안 라이트를 만난 겁니다! 이후 몇 년 동안 같이 뛸 공격수를 말이에요. 우리가 훈련장이나, 훈련장 근처 주유소나, 혹은 경기장 부근에서 만났다면 모를까, 그냥 완전히 우연히 갔던 곳에서 그를 만난다고요? 그것도 계약한 당일에? 그건 정말 놀라운 일이었고 지금 생각해도 소름이 끼칠 정도예요. 그렇게 될 가능성이 과연 얼마나 될까요? 그건 운명 같은 것이었어요. 마치 하나의 러브스토리… 아니 러브스토리는 아니고….”

또 다른 놀라운 이야기가 하나 더 있다. 베르캄프와 함께 뛰는 것을 아주 행복해하던 이안 라이트가 그와 같은 방을 쓰게 된 것이다. 그들이 처음 같이 방을 쓴 밤에 베르캄프는 잘 준비를 마치고 방에 들어갔다. 이안 라이트는 또 난리가 났다.

라이트 “파자마를 입은 축구 선수는 처음 봤어요! 보통 선수들은 샤워를 마치고 아무것도 입지 않고 나오는데, 베르캄프는 파자마를 완전히 갖춰 입고 나오는 거예요. 진짜 너무 사랑스러웠어요. 파자마라니! 정말 가족 같은 느낌이 들었어요. 같은 방을 쓸 때마다 항상 그렇게 했죠. 가끔 그를 따라 하려고 파자마를 살까 고민한 적도 있는데, 사도 입지는 않을 것 같아서 사진 않았어요. 참, 내가 잠꼬대한다는 이야기는 하지 않던가요?”

베르캄프 “정말인가요? 저도 평소에 파자마를 자주 입진 않았는데, 그날은 왜 그랬나 모르겠네요. 아마 이탈리아에서 지낼 때 버릇인가봐요.”

라이트가 잠꼬대가 심하다고 놀렸다면서요?

베르캄프 “그의 말은 농담인지 사실인지 알 수가 없어요. 제가 기억하는 건 어느 날 밤 라이트는 이미 잠자리에 들었고 저는 책을 읽고 있었는데, 라이트가 갑자기 침대에서 일어나더니 ‘안녕’이라고 하는 거예요. '나를 놀리는 건가?' 싶었지만, 저도 '안녕'이라고 대답했죠. 그랬는데 그가 일어나 문 쪽으로 걸어가서는 바깥에서 나는 소리를 듣는가 싶더니 이상한 소리를 내고는 다시 침대로 돌아와 주변을 돌아보고는 다시 누워서 잠들더라고요. 당연히 눈을 뜨고 있었죠. 정말 이상한 잠꼬대였어요."

베르캄프는 아스널에서 뛴 첫 한 달 동안 7경기에서 골을 기록하지 못했다. 이탈리아에서의 경험 때문에 그는 신문을 읽지 않았다. 그러나 그는 〈더 선〉에서 북런던의 새로운 영입 선수들 중 누가 가장 먼저 골을 넣을지 놀리는 투의 기사가 나왔다는 소식을 들었다. "토트넘의 크리스 암스트롱Chris Armstrong일까, 아스널의 베르캄프일까?" 그로부터 3일 전, 아스널이 리그컵에서 하틀풀을 상대했을 때 토니 애덤스가 두 골, 이안 라이트도 한 골을 기록했지만, 베르캄프는 골을 넣지 못했다. 〈인디펜던트〉의 기자는 이렇게 기사를 썼다. "아스널 팬들이 베르캄프의 골을 기대하는 것은 마치 어린이들이 크리스마스 선물을 기대하는 것과 같다. 언젠가 올 거라는 걸 알고 있지만, 참기가 매우 힘들기 때문이다."

아스널의 다음 경기는 사우스햄튼전이었다.

베르캄프 "그 경기에서 원정 팬들은 '돈을 대체 어디에 쓴 거냐?'라고 놀리는 노래를 불렀어요. 제가 첫 기회를 놓쳤을 때. 사실 그 노래를 듣고는 좀 웃었어요. '저건 너무하는 것 아냐?' 그런데 어떻게 보면 좀 즐기기도 했죠. 웃겼거든요. 또 한편으로는 계속 골을 못 넣는 것에 대해 스스로에게 좀 화가 난 상태이기도 했어요. 나중에야 신문사들이 그 일로 기사를 크게 쓴 걸 알게 됐죠. 웨스트햄전에서도 두세 번의 정말 좋은 기회를 놓쳤는데, 그걸 보고 팬들도 분명히 영향을 받은 것처럼 보였어요. 팬들이 '흠…' 이런 느낌인 걸 느낄 수 있었거든요. 아스널 팬들이 야유를 보내지는 않았지만 뭔가 잘못됐다고 생각하고 있는 게 느껴졌어요. 만약 그게 인터 밀란이었다면? 벌써 야유가 나왔을 거예요. 아약스 팬들도 마찬가지고. 하프타임에 0-0이기만 해도 야유를 시작하거든요. 그래서 야유를 각오하고 있었는데 아스널 팬들은 차분히 지켜보고 있어서 그게 아주 인상 깊었어요. 문제는 제가 아직도 이탈리아에서처럼 뛰고 있었다는 거예요. 잉글랜드는 더 거칠었지만, 공간을 더 많이 확보할 수 있었어요. 하지만 저는 이탈리아에서 했던 것처럼 플레이하고 있었어요. 자신감이 부족한 것과는 좀 달라요. 말하자면 더 이상 골을 넣는 것에 집착하지 않고 있었다고 할까요. 이탈리아에서는 페널티박스 부근에서 페널티킥이나 프리킥을 얻어내거나 굴절된 슈팅을 노리는 경우가 많았어요.

물론 적응하는 데 7경기나 걸리는 건 말이 안 되죠. 하지만 저는 새 리그에 적응하려면 몇 달 정도는 걸릴 거라고 예상하기는 했어요. 그래도 속도를 내려고 노력했죠. '이제 다시 축구가 즐거워졌으니, 인내심을 갖고 긍정적으로 생각해야지.' 사람들도 저를 직접적으로 비판하진 않았어요. '잘하고 있긴 하지만…' 물론 저도 그들이 그 뒤에 하고 싶은 말이 무엇인지 알고 있었죠. 저 스스로도 느끼고 있었으니까요. 훈련장에서 동료들이 한마디씩 하기도 했고요. 다들 저에게 큰 기대를 걸고 있었고 긍정적으로 보고 있었지만, 제가 '무언가'를 해주길 기대하고 있었죠. 그 후에 앨런 슈가Alan Sugar(토트넘의 전 회장)가 '외국 선수들은 프리미어리그에 돈을 벌러 올 뿐이다'라고 한 인터뷰를 봤어요. 그걸 보고 적응하는 데 6개월을 보낼 수는 없다고 생각하고, 이제는 뭔가 해야 한다고 마음먹었어요."

이안 라이트도 그때를 잘 기억하고 있다.

라이트 "베르캄프의 아스널 입단 초기 플레이는 아주 좋지는 않았어요. 팬들 사이에서도 불만이 나오기 시작했고, 특히 하틀풀과의 경기에서 상대 선수가 그를 놀리는 일도 있었죠. '하틀풀 선수가 베르캄프를 놀린다고?' 저는 그걸 아주 감정적으로 받아들였어요. 베르캄프는 그럭저럭 잘하고 있었지만 골은 아직 못 넣고 있었죠. 다음 경기는 하이버리에서 열리는 사우스햄튼과의 홈 경기였어요. 전반전에 글렌 헬더가 크로스를 했을 때 베르캄프가 쇄도하는 걸 봤죠."

베르캄프 "그때 기억나는 건 제가 위험을 무릅쓰려고 하지 않았다는 거예요. 조금 이상하게 들릴 수도 있는데, 그렇게 날아오는 크로스를 곧바로 발리 슈팅으로 이어가는 건 쉽지 않거든요. 타이밍이 완벽해야 해요. 어떻게 설명하지? 만약 이미 해트트릭을 기록한 상태라면 오른쪽 톱코너를 노리고 과감하게 슈팅한다던가, 조금 커브를 준다던가, 좀 더 빠르게 슈팅을 한다던가, 뭔가 좀 더 창의적인 시도를 해보고 싶죠. 그러나 그때 제 생각은 '정확하게 볼에 슈팅하자' 그뿐이었어요. 유효 슈팅을 만들자. 슈팅이 상대 골키퍼에 막힐 수는 있지만, 관중석으로 날아가는 것보다는 나으니까. 그래서 위험을 무릅쓰지 않는 슈팅을 한 거죠. 볼을 세게 찰 필요도 없었어요. 볼 자체가 빨랐으니까. 슈팅만 정확하면 괜찮은 그런 상황이었죠."

베르캄프의 슈팅이 나온 직후 하이버리의 아스널 팬들은 축제에 빠졌다. 마침내 첫 골이 터진 것이다.

베르캄프 "첫 골에 대한 팬들의 반응은 제가 상상했던 그 이상이었어요. 그게 잉글랜드 스타일인지는 모르겠지만 모두가 방방 뛰면서 진심으로 기뻐했죠. 다른 곳에서 보기 힘든 모습이었어요. 그게 저와 아스널 홈팬들이 처음으로 교감하기 시작한 순간이었죠. 그들은 인내심을 갖고 기다려줬어요. 왜 그랬는지는 모르겠어요. 그들은 저를 잘 몰랐는데도 말이에요. 어쩌면 그들은 그 경기에서 골이 들어갈 거라는 걸 알았을 수도 있겠네요. 그 후로 저는 빠르게 팬들의 신뢰를 얻었어요. 저의 움직임이나 패스, 어시스트 등에서 무언가를 본 것 같아요. 하지만 그 전까지 그들은 저에 대해 잘 알지 못했어요. 제 성격 등등에 대해서 말이에요. 그런데도 그들은 저에게 믿음을 보여준 겁니다. 그건 정말 믿기 힘든 일이었어요. 아스널에 겨우 1개월 반 정도 있었을 뿐인데. 그 골 이후 저와 아스널 팬들은 그 좋은 관계를 절대 잃지 않았어요."

그 경기에서 한 골 더 넣었잖아요. 두 번째 골은 더 좋았어요.
베르캄프 "그건 이제 시동이 걸린 후의 느낌이랄까? 마치 첫 골이 들어간 후에 등에 짊어지고 있던 50kg 무게의 짐이 사라진 것 같았어요. 하프라인 부근에서 볼을 잡았을 때 앞 공간이 넓게 열려 있는 걸 봤어요. 잉글랜드에서 제가 펼친 모든 경기는 공간이 핵심이었어요. 라인들 사이를 빠져 들어가는 것도 중요했죠. 저는 그 공간 사이에서 작은 기술로 저만의 공간을 만들어냈어요. 그 골 장면에서도 처음에는 볼을 잡고 오른쪽으로 가서 크로스를 올릴 생각이었어요. 그런데 다시 보니까 제 앞에 충분히 치고 들어가 슈팅할 공간이 있더라고요. 그래서 수비수를 제치고, 드리블러는 아니지만, 왼쪽으로 갔다가 오른쪽으로 돌아서 공간으로 치고 들어간 후에 아직 35미터 정도 거리가 있었지만 자신이 있었어요. 왼쪽에서 오른쪽으로 볼을 몰고 갈 때는 볼에 약간 회전이 걸리게 마련이죠. 그럴 때 슈팅을 하면 볼에 속도가 붙어요. 오른쪽으로 커브가 걸리죠. 그래서 왼쪽에서 오른쪽으로 치고 들어간 다음에, 오른쪽이 아니라 정중앙을 노리고 찼어요. 그건 많은 연습을 해야 알 수 있는 거예요. 왼쪽에서 오른쪽으로 치고 들어가다가 가운데를 노리고 슈팅을 하면 골대의 오른편으로 볼이 가기 마련이죠. 저는 정확히 예상한 대로 슈팅을 했고, 그 슈팅이 그대로 골이 됐어요. 아스널 홈팬들은 다시 한번 환호했어요. 정말 보기 좋은 장면이었죠. 지금도 다시 그 골 장면을 보면, 제 생각보다 훨씬 더 빠르게 슈팅이 들어간 것 같아요. 제 마음 속에서는 모든 게 더 느렸어요. 하지만 분명한 건, 그날을 기준으로 모든 게 바뀌었다는 거죠."

8

브루스 리오치의 평행 우주

우주 어딘가의 평행 우주에서, 브루스 리오치가 첫 번째 시즌에 경질당하지 않고 계속 아스널 감독으로 남았을 경우 이런 시나리오가 가능했다.

그는 데이비드 플랫과 데니스 베르캄프의 영입으로 그 전까지 '지루한 아스널'이라는 평가를 받고 있던 팀의 분위기를 바꿔놨다. 이안 라이트는 1996년 글렌 호들 감독이 이끌던 첼시로 이적했으며, 그 대신 아스널은 그의 대체자로 앨런 시어러를 영입해 테드 드레이크 Ted Drake, 토미 로튼Tommy Lawton의 뒤를 잇는 아스널 역사상 최고의 공격수가 됐다. 물론 베르캄프와 함께 말이다. 또한 포르투갈에서 새로 영입한 미드필더 루이 코스타Rui Costa와 네덜란드 윙어 마르크 오베르마스는 측면에서 강력한 무기가 됐다. 잉글랜드와 유럽 스타일이 절묘하게 조합된 아스널의 축구는 많은 팬들의 사랑을 받았지만,

그 사이 맨유는 1998, 2002, 2004년에 리그 우승을 차지하면서 잉글랜드 축구 역사상 가장 위대한 클럽으로 확고히 자리매김했다.

물론 리오치의 아스널은 그보다 나빴을 수도, 혹은 훨씬 더 좋았을 수도 있다. 토니 애덤스의 말이다. "브루스는 오늘날 아르센 벵거 감독과 거의 같은 대우를 받을 수도 있었습니다. 시기가 달랐고, 상황이 달랐죠. 저는 그를 실망시켰습니다. 폴 머슨도 마찬가지고요. 그에게 정말 미안합니다. 그 시절에 저는 훈련장보다 술집에서 더 많은 시간을 보냈어요. 그는 아스널에서 성공을 거둘 수도 있었습니다. 하지만 주장이 팀을 돕지 못할 때 그 팀은 성공할 수 없습니다. 다른 선수들도 문제가 많았죠. 그는 베르캄프를 정말 아꼈습니다. 그건 분명히 느낄 수 있었죠."

1996-97시즌을 앞두고, 전 스코틀랜드 대표팀 주장이자 볼튼의 감독이었던 브루스 리오치가 하이버리에서 회의를 가졌다. 은퇴 후 콘월에서 살고 있던 리오치를 아스널이 감독에 임명한 것은 임시 감독 선임과 비슷한 일이었다고 그는 기억하고 있었다.

리오치 "피터 힐우드Peter Hill-Wood 회장이 어거스타에서 돌아와서는 매니징 디렉터였던 켄 프라이어Kenneth Friar를 통해 나를 부르더니 '헤어져야겠네'라고 말하더군요. 별로 놀랍진 않았어요. 이미 아스널이 아르센 벵거 감독과 대화를 나눴다는 걸 알고 있었으니까요."

널리 알려진 일이지만, 리오치 감독은 라이트와 사이가 틀어진 상태였다. 라이트는 당시 아스널의 최고 득점자였다. 세인트 올번에서 있었던 프리시즌 경기 이후 리오치는 드레싱룸에서 라이트를 '샴페인 찰리'라고 불렀고, 그 후 둘의 관계는 다시 회복되지 않았다.

리오치 "솔직히 말하자면, 거기서 공개적으로 그를 비판할 필요는 없었을 거라고 생각합니다. 그를 원망하지 않아요. 오히려 제 자신을 탓해야죠. 그 자리에서 최고의 선택을 하지는 못했다고 생각합니다."

그는 또 심리적으로 어려움을 겪고 있었던 선수들을 제대로 관리하지 못했다.

리오치 "아주 큰 어려움을 겪고 있는 선수들이 몇몇 있었어요. 스웨덴에서 가진 프리시즌 투어가 끝난 후에 선수들을 위한 상담사를 고용해야 할 정도였죠. 상담사들은 선수들과 방을 함께 썼는데, 한 상담사가 저에게 오더니 '감독님이 생각하는 것보다 문제가 심각합니다'라고 말했던 것이 기억이 납니다. 그게 누구라고는 말하지 않겠지만 훈련 전에 눈물을 흘리면서 자살 충동을 겪는다며 찾아온 선수도 있었습니다. 저는 상담사 자격을 갖추지 못했을 때였죠. 그때 이런 말을 한 적도 있어요. '나는 아스널에서 감독으로서보다 고민 상담사로서 지냈던 것 같다'고. 몇몇 선수들은 정말 믿기 힘들 정도의 문제를 겪고 있었어요. 그들이 나쁜 녀석들이었다고 생각하지는 않습니다. 전혀요. 그냥 그런 어려움에 빠져 있었다는 거죠."

하지만 그 외 많은 면에서 리오치는 좋은 모습을 보였다. 데이비드 딘 부회장이 베르캄프를 영입했고, 잉글랜드 주장이었던 데이비드 플랫도 삼프도리아에서 영입하는 등 아스널은 변화를 추구하기 시작했다. 조지 그래엄 시절 수비 축구로 유명했던 아스널은 점점 패스 플레이를 시도하기 시작했다. 1995년 아스널은 리그 12위로 마무리했다. 그다음 시즌 리오치는 리그 5위를 기록했고 UEFA컵 진출을 확정지었다.

리오치 "조지 그래엄 감독 같은 사람의 뒤를 잇게 되면 당연히 그에게서 어떤 부분은 그대로 이어가고 싶기 마련이죠. 그래서 우리는 코치진은 그대로 유지했고, 그 위에 제 스타일과 전략에 맞는 선수들을 추가하려고 했습니다. 베르캄프, 플랫이 그 첫 번째 선수들이었지만, 그 외에도 제가 원했던 선수들 중에는 루이 코스타, 마르크 오베르마스, 앨런 시어러 등이 있었습니다. 코치진으로는 스티브 버튼쇼Steve Burtenshaw, 스튜어트 휴스턴Stewart Houston, 조지 암스트롱George Armstrong, 팻 라이스Pat Rice 등이 있었고요. 모두들 저에게 아스널은 수비진은 건드릴 필요가 없고 공격진만 보강하면 된다고 했어요. 앨런 스미스Alan Smith가 은퇴했고 케빈 캠벨Kevin Campbell과 스테판 슈바르츠Stefan Schwarz도 클럽을 떠났죠. 볼튼을 이끌었을 당시 아스널과 컵대회에서 만났을 때(1994년) 우리는 아스널을 3-1로 꺾었죠. 아스널에는 창의성이 필요한 상황이었습니다."

베르캄프는 라이트를 팔고 대신 시어러와 루이 코스타를 데려오려고 했던 리오치 감독의 계획을 모르고 있었다.

베르캄프 "그건 처음 듣는 이야기예요! 결국 무슨 일이 벌어졌는지에 대해서만 알죠. 시어러는 당시에 유명한 선수였어요. 물론 라이트도 마찬가지였죠. 그래서 그게 실제로 이루어졌다면 어떻게 됐을지 생각하기가 어려워요. 그건 다른 사람들에게 달린 일이었고 그게 얼마나 진지하게 진행됐던 일인지 알 수 없죠. 리오치 감독은 아마도 최전방에 공격수를 두고 그 아래 한 명을 기용하는 방식의 잉글랜드식 공격 축구를 원했던 것 같아요. 하지만 그 당시에 제가 플레이하던 방식을 생각해보면, 어쩌면 섀도 스트라이커 역할을 맡게 됐을 수도 있겠네요."

당시 리오치의 선수 영입 권한은 제한적이었다. 조지 그래엄의 뇌물 스캔들로 인해 당시 아스널 감독들의 권한이 대폭 축소된 상태였고, 그 대신 데이비드 딘과 켄 프라이어가 선수 영입에 더 큰 권한을 발휘하고 있었다.

하지만 하이버리 스타디움의 팬들은 리오치 감독 아래서 아스널이 구사하기 시작한 더 공격적인 축구를 즐겼다. 혹시 그때 아스널이 벵거 감독 아래서 달성하게 되는 무패 우승의 씨앗이 싹트기 시작한 것은 아닐까? 리오치는 겸손한 입장을 보였다.

리오치 "글쎄요, 어느 정도는 그랬다고 볼 수도 있겠죠. 그러나 그건 사다리의 첫발을 내딛은 정도였을 겁니다. 제가 아스널 감독이 되었을 때 저는 영국 축구계 최고의 팀 중 한 팀의 감독이 됐으니 그 팀을 더 위대하게 만들어야 한다고 생각했습니다. 그냥 우승 트로피를 든다는 의미가 아니라, 사람들이 기억하는 팀으로 만들고 싶다는 생각이었죠. 그것이 저의 철학이었고 가장 추구하고 싶었던 바였습니다. 하지만 아르센 벵거 감독은… 그가 만들어낸 팀은 정말… 지난 50년간 축구계에서 일했던 사람이라면 누구든 그가 만든 팀이 정말 대단하다고 생각할 겁니다. 완벽하고 엄청난 팀이라고요. 저에게는 그것이 이상향이었습니다."

리오치 감독을 좋아하지 않던 라이트는 결국 이적 요청을 했고 결과적으로 리오치 감독이 떠난다는 사실에 기뻐했다. 하지만 베르캄프는 그 소식에 매우 놀랐고 또 화가 났다.

베르캄프 "저는 리오치 감독을 좋아했고 그와 잘 지냈어요. 물론 사람들은 다 누군가에 대해 다른 생각을 갖고 있죠. 그건 자연스러운 거예요. 하지만 그는 제가 잉글랜드에 왔을 때 첫 번째 감독이었고 저를 아주 많이 도와줬어요. 그 시즌(1995-96) 저에게는 모든 것이 달라졌어요. 게임이나 마음가짐, 사생활까지도요. 아내도 처음으로 임신을 했고 6개월 동안은 호텔에서 생활했어요. 새로운 나라에서 살았던 거죠. 이탈리아에서 보낸 어려운 시기를 막 끝낸 후라서 제 자신을 제대로 보여주기가 어려웠어요. 그러나 잉글랜드로 온 후에는 모든 것이 좋았어요. 이제 저를 제대로 보여줄 수 있겠다는 자신감도 생겼죠. 하지만 제대로 하기 위해서는 1~2년 정도가 더 필요했어요."

리오치 감독은 베르캄프가 자신의 게임을 하도록 도와줬고, 그에게 잉글랜드 축구에 대해 많은 것을 알려줬다.

베르캄프 "아스널에서의 첫해에는 저에게 많은 좋은 일들이 있었고, 리오치 감독도 그중 하나였어요. 그는 감독으로서 제가 잉글랜드와 그 축구에 적응하는 데 큰 도움을 줬어요. 만약 그가 제가 만난 최고의 감독이었느냐고 묻는다면, 리오치 감독은 아마 그건 그렇게 중요하지 않다고 답할 거예요. 그때 그는 그곳에 있었고, 저는 오직 그에 대한 좋은 기억만 갖고 있을 뿐이에요.

리오치 감독은 아주 좋은 사람이고 항상 긍정적이었어요. 그래서 그가 저의 두 번째 시즌 프리시즌 중에 경질된 것이 정말 놀라웠죠. 이상했어요. 설명하기가 어려워요. 다른 나라에서 와서 좋은 1년을 보냈고 그 바탕 위에서 무언가 더하고 싶잖아요. 그렇게 할 준비가 다 되어 있었는데 갑자기 감독이 경질되다니. 그것도 아무런 사전 예고도 없이 말이에요. 적어도 저는 경질의 이유를 알 수 없었어요. 클럽 입장에서 보면 그것이 그 당시의 옳은 결정이었겠죠. 하지만 왜 그렇게 된 건지 정확히 아는 사람은 얼마 없을 거예요. 특히 UEFA컵 진출에 성공한 후에 말이에요. 저는 정말 충격을 받았고 또 화가 났어요. 이탈리아에서와 같은 일이 또 벌어지겠구나 그런 걱정이 들기도 했죠. 클럽이 저와 약속을 했지만, 다른 방향으로 가는 일 말이에요."

데이비드 딘 부회장이 당신에게 약속한 것은 없었나요?

베르캄프 "그렇게 말하긴 했었죠. '침착하게 우리와 함께 있어라. 좋은 일이 생길 거다. 곧 변화가 있을 거다'라고. 그걸로도 충분했지만, 그때 잠시 아스널을 떠난다는 생각이 스치기도 했어요. 그만큼 화가 났었거든요. 하지만 인터 밀란에서 2년을 보내고 잉글랜드에 온 지 이제 1년이 됐을 뿐이고, 아스널에서의 생활을 즐기고 있었어요. 아스널을 떠난다면, 다른 잉글랜드 클럽으로 가야 했을 텐데, 그건 제가 원하는 모습은 아니었어요. 저는 적응하는 데 시간이 필요했고, 도박을 즐기는 편이 아니었어요. 물론 얼마 안 가서 벵거 감독이 부임한다는 소식을 들었죠. 그 몇 주 사이에 그 소식은 일종의 비밀이었어요. 루머가 있긴 했지만, 벵거 감독이 모나코에서 아약스와 비슷한 공격적인 4-3-3 시스템을 썼다는 걸 알았기 때문에 차분히 기다리기로 했죠."

그때 리오치 감독은 분명 상처를 받았을 것 같네요. 지금은 당시 상황

에 대해 어떻게 생각하나요?

베르캄프 "그때는 정말 안타까웠어요. 무슨 일이 벌어졌는지조차 몰랐죠. 나중에 아내와 함께 그를 찾아갔어요. 작별 인사를 하기보다는 '어떻게 된 거예요? 괜찮으세요?' 같은 이야기를 하러 간 거였어요. 아스널 감독이 되었던 건 그에게 좋은 일이었어요. 많은 걸 배울 수 있는 좋은 시간이었죠. 하지만 1년 만에 팀을 떠난다는 건…. 만약 그가 아스널에서 2~3년을 더 보낼 수 있었다면 그에게 아주 좋은 경험이 될 수 있었을 거예요. 아마 그 후에 더 큰 클럽으로도 갈 수 있었을 거라고 생각해요."

리오치 감독 자신은 그때의 일에 대해 후회가 없다고 말했다.

리오치 "그때를 돌아보면 아스널 감독이 되었던 것을 정말 즐겼던 것 같습니다. 아스널의 선수들, 특히 베르캄프 같은 대단한 선수와 함께할 수 있었던 건 아주 좋은 일이었죠. 훌륭한 경험이었습니다."

9

아르센 벵거와 아스널의 '계획'

베르캄프 "종종 궁금한 것은 아스널이 도대체 무슨 생각을 했던 걸까 하는 것이에요. 제가 오기 전 아스널은 '지루한 아스널'로 유명했어요. 그런데 그들은 저를 영입한 다음에 플랫도 영입했어요. 도대체 무슨 생각이었을까요? 미래에 대해 어떤 생각을 갖고 있었던 걸까요?"

당신에게 누군가 말해준 사람이 있지 않나요?
베르캄프 "아니요. 없었어요. 데이비드 딘 부회장이나 리오치 감독은 그저 '우리에게는 큰 계획이 있다, 그리고 좀 더 발전하고자 한다' 같은 말만 했죠. 하지만 정확히 그게 무엇인지는 알지 못했어요. 진지하게 생각해본 적도 없었고. 그건 첼시에 아브라모비치 구단주가 와서는 '첼시가 프리미어리그와 챔피언스리그에서 우승하는 것을 보고 싶다. 이게 내가 원하는 선수들이다. 여기 그렇게 할 돈이 있고 만약 계획대로 되지 않으면 유소년 선수들에게 투자해라.' 이렇게 선언하는 것과는 좀 달랐어요. 만수르 구단주도 맨시티에 처음 왔을 때, '이것이 앞으로 10년 동안의 계획이다'라고 선언했던 적이 있었죠. 그러니까 제가 궁금한 것은, 당시 아스널의 큰 그림을 그리고 있었던 사람은 누구였을까? 리오치 감독은 처음부터 1년만 팀에 있을 계획이었을까? 그건 이미 논의가 되었던 일일까? 아스널은 그때 이미 외국인 감독, 외국인 선수들을 데려와서 팀 전체의 스타일을 바꿀 계획이었던 것일까? 그렇다면 구체적으로 그 계획은 어떤 것이었을까? 같은 질문들이에요."

아스널이 불법 뇌물을 수수한 혐의로 조지 그래엄 감독을 경질했던 1995년 2월, 토니 애덤스는 전화 한 통을 받았다.

애덤스 "완즈워스에서 운전 중이었는데 이상한 전화가 왔어요. 에스토니안 억양으로. '토니, 회장이다'라고. 저는 아스널에서 뛰면서 회장과 대화해본 게 세 번 정도라서 장난인 줄 알고 '꺼져'라고 답했는데 진짜 회장이었던 거예요. '나다. 피터 힐우드.' 그는 미국에서 돌아오는 중이었어요."

"잉글랜드에서 어떤 놈이 팬을 때렸다며? 걱정마라. 좋은 감독이 곧 갈 거다. 아스널은 좋은 방향으로 잘 나아가고 있다. 곧 다시 이야기하자! 요새를 잘 지키고 있어라!"

요새를 잘 지키고 있으라는 말을 했나요?

애덤스 "그렇게 말했죠. 그 전화가 너무 이상해서 제가 다시 전화를 걸어서 결국 그를 직접 만났습니다."

당시 아스널의 주장이었던 토니 애덤스는 심한 음주 문제를 겪고 있었고, 특히 그래엄의 경질 이후에 그 문제는 더 심각해졌다. 그는 그를 영입하길 원했던 맨유 퍼거슨Alex Ferguson 감독의 전화도 받고 있었다. 미드필더 폴 머슨도 코카인과 알코올 중독 문제를 겪고 있었고, 데이비드 힐리어David Hillier는 히드로 공항에서 화물을 훔친 혐의로 기소당하기도 했다. 그러는 사이, 아스널의 스타일은 잉글랜드식 '카테나치오' 스타일로 변화하고 있었다. 강하고 든든한 수비를 바탕으로 이안 라이트의 골 결정력에 의존하는 스타일이었다.

애덤스 "우리는 아주 좋은 팀으로 발전하고 있었지만, 리그 우승과는 거리가 멀었죠. 정말 난장판이었어요. 베르캄프는 그럴 때 아스널에 온 겁니다. 그는 아마도 '내가 도대체 뭘 한 거지?'라고 생각했을지도 몰라요. 그 당시 아스널을 움직이고 있던 데이비드 딘 부회장은 베르캄프에게 계속 걱정하지 말라고만 했었죠."

사실, 이탈리아에서의 일 이후 베르캄프는 오히려 아스널을 안정적인 클럽이라고 느끼고 있었다.

애덤스 "하하, 베르캄프가 그래요? 물론 그는 다르게 느낄 수도 있었겠죠. 하지만 당시 아스널은 좋지 않은 시기였어요."

그래서 아스널에는 어떤 계획이 있었던 걸까? 애덤스는 딘 부회장이나 힐우드 회장, 혹은 켄 프라이어로부터의 확답을 원했다.

애덤스 "어느 날 그들을 찾아가서 말한 적이 있어요. 이제 충분하다고. 32만 5000파운드를 내고 글렌 헬더 같은 선수를 영입하는 건 우스운 일이라고. 도대체 우리의 야심은 어디 간 거냐고 말했죠. 당시에는 아스널의 다른 이사인 대니 피즈먼Daniel Fiszman이 클럽에 투자한 돈에 대해 모를 때였죠. 그들은 내게 '걱정하지 마라. 우리에겐 큰 목표가 있고 모든 것은 계획대로 흘러가고 있다'라고 말했죠. 곧 좋은 선수들을 영입해서 팀을 새로운 레벨로 끌어올릴 거고 선수들은 모두 재계약을 제시받을 거라고. 그에 적절한 감독을 찾았다고도 말했습니다. 그들이 말한 감독은 데이비드 딘 부회장이 글렌 호들을 통해 데려온 아르센 벵거 감독이었어요. 저는 리오치 감독은 처음부터 단기 계약이었다고 생각합니다."

딘 부회장이 당시 이야기를 직접 이어 갔다.

딘 "당시에 잉글랜드와 UEFA, FIFA 모두와 일을 하고 있었기 때문에, 세계 축구가 어떻게 돌아가고 있는지 잘 알고 있었어요. 그래서 잉글랜드 축구계도 변해야 한다는 걸 알았습니다. 선수들도 더 프로다워져야 했고, 생활도 더 잘 관리해야 했죠. 그리고 축구 자체도 바뀌어야 했어요. 당시 잉글랜드 축구는 여전히 기본에 치중하고 있었죠. 베르캄프를 영입했을 때 우리는 축구 천재를 데려왔고, 그는 잉글랜드 축구를 완전히 바꾸었습니다."

하지만 그건 본인의 계획은 아니었죠?

딘 "저는 아스널이 다음 단계로 가야 한다고 생각했습니다."

구체적으로 어떤 단계 말입니까?

딘 "그게 바로 우리가 벵거 감독을 선택한 이유입니다. 우리는 그가 아스널을 완전히 바꿀 수 있는 사람이라는 걸 알았으니까요. 그는 실제로 그렇게 했죠. 그의 새로운 훈련 방식으로요."

그 당시 어떤 청사진이 있었나요? 새로운 위대한 아스널이 토털 축구를 하게 될 거라던가?

딘 "아니요. 그건 자연스럽게 발전한 것입니다. 베르캄프를 영입한 것도 하나의 좋은 단계였죠. 피치 위에서 더 좋은 플레이를 하기 위해서 우리는 더 좋은 선수가 많이 필요했습니다. 기술적으로 더 뛰어난 선수들이요. 베르캄프도 그중 하나였죠. 하지만 그때까지는 어디로 갈지 정확히 알지 못했죠. 저는 벵거 감독을 잘 알고 있었고, 벵거 감독과 베르캄프의 만남이라면 아스널의 문화를 확실히 바꿀 수 있을 거라고 생각했습니다."

브루스 리오치 감독은 1996-97시즌 시작 전에 경질됐고, 아르센 벵거 감독은 그로부터 몇 주 후에 팀의 새로운 감독으로 부임했다. 켄 프라이어는 그 시기 새 감독과의 대화를 잘 기억하고 있다.

프라이어 "벵거 감독이 우리에게 한 팀에 두 명의 외국인 선수를 둬도 괜찮냐고 물어봤죠. 그래서 저는 '팀이 이기기만 한다면 아무도 그런 건 신경쓰지 않을 겁니다'라고 답했습니다. 당시 아스널 팬들은 베르캄프의 영입을 아주 긍정적으로 생각하고 있었죠."

이사진이 감독의 플레이 스타일에 직접 관여한 적은 없는 거지요?

프라이어 "어느 날 아침에 일어나서 갑자기 모든 걸 바꾸겠다고 생각한 사람은 아무도 없었을 겁니다. 우리의 변화는 그 당시의 선수들로 인해 서서히 이뤄졌습니다. 그것은 개혁이라기보다는 진화였죠."

토니 애덤스는 1990년대 위대한 아스널의 비상은 여러 가지 좋은 요소들의 결합으로 이뤄진 결과라고 생각한다.

애덤스 "딱히 청사진이라고 할 만한 게 있었던 게 아닙니다. 아무도 '우리는 토털 축구를 할 거야'라고 말하지 않았죠. 그건 좀 더 자연스러운 과정이었습니다. 리오치 감독이 왔고 그는 자신만의 계획이 있었지만 운이 없었죠. 아스널의 예전 훈련장은 불타버렸고, 그래서 새 훈련장을 지었죠. 저의 알코올 중독 문제도 일부분 영향이 있었습니다. 그러나 어느 순간 저는 술을 끊고 새로운 건강 관리 방법에 대해 알고 나서는 술집에 가는 대신 베르캄프와 함께 훈련하고 플레이하는 걸 즐겼죠. 그 모든 것들이 적절한 타이밍에 이뤄졌다고 생각합니다. 대니 피즈만 이사의 역할도 중요했죠. 그가 그 시기에 아스널에 투자를 했으니까요. 축구는 결국 돈의 문제입니다. 그리고 선수들의 문제죠. 선수들은 돈을 쫓아갑니다. 저는 1년에 3만 파운드를 벌다가 100만 파운드를 벌게 됐죠. 그건 저의 첫 번째 제대로 된 계약이었습니다. 조지 그래엄 감독 아래서는 제대로 된 투자가 없었죠. 이후와 비교하면 당시에는 정말 그랬습니다. 피즈만 이사의 투자가 없었다면 우리는 베르캄프도, 플랫도, 심지어는 벵거 감독도 데려오지 못했을 거예요. 저도 아스널에 남지 않았을 거고요. 시먼도 마찬가지입니다. 스티브 볼드도 최고의 재계약을 맺었고, 윈터번도 그랬죠. 또 벵거 감독이 없었다면 우리는 비에이라Patrick Vieira나 아넬카도 데려오지 못했겠죠. 그리고 당시에는 아직 익숙하지 않았던 프랑스 출신의 좋은 선수들도 오지 않았을 겁니다. 그 모든 것들은 결국 적절한 투자가 없었다면 불가능했죠. 결국 핵심은, 그 모든 것들은 서로 연결되어 있는 것이지 한 사람이 한 일은 아니라는 것입니다."

마침내 벵거 감독에 대해 이야기할 때가 됐다. 벵거 감독은 당시 일본에서 일하고 있었고, 데이비드 딘 부회장은 리오치 감독 대신 벵거 감독을 원했다. 딘의 말이다.

딘 "저는 8년 전 벵거 감독이 모나코에 있을 때 처음 만났어요. 그리고 1996년에 마침내 계약을 했습니다. 그는 자신이 평가받는 중이라는 것도 몰랐지만 실제로는 그랬어요. 저는 모나코에 자주 갔고 그도 저를 자주 초대했죠. 저는 그가 선수들이나 언론, 팬들, 이사진과 어떻게 의사소통하는지 지켜봤습니다. 그는 완전히 다른 클래스의 인물이었죠."

계획이 있었나요? 아스널을 위대하게 만들 계획은 무엇이었습니까?

벵거 "아스널을 위대하게 만들 첫 번째 계획은 모든 선수들을 전보다 더 기술적으로 뛰어난 선수로 만드는 것이었죠. 더 공격적으로 공헌할 수 있고 수비진으로부터 빌드업도 할 수 있도록이요. 콜로 투레 Kolo Toure, 로렌Lauren, 애슐리 콜Ashley Cole 등이 그런 예였습니다. 또 브라질에서 데려온 지우베르투 실바Gilberto Silva나 에두Edu 등도 마찬가지였죠. 그리고 다음 계획은 점진적으로 모든 환경을 바꾸는 것이었습니다. 모든 포지션의 선수들이 모두 공격과 수비를 할 수 있도록 만드는 것도 목표였고요."

그것은 '토털 축구'의 개념과도 매우 유사하군요?

벵거 "맞습니다. 그게 계획이었죠. 우리는 모든 포지션에서 모든 것을 소화할 수 있는 선수들이 필요했습니다."

하지만 직접 사람들에게 "이게 우리의 새로운 철학이다"라고 공개하거나 그렇게 하진 않으셨죠?

벵거 "아니요. 사실은 그렇게 말한 적이 많았었죠. 하지만 팀의 철학이라는 건 훈련장에서 만들어지는 거라고 생각합니다. 그래서 저는 천천히 변화를 만들어 갔습니다. 외국에 가면 자신이 어디까지 갈 수 있는지를 시험해 봐죠. 그 전에 모든 것을 해본 것은 아니니까요. 저는 잉글랜드에서 알려진 사람이 아니었습니다. 프랑스 사람이 잉글랜드에 와서 축구에 대해 가르치는 건 잉글랜드 사람이 보르도에 가서 와인에 대해 설명하는 격이었죠. 그러면 다들 네가 뭔데? 뭘 원하는데? 라고 하겠죠."

그러면 천천히 주의를 기울이면서 변화를 시도하신 거군요?

벵거 "네, 한 단계, 한 단계씩이요."

기존 선수들로부터 반발이 있었나요?

벵거 "아니요. 별로 많지 않았습니다. 모든 나라에는 그 나라의 문화가 있죠. 축구 클럽에도 문화가 있습니다. 더 성공적일수록 변화에 대한 저항이 심하죠. 즉시 성공하지 못하면 감독에게 의문을 품게 되니까요. 그래서 천천히 변화해야 한다고 말하는 것입니다. 오늘날 아스널은 뛰어난 기술을 보여주는 유명한 팀이 됐죠. 하지만 20년 전으로만 돌아가도 그렇지 않았습니다. 그 사이에 아스널에는 많은 변화와 새로운 유행이 있었다는 걸 알 수 있죠. 하지만 모든 변화는 점진적으로 일어났습니다."

그러니까 감독님께서는 계획이 다 있었지만 그걸 대대적으로 홍보하진 않았다는 거군요?

벵거 "물론입니다. 저에게는 계획이 있었죠. 하지만 '나에게 계획이 있다'라고 단상에 올라가서 만천하에 외칠 필요는 없지 않습니까?"

10

체력

아르센 벵거 감독이 아스널에 혁신적인 식단과 훈련 방식 그리고 생리학 등을 도입해서 팀을 새롭게 만들었다는 것은 유명한 이야기다. 그 시기 잉글랜드 선수들은 자신의 몸을 제대로 돌볼 줄 몰랐다고 평가받기도 한다. 애덤스의 말이다. "어떤 사람들은 잉글랜드 선수들이 마사지를 제대로 받기 시작한 게 오직 플랫이 이탈리아에서 돌아온 후였다고 말하는데, 그렇지는 않습니다. 데이비드 오레어리David O'Leary는 20년 전부터 이미 그걸 이용하고 있었죠. 그게 그가 커리어를 오래 이어갈 수 있었던 이유였습니다. 벵거 감독이 우리에게 도움을 주지 않았다는 말이 아닙니다. 물론 그는 그 부분에서 탁월했죠. 그는 생리학자였고 그 부분이 그의 가장 큰 강점이었어요. 그 분야에서는 세계 최고였죠. 하지만 저는 로버트 하스 박사의 책도 기억하고 있어요. 그 책의 제목은 《이기기 위해 먹는다Eat to Win》였고,

208

우리는 그 책을 1987년부터 봤어요. 벵거 감독이 아스널에 오기 한참 전부터요. 물론 그 시기에 우리는 술을 엄청 마셨지만, 그래도 최소한 파스타는 먹으면서 마셨다고요!"

아스널의 물리 치료사로 큰 존경을 받았고 잉글랜드 대표팀에서도 일했던 게리 르윈은 당시 아스널 선수단의 나쁜 생활 습관에 대해 아주 잘 기억하고 있다. "조지 그래엄 감독이 선수들을 몇 주 동안 데리고 여기저기 돌아다녔다는 일화는 유명하죠. 어딘지는 정확히 몰라도 분명 술을 마셨을 겁니다. 그 당시 세계 축구계에는 음주 문화가 큰 문제였어요. 리버풀 팬들 중 아무에게나 물어봐도, 그들이 유럽 최고의 클럽으로 전성기를 달릴 당시 팀이 우승하고 나면 엄청나게 술을 마셨다는 걸 알려줄 겁니다. 심지어 경기 전에도 드레싱룸에 브랜디가 있어서 용감한 선수들은 경기장에 들어가기 전에 한 모금 마시고 들어갈 수 있을 정도였어요. 경기가 끝난 후에 버스에 제일 먼저 나르는 것도 술이었죠."

당시 선수들의 식사 문화도 오늘의 기준에서 보면 이상했다.

"베르캄프가 오기 전에 선수들은 경기가 끝난 후에 '피시앤칩스'를 먹었어요. 그리고 드레싱룸에는 초콜릿바와 젤리가 있었죠. 당시에는 과학적으로 '당분이 에너지를 준다'라고 믿었어요. 물론 지금은 그에 대한 생각이 크게 바뀌었죠. 여튼 조지 그래엄 감독 시기에는 집으로 돌아가는 길에 피시앤칩스를 먹었습니다. 아스널은 사실 그런 문화로부터 가장 먼저 벗어난 팀이었고, 버스에서 직원들이 직접 만든 음식을 나눠주기도 했습니다. 하지만 리버풀, 맨유 같은 팀들은 여전히 피시앤칩스를 먹었습니다. 그들이 하이버리에 오면 직원들에게 경기 후에 먹을 피시앤칩스를 부탁하기도 했고, 우리 직원들이 경기장 근처에 있는 가게에 가서 사 오기도 했죠. 베르캄프가 막 아스널에 왔을 때도 마찬가지였습니다. 물론 그는 술은 절대 마시지 않았고 음식도 조심해서 먹었어요. 그러다가 벵거 감독이 온 후에 모든 것이 바뀌었죠. 훈련 방식부터 식단, 금주 등 모든 것이요."

베르캄프도 그 당시가 아주 놀라웠다고 말한다. "드레싱룸에 가자마자 뭔가 잘못됐다고 느꼈어요. 첫 시즌의 프리시즌에는 흰강낭콩, 토마토소스, 베이컨, 스크램블에그가 식사였죠. 이해할 수 없었어요. 버스에서는 선수들이 초콜릿과 감자칩을 먹기도 했고요. 그 당시 잉글랜드 축구가 그랬다는 뜻이지, 저는 그렇게 하지 않았어요. 그렇게 하면 안 된다고 생각해서 직접 음식을 챙겨서 다녔어요. 아스널에 이적한 뒤 첫 프리시즌에 스웨덴에 가서 하루에 두 번 훈련을 했죠. 첫째 날 저녁에 아내와 산책을 가는데 8~9명의 선수들이 펍에서 맥주를 마시고 있더라고요. 그건 진짜 말도 안 되죠. 방금 훈련을 두 번 해놓고 술을 마신다고? 그러면 훈련은 왜 하는 거죠?

재밌는 것은 훈련에서는 이상한 걸 느낄 수 없었다는 거예요. 선수들이 워낙 건강했으니까 그랬겠죠. 아침에는 종종 술 냄새가 나기도 했는데, 훈련 중에 선수들의 모습에서는 절대 그런 느낌이 없었어요. 항상 100% 전력을 다 했어요. 그래도 저는 축구 선수들이 몸을 저렇게 관리하면 안 된다고 항상 생각했어요. 저는 네덜란드에서부터 프로페셔널한 환경에서 자랐고 이탈리아에서도 그런 원칙으로 생활했어요. 이탈리아에서는 몇몇 선수들이 담배 피우는 문제를 빼고는 그런 부분을 아주 심각하게 여겼어요. 그래서 적응하는 데 시간이 좀 걸렸죠. 생각해보면 그건 저에게는 다른 문화를 이해하는 과정처럼 보이기도 해요. 만약 어떤 선수가 음주 문제로 훈련에 빠진다면 문제가 되겠지만, 그들이 훈련에는 아무 지장이 없게 한다면 어떻게 제가 문제를 지적할 수 있겠어요. 그래서 별말 하지 않았죠. 아스널 선수들도 그런 제 모습을 존중했어요. 어느 정도는 저의 태도를 보면서 느끼기도 했던 것 같아요. 하지만 진정한 변화는 벵거 감독이 부임한 후에 식탁 위의 모든 음식을 바꾸면서부터 시작되었죠. 갑자기 선수단 호텔에는 미니바가 사라져버렸고, 룸서비스도 금지됐어요. 물론 그건 선수들에게 훗날 큰 도움이 됐죠.

저에게 프로축구는 직업이에요. 몸이 더 잘 준비될수록 일도 더 잘할 수 있죠. 다른 모든 종류의 일에서 제대로 준비가 되어 있지 않다면 해고당하게 되죠. 축구에서도 몸무게가 너무 많이 나간다거나, 너무 느리다거나 경기 후에 제대로 회복을 하지 못한다면… 마찬가지겠죠. 그건 저에게는 용납할 수 없는 일이에요. 정크 푸드가 건강에 좋다거나 햄버거와 맥주를 마음대로 먹어도 운동에 괜찮다는 연구 결과는 본 적이 없어요. 그래서 저는 다른 선수들이 그런 음식을 먹고 술을 마시는 걸 보면서 제정신이 아니라고 생각할 수밖에 없었죠. 게다가 클럽이 그걸 허용한다는 건 더 이상했고. 하지만 벵거 감독이 와서 완전히 반대 상황이 된 거예요. 완전히 뒤엎어버렸죠. 그가 처음 왔을 때 바꾼 식단은 사실 좀 지루했어요. 야채, 야채, 야채, 소스는 쓰면 안 되고, 삶은 치킨 등. 저는 향이 좀 있는 음식들을 좋아하는데 이건… 정말 재미가 없었죠. 하지만 갈수록 점점 괜찮아졌어요. 그리고 그 식단에는 정신을 관리하는 측면도 있었죠. 보통 선수들은 자기가 좋아하는 것만 먹거든요. 그게 건강 관리에 좋지 않다면, 적절한 균형을 찾아야 하겠죠. 그래서 나중에는 정제된 설탕을 통제하기 시작했어요. 결국 식단은 점점 더 좋아졌고 훨씬 더 나아졌죠. 하지만 첫 몇 주는 정말 저에게도 충격적이었어요."

벵거 감독이 부임한 후 아스널의 새로운 특징 중 베르캄프가 좋아하지 않은 것은 미네랄과 비타민 보충제를 사용하는 것뿐이었다. 게리 르윈의 말이다. "벵거 감독은 힘든 시즌 일정 때문에 선수들에게 보충제가 필요할 거라고 생각했죠. 그래서 비타민 C 드링크와 비타민 B 캡슐을 선수들에게 줬어요. 프랑스 출신의 영양학자 얀 루지에르Yann Rougier가 와서 선수들의 혈액과 모발 검사를 하고 선수들에게 정확히 어떤 비타민과 미네랄이 부족한지 진단하기도 했죠. 베르캄프는 그걸 아주 싫어했어요. 그의 방식이 아니었죠. 이미 건강한 식단을 지키고 있었기 때문에 보충제는 필요 없다고 생각한 거예요. 하지만 그걸로 논쟁을 하거나 하지는 않았죠. 벵거 감독과 베르캄프는 그런 면에서 비슷한데, 둘 다 논의하면서 해결하는 스타일이죠. 그래서 루지에르가 선수들과 앉아서 어떤 선수는 무엇이 부족한지 알려주고, 그에 대한 보충제를 줄 때 베르캄프는 보충제를 원하지 않는다고 했어요. 그러면 그 둘은 논의를 통해 보충제 대신 어떤 야채를 더 먹는 게 좋겠다는 식으로 결론을 냈죠. 아마 선수단의 3분의 1 정도는 그 방식을 좋아하지 않아서 다른 방법을 찾았고, 3분의 1정도는 그 방법을 좋아했고, 나머지 3분의 1은 대부분의 선수들이 그런 것처럼 팀에서 원하는 대로 했던 걸로 기억이 나요."

베르캄프는 부상이나 치료에도 자기만의 독특한 스타일이 있었다.

그리고 종종 그의 스타일은 잉글랜드 전통과는 어울리지 않았다. 예를 들어 그는 신체의 근육, 관절들이 어떻게 작동하는지에 관심이 많았다. 아약스 시절 그의 물리 치료사였던 핌 판 도르Pim van Dord는 몇 년 전부터 그걸 알고 있었다. "베르캄프는 아주 어린 시절부터 선수들의 부상에 대한 모든 것을 알고 싶어 했습니다. 그건 놀라운 일이죠. 특히 자신은 별로 부상을 당한 적이 없다는 걸 생각하면 더더욱 그렇죠."

르윈은 베르캄프의 태도도 매우 놀라웠다고 말한다.

르윈 "그는 제가 지금까지 만나본 선수들 중에 자기 자신의 몸에 대해 가장 많이 아는 선수였어요. 의학적인 측면에서요. 예를 들면 그는 '종아리가 좀 당긴다'라고 말하기도 했고, 훈련을 해도 괜찮을 것 같다고 해도 '아니야, 내 몸은 내가 잘 알아. 감독님과 이야기해볼게'라고 이야기한 적도 있었어요."

그게 뭐가 특이하다는 거죠?

르윈 "베르캄프의 아이디어는 감독과 의료진에게 자신의 몸에 대한 정확한 정보를 줘서 감독이 결정을 내리게 하는 것처럼 자신도 그렇게 하겠다는 것이었죠. 그러나 그 당시까지 잉글랜드의 전통적인 문화에서는 대부분의 선수들이 부상을 당해도 그것에 대해 잘 언급하지 않았어요. '자신의 약점을 남에게 보이지 말라'라는 문화가 있었죠. 건강하고 강한 선수들이 살아남는 시대였습니다. 결승전에서 목이 부러지는 부상을 당했는데도 계속 뛴 베르트 트라우트만Bert Trautmann 같은 선수들의 예도 있었죠. 장기적인 커리어보다 당장 눈앞을 보는 것이 일반적인 시대였습니다."

그는 1972년 밥 윌슨Bob Wilson에게 있었던 일을 기억하고 있다.

르윈 "윌슨은 한 준결승전에서 완전히 무릎이 망가져서 바닥에 쓰러져 일어나지 못하고 있었어요. 그런데 다른 선수들은 그에게 다가와서 '일어나 멍청한 놈아. 넌 아무 문제도 없어!'라고 말했어요. 실제로 그때의 부상이 그의 커리어를 단축시킬 정도로 심각했는데도 다른 선수들은 그가 꾀병을 부린다고 소리를 쳤던 거죠."

그 일에 대해서 윌슨이 말했다.

윌슨 "그건 빌라 파크에서 열린 스토크 시티전이었고 부상을 당하자마자 심각한 부상이라는 걸 알았습니다. 연골과 힘줄 부위에 문제를 느꼈죠. 그래도 참고 뛰려고 했지만, 제대로 뛸 수가 없었어요. 결국 아주 불안한 플레이를 할 수밖에 없었죠. 하지만 그 시절에는 골키퍼 교체라는 것 자체가 없었어요. 그래서 모두들 제가 계속 뛰길 원했어요. 그때 감독이었던 버티 미Bertie Mee가 저에게 와서 '이전에도 부상이 있었지만 뛴 적이 있잖아, 밥! 할 수 있어!'라고 말했죠. 그리고 피터 스토리Peter Storey가 저에게 다가와 소리를 지르면서 '겁쟁이'라고 불렀죠. 사실 그때 부상으로 인한 피해를 지금도 겪고 있습니다. 저는 지금도 다리를 약간 절죠. 그 부상 때문에요."

르윈이 말을 이었다.

르윈 "하지만 그게 1970년대 축구의 문화였어요. 1990년대에도 비슷한 문화가 있었죠. 애덤스도 비슷한 일이 생겼을 때 '괜찮아, 계속 뛸 거야!'라고 말하곤 했고, 훗날 존 테리John Terry도 그렇게 했었죠."

그건 베르캄프다운 방식은 아니었죠?

르윈 "베르캄프라면 축구는 자신의 커리어고, 한 경기 때문에 모든 경기를 위험에 빠트리지 않겠다고 말했겠죠. 물론 그는 팀에 대해서도 생각했을 거고요."

1998년, 시즌 말미에 베르캄프는 근육 부상을 당했다. 그가 뉴캐슬과의 결승전에 출전할 수 있었을까? 그 결승전에서 승리한다면 아스널은 1971년 이후 처음으로 더블을 기록할 수 있는 상황이었다. 그는 정말 간절히 뛰고 싶었다.

르윈 "그는 재활 훈련을 다 소화했고, 아주 좋은 상태였어요. 금요일에 정상적으로 훈련을 소화했고 토요일 경기에 출전하기 위해 훈련을 또 하다가 45분 정도 지난 후에 벵거 감독에게 말했죠. '뭔가 이상합니다.' 그의 옆으로 간 저는 '또 당기는 느낌이 들어?'라고 물었는데 그는 '아니, 그건 아닌데 뭔가 이상해'라고 답했죠. 그건 저에게는 정말 새로운 경험이었어요. 보통 선수들이라면 '괜찮아, 내일 뛸 수 있어. 도저히 안 돼서 교체되더라도 결승전에서 뛰었으니까, 뭐'라고 말하기 마련이죠. 하지만 베르캄프는 그의 상태와 한계를 잘 아는 선수였죠. 클럽과 팬들이 그에게 기대하는 바도 잘 알았고요. 그를 솔직한 현실주의자라고 생각할 수도 있지만, 저는 그가 자신에 대해 정말 잘 아는 선수라고 생각했어요. 물리 치료사의 관점에서 보면 그런 선수와 함께 일하는 건 정말 꿈같은 일입니다.

베르캄프는 한 번도 심각한 장기 부상을 당한 적이 없어요. 부상을 당하더라도 일반적이고 가벼운 햄스트링이나 종아리 부상 정도였고, 2~3주 정도면 회복되었죠. 재활 훈련을 할 때도 보통 선수들이

'잘되고 있는 거지?'라고 적당히 묻는다면, 베르캄프는 '지금 이 정도로 조깅을 한다면 정확히 언제쯤 복귀할 수 있을 것 같아?'라고 정확히 물었죠. 그는 그런 부분에 있어 매우 꼼꼼하고 명확했습니다. 대부분의 선수들은 재활 훈련을 할 때 물리 치료사에게 모든 걸 맡깁니다. '오늘 뭐 할 거야?'라고 묻죠. 그리고 재활 훈련량이 너무 많다고 불평하기도 합니다. 그러나 베르캄프는 재활 훈련의 세부사항에 대해서도 하나하나 체크하는 선수였습니다. 예를 들어 6분 조깅을 한 후에 일반적인 달리기 훈련을 6분 더 하기로 한다면, 그는 '아직 그것까지는 준비가 안 된 것 같아'라고 말하죠. 그러면 저는 '그래, 조깅 먼저 해보고, 그 후에 괜찮은 것 같으면 6분 더 해보자. 오늘 12분 동안 그렇게 해서 문제가 없다면 내일은 좀 더 강도 높은 훈련을 해보자'라고 말하게 되죠. 그러면 그는 '그래. 그러면 좋을 것 같아'라고 답하는 식이었습니다. 그는 자기 자신이나 자신의 주변에 있는 모든 것들을 항상 파악하고 있었고 모든 상황을 분석하는 선수였어요. 한편으로 그는 전술적인 관점에서 경기의 스피드를 조절할 수 있는 선수였죠. 네덜란드와 이탈리아에서는 그런 측면이 있었을지 모르지만 잉글랜드에서는 90분 내내 똑같이 전력을 다하는 축구를 하는 것이 일반적이었습니다. 하지만 베르캄프는 볼을 멈출 줄도 알았고 게임의 속도를 늦추기 위해 패스를 천천히 하기도 하고, 또 필요할 때는 경기의 속도를 끌어올릴 줄도 알았죠.

베르캄프의 또 다른 한 가지 중요한 면은, 그가 아스널에서 일종의 교육자 같은 역할을 했다는 겁니다. 축구 선수라면 당연히 지켜야 하는, 그가 평소 몸에 체득하고 있던 그런 면들 말입니다. 만약 훈련이 10시부터 13시까지라고 하면 그는 항상 9시 45분이나 9시 30분에 미리 도착해서 자신의 장비를 점검했죠. 바지에 이상은 없나, 양말에는 이상이 없나 같은 것들이요. 그리고 뭔가 문제가 있으면 팀의 장비 관리자였던 빅 에이커스Vic Akers에게 바꿔달라고 했죠. 나쁜 의미나 의도 없이 그냥 '빅, 혹시 다른 양말 있어?' 이런 느낌으로요. 그리고 그의 축구화는 정말 완벽할 정도로 깨끗했죠. 그처럼 축구화에 대한 지식이 해박한 선수도 처음 봤어요. 그는 자신의 축구화를 만드는 회사와 직접 축구화 제작 과정에 대해서도 이야기를 나눴습니다. 그 시기는 선수들이 그냥 재미로 이 축구화 저 축구화 바꿔 신던 시기였습니다. 그러나 베르캄프는 전혀 달랐어요. 그는 프리시즌에는 다른 축구화를 신고, 시즌 기간 중에는 자신이 아끼는 축구화를 신었어요. 그게 자신의 축구화라서 편안하고, 그게 바뀌게 되면 자신의 무언가가 바뀔지도 모른다고 생각했으니까요. 물론 그걸 미신이라고 생각할 수도 있지만, 제 생각에는 좋은 습관이었어요. 그리고 그런 세세한 사항들에 대해 잘 아는 것은 선수들에게 신체적으로는 물론, 정신적으로나 기술적으로도 긍정적인 영향을 줄 수 있습니다.

스트래핑도 마찬가지였어요. 그는 제가 처음 본 스트래핑을 전혀 하지 않는 선수였죠. 훈련 중에 전혀 안 썼다는 말입니다. 경기 중에는 사용했고요. 그게 참 흥미로웠어요. 물리 치료사의 관점에서는 선수들이 꼭 필요할 때가 아니면 당연히 하지 않는 것이 좋습니다. 스트래핑은 발목이 돌아가는 걸 막기 위해 하는 것인데, 잉글랜드 선수들의 경우에는 한번 스트래핑을 한 선수는 나머지 커리어 내내 계속 하는 것이 일반적입니다. 하지만 베르캄프는 의학적인 이유와는 상관없이 그렇게 했던 겁니다. 어느 정도는 미신적인 요소도 있었죠. 그는 '만약 내가 스트래핑을 해서 발목 부상을 방지할 수 있는 거라면 쓰지 않아도 마찬가지라고 생각해'라는 입장이었습니다. 선수들이 제대로 이해하지 못하는 부분은 발 조인트에 스트래핑을 하면 움직임에 제한을 받을 수 있고, 그렇게 되면 그것은 곧 전문 용어로 고유 수용성 감각(자신의 신체 위치 자세 등에 대한 정보를 중추신경계로 전달하는 감각)에도 영향을 미치게 됩니다. 즉 모든 것에 영향을 줄 수 있는 거죠. 그러니까 베르캄프가 스트래핑을 하지 않고 훈련을 했다는 것은, 그가 훈련 중에는 자신의 모든 감각을 다 활용하길 원했다는 것이고, 부상의 위험이 세 배 이상 높은 실전에서는 부상을 방지할 목적으로 그걸 사용했다는 것을 말합니다. 그렇게 하는 선수는 베르캄프 이전에는 본 적이 없습니다. 그런 부분을 통해 저도 그에게 많은 것을 배울 수 있었죠."

◆ ◇ ◆

베르캄프는 게리 르윈이 자신에 대해 했던 말에 큰 흥미를 보였다. 특히 그가 말한 베르캄프의 '좋은 습관'이라는 부분에서 더욱 그랬다. 나는 그에게 빌 샹클리Bill Shankly가 리버풀 감독이었던 시절의 이야기를 추가로 들려줬다.

르윈이 수차례 언급한 과거 잉글랜드 선수들의 축구에 대한 생각이나 태도는, 과거에 부상당한 선수를 거의 경멸에 가까운 수준으로 대우했던 리버풀의 빌 샹클리 감독을 떠올리게 했다. 한 선수가 무릎 부상을 당했을 때 샹클리가 화가 나서 이렇게 말했다는 일화가 유명하다. "그 반창고 당장 떼어버려라. 그리고 네 무릎이라는 게 무슨 말이냐? 그건 리버풀의 무릎이야."

그 말에 놀란 듯한 얼굴로 베르캄프는 답했다.

베르캄프 "그 말에 담긴 심리적인 요인까지는 다 알지 못하지만, 저라면 절대 그런 대우를 받아들이지 못했을 것 같아요. 내 몸은 나의 것이고, 내가 뛸 수 있는지 아닌지는 내가 결정할 일이죠. 감독들도 그런 결정은 선수들에게 맡겨야 해요. 저는 그 부분에 대해서는 문제를 겪은 적이 한 번도 없었어요. 저는 항상 플레이하고 싶었죠. 그리고 모든 것이 늘 완벽해야 한다고 말한 것도 아니에요. 아무 선수나 붙잡고 '고통 없이 뛴 적이 있었나요?'라고 물으면 그런 상황은 존재하지 않아요. 선수에게는 항상 뭔가 어려움이 있어요. 발을 절뚝이는 정도의 문제는 또 다른 상황이죠. 선수 커리어에 장기적으로 문제를 일으킬 수 있을 것 같은 문제가 없다면, 선수들은 대부분 그냥 뛰는 게 보통이에요.

제가 잉글랜드에 막 왔던 시절에도, 선수가 부상에 관계없이 무조건 뛰어야 한다는 태도는 용납되지 않았어요. 테리 부처Terry Butcher 같은 선수가 머리에 밴드를 하고 피가 흐르는 데도 뛰고 있는 사진이 유명하죠. 하지만 발을 절뚝이고 있는 선수나, 뛰는 것이 불가능한 선수라면? 그런 선수는 플레이 자체가 불가능해요. 선수는 100% 상태에서만 뛰어야 하죠."

그게 당신이 1998년 FA컵 결승전에서 뛰지 못한 이유인가요?

베르캄프 "그 시즌 말에 저는 햄스트링 부상을 겪었고 에버튼전을 포함해서 몇 경기에 출전을 못했어요. 그 경기에서 우리는 우승을 확정지었지요. FA컵 결승전은 그 경기 1주일 후였어요. 그래서 네덜란드에 있는 물리 치료사인 롭 위더랜드를 초대해서 함께 제 상태를 점검했어요. 물론 르윈과도 미리 이야기를 나눴고요. 그는 정말 열린 마음을 가진 사람이고 성격도 좋은 사람이에요. 그 주 내내 저는 점점 더 좋아지고 있었어요. FA컵 결승전에서 뛰기 위해 아내의 남동생 결혼식도 참가하지 않았죠. FA컵 결승전에서 뛰는 건 어린 시절부터 저의 꿈이었거든요. 그 결승전은 드디어 그 무대에서 뛸 첫 기회였고, 그 기회가 다시 있을지 없을지는 아무도 모르는 거잖아요. 목요일에는 출전이 가능할 거라고 생각했어요. '할 수 있다!'고 생각했죠. 그런데 금요일에 훈련을 하면서 다시 좀 더 두고 봐야겠다고 느꼈고, 훈련 중에 프리킥을 찰 때 다시 근육에 뭔가 이상을 느꼈어요. 몸이 경직되는 느낌이 든 순간 깨달았죠. 결승전에 뛸 수 없다고. 그리고 한 가지 더 중요한 것은 그 결승전이 시즌의 끝이 아니었다는 거예요. 리그는 끝나지만 여름에는 1998 프랑스 월드컵이 시작될 예정이었어요. 다음 날 아침에 일어나 보니 걷기만 해도 통증이 느껴질 정도로 더 심해졌어요. 그러니 결승전 출전은 불가능했어요.

르윈이 저의 커리어에 대해 이야기한 걸 들었어요. 물론 최고 수준에서 가능한 오래 뛰는 것이 저의 목표였죠. 축구를 즐기면서 제가 할 수 있는 모든 걸 팀에 주기 위해서였어요. 또 축구 역사에 제 이름을 남기기 위해서, 선수로서 최고의 자리에서 역사에 기록되고 싶었죠. 그러나 그렇게 하기 위해서는 일단 건강해야 해요. 그렇지 않으면 불가능하죠. 저는 잉글랜드가 전통적으로 그런 부분에서 저지른 실수들을 알고 있었고, 절대 뛰어서는 안 되는 상황에서 뛰었던 선수들도 많이 알고 있었어요."

아약스의 물리 치료사 핌 판 도르의 커리어는 아킬레스건 부상 중에 코르티코스테로이드 주사를 맞은 일로 인해 크게 망가져버렸다. 베르캄프는 그로부터 아주 생생한 교훈을 얻었다.

베르캄프 "근육 부상 중에 주사를 맞으면 일시적으로 통증을 느끼지 않을 수도 있지만, 그러면 신경이 손상될 수 있어요. 그래서 저는 진통제 주사 맞는 걸 대부분 거부했어요. 제 몸에 무슨 일이 벌어지는지 항상 알고 싶었으니까요. 물론 주사가 큰 영향을 미치지는 않는 가벼운 부상들도 종종 있어요. 그래서 인터 밀란 시절에 무릎과 허벅지에 주사를 맞은 적도 있어요. 아스널에서는 발가락에 문제가 있어서 4~5번 정도 주사를 맞고 뛴 적이 있어요. 그 정도는 괜찮아요. 축구화 안에서 생긴 문제니까 큰 문제는 아니죠. 저는 제 몸에 장기적으로 문제를 일으킬 수 있는 부상과 그렇지 않은 부상을 구별할 줄 알아요. 한 경기를 뛰기 위해 장기 부상의 위험을 무릅쓸 수는 없어요. 절대로 그런 결정은 내리지 않았을 거예요."

그런 의학적인 정보는 어떻게 얻은 건가요?

베르캄프 "그런 분야에 늘 관심이 많았고, 전문적인 지식 여부를 떠나서 항상 제 몸이 어떻게 작동하는지에 대해서도 관심이 많았어요. 근육이 어떻게 움직이는지, 몸의 구조에 대해서 자세히 알고 싶었죠. 제가 가장 궁금한 것은 그거였어요. 그래서 학교에서 그런 것에 대해

2년 정도 공부했고, 아약스와 처음 계약을 맺었을 때도 계속 공부를 지속했죠. 저는 항상 스포츠와 관련된 일을 하고 싶었는데, 만약 축구 선수가 되지 못했다면 물리 치료사를 했을지도 몰라요. 왜 그렇게 된 것인지는 정확히 알지 못하지만."

게리 르윈은 부상으로 인해 선수 커리어가 끝난 후에 물리 치료사가 된 케이스였습니다. 반대의 상황을 상상해 봅시다. 르윈이 선수이고, 그가 부상을 당했을 때 당신이 의료 박스를 들고 경기장 안으로 뛰어 들어가는 상황 말입니다.

베르캄프 "(웃음) 저는 항상 제 몸에 주의를 기울였기 때문에 무엇이 필요한지, 무엇을 준비해야 하는지 잘 알아요. 그건 특히 커리어 후기에 더욱 그랬죠. 그래서 항상 식사나 수면 시간을 잘 관리했어요. 휴식도 잘 취했죠. 저는 제 커리어 내내 큰 부상이 없었다고 말하는 것이 기분 좋은데 그건 제가 몸을 잘 관리했다는 말이니까요. 물론 운이 좋았던 부분도 있겠죠. 때로는 주변의 수비수들에게서 들어오는 태클을 보면서 언제 점프를 하고 어떻게 발을 디뎌야 하는지 알아도 실수를 해서 부상당하는 경우도 있어요. 즉 부상은 운과 지식의 조합인 셈이죠. 타이밍이 중요해요. 민첩한 것도 도움이 되고. 그게 저의 가장 큰 비결이었어요. '바보 같은 행동을 하지 마라.' 폴 개스코인이 컵대회 결승전에서 바보 같은 태클을 해서 부상을 당한 적이 있었죠? 판 바스텐도 비슷한 경험이 있었는데, 그 일 이후로 전과는 조금 다른 선수가 됐어요. 그 일로 인해 그의 고질적인 무릎 문제가 시작됐거든요. 즉 28~29살에 당한 그 부상이 그의 커리어를 끝낸 셈이에요."

아스널에 와서는 여러 가지 측면에서 상황이 더 좋아진 거죠?

베르캄프 "완전히 좋아졌어요. 저는 르윈을 전적으로 신뢰했어요. 그는 새로운 아이디어에 매우 열려 있는 사람이죠. 또 모든 것을 철저하게 검토하는 사람이었고, 당시에는 모든 상황이 매우 빠르게 바뀌었어요. 마사지 치료도 받기 시작했죠. 첫 시즌에 데이비드 플랫이 마사지 치료를 받기 시작했는데, 그건 정말 새로운 경험이었어요. 아스널에서의 마지막 해에 우리 팀에는 세 명의 마사지사가 있었어요. 경기가 끝날 때마다 클럽에 왔죠. 그러니까 10년 사이에 우리는 '마사지사가 도대체 왜 필요하냐? 꺼져!'에서 세 명의 클럽 마사지사를 두는 상황으로 바뀐 거예요. 물론 다른 모든 클럽들이 우리를 따라 했죠. 지금은 모든 클럽들이 그렇게 하고 있어요."

당신은 아약스와 아스널의 의료팀과 매우 사이가 좋았던 것 같은데, 인터 밀란 시절에는 어땠나요?

베르캄프 "인터 밀란의 경우는 좀 달랐어요. 저는 1994년 말에 사타구니 부상을 당했어요. 몇 달 동안 그 부분이 불편했는데 나중에는 정말 심한 정도가 됐죠. 그 시기에 많은 의사를 만났고 많은 방법을 동원했어요. 결국 클럽에 네덜란드에서 물리 치료사를 데려오겠다고 말해야 했어요. 그런데 클럽은 그걸 용납하지 않았죠. 물리 치료사가 이미 네덜란드에서 밀라노까지 와서 친절하게 행동하는데도, 그를 받아들여주지 않았던 거예요. 그래서 그는 저희 집에 와서 진단을 해야 했죠. 결국 크리스마스 기간에 '집으로 돌아가서 일주일 동안 치료를 받아야겠다'고 결심하고 클럽에 그렇게 말했어요. 하지만 클럽은 '아니, 절대 안 된다. 이곳에 남아 있어라'라고 말했죠. 그래서 제가 '아니요. 저는 돌아가서 치료를 받을 겁니다'라고 말했고, 그제야 클럽은 '그러면 우리가 네덜란드로 의료진을 보내겠다'고 했죠. 그래서 네덜란드로 돌아간 후에야, 그곳에서 이탈리아에서 온 의료진들의 치료를 받은 거죠. 한마디로 정말 어리석은 방식이었어요. 인터 밀란의 주치의가 저를 진단하는 동안 그와 함께 온 젊은 치료사는 아무 말도 하지 않고 옆에서 필기만 하고 있었어요. 왜 그러는 거지? 출장비 때문에? 지금도 저는 그 이유를 몰라요."

11

조커

어느 날 점심시간, 켄살 라이스의 한 펍에서 이안 라이트가 네덜란드어로 노래를 하기 시작했다. 꽤 큰 목소리로.

더 정확히 말하면 라이트는 네덜란드의 멜랑콜리하고 감성적인 가수 안드레 하제스의 성대모사를 하며 열창을 하고 있었지만 아무도 쳐다보지 않았다.

그 네덜란드 노래는 어떻게 알게 된 거예요?

라이트 "당연히 베르캄프 때문이죠! 아, 물론 글렌 헬더도 있었죠. 그 역시 저에게 많은 걸 알려줬습니다. 제가 이 노래를 베르캄프에게 불러줬더니 너무 웃겨서 죽으려고 하더군요."

그 노래의 감정적인 부분을 완벽하게 소화하시네요.

라이트 "그럼요. 나쁘지 않죠? 베르캄프도 저에게 '언제 꼭 네덜란드 방송국에 나가서 불러봐'라고 했습니다. 물론 그렇게 할 계획은 없지만요. 베르캄프가 '꼭 한번 해봐. 다들 엄청 좋아할 거야'라며 엄청 재촉하더라고요. 그래서 리즈전이 끝난 후에 실제로 네덜란드 방송국 카메라 앞에서 그 노래를 부른 적이 있습니다."

혹시 그 영상이 남아 있나요?
라이트 "아마 그럴 겁니다."

라이트와 베르캄프는 피치 위에서만이 아니라 개인적인 관계에 있어서도 아주 재미있는 듀오였다. 경기 중에 그랬던 것처럼 주로 베르캄프가 찬스를 만들고 라이트에게 골 넣을 기회를 만들어줬다. 경기장 밖에서는 그런 것이 그들의 농담하는 방식이었다.

라이트 "사람들은 베르캄프에 대해 잘 모르죠. 하지만 그는 정말 장난스러운 농담쟁이였어요. 저는 그의 그런 면을 아주 좋아했죠. 그의 그런 모습을 저는 영원히 기억하겠지만, 다른 사람들은 그걸 볼 수 없을 거라는 점에서 특히 그렇습니다. 대부분의 사람들은 그를 그냥 천재적인 축구 선수였다고 기억하겠죠. 하지만 저는 그가 진짜 어떤 사람인지를 알기 때문에 그것에 대해 정말 영광스럽게 생각합니다. 많은 사람들은 모르지만, 그는 정말 재미있는 사람이에요."

보통 라이트 씨의 장난을 받아주는 건 마틴 키언 Martin Keown**이었던 걸로 알고 있는데요.**
라이트 "물론 키언을 놀리면서 모두 즐기곤 했죠. 다 같이요!"

왜 키언이었습니까?

라이트 "왜냐하면 그는 아주 약올리기가 쉬웠거든요. 한번은 베르 캄프가 저에게 키언의 옷을 입어보라고 한 적이 있었어요. 그런데 그의 옷은 정말… 쓰레기였죠! 디자인도 별로고 아무튼 구린 옷이었어요."

키언의 답이다.

키언 "베르캄프는 장난을 잘 치는 친구였어요. 물론 그는 경기장 위에서 펼치는 퍼포먼스에 아주 진지한 선수죠. 하지만 경기장 밖에서 그는 매일 드레싱룸에서 웃고 농담하는 그런 사람이었습니다. 그러다가도 경기가 시작할 때가 되면 '이제 다들 집중하고 경기에서 이기자'라고 말하곤 했죠. 그건 훌륭한 균형이었습니다."

패션 센스가 안 좋다고 라이트가 그러던데요?

키언 "하하, 네. 말하자면 베르캄프는 우리의 의상 매니저였죠. 만약 누가 그의 마음에 들지 않는 옷을 입고 오면, 그는 그 옷을 아주 높은 곳에 걸어놨어요. 그걸 다시 찾으려면 사다리 같은 게 필요할 정도였죠. 종종 저는 그걸 보고 '빌어먹을, 베르캄프가 또 그랬어'라고 말하곤 했습니다. 물론 그건 악의 없는 장난이었죠. 그런 걸 잘 못 참는 선수들도 있었는데, 베르캄프는 저에게는 그렇게 해도 된다는 걸 알았던 거예요. 하루는 제가 훈련장에 왔는데 베르캄프와 라이트가 함께 있더군요. 오랜만에 만난 날이어서 라이트가 저에게 다가와 포옹했는데 그가 입고 있는 상의가 어디서 많이 보던 옷이었죠. 자세히 보니 신발도 그랬어요. 그러고 나서 생각해보니 그가 입고 있는 옷이 모두 제 옷이었던 거예요. 제가 그걸 알아차리자 그는 곧바로 달려가서 수영장으로 뛰어들더군요….

오베르마스도 비슷했어요. 사람들은 그가 얼마나 위협적인 공격수였는지 잊었죠. 그는 프리미어리그에서 곧바로 적응을 했는데, 베르캄프가 그에게 완벽한 볼을 보내주면 아무도 그를 따라잡을 수 없었기 때문이었어요. 미친 듯이 빨랐죠. 하지만 그를 같은 방에 들이면 큰일납니다. 방에 초콜릿이든, 데오드란트든, 칫솔이든 뭐든 있으면 바로 사라지죠. 어찌 보면 그런 것들도 압박을 다스리는 방법 중 하나입니다. 축구 클럽은 학교의 연장 같죠. 학교에도 장난치는 걸 좋아하는 친구들이 있습니다. 그리고 그런 친구들이 재능 있는 경우가 많아요. 아스널에는 재미있는 친구들이 많았고 베르캄프도 그중 한 명이었습니다."

벵거 "베르캄프는 좀 더 지성적인 유머를 구사하는 선수였습니다. 차분하고 건조한 유머라고 할까요. 시의적절할 때 쓰는 그런 유머였어요."

오타비오 비앙키가 마라도나에 대해서 "가끔씩 말했다… 매 시간마다"라고 말하는 것처럼 말인가요?

벵거 "맞아요. 바로 그게 베르캄프식 유머입니다. 매우 섬세하죠. 그의 테크닉처럼요."

2003년 어느 날, 프레디 융베리Freddie Ljungberg가 캘빈 클라인 팬티 외에는 완전히 벗고 있는 도발적인 모습이 담긴 포스터가 런던 시내 곳곳에 깔린 적이 있었다. 드레싱룸에서 베르캄프는 융베리를 칭찬하고 나섰다.

베르캄프 "융베리, 정말 자랑스러워. 하지만 친구들을 잊지는 말아줘. 우리한테도 그 캘빈 클라인 팬티 줄 거지?"

융베리 "당연하지, 줄 수 있어."

베르캄프 "정말 고마워. 하지만 우린 네가 입고 있는 것처럼 특별한 걸 갖고 싶어. 앞부분이 잘 가려진 거."

베르캄프가 당시의 일에 대해 10년이 지난 후 회상했다.

베르캄프 "그건 정말 이상한 포스터였어요. 그는 등에 표범 문신이 있었는데, 어떻게 된 것인지 포스터에는 그 문신이 등이 아니라 앞에 있었죠. 무슨 일이지 싶었어요. 아, 그리고 우리는 매일 그와 같이 샤워했지만, 그는 그렇게 크지 않다고요."

그런데 도대체 왜 라이트에게 키언의 옷을 입힌 건가요?

베르캄프 "그건 기억이 안 나는군요."

키언과 라이트는 당신이 키언의 옷이 마음에 안 들어서 라이트에게 입혀놓고 놀리려고 했다고 했어요. 정말 기억이 안 나나요?

베르캄프 "전혀 기억이 안 나요."

혹시 기억하지 못하는 더 심한 일을 했을지도 몰라요.

베르캄프 "한 가지 기억하는 건 제가 그의 옷을 아주 높은 곳에 걸어놓은 적이 있다는 겁니다. 누구든지 가장 이상한 옷을 입고 오는 녀석의 옷을 높이 걸어놓곤 했죠. 키언은 패션에 신경을 많이 썼고, 그 부분에 정말 많은 노력을 했어요. 그런데 제가 보기에 그는 항상 이상한 옷을 골랐죠. 한번은 검은 가죽 재킷을 입고 와서 우리가 테이프를 가져다가 등 부분에 낙서를 한 적이 있어요. 영화 〈그리스〉의 존 트라볼타처럼요. 정말 재밌었어요. 그는 우리에게 '이게 도대체 뭐야?'라고 했지만 잘 넘겼죠. 그는 정말 재밌는 친구였어요. 다른 선수들에게도 마찬가지였고요. 그는 저나 앙리나 라이트, 심지어 데이비드 딘 부회장이 장난을 쳐도 기분 나빠하지 않았어요. 유머가 뛰어난 친구였죠."

사람들은 당신을 보고 '아이스맨 The Iceman**'이라고 하는데, 실제로는 그렇지 않죠? 어떻게 생각하시나요?**

베르캄프 "저는 마음에 드는 그룹에 있거나 기분이 좋을 때는 좀 달라지는 편이에요. 평소에는 늘 차분하고 냉정한 편이죠. 저에 대해 '감정이 없다'거나, '플레이할 때 웃지 않는다'라는 말들을 하죠. 하지만 그건 플레이할 때의 제 모습이죠. 물론 사람들이 생각하는 제 모습이 완전히 틀렸다거나, 그것과 완전히 다르다고 생각하지는 않아요. 제가 하고 싶은 말은 저에게는 다른 면도 있다는 거죠. 단지 경기장에서나 훈련장에서 동료들에게 농담하는 그런 차원의 이야기는 아니에요. 경기장이나 훈련장에서는 집중해서 일을 잘하려고 노력하죠. 그럴 때는 감정을 좀 더 내부적으로 감추려고 노력해요. 그러나 좋아하는 사람들과 어울릴 때는 좀 더 외향적인 편이에요.”

이건 꼭 물어봐야 할 것 같아요. 당시 아스널 선수들 사이에 다른 선수들의 바지나 팬티를 끌어당기는 장난을 치는 동료가 있었다는 소문이 있었는데, 레이 팔러 Ray Parlour**의 말을 들어보면 그게 당신을 말하는 것 같거든요?**

베르캄프 “하하, 아마 그건 우리가 오스트리아에서 훈련하고 있을 때의 이야기일 거예요. 언제나 우리와 함께 여행하는 아스널 팬들이 있었죠. 20~30여 명의 팬들이 우리 훈련을 지켜봤어요. 저는 아마 아스널 TV와 인터뷰하고 있었을 거예요. 팔러가 제 뒤로 와서 제 바지를 내렸어요. 다행히 저는 항상 팬티를 입죠. 하지만 그 모습을 본 모든 사람들의 웃음이 터졌어요. 팔러도 그랬고. 그래서 저는 그에게 '좋아. 걱정 없어. 아주 재밌어'라고 말했었죠. 하지만 저는 그걸 마음에 담아두고 있었어요. 3~4일 정도 지난 후 우리는 그 근처에서 또 다른 경기를 가졌어요. 친선 경기였고, 많은 팬들이 와서 스탠드가 꽉 차 있었죠. 경기가 끝난 후 우리는 관중석으로 다가갔고 팬들이 사인을 요청했죠. 팔러가 팬에게 사인을 해주고 있었고, 마침 제가 그의 바로 뒤에 있었죠. 그래서 '지금이다!'라고 생각해서 그의 바지를 내렸어요. 그런데 그는 팬티를 안 입고 있더군요. 저는 너무 즐거웠어요.”

그래요. 팔러가 그 이야기를 한 것 같네요. 자기가 먼저 한 일이라고 솔직히 인정도 하더라고요. 빅 에이커스에 대한 이야기도 했었는데?

베르캄프 "아, 그것도 재밌었어요. 당신이 그걸 떠올려줘서 다행이에요."

당신과 빅은 아주 친했던 걸로 알고 있어요. 그는 장비 관리자이고 선수들과 모든 홈, 원정 경기를 함께 다녔죠. 다른 팀원들은 비행기를 타고 이동하는데, 당신과 빅은 차나 버스를 타고 이동했다고 들었어요. 그가 항상 당신을 재밌게 해주고 요리도 해주고 영화도 같이 봤다고 하더군요. 당신이 아스널에서 지내는 동안 그가 최고의 친구였다고. 가족끼리도 가깝고, 골프도 같이 친다고. 그게 제가 들은 이야기예요.

베르캄프 "당연하죠. 모두 사실이에요. 그는 정말 특별하고 환상적인 사람이죠. 저는 그를 정말 사랑해요."

그는 당신과 친구가 된 것이 자신의 인생에서 가장 즐거운 일 중 하나라고 말했어요.

베르캄프 "그런 칭찬은 안 해도 괜찮은데. 그와 저 사이에는 말이 필요 없었어요."

그에게도 훈련장에서 장난을 쳤나요?

베르캄프 "당연하죠. 물리 치료사들과도 장난 쳤는 걸요?"

빅도 당시의 일들에 대해 아주 행복해하면서 회상하더군요. 그런데 당신이 경험한 바로는 어땠나요?

베르캄프 "빅은 배가 많이 나왔고 무릎은 까졌고 항상 반바지를 입었어요. 훈련장 식당 바로 옆에 자동문이 있는 큰 방이 있었어요. 언론사 미팅 등을 위한 곳이었죠. 어느 날 점심시간에 아스널 선수들에게 그루밍 상품들을 파는 이벤트가 있었어요. 판매 담당을 맡은 여자들이 왔는데 빅이 문 바로 옆에 기대고 서서 그 여자들과 즐거운 대화를 나누고 있는 거예요. 팔짱을 끼고 한쪽 다리를 다른 쪽 다리 위로 꼰 자세로, 매우 편해 보였지만 또 아주 재밌는 포즈였죠. 저와 다른 선수들이 점심을 먹으러 왔는데도 빅 혼자 여자들과 대화를 계속 나누고 있더라고요. 갑자기 장난기가 발동해서 참을 수가 없었어요. 그래서 그의 뒤로 몰래 다가가서 바지를 확 내려버렸죠. (웃음) 그때 그가 보인 반응이란! 그는 자기 몸을 가리기 위해 몸을 숙이고 한참 걸려서 바지를 다시 입었어요. 그걸 본 아스널 선수들은 다 배꼽이 빠질 듯 박장대소를 했었죠. 물론 상품 판매를 하러 왔던 여자들도 다 빵 터졌고요. 다들 그 이야기를 거의 2주 동안 매일 했던 것 같아요. 저는 우승도 꽤 많이 해봤고, 멋진 골도 몇 번 넣었지만, 어쩌면 제 커리어의 하이라이트는 그때 그 일이었는지도 몰라요."

12

완벽

비에이라 "베르캄프는 다른 선수들은 상상도 못하던 걸 생각해내는 선수였습니다. 그가 옷을 입는 방식이나 플레이하는 모습을 보면 그는 완벽함과 우아함을 아주 중요하게 여기는 선수라는 걸 알 수 있었죠. 그는 정말 심플하게 옷을 입었고 우아했습니다. 또 그는 항상 날카로운 플레이를 보여줬어요. 그는 돈을 내고서라도 플레이하는 걸 보고 싶은 선수였습니다. 그가 구사하는 패스를 하기 위해서는 완벽해질 필요가 있습니다. 그의 집 옷장이 완벽하게 정리되어 있다고 하더라도 전혀 놀랍지 않을 겁니다. 전혀요.

그는 저를 자주 놀리곤 했죠. '내가 널 만들어준 사람이야.' 이런 말을 하면서요. 왜냐하면 사실 제가 기록한 골들 중 95%는 그가 어시스트한 거였거든요. 그의 말은 사실입니다. 저는 많은 골을 기록하지는 않았지만 대부분 그가 어시스트를 해준 덕분에 넣은 골이었죠.

보통 다른 선수에게 볼을 주고 빈 공간을 발견하면 그곳으로 이동해도 볼이 오지 않을 거라 생각해서 이동하지 않곤 하지만, 베르캄프와 같이 뛸 때는 그곳으로 이동하면 그가 반드시 볼을 보내줄 거라는 확신이 있었죠. 그리고 그의 엄청난 퀄리티를 믿고, 그 패스를 받아서 득점할 수 있다는 자신감도 있었고요. 레스터전 골처럼 말입니다. 제 발 앞에 볼이 왔죠. 그 패스를 앙리가 했는지, 베르캄프가 했는지는 정확히 기억나지 않습니다. 하지만 어쨌든 저는 저에게 볼이 올 거라는 확신이 있었어요. 베르캄프가 어떻게든 패스 루트를 찾아서 저에게 볼을 보내줄 거라는 아주 강한 확신이 있었습니다."

벵거 "베르캄프는 완벽주의자입니다. 아스널에서 그가 했던 마지막 훈련에서도 그는 단 하나의 볼 컨트롤이나 패스도 대충한 적이 없었죠. 그는 자신의 플레이가 완벽하지 않을 때는 결코 만족하지 않았습니다. 그건 최고의 선수들이 가진 특징입니다. 결코 행복하지 않은… 아니, 행복하지 않다기보다는 결코 만족하지 않는다는 점입니다. 항상 완벽을 추구하기 때문이죠. 행복하더라도, 여전히 만족은 하지 않는 거죠. 그는 모든 것을 완벽히 해내길 원했고 그렇게 행동했습니다. 그런 모습이야말로 모든 톱 플레이어들의 공통점입니다. 그게 베르캄프였습니다."

앙리 "저는 베르캄프의 모든 것을 사랑했습니다. 말 그대로 모든 것을요. 그중에서도 가장 좋아하는 건 그가 훈련하는 방식이었습니다. 그는 저에게 본보기와도 같은 존재였어요. 그는 볼 하나를 제대로 컨트롤하지 못해도(그 볼이 거의 컨트롤하기 불가능했다고 해도) 화를 냈죠. 그는 훈련 중에도 모든 것이 완벽해야 만족하는 선수였습니다.

달리기 연습을 할 때도 가장 빠르길 원했고, 골문 앞에서는 모든 슈팅이 완벽하길 바랐죠. 모든 패스도 그래야 했고요. 바람이 강한 날이면 그는 '좋아! 바람이 이 정도니까, 이렇게 슈팅을 하면 볼이 저기로 갈 거야'라면서 훈련을 했죠. 모든 면에서 그렇게 했습니다. 그리고 그에게서 누가 볼을 뺏기라도 하면, 그는 그 선수를 끝까지 쫓아가서 다시 뺏어왔죠. 훈련에서요! 그런 선수는 본 적이 없습니다. 모든 것이 100%여야만 했죠. 그는 사실 아주 재미있는 사람이었는데, 축구를 할 때는 농담이라는 게 없는 사람이었죠. '재미 좀 보자.' 이런 건 그에게는 전혀 없었습니다. 그는 모든 것에 완벽했습니다. '이 볼은 너무 물렁물렁해. 바꿔줘.' 그는 저도 바꿨습니다. 제가 훈련을 하는 방식과 저의 태도를 바꿔놨죠. 물론 나이가 들면서 그가 출전하는 시간은 점점 줄었습니다. 하지만 그가 훈련하는 태도는 정말 한결같았어요. 어쩌면 그는 훈련장 옆에 서서 '나는 데니스 베르캄프고, 이미 35세인데 왜 훈련을 그렇게 열심히 해야 하지? 이번 주말에 뛰지도 않을 텐데'라고 할 수도 있었을 거예요. 하지만 그는 모든 훈련에서 정말 열심이었습니다."

이안 라이트는 베르캄프가 1996-97시즌 하이버리 스타디움에서 토트넘을 상대로 기록한 골을 아직도 기억하고 있다. 라이트가 오른쪽 측면에서 돌면서 자신의 마크맨을 제치고 반대편 골포스트로 높은 볼을 보냈다. 베르캄프는 그 볼을 한 번의 터치로 잡은 후 수비수와 골키퍼를 모두 제치고 반대편 포스트로 침착하게 골을 성공시켰다. 라이트는 그 골 장면을 본 지 15년 이상이 지난 지금까지도 그 장면을 믿을 수 없다고 말한다.

라이트 "단 한 번의 터치였어요. 단 한 번이요! 40미터 이상을 높이 떠서 다가오는 볼을 한 번의 터치로 완벽하게 다뤘다는 말입니다. 그뿐만이 아니라 그는 자기 앞의 수비수와 골키퍼를 완전히 무용지물로 만들어버렸어요. 그의 터치 덕분에 제 패스가 좋아 보이게 됐지만 솔직히 말하면 저는 그냥 멀리 찼을 뿐이에요. 저는 이렇게 생각했죠. '에라이, 그냥 베르캄프 쪽으로 차자. 그가 헤딩을 하진 않겠지만 그에게 보내기만 하면 그가 알아서 할 거야.' 그는 실제로 제가 상상도 못한 플레이를 해냈죠. 그 장면을 다시 보면 그 터치가 얼마나 완벽했는지 알 수 있을 겁니다. 그는 그 볼을 거의 완벽하게 자신의 발 앞에 떨어뜨려놨기 때문에 그가 해야 할 한 가지는 그저 슈팅을 하는 것뿐이었습니다. 골을 넣은 후에 그의 세리머니 장면이 그의 동상이 되었어야 해요. 그 장면을 보면 '아이스맨'이 아닌, 그의 아주 깊은 열정을 생생하게 느낄 수 있죠. 그건 정말 아름다운 장면이었습니다. 저는 앙리나 그 외의 수많은 대단한 선수들이 있더라도, 미래에도 최고로 남을 아스널 역대 최고의 영입은 베르캄프였다고 생각합니다. 그가 아스널을 위해 한 일은 정말이지….

그가 저에게 패스를 할 때 그가 보낸 볼은 항상 제가 달리는 방향으로 왔어요. 항상 저에게 유리한 방향, 그리고 저를 막는 수비수가 막기 힘든 방향으로요. 그는 볼을 잡으면 항상 한 번의 터치로 저에게 볼을 이어줬어요. 제가 별로 많이 터치할 필요도 없었죠. 그건 정말 최고의 선수들만 할 수 있는 플레이입니다. 예를 들면 지단처럼요. 지단, 개스코인, 폴 스콜스Paul Scholes 같은 선수들이 할 수 있는 아주 높은 정확성이 요구되는 플레이죠. 베르캄프와 함께한 모든 시간 동안 그가 저에게 패스를 할 때면 수비수도 미드필더도 어쩔 도리가 없었어요. 그가 보내주는 모든 볼들이 저에게는 거의 선물이었죠. 저는 그냥 슈팅만 하면 됐습니다.

그는 훈련 중에도 아주 정확했습니다. 훈련 중에 단 한 번도 베르캄프에게 그의 패스나 슛이 너무 높았다거나 하는 식의 발언을 하는 걸 본 적이 없었죠. 반대로 저는 그런 적이 아주 많았습니다. 게다가 그는 한 번 볼을 잡으면 거의 잃지 않는 선수였죠. 그의 패스나 터치가 잘못된 걸 본 기억이 거의 없습니다. 그가 아스널에 처음 왔을 때는 몇몇 사람들이 '그래. 좋은 선수이기는 한데 엄청난 선수까지는 아냐'라고 평가한 적이 있었죠. 그런데 정말 그가 터치를 잘못해서 볼을 뺏긴 걸 본 기억이 거의 없어요. 제가 늘 흥미로웠던 건 그가 패스나 터치를 위해 딱히 엄청난 훈련을 하는 것처럼 보이지 않았다는 점입니다. 그에게는 그게 그냥 당연했던 거예요. 저에게는 정말 부러운 일이었습니다. 선망의 대상이 되는 일이었죠.

훈련에서 기술을 연마할 수는 있지만, 모든 각도를 미리 재고 어디에 수비수가 있는지, 어디에 미드필더가 있는지는 어떻게 알 수 있을까요? 그는 저의 많은 골을 만들어줬습니다. 그가 처음 아스널에 온지 얼마 안 됐을 때 치른 에버튼전에서 그가 어시스트해줬던 게 기억이 납니다. 제가 앞으로 달려 나가자 그는 정확히 빈 공간으로 보내줬고, 저는 한 번의 터치만에 수비수를 제친 다음 곧바로 골을 넣었죠. 저는 그냥 빈 공간으로 달렸을 뿐이었어요. 아스톤 빌라전에서 기록한 골과도 비슷했죠. 제가 클리프 배스틴Clifford Bastin의 아스널 최다골 기록을 경신했던 그 골 말입니다. 어떨 때는 심지어 터치할

238

필요도 없었어요. 그냥 모든 것이 다 만들어져 있었죠. 다른 선수들이라면 볼 컨트롤에 주의를 기울여야 했을 상황에서도 베르캄프와 함께 뛸 때는 전혀 걱정할 필요가 없었죠. 그저 저를 막는 수비수만 신경 쓰면 됐어요. 그 수비수를 제치고 공간만 찾으면 바로 그곳으로 그가 패스를 보내줄 거라는 확신이 있었으니까요. 그는 제가 볼을 오래 지킨다거나, 그런 부분이 약하다는 걸 잘 알았기 때문에 제가 빠르게 볼을 처리할 수 있는 곳으로 볼을 보내줬죠. 그와 함께 뛴 덕분에 저는 제가 오를 수 있는 정점에 오를 수 있었습니다. 저의 축구 수준을 최소 30~40%는 올려줬다고 생각합니다."

티에리 앙리 역시 베르캄프의 완벽한 패스를 많이 받아본 선수다.

앙리 "그는 축구를 아주 존중하는 선수였고, 축구를 위해 무엇이든 할 선수였죠. 그는 저에게 완벽한 패스를 보낼 타이밍을 기다리고 또 기다렸어요. 만약 그가 제 왼발 쪽으로 패스를 보냈다면, 그건 그 방향이 유일하게 제가 볼을 잃지 않을 루트였기 때문이었을 겁니다. 머리를 향해 패스를 보낼 때도 똑같은 이유였습니다. 원터치 패스를 하는 것이 최고의 옵션일 때는 항상 그렇게 했습니다. 그가 한 모든 것은 놀라웠습니다."

베르캄프의 몇몇 어시스트는 정말로 놀라웠다. 예를 들어 그가 2004년에 셀타 비고전에서 보여준 어시스트가 그렇다. 그는 수비수들에게 둘러쌓인 상태에서 360도를 돈 후에 그의 오른발 바깥쪽으로 앙리에게 절묘한 패스를 보내줬다. 그게 앙리가 가장 좋아한 베르캄프의 패스였을까?

앙리 "아니요. 그 패스가 아닙니다. 저는 그가 유벤투스전에 융베리에게 보내준 패스가 단연코 최고라고 생각합니다. 셀타 비고전에서의 어시스트도 대단했지만, 그의 움직임을 보면 그가 무엇을 하려는지 알 수 있었죠. 그러나 유벤투스전에서의 패스는 그가 완전히 360도로 회전하다가 정확히 융베리가 어디 있는지 파악한 다음, 융베리가 움직이길 기다리면서 수비수들을 잠시 끌고 다니다가 정확하게 융베리가 원하는 방향으로 패스를 보내줬죠. 그가 패스를 낮게 깔아서 보냈다면 수비수가 막을 수도 있었기 때문에, 그는 적당한 높이로 띄워서 패스를 보냈어요. 수비수에게 그건 가장 막기 힘든 패스입니다. 그 패스를 막기 위해 다리를 들어 올릴 수도 없고 머리를 숙여서 막기도 애매했죠. 그건 정말 완벽한 최고의 어시스트였죠."

그 장면에서 융베리는 전방 침투가 다소 늦었다. 그래서 베르캄프는 융베리가 완벽한 위치로 올라갈 때까지 3초 정도를 벌어야 했다.

앙리 "그게 제 말입니다. 그는 기다렸죠. 그런 모습이 진짜 데니스 베르캄프의 모습입니다. 다른 모든 선수들은 그 상황에서 그대로 패스를 하거나 '왜, 제대로 안 들어갔어!'라고 할 만한 상황에서도 베르캄프는 자기 동료가 아직 패스를 받을 준비가 안 된 걸 알고 자기 주변의 수비수들을 거의 데리고 놀면서 '융베리, 빨리 들어가…' 하다가 딱 완벽한 타이밍에 패스를 보내줬죠. 정말 아름다운 장면이었습니다."

그리고 상대 선수들은 유벤투스의 수비수들이었죠.

앙리 "맞아요. 하지만 제 생각에 베르캄프는 똑같은 플레이를 요빌을 상대로도 할 수 있었어요. 저는 그래도 그게 최고의 패스라고 말했을 겁니다. 단지 상대 팀이 유벤투스라서 하는 말이 아니에요. 그 패스가 정말 대단한 건 완벽한 패스를 하기 위해 융베리가 공간을 찾아들어갈 때까지 그가 보여준 플레이 때문이죠. 정말 대단한 기술입니다. 그가 수비수들을 데리고 논 장면이 대단한 것이 아니라, 그 상황에서 3초가 필요했기 때문에 정확히 3초를 기다렸고, 만약 1초가 필요했다면 1초 만에 패스했을 겁니다. 그것이 그 패스를 아름답게 만드는 요소입니다."

◆◇◆

반대로, 베르캄프는 그의 어시스트를 가능하게 해준 동료들의 움직임과 영리함, 기술을 칭찬했다.

당신이 유벤투스전에서 했던 융베리의 골 장면에서의 어시스트는 어땠나요? 그게 지금까지 당신의 베스트라고 생각하시나요?

베르캄프 "그래요. 확실히 그 어시스트가 가장 좋았던 것 같아요. 그런 어시스트가 가능하기 위해서는 선수들 사이에 일종의 관계가 이루어져 있어야 해요. 그들은 제가 볼을 잡으면 뭘 할지 알고, 저도 그들이 뭘 할지 아는 그런 관계 말입니다. 제 생각에는 그런 것이 바로 축구의 아름다움이 아닐까 싶어요. 서로를 도와주면서 플레이하는 부분 말입니다. 제가 볼을 잡고 나서 몸짓으로 융베리에게 '앞으로 들어가'라고 몸짓을 하면 그는 그걸 눈치채고 바로 거기로 들어갔어요. 그가 저를 완벽히 이해했기 때문에 가능했던 거죠. 소리를 지르거나 할 필요도 없어요. 그냥 저만의 바디랭귀지를 하는 거죠. 볼을 잡고 '얼른, 뭐하고 있어'라고 하면 그가 그리로 움직이고 저는 거기로 볼을 보내줬죠. 특히 융베리와 그런 장면이 많았고, 또 오베르마스와도 그랬어요. 서로를 잘 알기 때문에 가능한 부분이었죠. 동료들이 제가 패스를 줄 공간을 찾고 있다는 걸 알고 그리로 움직여줬기 때문에 가능했던 거죠. 그리고 그런 플레이가 성공했을 때 상대 수비수들은 아무것도 할 수 없었어요. 그래서 종종 수비수들이 바보처럼 보일 때도 있었죠."

막을 수 없기 때문인가요?

베르캄프 "맞아요. 설명하자면, 그 순간 이미 공격수들은 속도가 붙은 상태고 수비수는 멈춰 있는 상태이기 때문이에요. 그런 상황에서 패스가 정확히 들어가고, 오프사이드가 선언되지 않는다면 공격수는 수비수보다 꽤 많은 거리를 앞서서 볼을 잡게 되거든요. 자기가 원하는 플레이를 할 시간이 있다는 거죠. 유벤투스전에서 융베리의 피니시도 멋졌어요. 융베리는 정말 대단한 선수였죠. 아주 강하고, 빨랐어요. 또 그만의 스타일도 있었고, 그만의 움직임도 있었죠. 그는 때때로 서툴러 보이는 플레이를 할 때도 있었는데, 사실은 일부러 그런 거예요. 실제로는 자신이 무슨 플레이를 하는지 정확히 알고 있었죠. 그는 그런 식으로 아주 많은 골을 넣었어요. 그는 팬들로부터 과소평가받는 선수였는데, 자기 스스로는 절대 무시하지 않았어요.

제가 항상 완벽한 패스를 하려고 노력한 것은 사실입니다. 다른 공격수들이 슈팅하기 쉽도록 만들기 위해서였어요. 왜냐고요? 저는 항상 제가 할 수 있는 극한을 하고 싶었어요. 항상 가능한 최고의 패스를 하려고 노력했죠. 때로는 실패할 때도 있었지만, 그렇게 노력하는 과정에서 많은 것을 배웠기 때문에 계속 노력했죠. 어느 순간에는 그게 저의 기본이 되었어요. 최고가 되기 위해 항상 노력하는 것 말이에요. 제 생각에는 모든 선수가 그렇지 않을까 싶은데, 잘 모르겠네요. 네덜란드에서 저는 '전부가 아니면 아무것도 아닌' 선수라는 오해를 받기도 했어요. 사람들은 종종 저에게 '아름다운 플레이만 하려고 한다'라는 비판을 하기도 했어요. 특히 어린 시절에는 그런 평가가 더 많았어요. 저는 항상 '최고의 패스를 하자'는 마음이었는데요. 그런데 최고의 패스라는 건 뭘까요? 어떤 사람들에게 그것은 수비수를 제치고 공격수가 슈팅하기 쉽게 해주는 패스일 거예요. 하지만 저에게는 그런 정의가 충분하지 않았어요. 그건 다른 사고방식이기도 하고, 동료들 사이의 커뮤니케이션 문제이기도 하죠. 아스널에 처음 왔을 때 다른 선수들은 저에 대해 잘 몰랐어요. 그래서 그들이 좀 더 과감한 플레이를 해도 제가 패스를 보내줄 거라는 걸 알 때까지 시간이 걸렸죠. 그러나 어느 순간부터 '분명히 베르캄프가 패스를 보내줄 거야'라고 생각하기 시작했어요. 그래서 한 발 더 과감히 전진할 수 있었죠."

예전에 당신에게 미래를 볼 수 있는 능력이 있는 게 아니냐는 말이 있었죠. 영화 〈마이너리티 리포트〉의 주인공처럼. 톰 크루즈와 사만다 모튼이 쇼핑몰에서 탈출하려고 하는데, 숨을 곳은 하나도 없고 경찰이 점점 가까이 오고 있었죠. 하지만 그때 여자 주인공이 풍선을 든 노

인을 보고 "잠깐!" 하고 외쳤고, 톰 크루즈는 왜 그런지 몰랐어요. 하지만 경찰이 도착했을 때 그 풍선이 경찰들의 눈앞을 가린 덕분에 둘은 탈출할 수 있었어요. 그게 당신이 하는 플레이와 비슷하다는 겁니다. 당신은 다른 선수들은 아무도 못 보는 패스 루트를 볼 수 있었어요. 그리고 거의 존재하지 않을 것 같은 공간으로 패스를 보낼 수 있었죠. 어떻게 그렇게 할 수 있는 거죠?

베르캄프 "저는 항상 머리 속으로 2초, 3초 후에 어떻게 될지를 상상했어요. 그래서 그걸 상상하거나, 느낄 수 있었죠. 종종 '그는 이쪽으로 가고, 쟤는 이쪽으로 가겠구나'라고 생각했는데, 그러면 제가 패스했을 때는 둘 다 그 볼을 만질 수 없었죠. 제가 이미 생각한 궤적 밖에 있었으니까요. 적절한 방향과 속도의 패스라면 그럴 거예요. 제가 하이버리에서 열린 레스터전에서 비에이라에게 했던 패스처럼 말이에요. 아마 그 경기가 우리가 무패 우승을 달성한 경기였을 거예요. 1-1 무승부를 만드는 골, 혹은 2-1 역전골이었을 텐데 정확히 기억 나지 않아요(2-1을 만드는 골이었다). 그때 페널티박스에는 선수가 정말 많았지만 비에이라가 침투하려고 할 때 수비수들 틈 사이로 패스를 보낼 수 있었죠. 자랑스러웠고 즐거웠어요. 그 골은 특별한 의미가 있는 골이었기에 더 의미가 깊었죠."

하지만 어떻게 그게 가능했던 건가요? 다른 사람들보다 두세 발 앞서서 볼 수 있는 거 말이에요.

베르캄프 "그건 큰 부분에서 측정, 즉 거리에 달린 문제예요. 크루이프가 아약스 유소년 시절에 그에 대해 이야기한 적이 있어요. 공격적으로도, 수비적으로도 그렇게 하라고 강조했었죠. 중요한 건 거리이고, 그걸 정확히 알 수 있게 되면 빈틈이 어딘지도 알 수 있게 됩니다. 비에이라의 속도는 이미 잘 알고 있었죠. 그러니까 제가 2~3초 후에 어디에 공간이 날지를 알 수 있었던 거죠. 다만 그가 그 공간으로 열심히 달려야 한다는 전제 조건이 있어요. 아니면 바보 같은 패스로 보일 수도 있으니까요.

또 한 가지 중요한 것은 어시스트 직전의 패스예요. 그걸 지칭하는 명칭이 현재 있는지는 정확히 모르겠지만, 있어야 한다고 생각해요. 최근에 BBC 매치오브더데이를 보다 보면 '저 골과 어시스트도 대단하지만, 저 공격이 시작되는 곳을 보라'는 평가를 자주 보곤 해요. 흥미로운 분석이라고 생각해요. 공격을 어디에서 시작하는지, 그리고 그게 어떤 차이를 가져오는지를 보는 것이 중요해요."

아스널의 노장 선수들이 당신의 플레이 중에는 카메라나 관중들이 제대로 보기 힘든 플레이도 많았다고 했어요. 작은 터치라던가, 볼에 회전을 넣은 패스라던가….

베르캄프 그럴지도 모르죠. 하지만 축구를 볼 때는 자신만의 시선으로 봐야 해요. 저는 단지 골이나 어시스트를 보려고 그런 방송을 보지는 않아요. 그보다 앞에 있는 패스에 더 주목해서 보죠. 진짜 축구를 사랑하는 팬들은 그걸 볼 줄 알아요. 그리고 그런 태도가 점점 인정받고 있는 것 같아요. 특히 저에게는 중요한 문제예요. 저는 '오! 저건 정말 좋은 패스였어. 아무도 제대로 느끼지 못했더라도 진짜 차이를 만드는 패스였지'라고 종종 생각하곤 해요."

2006 독일 월드컵 8강에서 지단은 조금 다른 방식으로 브라질을 무너뜨렸습니다. 그 게임은 지단을 정의하는 게임 중 하나인데, 그 경기를 다시 보면 지단은 브라질 선수들 머리를 넘기는 패스도 보여주지만, 그러다가 또 단순한 횡 패스도 많이 구사했어요. 지단의 플레이는 당신이 말하는 부분과 부합하지 않는 점도 있지만, 그래도 그는 그렇게 브라질을 무너뜨렸어요. 지단은 마치 '이건 너희들의 스타일이지만, 내가 더 잘할 수 있다'고 보여주는 것 같았어요. 다르게 말하면 심리적으로 상대방을 굴복시켰다는 겁니다. 당신은 그런 플레이는 전혀 하지 않았잖아요.

베르캄프 "사실입니다. 그리고 그건 팀플레이를 중시하는 스타일 때문이라고 생각해요. 저 역시 저만의 기술이 있지만, 항상 기술이라는 것은 팀을 위한 결과를 위해 존재해야 한다고 생각해요. 누군가 제 패스나 움직임, 기술을 받아줄 수 있어야만 한다는 거죠. 그게 제가 항상 생각했던 점이었어요. 하지만 저는 절대로 일대일 대결 같은 걸 즐기는 선수는 아니었어요."

마라도나처럼 하프라인부터 드리블을 한 적도 없었나요?

베르캄프 "저는 그런 플레이는 믿지 않아요. 제가 생각하는 위대한 선수란 팀에 무언가 특별한 것을 더해주는 선수예요. 수비수일 수도 있고 미드필더일 수도 있죠. 혹은 저처럼 공격수일 수도 있고요. 저는 팀 동료들에게 어시스트를 해주거나, 그 선수들에게 자유로운 공간을 열어주는 플레이를 하면서 그렇게 했었죠. 저도 많은 골을 넣었지만, 결국에는 어시스트를 더 많이 했어요. 그냥 단순한 어시스트가 아니라 완벽한 어시스트를."

앙리도 자신이 득점할 수 있을 때 어시스트해주는 게 아주 행복했다고 말했어요. 자기 동료가 득점을 했을 때 그 동료의 얼굴에서 미소를 보면 자신이 누군가를 행복하게 했다는 점에서 기쁘다고 했었죠. 그는 "저에게는 골을 넣는 것도 아주 좋은 일이지만, 다른 사람을 행복하게 하는 것만큼 좋은 일은 없습니다"라고 말했어요. 아마 당신도 비슷한 생각일 것 같은데요?

베르캄프 "저도 그래요. 어시스트를 하면서 많은 기쁨을 느꼈죠. 어시스트를 잘하기 위해서는 물론 능력도 필요해요. 그다음에는 동료 선수들에 대한 이해가 필요하죠. 그들이 제가 하려는 플레이를 이해하고 있는지? 아스널에 처음 왔을 때는 그런 부분이 부족했어요. 하지만 그들은 천천히 저를 더 잘 이해하게 됐죠. 그러면서 경기 수준을 더 끌어올릴 수 있었어요. 그들은 아마 '오! 이렇게 하면 우리가 더 나아질 수 있구나. 이 선수는 이런 걸 할 수 있는 선수구나'라고 생각했던 것 같아요. 물론 저에게도 적응기가 필요했어요. 그건 훌륭한 과정이었죠.

그리고 하나 더 필요한 것은 상상력이에요. 그게 아주 중요하죠. 그냥 단순한 상상력이라기보다 주변에 있는 선수들에 대한 감각이랄까? 미식축구의 리시버와 쿼터백을 생각하면 돼요. 때때로 뒤쪽에서 비춰주는 중계 카메라를 보면 아무것도 없는 것처럼 보이죠. 하지만 쿼터백이 볼을 던지고 나면 갑자기 화면이 확장돼요. 마치 퍼즐처럼요. 그리고 그가 볼을 던질 때 캐처가 볼을 받기 위해 움직이는 것도

보이죠. 그게 제가 하려고 했던 플레이와 비슷해요. 볼의 스피드가
필요하고 두 선수가 다 확실한 비전이 있어야 하죠. 물론 미식축구에
서는 패턴이 아주 중요하고, 그래서 선수들은 패턴을 위해 매일 연습
하죠. 하지만 축구에서는 그렇게 할 수 없어요. 축구는 도중에 타임
아웃을 부르거나, 감독이 이번에는 이런 패턴으로 해, 이렇게 하는
스포츠가 아니니까요. 경기 내에서 선수들로부터 모든 것이 만들어
져야 해요. 상대 수비가 어떻게 할지도 전혀 알 수 없죠. 하지만 두세
명의 상대 수비수를 보고 그들이 2~3초 후에 무엇을 하려는지 예측
할 수는 있어요. 비에라가 움직이는 것을 보고 그의 오른쪽에 공
간이 있다는 것을 보고, 그가 오프사이드가 아니라는 것도 알아야
해요. 그리고 최고의 타이밍을 알기 위해 모든 앵글과 계산을 정확
히 해야 하죠. 하지만 저는 언제나 그런 정확한 플레이를 하는 걸 즐
겼어요. 마치 퍼즐을 푸는 것처럼."

**어린 시절에 기하학에 빠졌던 적이 있었잖아요. 당신의 어머니께서 말
씀하시길 삼각형 같은 각종 도형의 앵글과 길이 재는 것을 아주 좋아
했다고 하던데. 혹시 집에 그 책들이 아직도 있을까요?**
베르캄프 "아마 아닐 거예요. 그건 왜 묻는 거죠?"

**어쩌면 당신이 경기장을 바라보는 시각이 거기에서부터 시작된 것은
아닐까 해서요.**
베르캄프 "그런 것은 아니라고 생각해요. 어쨌든 그건 작은 부분일
거예요. 기하학은 물론 아주 관심이 많았던 과목이었어요. 정말 열

정을 가졌던 분야였죠. 어쩌면 가장 열정을 느꼈던 분야일 수도 있고요. 하지만 다른 부분도 많았어요. 볼의 속도라거나, 터치라거나. 그건 단순히 수학적인 문제가 아니었어요. 다행히 저는 축구에서 그런 일들을 잘해낼 수 있었죠. 그게 기하학이었을까요? 어쨌거나 다른 선수들이 무엇을 할 수 있는지, 무엇을 하려고 하는지 아는 것은 즐거운 일이었어요."

그러면 그건 기하학이라기보다는 좀 더 '텔레파시'에 가까웠다는 말일까요?

베르캄프 "바로 그거예요!"

13

영감

당신에게 영감을 주는 건 어떤 건가요?

베르캄프 "그것에 대해 많이 생각해봤어요. 특히 지금은 코치로 일하고 있으니까 더더욱 그랬죠. 선수들 중에는 어려운 어린 시절을 보낸 탓에 성공에 더 굶주린 선수들도 있죠. 종종 사람들은 '바닥을 겪어봐야 인생을 알 수 있다'고 말하곤 해요. 코치 입장에서는 항상 성공에 대한 열망과 동기부여가 되어 있는 선수들을 찾게 돼죠. 저에게도 그런 동기부여가 되어 있었어요. 그러나 제 영감은 어디에서 온 것일까요? 정확히 모르겠어요."

당신은 바닥에서 시작한 경우는 아니었잖아요.

베르캄프 "그래요. 전혀 아니었죠. 저는 아주 행복한 어린 시절을 보냈어요. 우리는 그럭저럭 살만 했죠. 어쩌면 어떤 사람은 돈이 동기부여가 되지 않았는지 생각할 수도 있겠지만, 그렇지도 않았어요."

그러면, 그저 열정이었던 건가요? 내면에 내재된 열정? 당신은 아주 부끄러움이 많고 겸손한 편이지만 실제로는 세계 최고가 되고 싶다는 열정이 있었다던가 하지는 않았나요?

베르캄프 "그게 저와 가장 가까운 동기부여였어요. 가끔 어떤 사람들은 어린 시절 부모가 이혼했다는 것에서 동기부여를 찾기도 하죠. 물론 우리 부모님은 이혼하지 않으셨어요. 경제적으로 아주 부유하지 않았다는 것이 작은 동기부여가 됐을 수는 있겠죠. 하지만 그런 것들도 제 경우와는 딱 맞아떨어지지가 않아요. 그런 부분들이 일부분 영향을 주긴 했을 거예요. 어쩌면 기회가 생겼으니까 한번 잘해보자는 생각이 들었을 수도 있어요. 잘 모르겠어요. 어쩌면 그건 제 캐릭터처럼 유년기에 자연스럽게 형성됐을 수도 있죠."

지금 코칭하고 있는 유소년 선수들을 지도할 때 어떤 걸 중요하게 보는 편인가요?

베르캄프 "물론 누가 가장 큰 동기부여와 원동력을 가진 선수인지를 보게 돼요. 하지만 그건 다른 요소들로부터 확인할 수 있는 것들이에요. 예를 들어 한 선수는 18세에 백만장자가 되고 싶다는 목표를 갖고 있어요. 그것도 하나의 동기부여죠. 그게 나쁜가요? '28살에 나는 3개의 스포츠카를 갖고 싶고, 그렇게 하는 유일한 방법은 축구 선수가 되어서 우승을 많이 차지하는 거야'라고 생각하는 선수도 있을 수 있어요. 그게 그의 결론이라면 그럴 수도 있죠. 하지만 만약 그가 '앞으로 매년 100만 유로를 벌어서 5년 후에 500만 유로를 번 다음에 은퇴할 거야'라고 생각한다면 그건 다른 경우죠. 또는 '2군 팀에서 훈련만 하더라도 람보르기니를 몰 수만 있다면 괜찮아'라고 생각한다면, 그건 제대로 된 동기부여라고 할 수 없어요. 그건 영혼으로부터 나온 진정한 열정이 아니니까요. 바로 그게 제가 어린 선수들에게서 원하는 것이에요. 깊은 내면으로부터 우러나오는 열정을 불러일으키는 것."

그렇다면 예술가의 동기부여는 어떤가요? 예술가들은 자기만의 방식으로 음악이나 그림을 만들어야 하잖아요. 자기 내면의 무언가를 발현해서 말이에요.

베르캄프 "그렇죠."

그리고 결국에는 더 나아지고 싶다는 열망이 자리 잡게 되죠. 비에이라는 당신에게는 그런 것이 정신적이고 예술가적인 방식으로 존재하는 것 같다고 했어요.

베르캄프 "우선 자기만의 목표를 정하는 게 중요해요. 그러고 나면 그 목표를 위해 나아가거나, 혹은 그걸 넘어서기 위해 노력하게 되죠. 계속 자신의 한계치를 높게 설정하면서. 그래서 결코 만족할 수 없죠. 완벽하길 원하니까. 완벽을 원하는 사람에게는 결코 종착지가 없어요. 하나의 산을 넘어서면 더 높은 산이 있죠. 그게 제가 원하는 방식이에요. 다른 사람들도 그럴 수 있겠죠. 하지만 그게 내면으로부터 나오는 열정이라는 말에는 동의해요. 그건 아주 깊은 곳에서 나오는 열정이니까요. 야심이라거나, 돈에 대한 욕심이라거나, 그런 것들은 좀 더 계산적이죠. 그래서 그건 만족시킬 수 있는 거예요. 하지만 내면으로부터 나오는 열정은 항상 간직하고 더 갈구하는 것이죠. 그래서 항상 다음 단계로 나아가길 희망하는 것이에요."

그러면 당신은 그렇게 하지 않으면 자신에 대한 배신이라고 생각하게 되는 건가요?

베르캄프 "맞아요."

아르센 벵거 감독은 이 주제에 대해 아주 흥미로운 관점을 갖고 있었다.

벵거 "동기부여라는 건 정신적인 면이죠. 축구를 하는 선수들 중에는 두 종류가 있다고 생각합니다. 하나는 신을 모시듯이 축구를 모시는 선수들이고, 그런 선수들은 축구를 아주 성스러운 것으로 여기며 높은 우선순위에 놓고, 축구 이외의 것들을 축구와 비교하는 것을 용납할 수 없다고 생각합니다. 또 다른 종류의 선수들은 자기 자신의 '에고ego'를 위해 축구를 합니다. 그런 선수들은 자기 자신의 에고가 그들이 축구를 하는 방식에 영향을 줍니다. 왜냐하면 그들의 더 큰 관심사는 자기 자신이니까요. 때때로 그런 에고가 강한 개성을 가진 선수들에게서 나타나기도 하고, 카리스마로 발현되기도 합니다. 하지만 대부분의 경우 사람들이 말하는 카리스마는 그저 에고가 커다란 경우가 많습니다. 베르캄프의 경우는 축구를 아주 성스럽게 여겼고, 축구에 대한 존중심도 높은 선수였다고 생각합니다. 그는 다른 무엇보다 축구를 더 중요하게 여겼습니다. 저는 진정한 위대한 선수들은 축구에 대해 그런 자세를 갖고 있다고 생각해요. 그들은 축구가 자신들을 위해 존재한다고 여기지 않는 사람들입니다. 그건 정신적인 것이죠. 그래서 끝이 없고 항상 더 높은 곳으로, 자신이 축구라고 생각하는 것에 더 가깝게 다가가려 노력하게 되는 거죠."

벵거 감독은 또 자신이 패스를 했어야 하는 타이밍에 슈팅을 하는 도박을 선택했던 한 선수의 예를 들었다.

벵거 "그가 만약 진정으로 축구를 사랑하는 선수였다면, 그는 집에 돌아가서 후회를 했을 겁니다. 자기 자신이 동료를 위해 더 쉬운 찬스를 만들어줬어야 했다는 걸 알기 때문이죠. 하지만 그는 이기적이었고, 운이 좋았죠. 만약 그가 축구보다 자기 자신을 더 중요하게 여기는 선수였다면 그는 '아주 잘 됐어. 다음에 또 그렇게 해야겠어'라고 생각할 겁니다."

그는 그것이 가장 큰 차별점이라고 말했다.

벵거 "그게 바로 유소년 선수들에게 축구에 대한 존중심을 가르쳐야 하는 이유입니다. 축구를 일종의 종교처럼, 자기 자신보다 존중하는 것이 중요하죠. 그것이 선수가 축구를 섬기는 방식입니다."

벵거 감독의 말에 대해 어떻게 생각하시나요?

베르캄프 "벵거 감독이 선수들에게 그런 이야기를 했던 것이 기억나네요. 그는 종종 '그 녀석은 축구를 사랑하지 않아' 같은 말들을 하곤 했죠. 그건 꽤 의미심장한 말이었어요. 하지만 저는 그가 무슨 의미에서 그런 말을 하는지 정확히 알고 있었어요. 선수들 중에는 훈련이 끝나자마자 바로 옷을 갈아입고 집으로 가는 선수들도 있거든요. 하지만 진짜 축구를 사랑하는 선수들은 훈련이 끝난 후에도 남아서 훈련하려고 하죠. 선수들만 그런 게 아니에요. 데이비드 딘이나 마시모 모라티 같은 사람들은 진정으로 축구를 사랑하는 사람들이에요. 아스널에서도 8~9명의 선수들이 항상 팀 훈련이 끝난 후에 남아서 개인 훈련을 했었어요. 저는 그런 선수들은 분명 더 뛰어난 선수가 될 수 있다고 장담할 수 있어요."

세계적으로 뛰어난 선수들이 모여서 그런 식으로 서로 함께 동기부여해주며 노력했다는 것이 정말 흥미롭군요. 15세기 피렌체의 위대한 예술가와 지성인들이 그렇게 해서 르네상스를 일으켰죠. 그리고 아스널은 그런 식으로 무패 우승을 완성시켰습니다. 그래서 그 선수들을 떠올리면 모두 저마다의 능력을 가진, 어떻게 보면 서로 라이벌이기도 한 선수들이 서로를 자극하고 도와주면서 노력했다는 게 참 대단하게 느껴지는 거군요. 그 팀에서 잘하려면 당연히 팀 훈련 후에도 남아서 훈련하는 그룹에 속해야 했겠죠?
베르캄프 "맞아요. 그것도 우리 축구의 일부였으니까요."

그러면 곧바로 집에 갔던 다른 선수들은 어떻게 됐나요?
베르캄프 "솔직히 말해서 그때 누가 그런 선수였는지 정확히 기억나지 않아요. 하지만 항상 8~9명의 선수들이 남아서 함께 훈련했었어요."

융베리는 당연히 남아서 훈련하는 선수 중 한 명이었겠죠?

베르캄프 "맞아요. 앙리, 피레스Robert Pirès도 마찬가지였죠. 몇몇 선수들은 체육관에 가서 근력 운동을 하기도 했어요."

그런 운동을 할 때도 서로 경쟁을 했나요?

베르캄프 "물론 그렇기도 했죠. 그게 성공하는 팀의 요소니까요. 하지만 당신 말처럼 그때 우리는 서로가 서로를 도와주기도 하고 경쟁하기도 하면서 서로 더 발전하도록 도왔던 것 같아요."

밥 윌슨에 따르면, 잉글랜드는 과거에 유소년 선수들에게 패스할 때 상대가 쉽게 패스를 받을 수 있도록 숏패스 위주의 교육을 했다고 했어요. 하지만 당신은 그런 방식을 좋아하지 않았죠. 당신이 아스널에 왔을 때 모든 선수들에게 "이렇게 느린 패스 말고 빠른 패스를 보내줘. 나는 무슨 볼이든 다룰 수 있고, 빠르게 플레이하는 것이 더 좋으니까"라고 했다는 말이 있어요. 피레스와 융베리가 아스널에 왔을 때는 이미 훨씬 더 레벨이 높아졌었죠.

베르캄프 "맞아요. 저는 항상 동료들이 저에게 강한 패스를 보내주길 바랐어요. 강하고 어려운 패스를 받아서 그걸 컨트롤하는 플레이를 즐겼으니까요. 그렇게 하기 위해서는 계속 노력하고 서로를 시험해야 해요. 예를 들어 솔 캠벨Sol Campbell을 상대로 힘과 속도를 훈련하는 거죠. 그는 경기 중에는 동료지만 훈련 중에는 상대 선수니까요. 캠벨을 이길 수 있다면 프리미어리그에서 이기지 못할 수비수는 없는 거죠. 반대로 그가 저나 앙리를 막을 수 있다면, 프리미어리그에서 그가 막을 수 없는 공격수는 없는 거죠. 그건 서로에 대한 도전인 거예요. 그러면서 서로 더 발전할 수 있는 거죠. 하지만 그게 가능하기 위해서는 모두가 100%를 다해 노력해야만 했어요. 인터 밀란에서는 그런 문화가 없었죠. 그런 것에 너무 좌절했어요. 하지만 옌스 레만Jens Lehmann과 데이비드 시먼을 상대로 슈팅 연습을 하는 건 정말 대단했죠. 레만은 훈련 중에도 실점을 하는 걸 못 견뎌 했어요. 시먼을 상대로 로빙 슈팅을 성공시키면 정말 환상적인 골이 됐지만, 만약 그게 그에게 막히면, 그는 그 볼을 200미터 밖으로 차 버렸죠. '하! 가서 볼 가져와!' 이러면서 말이에요. 그러면 실제로 가서 그걸 가져와야 했어요. 시먼은 아주 좋은 사람이었어요. 하지만 축구를 할 때는 달랐죠. 그게 그의 열정이었죠. '나를 놀려먹으려고? 가서 저 볼 가져와!' 저는 그의 그런 모습을 정말 좋아했어요."

어쩌면 혼란스러웠을 수도 있었을 것 같네요. 모두 서로 다른 재능과 동기부여를 가진 선수들이 모여서 그걸 하나로 잘 뭉쳐서 좋은 결과가 나오도록 만들어야 했으니까요.

베르캄프 "자연스럽게 시작됐어요. 어쩌면 다른 선수들이 이야기하는 것처럼 제가 시작이었을지도 모르죠. 저는 팀에 모든 걸 주고 싶었고, 훈련이 끝난 후에도 계속 남아서 개인 훈련을 했으니까요. 그러자 언젠가부터 골키퍼들도 남아서 훈련하기 시작했어요. '잠깐만, 나도 좀 더 훈련해볼까'라면서. 그러자 다른 선수들도 그렇게 하기 시작했죠. 하지만 저 이전에 아무도 그렇게 하지 않은 건 아니었어요. 모든 성공적인 팀에는 그런 문화가 있어요. 팀 훈련이 끝난 후에도 선수들이 웃는 얼굴로 남아서 훈련하는 일이요. 실제 경기에서 잘해서 훈련에도 그러는 걸까요? 아니면 훈련 분위기가 좋아서 경기에서도 그런 걸까요? 그건 잘 모르겠어요.

메시Lionel Messi를 봐요. 지난해에 바르셀로나가 5-0으로 이기고 있는 경기에서 감독이 그를 교체하려고 하자 그는 화를 냈어요. '이미 끝난 경기인데?', '상관없어요. 저는 뛰고 싶습니다. 저를 교체하지 마세요.' 바르셀로나가 6번째 골을 넣었을 때 모든 팀이 함께 즐겼죠. 그들은 훈련 중에도 분명 축구를 즐겼을 거예요. 그들은 축구를 진심으로 사랑하고 즐긴 거죠. 패스를 하거나 훈련 중에 몇몇 기술 연습을 하는 것도 마찬가지고요. 선수들끼리 서로 '이제 내 차례야', '아니, 아직 더 할 거야' 이런 자연스러운 분위기가 생기는 거죠."

어쩌면 그건 어린이들처럼 순수하게 축구를 즐기는 게 아닐까요?
베르캄프 "맞아요."

로건 테일러Rogan P. Taylor가 쓴 푸스카스Puskás Ferenc에 대한 책에도 비슷한 이야기가 나와요. 푸스카스가 부다페스트의 어린 소년이었던 시절 학교에 갈 때 트램을 타지 않고 그 옆에서 드리블을 하면서 갔다고 해요. 축구 연습을 하려고.
베르캄프 "그건 정말 환상적인 일이군요. 마라도나의 나폴리 시절 영상을 즐겨 본 기억이 있어요. 그가 코너킥 포지션에서 곧바로 골을 기록하고, 8살 아이처럼 방방 뛰는 걸 본 적이 있죠. 비앙키가 그렇게 하라고 말했을 수도 있겠죠? 제가 가장 좋아하는 건 그가 스타디움의 음악에 맞춰서 워밍업을 하던 모습이었어요. 나폴리 대 바이에른 뮌헨전이었는데 노래는 오푸스Opus의 〈Live if Life〉였죠. '나나나나나!' 그는 푸마 킷을 입고 짧은 양말을 신고 있었죠. 다른 모두가 달리면서 워밍업을 하고 있을 때 그는 음악에 맞춰서 저글링을 했어요. 그리고 나서 허공에 볼을 높이 차올렸어요. 어쩌면 그가 노래를 부르고 있었을지도 몰라요. 그는 기쁨에 가득 차서 자연스럽게 리듬에 맞춰 움직이고 있었어요. 그건 정말 보기 좋은 장면이었어요."

14

다른 모습

"몇몇 사람들은 베르캄프는 정말 좋은 사람이라고 해요." 비에이라가 당시를 즐겁게 떠올리며 말했다. "저는 완전히 동의하지는 않아요. 베르캄프는 그렇게까지 착하고 다정하지 않거든요! 베르캄프를 상대로 수비하고 싶지 않아요. 왜냐하면 베르캄프는 굉장히 지능적이기 때문이죠. 경기장 위에서는 '좋은 사위'처럼 보이지만, 실제로 그는 절대 아름다운 게임을 하러 온 선수가 아니에요. 베르캄프는 필요한 상황이라면 자신에게 내재된 끔찍한 면모를 끄집어낼 준비가된 선수였죠. 모두 알다시피 레드카드도 꽤 받았었고. 물론 저만큼은 아니지만. 하지만 사람들은 제가 거친 건 알지만, 베르캄프가 그런 건 잘 기억 못하죠. 때때로 그는 저보다 더 거칠 수도 있었어요. 베르캄프는 경기뿐만 아니라 훈련에서도 지는 걸 싫어했고, 다른 누군가가 본인을 비웃는 것을 용납하지 않았어요. 뿐만 아니라 아무 이유 없이 발로 채이는 걸 싫어했어요. 베르캄프는 사랑스러운 사람이지만, 만약 전쟁터에 나가야 한다면 베르캄프를 데려가는 게 좋아요. 굉장히 전투적이고 거친 면이 있거든요."

레이 팔러도 말했다. "그 누구도 베르캄프를 괴롭힐 수는 없었어요. 베르캄프는 재능과 기술을 모두 갖췄음에도 굉장히 열심히 훈련했어요. 절대 빈둥거리지 않았죠. 그에게 태클을 하면 그는 어떻게든 되갚아줬죠. 하지만 베르캄프는 매우 현명한 방법으로 그렇게 했어요."

앙리 또한 그 의견에 동의했다. "베르캄프는 모든 일에 대해서 매우 현명했어요. 경기장에서 좋은 의미로 악랄하고 격렬했죠. 그리고 아주 똑똑했어요. 베르캄프가 경기할 때 보면, 정말 바보 같은 장면들은 전혀 없어요. 정말 하나도! 심지어 상대 팀에게 반칙을 할 때도 영리하게 했죠. 레드카드를 받았을 때도 그는 베르캄프 특유의 얼굴로 결백한 것처럼 '누가? 내가? 나 베르캄프야'라는 표정을 지었죠. 저는 그런 베르캄프가 너무 사랑스러웠어요. 그가 레드카드 한 장을 받았을 때 저였다면 아마 두 장은 받았을 거예요."

솔 캠벨은 베르캄프와 동료가 되기 전 그가 분명 자신을 힘들게 할 거라고 생각했었다고 회상했다. "베르캄프는 때로 정말 거칠었어요. 다시 말하자면, 베르캄프 본인 스스로 거칠게 하고 싶다면 거칠게 나왔죠. 그는 아주 중요한 순간에 발을 내미는 법을 알았어요. 베르캄프는 또 엄청 힘이 좋았는데, 특히 상체 힘이 좋았어요. 저를 쉽게 제압했죠."

하지만 토니 애덤스는 베르캄프가 잉글랜드에 도착했을 때 겪었던 문제점들을 기억했다.

"베르캄프가 처음 왔을 때는 좀 더 강해질 필요가 있었어요. 그때 베르캄프는 우리가 아는 강인한 모습에 비하면 피지컬이 좋지 않았어요. 하지만 프리미어리그는 피지컬적으로 매우 강한 리그였어요. 그 시기 잉글랜드에 온 외국인 선수들은 기본적으로 선택권이 있었는데, '나한테 너무 거친 리그인 것 같아'라고 약한 소리를 할 수도 있었어요. 제 기억에 블라디 페트로비치Vladi Petrovic가 그랬었던 것 같네요. 페트로비치는 엄청난 재능이 있었죠. 물론 제가 이름을 다 기억할 수는 없지만, 특히 잉글랜드 북부에서 많은 선수들이 페트로비치처럼 몸싸움이 거친 리그를 포기하고 고향으로 돌아갔어요. 피지컬적인 부분을 감당할 수 없었던 거죠. 하지만 베르캄프는 달랐어요. '난 여기서도 황소 같이 경기에 나설 수 있어'라며 그런 부분을 극복했죠. 베르캄프는 그런 점에 있어서 완전히 거칠었어요. 제 생각에 아마 우리 영향도 받았을 겁니다. 베르캄프는 첫 시즌에 독기를 품고 반응했죠. 왜냐하면 그때는 TV 카메라가 그렇지 많지 않기 때문에 그런 게 가능했어요. 처음부터 그렇게 강하지 않았지만, 점차 강해졌어요. 기량이 더 좋은 수비수나 선수들과 경기하면, 자신도 실력이 좋아진다고 생각해요. 우리가 훈련할 때 베르캄프를 때려눕혔다는 게 아니라, 그가 항상 피지컬적인 압박 속에서 훈련할 수 있었다는 거죠.

1990년대 중반까지는 심판 몰래 뒤에서 태클하는 게 가능했어요. 그래서 저는 태클을 즐겼고, 상대 공격수들은 대책이 없었죠. 한번은 케니 달글리시Kenny Dalglish를 상대로 경기할 때였어요. 달글리시를 차려고 마음먹고 기다리고 있었어요. 하지만 볼이 오자 그가 먼저 저에게 돌진해 부딪히더군요. 세상에나. 그때를 기억하면 아직도 고통스러워요. 앨런 브라질Alan Brazil도 입스위치 시절에 종종 그랬어요. 그게 그 당시에 경기하던 방식이죠. 좋은 공격수들은 수비수들이 어떻게 할지 알고 먼저 공격을 했어요. 물론 베르캄프도 그랬어요. 나중에 규칙이 바뀌고 나서는 좀 더 지능적으로 경기해야 했어요. 전형적인 10번 공격수들이 수비수한테 달려들 때면 수비수들이 곤경에 처하곤 했죠. 만약 당신이 수비수라면 경기 흐름을 읽어야 해요. 상대 공격수가 어느 쪽으로 갈까? 경기 중에 생각해야 했죠. 물론 베르캄프는 어느 쪽으로든 움직였어요."

◆◇◆

당신이 아스널에서 받은 카드 수를 보면 굉장히 놀라워요. 레드카드 4장, 옐로카드 46장입니다. 한때 당신은 다이빙한다는 평판을 받았지만, 이안 라이트는 부당하다고 했죠. 왜냐하면 새로운 곳에 적응하고 있었으니까요. 같은 상황에서 이탈리아였다면 프리킥을 얻었을 테니 더 넘어졌겠죠. 하지만 잉글랜드의 상황은 좀 다르니까요.

베르캄프 "이탈리아에서는 2명의 공격수가 5명의 수비수를 상대하기 때문에, 자신을 보호할 방법을 찾아야 하죠. 볼을 뺏기지 않을 방법을 찾아야 하는 거예요. 그래서 5명의 수비수를 상대하면서도 볼을 지켜야 하니까 신체 접촉이 있다면 넘어지는 거죠. 이게 속임수인가요? 잉글랜드라면 속임수지만 이탈리아에서는 경기의 일부예요.

그러니 이탈리아식 경기에 적응해야죠. 정상적인 거니까. 그러나 나중에 잉글랜드에 온다면 다르다는 걸 깨달을 거예요. 여기에서는 통하지 않거든요. 정확한 건 아니지만, 저는 속임수라고 부르지 않아요. 다른 선수들이 속임수 쓰는 걸 봤거든요. 말하기 어렵지만 저도 가끔 써먹었죠. 하지만 대부분 정직하게 경기했어요."

어떻게 했다는 건가요? 설명해 주세요.

베르캄프 "많은 경우, 경기 중에 누군가 밀거나 신체 접촉이 있으면 볼을 제대로 잡지 못해요. 그런데도 당신이 계속 달린다면 그 누구도 그런 몸싸움이 있었는지 모르기 때문에, 프리킥을 얻지 못하죠. 그렇기 때문에 더 반응할 수밖에 없어요. 그래야 프리킥을 얻을 수 있는 거죠. 심판의 이목을 끌기 위해서 조금 더 과장하는 거예요. 하지만 넘어지기 전에는 신체 접촉이 꼭 있어야 해요. 제 생각에 속임수는 좀 다르다고 생각해요. 예를 들어, 제가 수비수를 제칠 때는 아무런 접촉이 없었는데, 넘어지고 구르는 행위는 속임수인 거죠. 독일어로 슈발베schwalbe(프리킥을 얻기 위해 반칙당한 척하는 것)라 부르는 행위가 속임수인 거예요. 저는 그러지는 않았어요. 하지만 접촉이 있었다면, 어떻게 과장했는지가 문제죠. 만약 당신이 아무것도 하지 않는다면 프리킥을 얻지 못할 거예요. 조금 과장한다면, 프리킥이든 페널티킥이든 뭔가 얻어낼 수 있어요."

하지만 너무 많이 하는 것도 속임수 아닌가요?

베르캄프 "그렇죠. 하지만 굉장히 어려운 부분이에요. 저 같은 경우는 접촉도 없었는데 프리킥을 얻어내려고 넘어지는 건 용납할 수 없어요. 하지만 항상 상대 수비수와 경쟁해야 하는 상황에서, 만약 상대가 건드렸는데도 멀쩡히 서 있다면 프리킥을 얻을 수 없어요. 그러니 선수들은 조금이라도 반응해야 해요. '이봐! 심판!' 경기 중에 상대가 파울을 범했는데도 프리킥을 얻지 못하는 상황이 많아요. 그럴 때는 어떻게 해야 할까요? 이것도 다른 상황이죠. 상대가 당신을 밀쳤는데 심판이 보지 못했어요. 그렇다면 이것도 수비수의 속임수일까요? 맞아요. 이건 속임수예요. 심판이 보지 못했지만, 상대가 당신을 뒤에서 밀었어요. 저는 이것도 속임수라고 생각해요. 어떤 사람 뒤에서 하는 건 모두 속임수예요. 저는 아스널에서 첫 시즌에 굉장히 좌절했어요. 절대 속임수를 쓰지 않아서, 사람들이 저를 다이버라고 부를 거라고 생각하지 않았거든요."

하지만 당신은 교묘하게 피해가기도 했어요. 1998 프랑스 월드컵에서 미하일로비치Mihajlovic를 밟았지만, 당신의 신사적인 이미지 때문에 반칙을 피해 갔죠. 퇴장감이었는데도 말이에요.

베르캄프 "맞아요. 하지만 코벤트리와의 경기에서는 그 반대 상황도 있었어요. 상대 선수를 제치고 가는데, 그 선수가 저를 넘어트렸어요. 그를 제치면, 골키퍼와 일대일 상황이었죠. 오프사이드를 뚫어냈었다고요. 하지만, 제 기억에 폴 윌리엄스Paul Williams였던 것 같은데, 윌리엄스는 저를 넘어뜨렸어요! 실수였든 아니든 그가 저를 넘어트렸어요. 상대 골키퍼와 일대일 상황이었기 때문에 그냥 그대로 경기를 진행하고 싶었어요. 즉 저한테는 거기서 넘어져야 하는 어떤 이점도 찾을 수 없었죠. 그런데 그 후에 무슨 일이 일어났을까요? 주심은 프리킥을 선언했고, 그 수비수를 퇴장시켰어요. 그 후에 엄청난 소란이 있었죠. 왜냐하면 TV에서는 카메라 각도 때문에 상대가 저를 건들지 않았던 것처럼 보였거든요. 하지만 저는 바로 그 자리에 있었어요! 작은 태클이었겠지만, 전력 질주를 하고 있었고 양발 모두 공중에 있는 상황이라면 작은 접촉이라도 넘어질 수 있어요. 그런 일이 일어난 거죠. 하지만 관객들은 TV 화면에서 제대로 된 상황을 볼 수 없었겠죠. 모두 저한테 사기꾼이라고 하니까 굉장히 화가 났던 거예요. 이후에 제가 할 수 있는 말은 '무슨 소리야? 나는 골키퍼와 일대일 상황이었고, 수비수와 떨어져 있었다면 내가 왜 넘어지겠어? 대체 왜?'라는 말뿐이었어요."

당신은 아직도 그때 일에 대해 화가 나 있군요.

베르캄프 "맞아요! 그래서 우리는 페널티박스 바깥에서 프리킥을 얻었어요. 심지어 페널티킥도 아니었다고요! 제가 뭘 할 수 있었겠어요? 그래요, 어떻게 보였을지 알아요. 저는 같은 장면을 봤고, 무슨 일이 일어났는지 알았어요. 사람들이 외국인 선수가 와서 속임수를 쓴다고 말하는 것에 대해 걱정되었기 때문에 어려운 순간이었어요. 저는 이런 게 싫어요. 저는 잉글랜드 축구와 솔직함, 그리고 직업적 윤리의식을 사랑해요. 속임수를 쓰려는 게 아니에요."

당신은 루이스 수아레스처럼 비난받았죠?

베르캄프 "아니, 그 정도 수위는 아니었어요. 하지만 이런 상황들이 있었고, 이 장면은 그중 일부에 불과해요. 하지만 지금 말하지만, 그게 실제 일어난 일이에요. 제가 사기꾼이라고 불리는 것에 정말 화가 났었고, 그렇게 불리고 싶지 않았어요. 저는 절대 그렇지 않으니까! 분명히 신체 접촉이 있었어요. 다만 조금 과장해서 행동했다고 하면 그건 인정할 수 있어요."

그러니까 기본적으로 당신의 생각은, 접촉이 없을 때 넘어져서는 안된다는 것이네요?

베르캄프 "맞아요. 그게 제 의견이에요. 실제로 접촉이 있어야 한다는 거죠. 전혀 신체적 접촉이 없었는데, 누군가를 퇴장시키려 했다면 그게 속임수인 거죠."

언제 그런 결정을 하는 건가요?

베르캄프 "제가 이렇게 결정을 내릴 때는 한 가지만 보지 않아요. 접촉이 있었다고 가정해 보세요. 넘어질까요 아니면 그냥 버틸까요? 만약 득점할 기회가 있었다면? 이 접촉으로 인해 제가 득점할 기회가 날아갔다면? 득점하거나 패스할 기회를 놓쳤다면? 그렇다면 최선의 결정을 내려야죠."

사이먼 쿠퍼Simon Kuper는 당신이 도발에 대응하면서 에너지를 낭비한다고 썼더군요.

베르캄프 "제 아내는 늘 '처음 몇 분 동안은 당신이 상대에게 차였으면 좋겠어. 그래야 당신이 바뀌거든' 하고 이야기하기도 했어요. 가장 기억나는 사례는 3번째 시즌 초반의 사우스햄튼 원정 때 벌어진 일이에요. 잉글랜드 출신의 레프트백이 있었어요. 이탈리아 이름을 썼고, 마치 이탈리아인인 것처럼 행동했죠. 셔츠를 잡아당기고, 제가 패스하고 난 다음에 태클하는 식으로. 똑같은 일이 계속 일어나자, 도저히 참을 수 없어서 '신이시여! 저는 충분히 참았어요!'라고 생각했어요. 정말 화가 나서, 정확하게는 기억이 안 나요. 셔츠를 잡아 당겼는지, 태클을 했는지. 상대 수비수가 볼을 뺏는 상황에서는 좌절하기도 했었죠. 하지만 이번에는 신체적 접촉 상황이어서 굉장히 화가 났어요. 볼을 소유한 지 30초도 지나지 않아서 한 손으로 그 선수를 뿌리쳤어요. 아주 화가 난 상태라서 뒤로 돌면서 강하게 슈팅을 한 게 그대로 골이 됐죠. 세리머니는 아주 환상적이었어요. 팬들이 정말 가까이 있었는데, 모든 선수들이 저를 축하해 주러 왔어요. 저는 그 수비수 바로 앞으로 가서 세리머니를 했어요. 모든 아스널 선수들이 그 선수를 둘러쌌고, 그 선수는 우리들 중심에 있게 되자 우리를 밀치고 나가려고 했어요."

마치 '인크레더블 헐크'처럼 변했던 거군요?

베르캄프 "다비드 엔트David Endt(전 아약스 감독)는 이런 저를 보고 '끓어 넘치는 우유'라고 했어요. 그 말이 무슨 의미인지 나중에 알았죠. 하지만 다시 속임수 문제로 돌아가서 이야기하자면, 수비수와 공격수 사이에는 다른 사람들이 보지 못하는 많은 일들이 일어나요.

제가 속임수라고 말하는 건 이런 거예요. 대개 주심한테 첫 번째 파울을 보라고 해요. 대부분 주심들은 그 첫 번째 파울을 못 보고

268

제가 한 파울, 그러니까 제 반응만 보죠. 하지만 아마 주심들은 볼만 보기 때문에 수비수들이 범하는 첫 번째 파울은 못 보는 것 같아요. 지능적인 수비수들이 참 많아요.

제 생각에 그래도 잉글랜드 수비수들은 정직하다고 봐요. 직설적이잖아요. 발을 뻗긴 하지만 지저분한 수비는 없어요. 제 말은, 이미 볼이 공격수로부터 떠났을 때와 공격수가 볼을 소유할 때는 완전히 상황이 다르다는 거죠. 물론 일부 선수들은 지저분한 태클을 하긴 해요. 그렇지만, 제 경험상 잉글랜드 수비수들은 굉장히 정직한 편이에요. 솔 캠벨과 존 테리를 생각해 보세요. 그들은 그저 수비하기 위해 자리를 잡고, 공격수가 못 오게 하죠. 수비수가 해야 할 일들이에요. 마틴 키언이나 토니 애덤스, 스티브 볼드 모두 지저분한 수비는 전혀 없었어요. 이렇게 정직하게 경기하면서, 제때 수비도 하는, 힘이 넘치고 경기를 잘 읽는 수비수들을 상대해야 하는 건 정말 힘들어요. 이들도 쉽지는 않을 테죠. 포백으로 나서면 수비수들 뒷공간을 막기 위한 수비 라인까지 형성해야 했으니까. 이탈리아에서는 리베로가 있지만, 잉글랜드에서는 두 센터백이 공격수 두 명을 상대해야 하기 때문에 각각 막아내기가 쉽지 않았어요. 공격수 입장에서는 수비수 사이를 비집고 들어가는 스타일의 플레이를 좋아하긴 했어요. 수비수들은 수비 라인을 벗어날 수 없었거든요. 저는 이런 짐을 이용했는데, 한편으로는 제가 가진 장점이었죠. 하지만 수비수 입장에서는 아주 많은 노력이 필요한 상황이었던 거죠.

사실 저는 최고의 이탈리아 수비수들을 상대로 경기하는 게 항상 좋았어요. 늘 그들과 멋진 대결을 할 수 있었거든요. 알다시피 그들은 말도 많고, 지저분한 태클도 하고, 꼬집고, 발가락을 밟고, 아무도 안 볼 때는 걷어차기도 하죠. 뿐만 아니라 볼이 없을 때는 다가가서 팔꿈치로 가격하기도 해요. 저한테도 그랬어요. 그게 오히려 더 열심히 뛰게 만들었어요. 그들은 대개 '날 봐! 나는 아주 환상적인 선수야'라는 태도를 보이죠. 저는 그런 걸 받아들일 수 없었어요. 저는 마틴 키언처럼 수비수로도 정직하게 경기하면서, 드레싱룸에서만 유쾌하게 말을 많이 하는 선수들이 좋았어요. 키언은 상대 선수가 골을 넣지 못하도록 막는 것을 자랑스러워했어요. 뿐만 아니라 말도 잘했죠. '어디 한번 해보시지. 네가 나를 뚫고 간다고? 그건 안 될걸.' 이런 식의 말들이었죠. 그러면서 같은 팀 공격수한테는 '넌 정말 환상적이야'라고 말했어요.

이런 선수들은 받은 대로 돌려줘요. 키언의 경우, 자신이 발로 차였다면 바닥에 뒹굴지 않아요. 일단 맞고 나서 다음 기회에 그대로 되갚아주죠. 이런 선수들은 자신이 태클을 당하면, 상대를 퇴장시키기 위해 노력할 거예요. '이봐, 주심! 안 보여? 다들 날 공격하고 있잖아!'라면서요."

그런 부분들이 당신이 FA컵 8강 웨스트햄과의 경기에서 미하일로비치를 발로 밟고, 스티브 로마스 Stephen Romas**를 팔꿈치로 가격한 이유인가요?**

베르캄프 "미하일로비치의 경우는 상황을 알아차렸을 때, 이미 너무 멀리 와버린 상황이었어요. 약간 바보 같았지만, 발생할 수도 피해갈 수도 있는 상황이었죠. 물론 이미 발생한 상황이니 안고 가야죠. 스티브 로마스와의 상황은 썩 유쾌하지 않았어요. 코너킥 라인 부근에서 막 벗어나려고 할 때, 그가 뒤에서 제 셔츠를 잡아당겨서 팔꿈치를 썼는데, 돌아보니 스티브가 피를 흘리고 있었어요. 좋지 않은 상황임을 직감했죠. 그렇게 피까지 흘릴 만한 상황은 아니었어요. 제 마음은 그저 '제발 나한테서 좀 떨어지라고!' 같은 의미였는데, 결국 누군가를 다치게 한 상황이 되어버렸어요. '별로 좋지 않은데' 바로 그런 생각이 들었죠. 팀에게도 좋지 않았어요. 약 1시간 동안 10명이서 싸워야 했거든요. 전체적으로 좋을 게 없었죠. 그렇다고 저에게 큰 타격이 온 것은 없었어요. 왜냐하면 제 생각에 잉글랜드 사람들에게는 스스로 미안해하는지가 중요했거든요. 여러 사건이 있었는데, 스티브 로마스 건은 정말 안 좋은 경우였죠. 저는 3경기 출전 금지 징계를 받았어요. '나는 원래 이런 선수는 아니야'라고 생각했지만, 그것도 축구에서 일어나는 상황이에요. 대부분의 선수라면 이런 상황에서 '나는 정말 이 경합에서 이기고 싶었을 뿐이야. 누군가를 다치게 했다면 그건 그저 스포츠일 뿐이야'라고 생각했을 거예요. 하지만 어떤 선수들은 목적을 위해 '무슨 대가를 치르더라도'라고 생각하기도 해요. 하지만 그건 바람직한 방식이 아니에요. 저 같은 경우 그런 상황은 늘 당황스러웠어요. '이런 플레이를 하면 안 됐어. 너무 어리석었어'라고 생각했죠. 만약 그런 상황에서 '상대가 그럴 만했어'라고 생각하는 사람이 있다면 뭔가 잘못됐다고 생각해요."

15

리더

축구 경기장에서 리더란 어떤 선수일까? 그리고 그들은 어떻게 팀을 이끌까? 한마디로 말하기는 어렵다. 이런 주도적인 사람들은 제각각의 모습과 체구, 성격, 목소리를 갖고 있기 때문이다. 한 팀에 한 명 이상의 리더가 있을 경우, 각기 다른 성향으로 인해 혼란스러울 때도 있다. 한 팀에는 정식으로 임명된 주장뿐만 아니라, '기술적 리더'나 전문가들도 있다. 예를 들어 오래 전 영국의 센터포워드는 공격 라인을 이끌어야 하고, 골키퍼는 수비를 지휘해야 한다고 말해왔다. 전사 타입의 토니 애덤스나 경기장에서 고함을 지르는 요한 크루이프 같이 베르캄프의 커리어에 있어 영향을 준 리더들은 팀 동료들에게 어디로 뛰어야 하는지 지시했고, 동료들은 그에 따르는 것이 일반적이었다. 그러나 베르캄프의 경우는 좀 달랐다.

사실 그의 전 동료들 중 일부 선수는 베르캄프에게 리더로서의 자질이 전혀 없어 보였다고 말하기도 했다. 인터 밀란의 리카르도 페리는 베르캄프가 너무나 조용한 선수였다고 말했다. 그는 리더라면 목소리도 좀 내고, 사교적이어야 하는 게 가장 중요하다고 생각했다. "베르캄프는 인테르에서 기술적으로 절대 리더가 될 수 없었어요. 그냥 '베르캄프는 리더가 될 만한 선수인데?'라고 하면 되는 게 아니에요. 그건 팀에서 정하는 거죠. 아스널 라커룸에서는 어떻게 결정하는지 모르겠지만, 인테르에서는 그렇게 해서는 리더가 될 수 없어요. 마라도나 같은 위대한 선수가 될 수는 있겠지만, 다른 선수들과 어울리지 않으면서 팀의 리더가 될 수는 없죠. 나폴리에서 마라도나는 항상 그의 감정을 표출했어요. 굉장히 관대했죠. 경기 후에 인터뷰할 때, 그가 3골을 넣었더라도 항상 팀의 다른 사람을 칭찬했어요. 마라도나는 '데 나폴리Fernando De Napoli가 아니었다면 해낼 수 없었습니다'라고 말했죠. 그 경기에서 데 나폴리가 그다지 큰 활약을 하지 않았더라도요. 마라도나는 팀 내부뿐만 아니라 외부적으로도 모두를 위해 포용적이었어요. 모두를 초대해 저녁을 함께 먹기도 했죠."

오스발도 바뇰리도 비슷한 점을 언급했다. "팀에서는 리더여야만 하는 사람을 주장으로 뽑아야 해요. 그건 당연한 거죠. 인테르에서는 베르캄프를 뽑지 않았어요. 그의 수줍음 많고, 사교적이라기보다 '닫혀 있는' 성격 때문이에요. 만약 팀 동료들과 더 많은 시간을 보냈더라면 달랐겠지만, 베르캄프는 그러지 않았어요."

하지만 1995년 베르캄프가 아스널에 왔을 때, 골키퍼 코치였던 밥 윌슨은 베르캄프를 다른 시각에서 봤다. "천재인 사람들은 거만하지 않기가 오히려 더 어려워요. 일부 사람들은 베르캄프의 무관심을 잘못 해석할 수 있죠. 그런데 저는 그걸 부끄러움이라고 봐요. 베르캄프는 절대 자기 자신이 얼마나 훌륭한 선수인지에 대해 말하지 않았어요. 그저 겸손했죠. 저는 지금 71살이고, 6~7살 때부터 축구를 사랑했던 사람이에요. 베르캄프는 제 인생에서 손가락 안에 꼽을 수 있는 톱클래스 선수예요. 저는 베르캄프를 스탠리 매튜스Stanley Matthews나 푸스카스, 히데쿠티Hidegkuti Nándor, 던컨 에드워즈Duncan Edwards, 펠레, 가린샤Garrincha와 같은 수준으로 보고 있어요. 크루이프나 마라도나, 메시, 베켄바우어Franz Beckenbauer, 바비 무어Bobby Moore 정도만이 의심할 여지없이 그보다 더 높은 수준에 있다고 생각하죠. 베르캄프는 경기를 다른 수준으로 올려놓는 선수예요. 저는 베르캄프가 경기를 보는 모든 관중들을 완전히 다른 차원으로 이끌었다고 보고 있어요. 그는 경기의 지배자였거든요. 누군가 그를 태클로 막지 않는다면, 마치 무대 위에서 저글링하는 사람처럼 볼을 가지고 놀았어요. 그가 리더였냐고요? 물론이죠. 베르캄프는 다른 누군가를 바꿀 수 있는 힘이 있는 사람 중 하나였어요. '베르캄프, 우리에게 어려운 일이 생겼는데, 어떻게 해야 할지 모르겠어'라고 하면, 그는 뭔가 다른 것을 보여주었죠. 베르캄프가 다른 선수들에게 보여준 가장 중요한 것은 선수들이 실수했을 때 숨거나 겁먹지 말라고 했던 거였죠. '해봐! 넌 할 수 있어!' 다른 사람들이 '우리 한번 해보자'라고 생각하도록 만드는 베르캄프만의 보이지 않는 존재감이 있었어요. 베르캄프는 늘 영감을 주는 리더 그 자체였어요."

티에리 앙리도 그의 말에 동의했다. "사람들은 거만함과 자신감의 차이를 혼동하기 때문에, 베르캄프를 오해하는 거예요. 네덜란드 선수들은 굉장히 자신감에 넘쳐요. 사람들은 늘 '네덜란드 선수들은 거만해'라고 하지만, 절대 그렇지 않아요. 그저 자신감이 넘칠 뿐이죠. 제가 베르캄프를 좋아했던 이유 중 하나는, 엄청나게 자신감이 넘치면서도 거만하지 않아서였어요. 가끔 '왜 베르캄프는 과시하는 플레이를 해?'라는 말을 듣곤 했어요. 그는 전혀 자신을 과시하지 않아요. 그게 그의 플레이 방식이죠. 예를 들어 뉴캐슬전 골처럼 말이에요. 사람들은 왜 베르캄프가 그렇게 골을 넣었는지 이해하지 못해요. 하지만 베르캄프 입장에서는 딱히 이유랄 게 없죠. 베르캄프는 볼이 오니까 '그래, 좀 다르게 경기를 풀어볼까. 다비자스Nikos Dabizas 뒤로 침투해서 볼에 회전을 준 다음 슈팅해버려야지'라고 생각했죠. 어떤 사람들한테는 전혀 불가능한 방법이지만 베르캄프에게는 너무 자연스러운 거죠. 저는 지단, 메시, 사비Xavier Hernández, 이니에스타 Andrés Iniesta, 호나우지뉴Ronaldinho, 에투Samuel Eto'o와 뛰어봤어요. 이 선수들 모두 정말 환상적이죠. 만약 타고난 재능에 대해서 논하자면, 지단은 세상을 초월한 능력을 가지고 있어요. 어떻게든 그가 원하는 대로 경기할 수 있죠. 볼을 가지고 춤을 추거든요. 가끔 지단을 보고 있으면, 그저 입이 쩍 벌어져요. 메시? 제가 봤을 때, 그의 플레이는 앞으로 그 누구도 따라 하지 못할 거예요. 마라도나? 범접할 수 없죠. 크루이프? 플라티니Michel Platini? 다 불가능해요. 하지만 저는 베르캄프와 가장 오래 뛰었고, 매일 훈련장이나 경기장에서 그를 봐왔어요. 그게 제가 함께 뛰어본 선수 중 베르캄프가 가장 뛰어나다고 하는 이유예요. 저에게 베르캄프는 과거는 물론 앞으로도 축구의 '마스터'죠.

아스널에 왔을 때 여기는 베르캄프의 팀이었고, 저는 그게 늘 좋았어요. 베르캄프가 떠나자 달라졌지만, 그가 있는 동안에는 그의 팀이었죠. 베르캄프는 개성 있는 사람이에요. 그게 제가 그를 더 동경하는 이유죠. 그런 수준에 있는 유명한 선수들은 저마다 자존심이 세지만, 베르캄프는 그걸 조절할 줄 알았어요. 베르캄프는 전성기 때 골을 더 기록할 수 있었지만 자유로운 위치에 있는 다른 선수들에게 패스해줬어요. 저에게는 항상 베르캄프가 최고예요. 이건 베르캄프를 우러러보는 것과는 좀 달라요. 항상 옆에 큰형이 있는 느낌이죠. 그는 매우 똑똑해서 자신이 앞서서 나설 필요가 없다는 걸 알고 있었어요. 하지만 그와 눈이 마주치면 누구나 그의 뜻이 뭔지 알 수 있었죠. 베르캄프는 그저 볼과 이야기할 뿐이었어요. 그게 가장 좋은 방법이었죠."

토니 애덤스는 조금 회의적이었다.

애덤스 "다른 사람들은 그에 대해서 좀 더 감성적으로, 그가 어떻게 그런 마법 같은 플레이를 했는지 더 정확하게 알려줄 수 있을 거예요. 하지만 저에게 물어보면, 그저 제 경험에서 비롯된 현실만 알아가게 될 거예요. 저는 베르캄프를 존중하지만, 그렇다고 그에게 압도당한 건 아니었어요. 베르캄프가 클럽에 도착했을 때, 제가 어디 있었는지 생각해 보세요. 1995년에 저는 죽고 싶었습니다. 그래서 베르캄프를 전혀 신경 쓰지 않았어요. 그러다가 술을 끊었고, 그 후로 세상은 제 뜻대로 되었죠. 현실의 저에게는 기술적으로 믿을 수 있는 베르캄프라는 동료가 있었죠. 하지만 그 당시 그 외에도 많은 선수들이 팀에 왔어요. 그걸 잊으면 안 돼요. 그래서 베르캄프를 조금 다른 입장에서 봤어요. 그 시기에 저는 아주 사교적인 사람이었다가, 어느 순간에는 알코올 중독자 교육 모임에 나가는 신세가 됐죠. 그랬다가 어느 순간부터 다시 건강하게 지내면서 그 무렵 베르캄프와 함께 축구를 할 수 있었죠.

하지만 저는 여전히 주장이었고, 일종의 관리자였죠. 가끔은 어떤 역할이든 맡아야 해요. 그래서 베르캄프의 친구가 될 수는 없었죠. 그게 주장의 위치가 아니라고 생각했어요. 다른 삶, 다른 장소, 다른 상황이라면 아마 우린 다른 관계를 맺었을 테죠. 하지만 저는 선수단의 관리자로서 목소리를 내야 했어요. 저는 이기고 싶었고, 베르캄프는 그걸 이뤄줄 수 있었죠. 그래서 저는 주장으로서 항상 그를 가까이서 지켜봤어요."

가까이에서 지켜봤다고요? 그에게 동기부여를 하거나 좀 더 강하게 밀어붙이거나 했나요?

애덤스 "그렇죠. 하지만 그렇게까지 몰아붙일 건 없었어요. 베르캄프는 진짜 프로였거든요. 베르캄프가 항상 준비되도록 할 필요가 없었어요. 딱 한 번 필요한 적은 있었지만 그게 끝이었죠. 알다시피 저는 지난 30여 년간 수백 명의 선수들과 뛰어봤고, 그리고 수백 명의 선수들을 상대했었죠. 사람들은 마라도나, 판 바스텐, 케니 달글리시, 앙리 같은 환상적인 선수들을 좋아하죠. 하지만 저에게는 톱 3 선수 중 한 명이 베르캄프였어요. 나머지 둘이 누군지 말하진 않겠지만, 한 명은 베르캄프가 확실해요. 저에게 있어 베르캄프는 앙리보다 10배는 더 나은 선수였어요. 저 역시 프로였고, 헛된 걸 싫어했죠.

어느 순간 저는 베르캄프가 우리가 나아가야 할 방향을 이끌고 있다고 느꼈어요. 대단한 선수죠. 아마 1997년부터 1998년 초기였을 겁니다. 우리는 암흑기를 보내고 있었어요. 브루스 리오치 감독과의 시간이 끝난 후였죠. 우린 팀을 만들었고, 재정적으로도 여유가 있었어요. 그다음 필요한 건 우승이었죠. 미들즈브러와의 경기가 끝나고 우린 버스에 올라타 있었고, 그는 혼자서 앉아 있었죠."

베르캄프가 혼자 있었다고요?

애덤스 "당시 우리 팀에는 잉글랜드 선수들이 버스 맨 뒤에 앉는, 그런 나름의 규칙이 있었어요. 아무나 그 안에 들어올 수 없었고, 그 일원이 될 수 없었죠. 우리는 함께 성장한 사이였어요. 스티브 볼드와 저는 함께 술을 마시러 가곤 했어요. 그 시기 딕슨은 저와 알고 지낸 지 10년이 넘었고, 윈터번, 시먼과는 10여 년을 알고 지냈죠. 우리는 마치 군인처럼 같이 살고, 같이 숨쉬며 지냈어요. 그러니 늘 맨 뒷좌석에 함께 앉았죠. 아마 다른 사람들을 끼워주지 않는다고 비난받았을 거예요. 어느 날 베르캄프에게 가서 '베르캄프, 너 아스널에 온 지 2년 반이 다 되었는데, 아직 우승컵이 없지. 이제 우승 한번 할 때이지 않아? 얼마나 간절히 우승을 원해?'라고 물었어요. 그때 그의 얼굴을 보는데 꼭 제가 신체적인 반응을 받은 것처럼 느꼈어요. 그의 눈빛을 보면서 '그가 돌아서서 나에게 주먹을 날릴 것만 같아'라고 생각했거든요."

그 후로 뭔가 바뀌었다고 느낀 게 있나요?

애덤스 "몇 달 후 우리는 더블을 이뤘죠. 베르캄프는 올해의 선수가 되었고, 생애 최고의 축구 경기를 했었죠."

베르캄프는 '얼마나 간절히 우승을 원해?'라는 당신의 말이 계속 귀에 맴돌았다고 하더군요. 베르캄프에게는 신의 계시 같은 거였던 거죠. 그는 그 말을 마음 속 깊이 받아들였고, 지금도 종종 떠올리곤 해요.

애덤스 "맞아요. 베르캄프가 그렇게 말했던 게 기억나요. 하지만 일부 선수들은 동기부여가 필요없죠. 물론 제 말에 대해 '알았으니까 조용히 해!'라고 할 수도 있었어요. 하지만 베르캄프는 그러지 않고, 제 뜻과 함께했죠. '얼마나 간절히 우승을 원해? 그럼 화이팅하자!' 열정, 팀에 대한 자부심, 동기부여. 그게 제 방식이고, 그래서 집중할 수 있었죠. 엠마뉘엘 프티Emmanuel Petit는 굉장히 조용했지만, 저는 (주먹을 꽉 쥐고, 험상궂은 얼굴을 하고, 이마를 치면서) 우~아! 소리쳤죠. 그런 식으로 선수들의 사기를 북돋았어요. 그러면 아드레날린이 솟았고, 동기부여가 되었죠. 키언도 비슷했어요. 절대 진정하지 않았죠. 키언은 좀 진정할 필요가 있었는데. 세상에, 키언의 충동적인 태클로 내준 페널티킥이 얼마나 많았는지. 베르캄프는 조용했기 때문에, 좀 더 끌어올릴 필요가 있었어요. 뭐, 그럴 필요까지는 없었을 수도 있어요. 베르캄프 스스로 동기부여가 되어 있었으니까. 제가 막 몰아붙이지 않아도 그렇게 될 수도 있었어요. 저는 그저 제 자신과 다른 사람들로부터 배워 나가고 있었어요."

아스널 주장으로서 애덤스의 후계자인 비에이라에게 베르캄프의 비밀은 그만의 조용함에 있었다.

비에이라 "베르캄프는 소리치지 않았고, 나서서 말하는 스타일이 아니었어요. 하지만 그는 경기장 위에서 기술적으로 우리를 이끌 수 있었고, 우리가 이길 수 있도록 마법을 부리는 사람이란 걸 알았어요. 베르캄프는 도움을 주거나, 경기를 만들어 나가는 방법을 알잖아요."

비에이라, 당신은 주장이었어요. 베르캄프는 팀의 리더였던 건가요?
비에이라 "베르캄프는 우리에게 영감을 주는 존재였고, 또 리더였어요. 앙리는 득점을 올리고, 베르캄프는 경기를 만들어 갔죠. 솔 캠벨은 후방에서 팀을 이끌고, 저는 미드필드 지역에서 레드카드를 얻어내는 사람이라는 걸 모두가 알았죠."

팀에서는 베르캄프를 어떻게 봤나요?
비에이라 "다른 사람들로부터 존경을 받았죠. 그게 모두가 베르캄프를 좋아하는 이유예요. 물론 네덜란드인 특유의 거만함도 있었죠. 저는 이 부분에 대해 늘 이야기하곤 해요. '우리가 최고야! 우리가 최고의 길을 가고 있다고!' 하지만 모두가 베르캄프를 좋아했던 건, 베르캄프도 모두를 존중했기 때문이에요. 드레싱룸에서 베르캄프는 정말 인기가 많았어요. 모두 함께 웃으면서 베르캄프와 이야기했죠. 우리 모두 경기장 위에서 베르캄프가 리더였다는 걸 알고 있었어요. 제 생각에는 같은 철학을 가진 감독이 오는 것 또한 중요하다고 생각해요. 감독이 그저 볼을 차고 뛰기만 하는 전술을 펼친다면, 그 팀에서 베르캄프는 뛸 수 없을 거예요. 베르캄프가 없다면 던컨 퍼거슨 Duncan Ferguson 같은 선수가 있어야 하는데, 그건 팀플레이에는 맞지 않거든요. 왜냐하면 그게 축구의 방식이거든요."

◆◇◆

베르캄프는 리더로서 비에이라에게 감명받았다고 한다.

베르캄프 "비에이라는 프랑스 사람이기 때문에, 굉장히 심경의 변화가 심하고 거만했어요. 물론 비에이라에게도 했던 이야기예요. (웃음) 경기장 밖에서 비에이라는 평범하고, 예의 바르고, 매력적이었죠. 모든 여성들은 '비에이라는 정말 매력적이야'라고 말했죠. 그는 그런 성격이었어요. 비에이라가 드레싱룸에 들어오면 분위기를 압도했어요. 엄청난 카리스마를 가졌죠. 그리고 또 좋은 리더이기도 했어요. 토니 애덤스 다음으로 '주장직을 넘겨받을 수 있을 만한' 존재였죠. 애덤스는 주장이었어요. 토니 '캡틴' 애덤스. 애덤스에게 주장이란 단어는 거의 미들네임이나 같았어요. 애덤스 다음에 누가 주장을 맡을 수 있을까? 생각하기도 했죠. 비에이라는 그만의 방법으로 그 역할을 맡았어요. 주먹을 쥐는 일은 덜 했고, 대신 모든 사람들과 더 돈독하게 지냈어요. 장비 관리자나 요리사, 코치, 선수 모두와 그랬죠. 그런 방법이 모두에게 맞지는 않겠지만, 비에이라는 해냈어요. 선수로서 경기에서뿐만 아니라 주장 역할까지도 해냈죠."

아직 '기술적인 리더'로서 베르캄프가 어떤 선수였는지에 대한 질문이 남아 있다. 특히 베르캄프는 이탈리아에서는 리더로서 실패했다고 받아들여지고 있지만, 잉글랜드의 아스널에서는 경기에서뿐만 아니라 지루했던 축구를 '토털 축구'로 변화시켰다. 그 원동력은 무엇일까? 아르센 벵거 감독은 아주 흥미롭고, 통찰력 있는 답변을 들려줬다.

벵거 "베르캄프가 적응하는 데는 시간이 좀 걸렸죠. 첫 번째 시즌, 그에게는 많은 의문부호가 따라다녔습니다. 하지만 그 이후 조금씩 팀에 중요한 선수가 되었죠. 무엇이 그의 자신감과 연관되어 있을까요? 제가 아스널에 와서? 베르캄프 주변에 더 기술적으로 뛰어난 선수들이 있어서? 베르캄프의 영향력 때문에 기술적으로 나아졌기 때문에? 다 어느 정도 영향이 있었다고 생각합니다. 각각의 비중을 정확하게 정하긴 어렵죠. 하지만 가장 큰 영향을 미쳤던 것은 모두가 베르캄프의 가치를 인정했기 때문이라고 생각합니다.

물론 저는 네덜란드식 축구 스타일을 아주 좋아합니다. 긍정적인 철학이 있고, 후방에서부터 빌드업해서 경기를 풀어 나가죠. 또한 네덜란드 축구는 기술적으로 타고난 똑똑한 '지능적인 선수'를 중앙에 배치합니다. 경기장의 중심, 팀의 한가운데에 있는 선수를요. 베르캄프가 가장 그 철학에 맞는 선수입니다. 기술적인 능력이나 축구 지능 면에서 말이에요. 당신이 감독이라면, 팀에서 선수가 존중받았을 때 팀을 더 발전시킬 수 있습니다. 즉 선수에게 맞는 경기 방식을 입혀야 한다는 것입니다. 그래야 선수들이 더욱 흥미를 갖고 뛸 수 있죠. 베르캄프는 팀 동료들에게 매우 인정받는 선수였어요. 그것이 베르캄프의 가장 큰 강점이었습니다.

베르캄프와 이야기할 때, 프랑스 대표팀에 있던 지단과 이야기할 때와 비슷하다는 것을 느낀 적이 있습니다. 누가 더 낫다는 평가가 아니라, 팀 내에서 다른 선수들에게 존경과 존중을 받는다는 점에서 비슷하다는 걸 발견했죠. 그들이 무언가 말할 때, 다른 선수들은 그들에게 귀를 기울입니다. 모두들 그런 선수들의 말에 관심이 있거든요. 팀 안에는 잠재의식적인 지성이 흐르고 있습니다. 그리고 경기는 팀의 강점에 따라 흘러가죠. 즉 이 말은 경기가 토니 애덤스나 파트리크 비에라, 데니스 베르캄프, 그리고 티에리 앙리 같은 선수들을 따라서 진행된다는 겁니다. 팀 구성원 모두가 그런 걸 이해하고 있었죠. 물론 특정한 선수가 팀에서 너무 강해서, 그 선수의 성향에 따라 좌지우지된다면 위험해질 수도 있어요. 많은 경기들이 나락으로 떨어질 수도 있거든요. 하지만 우리 같은 경우, 베르캄프가 굉장히 지능적이었고 동시에 강한 개성이 있었어요. 어떤 사람이 방에 들어오면 모두 그 사람을 쳐다본다고들 하죠. 방에 들어와서 영향력을 미치려면, 그 사람은 '내가 가장 중요한 사람이야'라고 생각해야 합니다. 이건 무의식적인 거죠. 그런데 베르캄프는 완전히 반대의 경우였어요. 베르캄프는 걷거나 행동할 때 굉장히 품위가 느껴졌습니다. 그의 태도와 수준, 품위로 이목을 집중시키는 타입이었죠."

물리 치료사였던 게리 르윈은 베르캄프의 그런 모습이 어떻게 작용했는지 기억하고 있었다.

게리 "베르캄프가 팀에 왔을 때, 그는 주변에 무슨 일이 있는지 모두 다 알고 있었어요. 그가 좋아하거나, 별로 좋아하지 않거나 상관없어요. 그의 주변 사람들도 그가 어떻게 생각하는지 알 수 있었죠. 그는 경기 전, 그리고 경기 중에 늘 말하곤 했어요. '이렇게 한번 해봐.' 그는 선수들을 그런 식으로 이끌었죠. 하지만 노골적으로 이야기하거나, 큰소리치지는 않았어요. 다른 사람들 앞에 나서서 이야기하지도 않았죠. 대신 조용한 편이었어요. 사람들은 '내성적'이라고 하겠지만, 저는 그가 내성적이라고 생각하지 않아요. 그는 자신이 뭘 하는지를 스스로 정확히 아는 사람이었죠."

베르캄프 "리더란 무엇일까? 참 재밌는 질문이네요. 크루이프는 한 발로 볼을 밟고는 모두를 바라보면서 어디로 움직여야 할지 손짓을 했었어요. 크루이프는 리더였죠. 하지만 저는 한 번도 그처럼 볼 위에 올라 서 있어 본 적이 없어요. 그러면 바로 떨어졌을 거예요. 1990년대에 크루이프 같은 리더는 없었어요. 제가 선수로 뛰던 시절에는 모두가 서로에게 코치 역할을 했어요. 그래서 저도 그랬던 거고요. 저는 끊임없이 다른 선수들에게 무언가를 알려주려고 했어요. 그런 식으로 이끌었죠. 절대 뒤로 숨지 않았고, 볼을 달라고 요구했어요. 항상 최선을 다해 중요한 역할을 맡으려고 했었죠. 그럼에도 절대 만족하는 법이 없었고, 더 열심히 노력하고자 했어요. 코치로서도 똑같아요. 만약 우리 공격수들이 기회를 놓친다면 생각하기 시작하죠. 어떻게 해야 다음번에 골을 넣게 할까? 저는 좋은 코치가 되어서 공격수가 골 기회를 놓치지 않도록 가르칠 거예요. 제가 하는 일을 잘하고 싶고, 중요한 사람이 되고 싶어요. 하지만 명성을 좇지는 않을 거예요. 그게 제가 감독직에 관심이 없는 이유죠."

다양한 유형의 리더가 있어요. 당신은 어떤 유형인가요?

베르캄프 "파트리크 비에라는 토니 애덤스와는 완전히 다른 리더였다고 했었죠? 비에라는 물론 완전히 다른 스타일이었어요. 경기장 위에서 정확히 보지는 못했겠지만, 팀과 클럽의 모든 사람을 이끌었죠. 환상적이었고, 전혀 다른 방식이었어요. 기술적인 리더라는 말을 쓰잖아요? 그건 자신을 좀 더 스스로 보여줌으로써 이끄는 거예요. 만약 어떤 코치가 큰소리를 지르는 데 익숙하다면 사람들은 '저 사람 좀 봐. 그가 진짜 코치야'라고 하겠죠. 하지만 벵거 감독은 좀 더 선생님 같은 지도자로 우리에게 필요한 자질들을 가르쳤어요. 저는 앞에 나서서 계속 소리치는 스타일을 좋아하지 않았어요. 경기의 가장 기본적인 부분에 있어서의 리더인 코치와 주장 완장을 차고 난 뒤에만 주장인 사람들을 볼 수 있어요. 저에게 있어 리더는 다른 사람들에게 영향을 주고, 변화를 가져오고, 다른 사람들과 선수들이 더 나아질 수 있도록 하는 사람을 의미해요. 카메라 앞에만 나서는 사람들과는 전혀 반대인 거죠."

토니 애덤스는 방송 친화적이었지만, 당신이 말하는 방식의 주장으로서도 팀을 이끌었어요.

베르캄프 "맞아요. 애덤스는 주장의 표본이었어요. 항상 소리쳤고, 주먹을 꽉 쥐고 선수들을 이끌었죠. 하지만 카메라 앞에서만 그랬어요. 그에 대해 몰랐다면, 아마 앞에서만 나선다고 생각할 수 있지만, 그는 드레싱룸에서도 그랬어요. 진정한 리더였죠. 주세페 베르고미도 비슷했어요. 애덤스가 더 거칠긴 했지만, 팀 내부에서 보면 베르고미도 굉장히 강했어요. 그가 경기장에 서면 선수로서든, 코치로서든 애덤스와 비슷했어요. 그는 그저 이탈리아 방식으로 했던 거고, 군인처럼 행동했던 거죠. 저는 '내가 바로 주장이야!' 같이 말하는 베르고미 같은 스타일도 좋아했어요. 그는 자신이 그렇다는 걸 자각하고 있었고, 강렬했거든요. 존재감 있는 좋은 사람이었어요. 물론 애덤스도 존재감이 있었던 것처럼 많은 선수들이 저마다 존재감을 갖고 있죠.

물론 비에라는 완전히 다른 스타일이었어요. 경기장 위에서 비에이라가 뭘 하는지 제대로 못봤을 거예요. 팀 내부에서 그는 다른 사람들에게 영향을 주었죠. 사람들과 크고작은 대화를 하면서 사람들과 팀을 이끌었어요. 프랑크 레이카르트가 주장 완장을 찼던가요? 아마 그러지 않았을 거예요. 하지만 그는 카메라가 없는 보이지 않는 곳에서 사람들에게 계속 이야기하고, 조언을 건넸어요. 그는 정말 좋은 리더 중 한 명이었어요. 1995년의 아약스에서는 대니 블린트가 주장이었지만, 사람들은 레이카르트가 얼마나 중요한 리더였는지 여전히 이야기하고 있어요. 저에게 있어 리더였는지 아니었는지는 중요하지 않아요. 하지만 선수들이나 은퇴 선수들, 그리고 다른 사람들이 저에게 레이카르트 같다고 이야기하죠. 드레싱룸에서 그는 정말 존경받았고 차이를 만들어냈어요. 사람들은 어떤 면에서는 저를 우러러봤고, 어떤 면에서는 저를 따라 하려고 했어요. 저에 대해 확신이 있었고, 정직하다는 것을 알았던 거죠. 저는 그런 걸 추구했던 거지만, 이런 것도 리더십의 한 유형이라고 생각해요. 밥 윌슨의 말도 맞아요. 만약 당신이 리더라면, 리더 그 자체라는 말이요. 저는 지금도 그렇게 생각해요. 그러니까 바뇰리도, 페리도 모두 맞는 말을 했어요. '이 사람은 지금 리더야'라고만 말할 수는 없어요. 누군가에게 충분히 시간을 주면, 결국에는 보일 거예요. 표면에 드러나면서 분명해질 겁니다. 어떤 방법으로든 드러날 거예요."

16

네덜란드 대표팀 : 파워 플레이어

앙리 "저는 네덜란드 대표팀의 축구를 좋아했었고, 지금도 좋아하고, 앞으로도 항상 좋아할 겁니다. 축구 역사를 보면 항상 네덜란드와 같은 방법으로 이길 수 없다는 건 알아요. 하지만 제게 있어 축구는 '네덜란드 대표팀'처럼 해야 하는 거예요.

베르캄프가 있는 네덜란드 대표팀이 토너먼트 대회에서 우승하지 못한 게 이상하지 않나요?
앙리 "맞아요. 정말 안타까워요. 1998년 우리 프랑스 대표팀은 네덜란드와 만날까 봐 무서웠어요. 준결승에서 브라질이 승부차기에서 네덜란드를 이겼을 때, 우리는 자축했어요. 항상 그 상황이 기억날 거예요."

네덜란드가 브라질보다 강했기 때문인가요?

앙리 "훨씬 강했죠! 그렇다고 브라질 대표팀이 그렇게 약한 건 아니에요. 하지만 저는 그 대회에서 네덜란드가 최고의 팀이라고 생각했어요. 결승전에서 어떤 일이 일어날지 누가 알겠어요? 하지만 그 당시 우리는 굉장히 안도했어요. 아니 안도한 것 그 이상이었죠. 그때 저는 어렸지만, 대표팀 선배들이 이야기하던 걸 기억해요. 모두 네덜란드를 상대하고 싶지 않다고 했었죠. 네덜란드를 상대로 어떻게 경기를 펼치든 그들은 강하고, 빨랐어요. 기술적으로도 훌륭하고 아름다운 플레이를 했거든요. 모든 대표팀이 네덜란드와 마주치지 않길 바랐어요. 솔직히 말하면 항상 그랬죠. 2000년에도 마찬가지 심정이었어요. 네덜란드와 상대하고 싶지 않았던 우리는, 결국 추첨에서 완전히 반대편에 배정받았어요. 그런데 당시 베르캄프가 있는 네덜란드 대표팀은 어떤 대회에서도 우승하지 못했어요. 정말 말도 안 되는 일이었죠."

왜 그랬을까요?

앙리 "정확하게 한 가지 이유만 꼽으라면 도무지 모르겠어요. 하지만 네덜란드 축구 팬의 입장에서는 속상했어요. 만약 네덜란드가 우승했다면 대신 우리는 우승하지 못했겠죠. 차라리 네덜란드가 진 게 낫겠네요. (웃음) 하지만 우승을 차지했으면 하는 이런 훌륭한 팀이 아무런 우승컵도 받지 못했다는 게 정말 이상해요."

유로 1996에서 우승에 도전했던 괴물 같은 존재였던 네덜란드 대표팀의 꿈이 산산조각난 후, 거스 히딩크 감독은 강경해졌다. 네덜란드만의 스타일로 더 강해지는 목표를 세우고, 그를 위해 대표팀 내부에 도덕적인 규칙을 만들었다. 모든 선수들로 하여금 선수들 서로는 물론, 코칭스태프와 팬, 그리고 기자들을 존중하겠다는 맹세에 서명하도록 했다. 당시 대표팀에서 문제가 있었던 에드가 다비즈만 제외하고 모두가 그 맹세에 서명했다. 다비즈는 잠시 대표팀에서 퇴출되었다. 그런 분위기 속에서 다음 월드컵 출전권을 따내는 과정은 순탄하게 진행됐다. 네덜란드는 아주 영리하게 플레이했고, 부드러운 공격 축구를 선보였다. 섀도 스트라이커로 6경기에서 7골을 터트린 베르캄프는 그 공격의 중심이었다. 그런 와중에 천만다행이었던 것은 베르캄프가 다시는 비행기를 타지 않겠다고 결정을 내린 후에도 그의 대표팀 경력에는 흠이 없었다는 점이다. 1998 프랑스 월드컵 예선 경기 중 베르캄프가 뛰지 못한 경기는 터키(베르캄프가 출전하지 않아서 패했다)와 산 마리노에서 열린 경기였다. 이후 2개의 메이저 대회는 매우 가까운 곳인 프랑스와 네덜란드/벨기에서 열렸다. 그 후 베르캄프는 은퇴했다. 한편, 아스널은 베르캄프가 더 이상 비행기를 타지 않겠다는 결정을 수락했고, 그에 따라 그의 연봉 일부를 삭감했다.

베르캄프 "그들은 제가 비행기를 타지 않으면 일부 경기에 출전할 수 없으니 그에 맞게 연봉을 계산해서 삭감했던 거예요. 하지만 신경 쓰지 않았어요. 더 이상 비행 때문에 걱정할 필요가 없다는 게 중요했죠. 그럼에도 저는 점점 더 컨디션을 되찾았어요. 스스로 느끼기에도 자신을 주체할 수 없을 정도로 굉장히 좋아졌죠."

1998 프랑스 월드컵이 가까워졌을 때, 히딩크와 다비즈의 관계가

다시 좋아지면서 네덜란드 대표팀의 분위기는 매우 긍정적으로 변했다. 결국 네덜란드는 역대 최고의 스쿼드를 꾸려 프랑스로 향했다. 네덜란드 대표팀은 단합력이 강하고, 자신감이 넘치며, 성숙하고 이타적이었으며, 최고의 정점에 오른 베르캄프가 있었다. 네덜란드는 아약스 출신 선수들로 대부분 구성되어 있었다. 7명은 1995년 챔피언스리그에서 우승한 아약스 주전 선수들이었다. 또한 네덜란드 대표팀에 단단한 조직력과 여러 전술을 가져다 줄 PSV의 야프 스탐Jaap Stam과 필립 코쿠Philip Cocu, 아서 누만Arthur Numan도 있었다. 아약스와 인터 밀란에서 베르캄프의 동료였던, 그리고 지금은 PSV에 있는 빔 용크는 이렇게 회상했다.

빔 용크 "모두들 베르캄프가 훈련에서 보여주는 모습을 즐겼어요. 우리 모두 훌륭한 선수들이었지만, 베르캄프는 정말 수준이 달랐어요. 모두 베르캄프의 축구를 아름답다고 생각했죠. 모두가 인정하는 바였어요. 베르캄프가 우리를 변화시켰고, 정확하게는 우리 모두 서로를 변화시켰어요. 당시 네덜란드 대표팀은 제가 경기해본 팀 중 최고였어요."

베르캄프는 당시 막 부상에서 회복한 상태였다. 베르캄프는 그 부상 때문에 아스널이 더블을 달성한 마지막 경기에 뛰지 못했다. 그래서 히딩크는 베르캄프가 월드컵 조별 리그 첫 경기 대부분을 벤치에 머물게 했다. 그 경기에서 벨기에는 수비적으로 나왔고, 0-0으로 마쳤다. 당시 경기에서 대부분의 사람들이 기억하는 것은 클루이베르트가 화를 내며 팔꿈치로 수비수의 가슴을 쳐 퇴장당한 장면이다. 하지만 조별 리그 두 번째 경기에서 네덜란드는 불꽃을 튀기며 한국을 5-0으로 완파했다. 도저히 막을 수 없었던 네덜란드의 경기력은 1970년대 크루이프와 크롤Ruud Krol이 있던 네덜란드 대표팀에 비견됐다. 8번을 달고 10번 역할을 했던 베르캄프는 우아한 패스와 움직임으로 한국 수비 라인을 파괴했고, 팀의 3번째 골을 기록했다. 뿐만 아니라 드리블로 3명의 수비수를 제쳤다. 조별 리그 마지막 멕시코와의 경기에서 네덜란드는 2-0으로 앞서 갔으나, 긴장의 끈을 놓았고 베르캄프를 교체했다. 이후 후반 추가 시간에 2-2 동점이 되었다. 1996년의 팀이 혼란스러웠던 것과는 반대로 네덜란드는 더 유연하며 창의적이었고, 그 어떤 감독의 독재도 없었다. 히딩크가 당시 상황에 대해 직접 말했다.

히딩크 "1996년에 팀 내부에서 보이던 이기적인 모습은 더 이상 없었습니다. 선수들은 모두 하나가 되었고, 그들의 열정이 모두에게 전파되었죠. 제가 선수들을 말려야 했을 정도였어요. 가끔은 훈련장에서 말릴 수 없을 정도로요. 팀은 항상 에너지가 넘쳤죠. 팀에 보스는 없었지만, 자연스러운 나름의 체계는 있었죠. 프랑크 더 부르와 로날드 더 부르 형제, 세도르프, 코쿠, 용크, 그리고 베르캄프는 자연스러운 리더십을 보여줬죠. 그들은 잠시도 멈추지 않고, 다른 팀원들을 함께 이끌었습니다. 심지어 경기 전에는 5인제 게임을 하고 싶어 했죠. 감독으로서 팀이 잘 돌아가지 않는다면 절대 동의하지 않았을 거예요. 누군가 다치지 않을까 걱정이 되니까요. 하지만 월드컵에서 우리는 모두가 강했고, 서로가 서로를 받아들였기 때문에 선수들이 5인제 게임을 하도록 허락했습니다."

선수들은 멕시코전에서의 실수에 대해 매우 화가 나 있었다. 유고슬라비아와의 16강 경기를 앞두고 진행한 팀 미팅에서 선수들은 서로를 격려했다. 유고슬라비아전은 까다로운 경기였는데, 에드가 다비즈의 결승골로 네덜란드가 승리했다. 하지만 그 경기는 베르캄프에게는 재앙과도 같았다. 전반전에는 굉장히 잘했고, 득점도 기록했다. 하지만 후반전에 들어서는 이탈리아 리그에서 상대 팀으로 만났던 미하일로비치에게 파울을 하면서 퇴장당할 뻔했다. 코너킥 플래그 근처로 밀어붙인 후 미하일로비치의 가슴을 밟았던 장면이었다.

베르캄프 "제가 왜 그런 행동을 했는지 잘 모르겠어요. 희미한 기억도 나지 않아요. 그를 싫어하기는 했지만, 그게 그런 반칙을 한 이유는 아니었어요. 저도 제 행동에 깜짝 놀랐어요. 제가 한 행동은 정말 멍청했고, 미친 짓이었어요."

그러나 놀랍게도 스페인 출신의 호세 마리아 가르시아 아란다 주심은 그 파울을 못 본 척했다. 그 덕분에 베르캄프는 자신의 커리어에서 가장 중요한 한 경기를 더 치를 수 있게 됐다.

마르세유에서 펼쳐진 우승 후보 아르헨티나와의 8강전 경기는 유명하다. 그 경기는 4일 전 생테티엔에서 열린 아르헨티나와 잉글랜드의 경기만큼이나 드라마틱했지만, 네덜란드와 아르헨티나의 경기는 그보다 더 치열했다. 그리고 이 경기는 정말 놀라웠던 베르캄프의 두 방에 의해 결정되었다. 왜 두 방이냐고? 모두들 베르캄프의 경기 종료 직전 극장 골은 기억하지만, 네덜란드의 선제골 당시 베르캄프의 어시스트는 기억하지 못하기 때문이다. 로날드 더 부르는 거의 춤추다시피 하면서 아르헨티나의 중원 지역을 휘저어 들어갔다. 그리고 페널티박스 가장자리에 있던 베르캄프의 몸통을 향해 패스했다. 그

볼은 베르캄프의 무릎 뒤쪽에 떨어졌고, 그는 절묘하게 머리로 클루이베르트가 달리는 방향에 맞춰 그 볼을 전달해주었다. 클루이베르트는 깔끔하게 골을 넣었다.

모두들 그 도움 장면은 잊어버린 것 같아요. 저는 그 어시스트가 당신의 최고 도움 중 하나라고 생각합니다.

베르캄프 "저도 그렇게 생각해요! 사람들은 그걸 잊어버렸어요. 제 머리로 정확히 볼의 방향을 바꿨다고요. 푹신했던 제 머리가 아니었다면 못 했을 거예요. 굉장히 자랑스러웠어요. 아무도 이에 대해 말하지 않지만, 신경 안 써요. 물론 클루이베르트가 마무리를 잘했죠."

그렇다면 그 결승골은 어땠나요?

베르캄프 "제 생각에 그건 저의 최고 골이에요. 그 골은 모든 걸 담고 있죠. 그 골 덕분에 우리는 월드컵 준결승에 오를 수 있었고, 커다란 경기장에서 더 많은 사람들이 우리를 응원할 수 있게 되었죠. 골이 들어간 이후 저의 반응은 아주 감정적이었어요."

그때 당신의 얼굴은 마치 '내가 이걸 해냈다니 믿을 수 없어!' 같은 표정이었어요.

베르캄프 "뭘 해야 할지 몰랐고, 그냥 너무 기뻤어요. 모든 어린 선수들은 꿈이 있어요. '월드컵에서 골을 넣고 싶어' 같은 꿈 말이에요. 물론 결승전에서 결승골을 넣는 거죠. 하지만 저의 방식대로 이런 골을 넣는다면? 8강전에서 골을 넣은 방식은 정말 의미가 있었어요. 저한테도 중요한 골이었거든요. 저는 멋있는 축구를 좋아하는데, 그러려면 어떤 의미가 부여되어야 해요. 저에게 있어 무언가를 의미해야 하죠. 당시 그 득점이 꼭 그랬어요. 그 순간 7~8살 때, 집 앞 골목에서 축구하던 장면이 떠올랐어요. 굉장히 좋은 느낌이었어요."

볼이 왔을 때, 당신은 그라운드에서 멀리 떨어져 있었어요. 받는 사람 입장에서는 손으로 그 볼을 잡는 것도 어려웠을 거예요. 하지만 당신은 그걸 발로 컨트롤했어요. 어떤 생각을 했었나요? 어떻게 계산해서 행동한 건가요? 그냥 즉흥적이었던 건가요?

베르캄프 "그건 좁은 공간을 어떻게 만들어 나갈지에 대한 질문이에요. 먼저 볼을 받았어요. 그전에 더 부르와 눈이 마주쳤죠. 그 순간 그는 자신이 정확히 뭘 해야 하는지 알고 있었어요."

패스를 보내라고 신호를 보낸 건가요?

베르캄프 "그렇죠. 눈을 마주치자마자 알았죠. 당신이 그를 보고 있고, 그 또한 당신을 보고 있으면, 그의 몸짓을 이해하게 되죠. 그러면 그가 볼을 줄 걸 믿고 전력으로 달리는 거예요. 당시 저는 수비수로부터 5~6미터 정도 떨어져 있었어요. 볼이 제 어깨 너머로 오고 있었고, 그 볼이 어디로 가는지 알고 있었어요. 하지만 동시에 직선 라인으로 뛰어야 한다는 것도 알고 있었죠. 이 직선 라인은 골을 넣기 위한 루트였죠. 좀 더 넓게 가면 볼을 지나쳐버려요. 볼이 이쪽으로 오고 있을 때 저에게는 두 가지 선택지가 있어요. 첫 번째는 그냥 볼이 지면에 튀도록 두고, 그 후에 볼을 잡는 거죠. 더 쉽지만, 그때는 이미 코너 플래그까지 떨어져 버릴 수도 있어요. 그러니 점프하는 것과 동시에 볼을 컨트롤할 수 있어야 해요. 레스터 시티와의 경기에서처럼 볼을 안쪽으로 받아야 하는데, 상대 수비수가 당신에게 돌진해 오기 때문이죠. 방향 전환과 동시에 수비수가 당신에게 달려들 거예요. 만약 당신이 방향을 바꾸면 그도 따라 가겠죠. 즉 당신에게 완벽한 찬스가 생기는 거예요. 슈팅할 기회가 생기는 거죠."

정말 대단한 방법인데요? 어떻게 그렇게 할 수 있나요?

베르캄프 "그라운드 위에서 중심을 잡는 법에 대해 강조한 적이 있어요. 이것도 핵심은 중심을 잡는 거예요. 하지만 공중에 있을 뿐이죠. 똑바로 서 있는 것처럼 공중에서도 가능한 한 정지해 있어야 해요. 그리고 볼을 컨트롤하는 거죠. 너무 많이 움직이거나, 발 안쪽으로 볼을 컨트롤하려 한다면, 결국 볼은 상대 수비수 쪽으로 향할 거예요. 그러니까 발 윗쪽으로 컨트롤해야 해요. 그래야 볼을 컨트롤할 좋은 찬스가 생기는 겁니다. 발의 각도는 신경 쓰지 않아도 괜찮아요. 경기 중에 늘 신경 써야 하는 부분이니까. 저는 저에게 오는 볼 대부분을 컨트롤할 수 있어요. 하지만 가능하다면 안정적이어야 해요. 저는 공중에 얼마나 높이 떠올랐는지 몰라요. 하지만 그 위치에서 볼을 받고 싶은 거죠. 지금은 그 위치가 아니기 때문에, 볼을 받기 위해 뛰어올라 가야 하는 거예요."

볼이 당신에게 올 때 얼마나 자주 뒤를 돌아보나요?

베르캄프 "물론 볼이 오면 가장 먼저 뒤를 돌아보죠. 하지만 그다지 바람이 불지 않았기 때문에 볼을 받기 위해 앞만 보고 달렸어요. 라인을 확인해보고 마지막엔 이런 생각을 하죠. '그래, 지금 뛰어올라야 해.' 그때 공중에서 제 발과 볼이 만나는 거예요. 그 순간 약간의 계산이 필요하지만, 이건 경험에서 나오는 거죠."

그리고 착지한 다음에는?

베르캄프 "전체적인 걸 생각해야죠. 3번의 볼 터치예요. 순간순간 잘못된 방향으로 갈 수 있으니까 집중해야 해요. 하지만 그다음에 어떻게 해야 할지 모르겠다면, 그냥 바로 다음 과정으로 넘어가야죠. 슈팅을 조금 멀리서 했다면, 다시 해야죠."

그러니까 떨어지는 볼을 잘 터치한 다음에, 아르헨티나 수비수 아얄라 Roberto Ayala**를 따돌리기 위해 안쪽으로 터치한다는 거죠? 그리고 더 나은 각도를 만들고 나서 왼발이 아닌, 오른발 바깥으로 슈팅했다는 거죠?**

베르캄프 "맞아요. 당시에는 그렇게 하는 게 더 자신 있었어요. 제 발에 볼이 있었고, 확신도 있었어요. 왼발로는 정확한 각도가 안 나왔어요. 완전히 다른 킥이 되니까. 그래서 오른발 바깥쪽으로 차야겠다 싶었어요. 그리고 골대 파포스트 쪽을 향해 찼죠."

심지어 볼이 회전했어요.

베르캄프 "노렸던 거죠. 골키퍼 쪽에서 멀리 들어갈 수 있게."

상대 골키퍼가 막을 수도 있겠다는 생각은 안 들었나요?

베르캄프 "아니오. 왜 때로는 그런 생각이 들 때가 있잖아요. '이건 막을 수 없어, 절대로!'"

그 순간이 그랬었군요.

베르캄프 "그래요. 어떻게 비유를 해야 할까요? 100m 달리기를 할 때 좋은 컨디션이라는 느낌이 든다거나… 다트 선수가 뭔가 감이 좋다는 느낌이 드는 것이랄까? 그런 게 바로 직감이에요. 두 번 볼 터치를 하고 나면 그 순간에 어떻게 될지 느낌이 와요."

제 생각에는 그 경기가 대회 최고의 경기였어요.

베르캄프 "우리한테도 그랬어요. 우리 축구의 정점을 찍었죠. 그러고는 곤두박질쳤지만."

골을 넣고 나서 완전히 지쳤을 거라고는 생각도 못 했어요. 히딩크는 당신이 놀라운 한 방을 보여줄 것을 대비해 그냥 뒀죠. 그리고 2일 후, 브라질과의 준결승전을 뛰어야 했어요. 당신은 아주 오랜 기간 브라질을 압도했었죠.

베르캄프 "경기 시작은 잘했지만, 경기가 진행될수록 다리에서 힘이 빠져나가는 걸 느낄 수 있었어요. 저에게 기회가 왔을 때 쓸 힘이 충분히 남아 있다고 생각했지만, 그런 일은 일어나지 않았죠. 저는 완전히 지쳤지만, 아드레날린이 계속 저를 지극했어요. 승부차기에서 득점에 성공했어요. 하지만 승부차기를 할 때는 매우 화가 났죠.

로날드 더 부르는 킥을 하기 전에 속도를 줄였어요. 저라면 그렇게 하지 않았을 거예요. 코쿠도 실축했지만, 그래도 구석으로 찼어요. 골키퍼가 잘 막은 거죠. 하지만 저는 크게 상심했어요. 만감이 교차했죠. 다만 누구도 눈치채지는 못했을 거예요. 혼자 속으로만 느낀 거니까."

당신은 당시 알리 부자임 Ali Bujsaim**(아랍에미리트) 주심한테 굉장히 화가 났죠. 추가 시간에 주니어 바이아노**Júnior Baiano**가 피에르 판 후이동크의 유니폼을 잡아 당겨서 넘어졌을 때 페널티킥을 선언하지 않았다고 생각해서.**

베르캄프 "오히려 후이동크는 다이빙을 했다는 이유로 경고를 받았어요. 하지만 그건 반드시 페널티킥이 선언되었어야 했어요. 저는 페널티킥을 차고 싶었어요. 심지어 완전히 지쳤는데도 말이에요."

베르캄프는 유로 2000 이후 은퇴하기로 결심했다. 하지만 아무에게도 말하지 않기로 했다.

베르캄프 "고별 경기나 고별 대회, 그런 느낌을 만들고 싶지 않았어요. '이것이 베르캄프가 한 마지막이다, 그의 마지막 패스다. 네덜란드 대표팀 유니폼을 입고 뛴 마지막 발자취다' 같은 분위기는 피하고 싶었어요."

벨기에와 네덜란드에서 열리는 대회 준비 과정에서 베르캄프와 작별할 시간이 다가온다는 것을 직감할 수 있었다. 새로 부임한 프랑크 레이카르트 감독은 대표팀에 새로 들어온 루드 판 니스텔로이Ruud van Nistelrooy와 파트릭 클루이베르트를 투톱으로 썼고, 베르캄프에게는 그저 실험 중일 뿐이라고 했다.

베르캄프 "저는 바보가 아니에요. 다른 일이 일어나고 있다는 것을 감지할 만큼 오랜 기간 축구를 해 왔어요. 제가 순위에서 밀릴 수도 있는 거죠. 아마 레이카르트 감독은 2명의 스트라이커가 있는 시스템으로 바꾸고 싶었을 거고, 저를 3번째 공격수로 본 거겠죠. 그 당시 저는 아스널에서 약간 밀려나 있었고, 그래서 걱정했죠."

결국 드러났듯이 두 센터포워드는 너무 비슷했고, 판 니스텔로이는 무릎 인대가 파열되었다. 이제 팀 내에서 베르캄프의 역할에 대해서는 의심의 여지가 없었다. 클루이베르트 뒤에서 약간 더 깊숙이 내려가 섀도 스트라이커로 뛰는 것 말이다.

베르캄프의 아약스 시절을 기억하는 네덜란드 언론은 베르캄프가 더 이상 골을 넣지 않는 것에 당황한 분위기였다.

베르캄프 "저는 아스널에서 다른 유형의 선수로 뛰었어요. 플레이메이커로서 미드필더나 어시스트하는 선수로서 뛰었죠. 아스널은 제가 더 많은 어시스트를 기록하는 걸 보고 더 적게 득점하는 것에 대해 이해했어요. 잉글랜드에서 저는 120골 120도움을 기록했지만, 네덜란드 대표팀에서는 아직 그런 평판을 갖고 있지 못했어요."

베르캄프는 레이카르트 감독과도 잘 지냈다.

베르캄프 "그는 감독으로서 저에게 좋은 느낌을 줬어요. 우리는 체계적이고, 집중적으로 일했는데, 요한 니스켄스Johan Neeskens 코치가 정말 많이 도와줬어요. 특히 저를 놀라게 한 것은 레이카르트가 했던 말이었어요. 그가 항상 강조하던 것인데, 감독이 경험했던 것과 같은 성공을 우리도 할 수 있다는 말이었죠. 하지만 우리는 다른 것은 다 제쳐두어야 했어요. 감독님은 100% 목표에 집중한다면 우리가 유럽 챔피언에 오를 거라고 확신했어요. 유로 우승은 정말 우리의 사명이었죠."

조별 리그 첫 두 경기에서 베르캄프는 좀 더 깊숙이 내려와 경기를 펼쳤고, 네덜란드는 강하게 저항한 체코와 덴마크를 물리쳤다. 그들은 1.5군으로 나온 프랑스를 침몰시켰고, 이후 8강전에서 베르캄프의 활약을 앞세우며 유고슬라비아를 6-1로 이겼다. 애국적인 축구 열풍이 네덜란드를 사로잡았다. 마을과 도시 곳곳은 깃발로 가득 찼고 네덜란드 팀이 머물렀던 훈덜루 마을 전체가 주황색으로 물들었다. 하지만 그런 것들은 베르캄프를 불안하게 했다.

베르캄프 "사람들이 제 뒤에서 응원할 때 정말 기분이 좋았어요. 그들의 열정이 저에게 활력을 줬거든요. 하지만 당시 네덜란드는 주황색 마스크와 가발을 모두 썼을 정도로 지나칠 만큼 흥분 상태였어요. 만약 당신이 해외에 있었다면 고국에서 무슨 일이 일어났었는지 잘 모를 거예요. 1998 프랑스 월드컵 때 TV를 켜면 너무나 평온했어요. 잠시나마 축구를 잊을 수 있었죠. 하지만 2000년에는 TV를 켤 때마다 주황색으로 가득한 흥분의 도가니가 호텔을 가득 채웠어요. 대부분의 방송에는 우리 네덜란드 대표팀에 대한 내용이 나왔고, 우리가 유로 2000에서 우승할 거라는 내용이 나왔어요. 도저히 통제가 불가능한 분위기였죠."

암스테르담에서 열린 이탈리아와의 준결승 경기를 이기는 것은 거의 기정사실이었다. 그래야만 했다. 하지만 정말 이상했다. 일방적인 경기였는데, 정말 기괴한 결과가 나왔기 때문이다. 이탈리아는 잠브로타Gianluca Zambrotta가 퇴장당한 이후 10명이 싸웠고, 골 찬스는 1번밖에 없었다. 네덜란드는 20번 이상의 기회가 있었지만, 모두 득점으로 연결되지 않았고, 심지어 정규 시간에 페널티킥 2개를 놓쳤다. 뿐만 아니라 승부차기에서는 3번이나 실축했다. 하지만 그 경기에서 프랑크 더 부르, 야프 스탐, 폴 보스벨트Paul Bosvelt보다 승부차기를 잘했을 베르캄프는 피치에 없었다.

77분에 레이카르트 감독은 윙어였던 바우데베인 젠덴Boudewijn Zenden을 빼고 32살의 피터 판 보센을 투입했다. 보센은 지난 시즌 페예노르트에서 썩 좋지 않은 시즌을 보냈다. 보센은 투입되고 나서 관중들에게 응원이 적으면 힘이 나지 않는다고, 더 많은 응원을 부탁했다. 보센과 레이카르트 감독이 친했다고는 하지만, 메이저 대회의 준결승인데 감독이 감정에 휘둘렸던 것은 아닐까? 그리고 84분 클라렌스 세도르프가 들어오고 베르캄프가 나갔다. 베르캄프는 당황했다. 세도르프가 만능 선수이기는 하지만, 베르캄프처럼 경기를 승리로 이끌 능력이 있다고는 평가받지 못했고, 경기에서 실제로 아무것도 만들지 못했다. 95분, 레이카르트의 3번째 교체는 가장 이상했다. 코쿠를 빼고, 33세의 미드필더 아론 빈터르를 투입했다. 이 교체로 빈터르는 루드 크롤의 출장 기록을 깼지만, 이탈리아의 수비벽을 깨지는 못했다.

경기가 승부차기로 향하고 있음에도, 조커로서, 페널티킥으로 유명했던 피에르 판 후이동크와 로이 마카이Roy Makaay는 여전히 벤치에 있었다. 레이카르트 감독은 이후 그런 선택에 대해, 지친 네덜란드 팀에 에너지를 넣어주기 위한 것이었다고 했지만 베르캄프는 여전히 이해할 수 없었다.

베르캄프 "저는 여전히 그 교체들이 이상했다고 생각해요. '감독님! 왜 저를 계속 경기장에 두는 거죠? 1988년 독일전에서의 판 바스텐과 1998년 아르헨티나전에서의 베르캄프를 기억하시나요?' 저는 그때 그런 모습을 다시 만들 수 있다고 생각했어요. 저는 여전히 경기 중이었고, 힘들지 않았어요. 저는 해낼 수 있다고 믿었고 자신도 있었어요. 결정적인 패스를 주거나 직접 득점하는 거죠. 하지만 레이카르트 감독은 저를 교체했어요. 저는 정말, 정말 실망했어요."

월드컵에서와 마찬가지로 프랑스는 가장 두려운 상대가 탈락하는 것을 보고 놀랐다. 그리고 결승전에서 이탈리아를 가까스로 이겼다. 파트리크 비에이라는 다음과 같이 말했다.

비에이라 "왜 네덜란드가 이탈리아를 이기지 못했는지 이해가 안 돼요. 그 세대 네덜란드는 정말 모든 것을 다 가졌어요. 클루이베르트, 베르캄프, 오베르마스…. 저는 그들이 아르헨티나와 경기하는 것을 보고 정말 믿을 수 없었어요. 환상적이었고, 정말 멋진 게임이었어요! 그 당시 네덜란드와 프랑스의 차이점 중 하나는 우리가 스쿼드는 떨어지지만, 체력이 더 좋았다는 점이었죠. 우리 포백을 보면 믿을 수 없을 정도였어요. 튀랑Lilian Thuram, 리자라쥐Bixente Lizarazu, 드사이Marcel Desailly, 로랑 블랑Laurent Blanc…. 결국에는 우리가 우승했어요. 네덜란드가 발을 내미는 곳에 우리는 머리를 내밀었죠. 반대로 우리가 발을 대는 곳이라면 네덜란드는 머리를 내밀지 않았을 거예요. 그게 우리의 차이점이었죠."

베르캄프는 그 두 대회가 그렇게 끝난 것을 슬프게 생각한다.

베르캄프 "왜 우리가 이탈리아를 이기지 못했는지 아직까지도 모르겠어요. 승부차기에서 지는 것은 굴욕적이지만, 1998 프랑스 월드컵보다는 덜 충격적이었고, 오래가지 않더군요. 월드컵은 유로 대회보다 훨씬 크고 일반 사람들도 모두 함께 보는 대회죠. 그 대회가 끝나고 관중들에게 감사 인사를 할 때 느꼈어요. '그래, 그러면 됐어. 이제 발표하고 작별할 때가 됐어.'"

1998 프랑스 월드컵이 지금도 당신을 힘들게 하나요?

베르캄프 "우리는 브라질을 상대로 져서는 안 됐어요. 확실해요. 우리가 그들보다 나았어요. 물론 1996년에는 우리도 문제점을 알았어요. 제 생각에 우리가 우승했을지 확신은 없지만, 결승에는 진출할 수 있었어요. 하지만 1998년에는 모든 게 분명했죠. 다 좋았어요. 우리는 우승했어야 해요. 브라질을 이겼어야 했어요. 그리고 결승에서 프랑스를 상대로 아주 멋진 경기를 했을 거예요. 제가 아는 바에 따르면 프랑스는 우리와 붙고 싶지 않았거든요. 유로 2000에서도 똑같았어요. 우리는 결승전에 가기 위해 이탈리아를 쉽게 꺾었어야 했어요. 제 생각에는 우리 방식이 프랑스와는 정말 맞지 않았던 것 같아요. 그들은 상대방보다 기술적으로 더 나은 경기를 좋아하지만, 우리가 기술적으로 프랑스보다 훨씬 더 좋았거든요. 그래서 우리는 결국 우리가 더 뛰어난 선수들이라는 건 알았지만, 결승전에는 진출하지 못했어요. 굉장히 실망스러웠죠. 대회가 끝나고 우리는 항상 얘기하듯 이렇게 말했죠. '하지만 우리는 굉장히 조그만 나라야.' 우리에게는 정말 뛰어난 환상적인 선수들이 있었죠. 하지만 가끔 저는 그보다 세밀한 것들을 필요로 했다고 생각해요. 아닌가요? 우리는 모두 기술적으로 훌륭한 선수들이었고, 항상 생각하면서 축구를 했고, 볼을 패스하면서 좋은 방식으로 경기를 했어요. 하지만 때로는 좀 더 평범한 수비수나 공격수가 필요했는지도 몰라요. 그리고 때로는 좀 더 차가워야 했어요. 정신적으로도 변화를 줄 필요가 있었거든요. 하지만 맞아요. 굉장히 실망스러웠어요. 우리는 그 대회들 중에 하나라도 우승했어야 했어요."

17

페널티

"모든 아이들의 꿈 아니겠어요?" 베르캄프는 생각했다. "월드컵 결승전을 뛰고 있어요. 점수는 1-1인 상황이고, 경기 종료 직전에 페널티킥을 얻었어요. 그리고 그 페널티킥을 찰 기회도 얻었어요. 꿈에서라면 가볍게 성공했겠죠. 하지만 현실에서는 실패에 대한 두려움 때문에 굉장한 압박감을 이겨내지 못할 거예요. 하지만 저한테 그런 건 아무런 영향도 주지 못하죠. 물론 페널티킥 차는 게 두렵기도 해요. 이런 말이 이상하게 들릴 수도 있지만, 저는 그런 두려움이 좋았어요. 이런 긴장감을 즐겼어요."

그날은 1999년 4월 14일이었고, 이 작은 소년이 꿈을 실현하는 데 매우 가까운 상황이었다. 그는 빌라 파크에서 열린 FA컵 준결승 재경기에서 1-1로 팽팽한 맞대결을 펼치고 있었다. 두 팀은 직전 시즌에 더블을 달성한 아스널과 지난 6시즌 중 4시즌 챔피언에 오른 맨

체스터 유나이티드였다. 맨유는 로이 킨Roy Keane이 퇴장당하는 바람에 한 명 적은 상황이었다. 경기 종료 휘슬이 울리기 전에 필 네빌Phil Neville은 레이 팔러에게 파울을 범하며 아스널이 페널티킥을 얻었다. 모든 소년의 꿈…. 아스널의 가장 믿음직스러운 키커인 베르캄프는 볼을 페널티킥 자리에 놓았다. 그리고 베르캄프는 킥을 차기 위해 달려갔다. 이 페널티킥은 그의 팀 아스널을 2년 연속 결승에 진출시켜 전례 없는 2회 연속 더블을 달성하게 할 것 같았다.

베르캄프 "저는 그 경기에서 골을 넣었어요. 굴절된 골이긴 했지만 어쨌든 골이 들어갔죠. 그리고 경기도 꽤 잘했어요. 그래서 페널티킥을 찰 수 있을 만큼 자신감이 넘쳤어요. 그래서 준비했죠. 물론 상대 골키퍼는 피터 슈마이켈이었어요. 훌륭한 골키퍼였고, 골대 구석까지 닿을 만큼 팔이 굉장히 길었죠. 그래서 강하게 차야 했어요. 저는 항상 그렇듯이 키커 자리에서 뒤로 멀리 떨어진 후에 어떤 구석으로 찰지 정했어요. 그게 페널티킥을 차는 저만의 루틴이죠. 볼을 내려놓고 뒤로 물러난 다음에 결정하는 거죠. '오른쪽 하단 구석에 차야지.' 골키퍼가 알아채지 못하도록 강하게 차야 해요. 그러면 성공하죠. 하지만 슈마이켈은 고양이처럼 약은 골키퍼였어요. 제 생각보다 반응이 훨씬 좋았어요. 아마 제 행동 중 뭔가를 봤거나, 올바르게 예측했을 테죠. 그리고 볼을 차자마자 슈마이켈이 움직이는 것을 봤어요. 별로 좋지 않은 상황이라는 것을 눈치챘죠. 슈마이켈이 슛을 막기 전에 이미 알아챈 거예요. 고개를 올려다보니 구체적인 건 볼 수 없지만, 느낄 수 있었어요. 뭔가 번쩍임이 있었죠… 그리고 나서 깨달았어요. 잘못 찼다는 것을 말이에요. 그래요. 굉장히 안 좋은 순간이었어요."

결국 맨유는 위기를 넘겼고, 맨유를 포함해 모두가 놀란 장면이 나왔다. 비에이라의 실수 후 라이언 긱스Ryan Giggs가 홀로 모두를 뚫고 돌파해 기록한 원더 골로 맨유는 승리를 거두었다. 4주 후 아스널은 리즈와의 경기에서 또 다른 실수로 인해 리그에서도 우승을 차지하지 못했다. 교체 투입된 넬슨 비바스Nelson Vivas가 지미 플로이드 하셀바잉크Jimmy Floyd Hasselbaink에게 결정적인 골을 허용한 것이다. 맨유는 FA컵, 프리미어리그, 챔피언스리그 모두 우승하며 트레블을 달성했다. 레이 팔러도 그 모든 일을 기억하고 있다.

팔러 "그 시기 잉글랜드 축구에는 우리와 맨유뿐이었어요. 성적이 거의 비슷했죠. 그러니까 베르캄프가 만약 그 페널티킥 골을 넣었다면 우리가 우승했을 거예요. 왜냐하면 맨유가 이미 떨어졌다는 뜻이니까요. 우리가 준결승에서 이겼더라면 맨유 선수들은 고개를 푹 숙였을 거고, 리그에서도 승점을 잃었을 거예요. 우리가 다시 더블을 차지하는 데 굉장히 근접했었거든요. 딱 한 방! 리즈와의 경기… 0-0 상황이었고, 우리는 승점 1점만 있으면 됐어요. 하지만 마지막 1분에 골을 허용하고 말았어요. 나중에 미들즈브러에서 하셀바잉크와 뛰었는데, 그에게 이렇게 말했어요. '뭐한 거야? 네가 도대체 무슨 짓을 한 건지 알아?' 그는 싱긋 웃기만 하더군요. 심지어 리즈 팬들도 맨유가 리그 우승을 하지 못하도록 아스널이 이기길 바랐어요. 하지만 그는 그런 건 알지 못했죠."

베르캄프의 페널티킥이 나빴던 걸까, 아니면 슈마이켈의 선방이 좋았던 걸까? 팔러는 이렇게 말했다.

팔러 "만약 슈팅이 크로스바를 넘기거나, 완전히 빗나갔다면 그건 나쁜 페널티킥이죠. 하지만 베르캄프는 유효 슈팅을 했어요. 그냥 골키퍼가 올바른 방향을 선택한 거죠. 안 그런가요? 세상에! 베르캄프는 며칠 동안 아무 말도 하지 않았어요. 우리 모두가 말했죠. '베르캄프, 좋은 날도 있고, 나쁜 날도 있는 거야. 축구도 그래. 네게 좋은 날도 있고, 나쁜 날도 있어. 그저 너뿐만 아니라 우리 모두에게 나쁜 날이었을 뿐이야. 그냥 잘 안 풀렸을 뿐이야.'

그러고 나서 2003-04시즌을 돌이켜보면, 올드 트래포드에서 맨유는 우리를 상대로 막판에 페널티킥을 얻었어요. 다들 판 니스텔로이가 득점한다는 것에 집이라도 걸었을 거예요. 하지만 그의 페널티킥은 크로스바를 맞췄죠. 만약 판 니스텔로이가 득점을 했다면, 우린 9월에 졌을 거예요. 하지만 우리는 시즌 내내 무패를 기록하고 있었어요. 왜 축구가 바뀔 수 있는지 보여준 거죠. 어떻게 보자면 약간 운명 같은 것인데, 맨유는 그해 운이 좋았던 것뿐이에요."

애덤스는 베르캄프의 고통을 잘 기억하고 있었다.

애덤스 "그게 그가 찬 마지막 페널티킥이었던 것 같아요. 그렇지 않나? 아무튼 제 기억에 그는 그 이후 다시는 페널티킥을 차지 않겠다고 말했어요. 우리는 그를 절대 비난하지 않았죠. 하지만 그에게 그일은 트라우마로 남았을 겁니다. 베르캄프가 평소보다 더 조용했기 때문에 알아차릴 수 있었어요. 저는 감정적으로 연약한 사람이어서 그를 혼자 내버려뒀어요. 그가 스스로 해결할 수 있을 것 같았죠. 그는 어떤 면에서 감성적인 측면에서도 똑똑한 데이비드 베컴David Beckham과 비슷한 점이 많았어요. 베컴이 아르헨티나와의 일이 있었을 때(1998 프랑스 월드컵, 잉글랜드와 아르헨티나 경기에서 베컴이 퇴장당

308

하며 잉글랜드는 패했다) 일부러 그를 웃게 하려고 노력했었거든요. 그에게 농담으로 이렇게 말했죠. '괜찮아. 너에겐 다른 기회가 또 있겠지만, 나한테는 마지막 월드컵이야. 그런데 네가 망쳐버렸어!' 하지만 그때 그는 완전히 차분해 보였어요. 베르캄프의 반응은 굉장히 베르캄프다웠죠."

그게 정말로 당신의 마지막 페널티킥은 아니지 않나요?

베르캄프 "아니었죠. 그 후에도 아무 문제없이, 실수하지 않고 페널티킥을 처리한 적이 있었으니까요. 하지만 그 실수는 한동안 저를 괴롭혔고, 얼마 지나지 않아 다음 시즌 앙리가 우리 팀의 페널티킥 키커가 되었어요. 그건 문제가 되지 않았어요. 누군가 저보다 잘하는 사람이 있다면, 그 사람이 하는 게 당연하죠. 그게 팀에도 더 좋은 거고. 어쨌든, 그때 저는 골잡이보다는 도움을 기록하는 방식으로 경기를 했기 때문에 더 이상 추가 골을 득점할 필요가 없었죠."

그 페널티킥이 막힌 순간 당신의 첫 반응은 어땠나요?

베르캄프 "글쎄요. 당신도 알다시피 저는 그런 일을 그냥 넘어갈 사람이 아니에요. 정말 화가 났고, 그걸 만회할 기회를 얻고 싶었죠. 아직 경기는 1-1 상황이었으니까. 우리가 한 명 더 많았고. 그때, 긱스가 골을 넣었어요. 굉장히 이상했죠. 때로는 승리도 하나의 습관 문제인 것 같아요. 맨유에게는 이기는 습관이 있었어요. 그들은 승리를 예상하고 있었어요. 그게 축구예요. 우리의 날이 아니었던 거죠. 저의 날이 아니었고. 맨유의 날이었던 거예요. 그들의 시즌이었던 거고. 왜 이런 일이 일어난 건지 알지도 못하고, 이해할 수도 없어요. 행운이라는 게 뭘까? 경기력이라는 건 또 뭘까? 좋은 경기력을 만들기 위해 노력하지만, 정말 그건 어떤 것일까? 저는 그 결과를 인정할 수 없었고, 맞서 싸우고 싶었어요. 하지만 시간이 지나면서 그것도 게임의 일부라는 걸 깨닫게 됐죠.

　제가 그 페널티킥을 더 잘 찼어야 했어요. 하지만 그 시즌은 모든 것이 맨유를 위한 시즌이었어요. 결국 그 시즌 트레블을 달성한 맨유를 보면, 그 시즌에 다른 방향으로 갈 수 있었던 경우들이 40~50개 정도는 있었다고 생각해요. 만약 그 경기에서 우리가 무승부를 거뒀다면, 우리의 무패 행진은 20~30경기는 더 길어졌을 테죠. 축구에서는 이렇게 정말 이해하기 힘든 일들이 벌어지곤 해요."

그런 것들은 분석할 수 없다고 생각하는 건가요?

베르캄프 "분석할 수 없다고 생각해요. 왜냐하면 지금 말하는 건 모든 것이 굉장히 비슷한 레벨에 있는 상황을 이야기하는 거예요. 3골 차 같은 것이 아니에요. 굉장히 비슷해요. 어떤 때는 이 팀이 더 좋을 수도 있고, 어떤 날은 다른 팀 선수들의 컨디션이 더 좋을 수도 있어요. 또 다른 날도 있고. '왜 골이 안 들어가지? 나는 모든 걸 완벽하게 했는데…' 이게 페널티킥을 차고 나서 제 첫 반응이었어요. '나는 모든 것을 똑바로 했지만, 슈마이켈이 뛰어난 골키퍼였던 거야.' 하지만 그건 또 한편으로는 페널티킥이 들어가지 않았기 때문에, 자기 자신을 속이는 거라고도 볼 수 있죠. 저는 맨유와의 경기와 리즈와의 경기 결과에 실망했어요. 특히 1998년에 '더블'을 달성하고 나서 말이에요."

사람들은 당신이 페널티킥을 넣어서 맨유를 떨어뜨렸더라면 그 순간이 가장 결정적이었을 거라고 말해요. 그러면 맨유가 트레블을 놓쳤을 뿐만 아니라, 아스널이 2년 연속 더블을 차지하면서 리그에서 맨유를 상대로 더 우위를 차지했을 테니까요.

베르캄프 "글쎄요. 그 페널티킥 하나가 모든 걸 결정할 수 있을지 확신이 들지는 않네요. 그게 과연 그렇게 큰 영향력을 가졌을까 싶어요. 물론 그 실수로 인해 자신의 팀에 어려운 영향을 줄 수는 있지만, 축구는 '자, 그럼 처음부터 다시 시작하자'라는 거와는 다르거든요. 축구를 잘 아는 사람들은 잘 알 거예요. 향후 몇 년간 우리는 1위 아니면 2위를 했죠. 그리고 1999년에는 1998년에 더블을 달성한 게 그저 우연이 아니라는 것을 보여줬고. 그때 우리는 맨유와 충분히 싸울 수 있었지만, 그 전에는 그렇지 않았어요. 아스널에서 제가 보낸 첫 두 시즌에 우리는 맨유에 근접하지도 못했어요. 우리는 한 단계씩 나아갔고, 클럽 전체가 함께 점점 나아졌죠. 우리는 '지금 우리는 맨유와 그렇게 멀지 않아'라고 생각했어요.

돌아보면 좀 이상해요. 심지어 1998년에서 2004년, 아스널이 최고의 해를 보내는 동안에도 맨유는 우리보다 약간 앞서 있었어요. 그들은 리그에서 4번 우승했고, 우리는 3번 우승했죠. 1번 더 우승한 거죠. 저는 그 시기 우리 선수들에게 물어봤어요. 비에이라는 이렇게 말하더군요. '맨유를 인정해야만 해. 우리가 리그 우승을 할 때마다 맨유는 더 강해져서 돌아왔어. 하지만 정말 어려운 건 우승을 한

번 하는 게 아니라, 2~3번 이어서 우승하는 거야. 우리는 어떻게 연속 우승을 해야 할지 몰랐어. 우리는 뭔가가 부족했고, 지면 안 되는 경기에서 패배하고, 작은 차이를 잃었지. 맨유와 우리의 차이점이야. 스스로가 우승자라고 생각하면, 이길 수 있어. 그저 리더 하나만 그럴 것이 아니라 클럽 전체가, 모든 사람이 그래야 하지. 맨유는 어떻게 이겨야 할지 알았고, 우리는 그렇지 못했던 것뿐이야. 우리는 성공하고자 했지만, 맨유와 달랐지. 우리는 리그 정복을 위해 천천히 나아갔지만, 맨유는 우리 이전에 이미 리그를 정복하고 있었어. 그런 관점에서 우리는 맨유보다 몇 발짝 뒤에 있었던 거야.'"

앙리는 그 문제에 대해 두 클럽의 경제적인 차이를 지적했다.

앙리 "그 시기 클럽 내부에서는 모든 것이 새 홈구장을 만드는 일에 집중되었어요. 기본적으로 모든 게 새 경기장으로 향했죠. 우리는 당시 나쁘지 않았지만, 맨유는 항상 1명, 2명 혹은 3명의 선수들을 매년 영입했어요. 우리는 반대로 선수를 잃었어요. 오베르마스, 프티가 바르셀로나로 갔죠. 또 피레스는 비야 레알로 갔고, 비에이라는 유벤투스로 갔어요. 데이비드 시먼은 맨시티로 가서 은퇴했어요. 딕슨도 은퇴했고, 윈터번은 웨스트햄으로 가서 은퇴했죠. 융베리는 웨스트햄, MLS로 갔다가 돌아왔고⋯. 제가 알지 못하는 것에 대해 이야기하고 싶지는 않아요. 보드진에서 무슨 일이 일어나고 있었는지도 모르고. 하지만 벵거 감독이 지난 몇 년간 굉장히 잘했다고 말하고 싶어요. 맨유와 비교해서 본다면 '글쎄, 아닌 거 같은데'라고 말할 수도 있어요. 하지만 당시 아스널의 한정적인 자원을 생각하면, 벵거 감독은 절대로 나쁜 성과를 낸 게 아니에요."

팔러 "당시 맨유의 미드필더들을 보세요. 킨, 스콜스, 베컴, 긱스가 있었어요. 거기다가 스트라이커들은 콜Andy Cole, 요크Dwight Yorke, 셰 링엄이 있었고, 판 니스텔로이, 그리고 뒤에는 스탐이 받치고 있었죠. 퀄리티가 정말 대단했어요. 우리 아스널도 꽤 좋은 스쿼드를 갖추고 있었지만, 왜 맨유가 좀 더 지배적이었는지 알 수 있죠. 그들의 경기 를 보면 엄청났어요. 경기 일정이 나오면 우리 선수들은 맨유랑 언제 하는지부터 찾았죠. 1997-98시즌은 정말 엄청났어요. 왜냐하면 승 점 12점이 뒤지고 있어도, 우리가 올드 트래포드에서 맨유를 이긴다 면 우승할 거라고 믿고 있었거든요. 결국 오베르마스가 골을 넣었고, 우리는 1-0으로 이겼어요. 그리고 10연승을 했죠. 우리는 결국 3게 임, 9점 차로 우승했어요. 우리는 좋은 스쿼드가 있었고, 향후 몇 년 간 맨유와 경쟁할 수 있을 거라고 생각했어요. 왜냐하면 우리 모두 충분히 젊은 나이였거든요. 그리고 이제는 맨유가 우리를 경계할 거 라는 걸 알았죠. 왜냐하면 그 전까지 맨유는 우리를 꽤 오랜 시간 너 무 쉽게 봤어요. 하지만 퍼거슨 감독은 그제야 이렇게 말했죠. '오···, 이 팀 강한데? 이 팀은 반드시 이겨야 할 팀이야.' 우리는 매 시즌 맨 유를 몰아붙였어요."

베르캄프 "축구에서 이기는 것은 습관입니다. 우리는 맨유와 충분 히 경쟁할 수 있었지만, 습관 그 자체를 바꾸는 것은 다른 차원의 일 이었어요. 그건 역사예요. 제가 뛰던 시절의 맨유뿐만 아니라 맨유

역사 전체를 통해서 알 수 있는 부분이죠."

저는 그 부분은 잘 모르겠네요.
베르캄프 "맨유가 아스널보다 빅클럽이라고 생각하지 않나요?"

어떻게 보느냐에 따라 다르죠. 1930년대 아스널은 완전 거인이었고, 맨유는 근처에 가지도 못했죠. 1950년대 맨유에는 '버즈비의 아이들 Busby Babes'이 있었죠. 정말 훌륭했지만, 많은 선수들이 죽었어요('뮌헨 참사'의 영향으로). 10년 후 보비 찰튼Bobby Charlton, 조지 베스트George Best, 데니스 로를 포함한 선수들이 이끈 맨유의 부활로 유러피언컵에서 우승했어요. '버즈비의 아이들'이 우승을 위해 노력했던 그 대회에서요. 그게 바로 맨유라는 클럽이 가진 신비로운 강점이죠. 하지만 그 후로 오랫동안 다시 침체기에 빠졌고, 25년간 우승하지 못했죠.
베르캄프 "하지만 평균적으로 보면? 제 말은 우승하지 못해도 늘 2등은 하지 않았나요?"

저는 그렇게 생각하지 않아요. 자, 보세요. 1968년에서 1992년 사이에 맨유는 4차례 2등을 차지했어요. 컵대회에서 우승할 때도 있었고, 1시즌은 강등도 당했죠. 몇 년간은 리즈가 강팀이었어요. 그리고 20년간은 리버풀이 그랬고. 그리고 당신이 아스널에 왔을 때, 직전 시즌 우승팀은 블랙번 로버스였어요. 공교롭게도 맨유는 승승장구하고 있었죠. 1993년 우승팀이 되었고, 그다음 해에 더블을 달성했죠. 그리고 당신의 첫 시즌 맨유는 다시 한번 더블을 달성했어요. 하지만 맨유가 그렇게 '빅클럽'으로 인정받은 건 비교적 최근의 일이에요.

베르캄프 "그건 좀 이상한 것이, 저는 다른 인상을 받았거든요. 제가 아스널에 처음 왔을 때, 맨유뿐만 아니라 다른 팀과 경쟁한다는 게 큰 성취로 느껴졌죠. 제 첫 시즌에 우리는 UEFA컵 진출권을 땄고, 모두 그 사실에 행복해했어요. 그리고 맨유는 오랜 기간 성공적인 팀이 되기 위해 모든 걸 누렸었죠. 처음 아스널에 왔을 때 저는 아스널에서는 그런 느낌을 받지 못했어요. 우리가 리그 우승을 놓고 경쟁할 수 있을 거라는 느낌이 없었죠. 정상은 아니었어요. 첫 시즌에 우리 선수들의 분위기는 'UEFA컵이다! 해냈다'였어요. 그리고 우리의 그 시즌 결과가 어땠죠? 5등? 그 이후 우리가 만들어 간 발자취는…. 제 말은 이후 몇 년간, 5~7년간 우리는 맨유와 대등했고, 심지어 우리가 더 나을 때도 있었다는 거예요. 무패 우승을 했던 시기는 분명히 그랬고, 어쩌면 그보다 1~2년 전, 그리고 1~2년 후는 정말 그랬죠. 그건 정말 커다란 발전이었어요."

다시 페널티킥 이야기로 돌아가 볼까요? 빌라 파크에서 당신의 페널티킥이 막혔던 것만 이야기하는 것은 불공평해요. 당신은 아스널, 인터밀란, 아약스, 그리고 네덜란드 대표팀에서 페널티킥을 실축한 적이 거의 없어요. 당신의 페널티킥은 딱히 묘기 같은 것도 아니었고, 위험을 감수하는 성격의 슈팅도 아니었죠. 안 그런가요? 너무 길지도, 짧지도 않은 달리기 후에 골대 구석으로 곧고 강렬하게 들어가곤 했죠.

베르캄프 "저는 페널티킥을 찰 때 이런저런 개인기를 부린다거나 그러지 않았어요. 항상 페널티킥을 찰 때는 진지하게 임했죠. 심지어 우리가 4-0으로 이기고 있어도 마찬가지였어요. 늘 성공시키고 싶었죠. 모든 슈팅이 저의 커리어에 있어 하나의 추가골이었으니까요. 아약스에서도 그런 걸 느낀 적이 있어요. 왜냐하면 당시 저는 득점왕이었고, 골은 제 인생이었으니까요."

파넨카킥이나 페널티킥 전 도움닫기 패턴을 바꿔볼 생각을 한 적 있나요?

베르캄프 "훈련 중에 재미로 그런 적은 있죠. 하지만 진지하게는 아니었어요. 그 당시 파넨카킥은 정말 천재적이고, 환상적인 방법이었죠. 파넨카킥은 중간에 볼이 떨어지도록 하는 게 최고의 방법이라고 생각했어요. 왜냐하면 제프 마이어Sepp Maier(독일의 역사적인 골키퍼)는 항상 골대 한쪽 방향 구석으로 몸을 날렸어요. 하지만 파넨카킥은 위험한 부분도 있어요. 만약 골키퍼가 움직이지 않는다면? 크루이프와 올센의 페널티킥 같은 거죠. (크루이프는 페널티킥 지점에서 옆으로 볼을 찼고, 모두가 놀라서 무슨 일이 벌어지는 것인지 바라보고 있을 때 올센은 슈팅을 하는 듯하다가 다시 크루이프에게 패스를 해서 그가 골을 넣게 했다) 하지만 요즘에는 그렇게 하면 상대방이 바로 대응하죠. 얼마간 골키퍼의 움직임을 불러일으키는 게 유행이었어요. 저도 몇 번 해봤는데, 저와는 맞지 않더군요. 왜냐하면 도움닫기를 하기 전에 주춤해야 하는데, 자기 자신을 의심할 수도 있어요. 결국 제 방법을 믿고 고수했죠. 도움닫기를 한 후에 그저 직전해서 바로 슈팅을 하는 걸로. 사실상 한 동작으로 연결되는 매우 에너지 넘치는 동작이죠."

왜 네덜란드 대표팀은 승부차기에서 끔찍한 일들이 많았던 건가요?

베르캄프 "저는 5번의 대회를 나갔는데, 그중 4번이나 승부차기에서 떨어졌어요. 굉장히 실망스러웠죠. 그런데 더 고통스러웠던 건 제가 페널티킥을 성공했던 경기였어요. 제가 골을 넣더라도 승부차기는 결코 제 손에 달려 있지 않았거든요."

조금 지난 후에 돌아보면 뭔가 매우 이상해요. 혹시 네덜란드 선수들이 너무 뛰어나서, 독일이 승부차기를 특별한 전략으로 접근했던 것처럼 진지하게 여기지 않은 것은 아닐까요? 태도의 문제 아니었을까요?

베르캄프 "어떻게 승부차기를 진지하게 임하지 않을 수가 있겠어요?"

글쎄, 모르죠. 예를 들면 왜 세도르프는 계속 승부차기 키커로 나서고, 실패하는 건가요?

베르캄프 "페널티킥을 더 연습해야 했다고 생각하는 건가요?"

충분히 연습은 한 거겠죠?

베르캄프 "축구에 충분이란 건 없어요. 뭐가 충분한 거죠? 승부차기에서 실전과 같은 압박감을 훈련할 수 있는 방법은 전혀 없어요. 페널티킥 슈팅을 매번 연습할 수는 있지만, 실제 승부차기 현장에서 느끼는 건 완전히 달라요. 먼저, 페널티킥을 찰 수 있을 만큼 뛰어나야 하죠. 그리고 그 압박감을 이겨내야 하죠. 이건 물론 정신적인 문제예요. 세도르프만 그런 게 아니에요. 다른 선수들도 페널티킥 생각을 하고 있어요. '내가 찰 것이고, 이런 방식으로 차야지' 아마 그것이 네덜란드식 접근일 테죠. 어쩌면 조금은 거만한 접근일 수도 있어요."

그러니까 당신 말은 브라질과의 경기에서 로날드 더 부르처럼 복잡하게 한다는 건가요? 그건 결국 완전한 실패로 끝났어요.

베르캄프 "그런 거죠."

하지만 당신도 스스로 말했잖아요. 나라면 저렇게 안했을 거라고.

베르캄프 "글쎄요. 뭔가를 새롭게 시도해 볼 수는 있겠죠. 하지만 당신은 그 압박감을 과소평가하고 있어요. 별로 진지하게 생각하지 않잖아요. 더 부르는 진지했어요. 그는 '이게 최고의 방법이야'라고 생각한 거고, 훈련에서는 성공했을 겁니다. 하지만 실제 경기에서 엄청난 압박감을 받으면… 나였다면 저렇게 안 찼을거야, 왜냐하면 나한테 최선의 방법이 아니니까. 하지만 '이렇게 했어야지' 아니면 '저렇게 했어야지' 이렇게 말하는 건 매우 어렵죠. 물론 다른 선수가 더 잘했을 수도 있어요. 그는 페널티킥을 놓쳤지만 저는 그것이 제가 골대 구석을 향해 조준하고, 골키퍼에게 막혔을 때와 다를 게 없다고 봐요. 자신이 결정한 거고, 그 결정은 '이게 가장 나은 방법이겠다'라고 생각하고 한 거니까. 하지만 아쉽게 실패한 것도 실패인 거죠."

학계에서 페널티킥과 승부차기에 대한 연구가 엄청 많아요. 게임 이론가들도 저마다 이론들이 있죠. 슈퍼컴퓨터는 골키퍼와 키커들의 습관과 특징에 기반한 데이터가 있어요.

베르캄프 "좋아요. 하지만 90년대 우리는 많은 대회에서 승부차기 끝에 탈락했어요. 지금은 21세기이고, 이미 25년이나 흘렀어요. 많은 연구들이 있겠지만, 그 누구도 정확한 결론을 낸 적은 없죠. 저는 아직까지도 '네가 승부차기에서 진 이유는 이거야'라는 말을 들어본 적이 없어요."

동전 던지기처럼 먼저 슈팅을 하는 팀이 60대 40의 비율로 더 유리하다는 말도 있어요.

베르캄프 "하지만 동전 던지기에 영향을 줄 수 있나요? 그 수치에는 동의하지만, 여전히 도박이에요. 당신이 무얼 하든지 그건 도박의 개념이죠. 충분히 동전 던지기를 연습할 수 있고, 동전 던지기에서 이길 수도 있고, 승부차기 전에 서로 손을 맞잡을 수도 있고, 자신감을 가질 수도 있어요. 하지만 승부차기의 압박감은 훈련할 수 있는 것이 아니에요."

하지만 우린 좋은 페널티킥이 뭔지 알잖아요. 네덜란드 대표팀이 놓친 페널티킥들 중 일부는 정말 끔찍했어요. 이탈리아와의 경기에서 야프 스탐의 골은 크로스바를 훨씬 넘어갔죠. 보스벨트의 킥은 너무 약했고, 골키퍼 근처로 찼죠. 브라질과의 경기에서 로날드 더 부르, 프랑스 전에서 세도르프…. 다 좋은 페널티킥은 아니었어요. 그래서 기술적으로 심리적으로 무슨 일이 일어났던 거죠? 공포심 때문인가? 모두가 의문이었죠. 모두들 '무엇을 할 것인지 명확히 하라', '패턴을 다양화하라' 그런 말들을 했고요.

베르캄프 "그러니까 네덜란드 대표팀이 그런 것에 관해 아무 생각도 안 했을 거라고 생각하는 건가요?"

글쎄요. 무슨 생각을 했나요? 1992년에 판 바스텐은 왜 놓친 거죠?

베르캄프 "판 바스텐이 덴마크전에 진지하게 임하지 않았다고 생각하는 건가요? 휴식이 부족했다거나, 아니면 네덜란드 사람이기 때문에 거만했다는 건가요?"

글쎄요, 잘 모르겠네요. 당신의 생각은 어때요?

베르캄프 "그는 페널티킥을 놓쳤죠."

판 바스텐은 몸을 뒤로 기울였어요.

베르캄프 "판 바스텐이 일부러 그랬다고 생각하는 건가요? 사람들은 대부분 왜 놓쳤는지 이유를 원하더군요. 몸을 한쪽으로 기울여서? 저는 선수 시절에 300만 회 정도는 슈팅을 했을 거예요. 그리고 그중 한 번은 몸을 기울였고. 왜냐고? 페널티킥이라서? 혹은 상대 골키퍼가 슈마이켈이라서? 아니면 긴장을 해서? 그런 질문에는 답하기가 어려워요. 페널티킥이 실패할 때는 운이 작용할 때도 있죠. 아무도 정확히 알기가 어렵다는 거죠. 판 바스텐은 그 시즌 AC 밀란에서 페널티킥을 전담했을 거예요. 그에겐 그만의 리듬이 있었고, 항상 같은 방식으로 처리했죠. 페널티킥에 대한 많은 사람들의 연구나 의견이 있기는 하지만 그 자리에 있었던 사람이 아니면 정확히 알기는 어려워요. 제가 확실히 말할 수 있는 것은 판 바스텐은 아주 많은 연습을 했다는 겁니다. 그는 매 경기 전에 10번의 페널티킥 연습을 했어요. 그러면 어떤 사람들은 말하겠죠. '그래? 하지만 10번은 너무 적어. 50번은 했어야 돼'라고. 하지만 충분하다는 조건은 뭐고, 충분히 좋다는 것의 조건은 뭐죠? 그런 부분은 정말 어려워요."

하지만 잉글랜드 사람들이 말하는 것처럼, 승부차기를 '복권'처럼 여길 수도 없잖아요?

베르캄프 "하지만 '그 페널티킥은 별로였어. 더 잘했어야지'라고 말하면서 사람들을 비판할 수는 없어요. 물론 저도 슈마이켈을 상대로 더 잘했어야 했어요. 하지만 제가 진지하게 차지 않았다고 사람들이 비판할 수 있을까요? 제가 슈마이켈을 대수롭지 않게 여겼다고? 제가 페널티킥 연습을 하지 않았다고? 말도 안 돼요!"

그건 물론 아니죠. 하지만 프랑크 더 부르는 프란체스코 톨도Francesco Toldo를 향해 윙크를 한 후에 완전히 끔찍한 페널티킥을 찬 적도 있었어요. 그런 부분은 어떤 경우죠? 정신적인 문제인가요? 그 페널티킥은 이후에 '페널티킥을 찰 때 이렇게 하면 안 된다'는 교과서로 남게 됐어요.

베르캄프 "이제 당신이 선수들을 판정하는 건가요? 미안하지만, 당신은 스스로 그 상황을 겪어본 적이 없어요. 그런데도 당신이 그 승부차기를 직접 찼던 선수들을 판정한다고요?"

네, 맞아요.

베르캄프 "더 부르가 페널티킥에서 잘못했다는 건가요?"

더 부르의 페널티킥은 형편없었죠. 완전히 끔찍했어요.

베르캄프 "아니, 그는 그냥 성공시키지 못했을 뿐이에요."

그건 정말 끔찍한 페널티킥이었어요.

베르캄프 "실축했으니 좋은 페널티킥은 아니었죠. 상대 골키퍼에게 막히면 좋은 페널티킥은 아니죠. 제가 설명하려 했지만⋯."

하지만 상대 골키퍼의 좋은 선방으로 막힌 페널티킥은 그냥 잘못 찬 페널티킥과는 다르지 않나요?

베르캄프 "저는 그렇게 생각하지 않아요."

하지만 네덜란드는 승부차기에서 좀 더 잘할 수 있는 방법을 찾아야 했죠?

베르캄프 "물론이죠."

네덜란드 대표팀은 승부차기와 관련해 여러 가지 제도 변화를 시도했지만, 베르캄프는 그런 방식에 의문을 품었다. 이탈리아전 패배 이후, 네덜란드 축구협회는 새로운 규정을 신설했다. 대표팀의 페널티킥 기술을 향상시키기 위해 모든 유소년 경기는 승부차기까지 한 후에 종료됐다.

베르캄프 "하지만 유소년 선수들이 페널티킥만 차도록 훈련할 수는 없어요! 만약 네덜란드 축구협회가 변화를 주고 싶다면, 그래요. 좋아요. 하지만 전 연령대를 대상으로 실시해야 합니다. 독일을 보세요. 독일은 유로 2000에서 조별 리그 최하위에 그친 뒤로 큰 충격을 받았어요. 독일 축구협회는 1998 프랑스 월드컵 이후 이미 유소년 규정을 개정하는 것을 논의했죠. 그리고 유로 2000 이후에 급진적인 변화를 추진했어요. 근력 훈련과 운동 능력 대신 기술 향상에 중점을 둔 거죠. 좀 더 네덜란드와 비슷한 방식이었죠.

이제 그 결과가 보이지 않나 싶어요. 독일은 지난 15년 전만 해도 볼 수 없었던 유형의 축구 선수들을 갖고 있죠. 마리오 괴체Mario Gotze, 마르코 로이스Marko Reus, 토마스 뮐러Thomas Muller, 토니 크로스Toni Kroos… 모두 훌륭한 선수들이죠. 그리고 도르트문트, 바이에른 뮌헨, 독일 대표팀에 걸쳐 매력적인 축구를 구사하고 있죠. 모두 체계적으로 일하면서 전 연령에 걸쳐 변화를 주었고, 엄청난 결과를 보여주고 있어요. 네덜란드에서는 가장 어린 유소년 팀에서 아직까지 페널티킥을 연습하고 있죠. 하지만 아무것도 변한 게 없어요. 알다시피 우리는 승부차기에서 딱 한 번(유로 2004 8강전 스웨덴과의 경기) 이겼어요. 그렇기 때문에 더 이상 그 누구도 그에 대해 신경을 쓰지 않아요.

하지만 그게 다가 아니에요. 문제를 인식했으면, 조직 가장 아래에서부터 해결하기 위해 노력해야 해요. 거기서 멈추면 안 돼요. 꼭대기에 다다를 때까지 끝까지 해야 한다는 겁니다. 네덜란드 축구협회 입장에서 네덜란드 축구 선수들에게 어떻게 페널티킥을 차야 하는지 가르쳐야 한다고 확신이 들면, 정말 진지하게 가르쳐야 해요. 그게 바로 지금 아약스에서 하는 일이죠. 꼭 페널티킥에 대해서만 이야기하는 게 아니에요. 모든 것에 대해 말하는 거죠. 독일은 네덜란드를 보고 배웠어요. 이제 우리는 똑같이 독일을 보고 배우고 있죠. 체계적이고, 집중적인 방법으로 변화를 가져오면서, 우리의 재능 있는 선수들을 다르게 훈련시켜야 해요. 그러면 우리는 성공할 수 있을 거예요."

18

의미의 의미

이안 라이트 "그 터치! 그 턴! 그 골 장면은 느리게 해서 클래식 음악과 함께 박물관에 보관해야 해요. 그리고 사람들이 그 예술작품을 감상해야 합니다!"

앙리 "우리는 지금 정말 엄청나게 훌륭한 골에 대해 이야기하고 있지만, 말하는 것만으로는 그 장면을 잘 알려주지 못해요. 직접 봐야만 합니다."

아스널 역사상 가장 많은 골을 기록한 두 스트라이커가 팬들이 뽑은 구단 역사상 최고의 골에 대해 이야기하고 있다. 그 골은 2002년 3월 뉴캐슬과의 리그 경기에서 나온 골이다. 그 골의 정수를 다시 떠올려보자. 베르캄프는 등을 지고 있는 상태에서 자신에게 찔러 들어온 패스를 받기 위해 이전까지 상상하기도 힘들었던 턴을 하면서 니코스 다비자스를 제쳤다. 그리고 몸을 왼쪽으로 틀면서 볼을 오른쪽으로 넘긴 다음 몸을 열어 볼을 발 측면으로 차면서 달려드는 셰이 기븐Shay Given 골키퍼를 넘기며 골을 기록했다. 아스널 관계자들은 에미레이츠 스타디움에 베르캄프의 동상을 의뢰할 때, 이 장면을 동상으로 영원히 간직하고 싶었다. 그러나 안타깝게도 그것은 기술적으로 불가능했다. 영화 제작자 폴 티켈Paul Tickell은 이렇게 말했다. "그 동상을 제작하려면 아마 죽은 보치오니Umberto Boccioni(이탈리아 출신의 서양화가이자 조각가)가 필요할 겁니다."

라이트 "뉴캐슬과의 경기에서 나온 그 골 장면은 정말 경이로운 순간이었어요. 누구도 그런 평가에 이의를 제기하지 않죠. 하지만 저는 훈련에서 베르캄프의 그런 모습을 매일 봤기 때문에, 사람들이 '베르캄프가 일부러 의도하고 그런 거야?'라고 물었을 때, '당연하지. 일부러 그런 거야'라고 답할 수 있었죠. 베르캄프는 공간의 설계자예요. 예상컨대, 베르캄프는 이미 그림을 그리고, 모든 것을 측정한 다음 아주 짧은 시간 내에 모든 걸 다 완성하는 걸 거예요. 만약 누군가 '하지만 볼을 그렇게 튕기는 건 일부러 의도하고 할 수는 없을 거야'라고 말한다면, 저는 베르캄프의 생각하는 스피드가 더 빠르기 때문에 그것이 가능하다고 답할 겁니다."

티에리 앙리는 그 골에 대해 조금 다른 시선으로 의심하는 사람들에 대해 이렇게 말했다.

앙리 "사람들이 저에게 그 골에 대해 물어보면, 저는 그저 '그게 바로 데니스 베르캄프예요'라고 말합니다. 그러면 어떤 사람들은 '알아요. 그래도 그게 의도한 거라고요?'라고 말하죠. 그러면 저는 그들에게 다시 이렇게 말합니다. '데니스 베르캄프니까요.' 그게 제 답입니다. 저는 그 경기에 뛰지 않았어요. 집에서 그 경기를 봤고, 제 머리에 떠오른 첫 생각은 '뭐라고?'였어요. 하지만 과거에도 그런 선수들이 몇몇 있었죠. 칸토나Éric Cantona는 칸토나고, 지단은 지단이고, 마라도나는 마라도나입니다. 그 어떤 의견도 달 필요가 없는 선수들이죠. 그저 바라보기만 하면 됩니다. 오직 베르캄프만이 그 순간 무슨일이 있었는지 말해줄 수 있어요. 저는 그를 믿습니다. 베르캄프의골들을 보면, 그는 볼을 받기 전에 생각하고 넣는 걸 알 수 있어요.그게 베르캄프입니다."

◆◇◆

하지만 베르캄프는 도대체 그 순간에 어떻게 플레이하면서 골을 넣은 것일까? 왜 아직까지 많은 사람들이 그 아름다운 골 장면을 정말 베르캄프가 '의도했는지'에 대해 의문을 갖는 걸까?

베르캄프 "모든 질문이 이상해요. 제가 그 순간 어떤 의도를 갖고 있었느냐는 게 무슨 질문일까요? 그들은 어떤 부분에서 제가 일부러 그런 게 아니라고 생각하는 걸까요? 제가 '볼을 저기에 놓고, 이 방향으로 턴해야지. 그리고 넣어야지.' 이렇게 생각했다는 걸까요? 절대 아니죠. 그 상황 그 자체가 저의 움직임을 만든 거예요. 몇 년 전 저는제 자신에게 물어봤어요. '좋은 축구 선수였다는 것을 어떻게 증명할까?' 저의 대답은 이거였습니다. '최고의 선수는 주어진 상황에 잘 적응하는 선수다'라는 것. 질문은 항상 '어떻게 적응하는가?'였어요.저는 그 순간에 피레스로부터 패스를 받고 싶었지만, 패스가 제 뒤쪽으로 오더군요. 제가 예상했던 것과는 달랐고, 그래서 '다른 방식이 필요한데?'라고 생각했죠. 그건 메시가 질주하기 시작할 때와 마찬가지예요. 첫 번째로 맞닥뜨리는 상대 수비수가 저쪽으로 움직이기 때문에 메시는 이쪽으로 움직이는 거죠. 메시가 이전에도 그걸 미리 '의도'했을까요? 이미 계획했을까요? 아니에요. 상황에 대응하면서 생각한 거죠. '수비수가 여기 있으니 나는 저쪽으로 가야지. 아니 저쪽에도 다른 수비수가 있네. 그러면 어깨를 좀 낮춰야지…' 이런 식으로 말입니다. 저는 사람들이 '그 골을 의도한 거야?'라고 물을 때마다 이렇게 말해요. '아뇨. 제가 뉴캐슬로 가는 버스에 탔을 때, 저는 그런 골을 넣을 거라고 생각도 안 했어요. 그저 볼이 저에게 그렇게 온 거고, 그래서 몸을 돌리고, 비틀어서 그렇게 골을 넣은 거예요'라고 말이죠."

당신의 왼발이 볼 쪽으로 향할 때, 볼을 한쪽으로 튕기고, 당신의 몸은 반대 방향으로 회전한 것이 확실한가요? 당신의 발은 볼을 오른쪽으로 터치하고 있지만, 당신의 몸 다른 부분들은 이미 모두 왼쪽으로 돌기 시작하고 있었어요.

베르캄프 "물론이죠. 패스는 이렇게 오고 있었지만, 저는 저쪽으로 움직이고 싶었어요. 그래서 창의적으로 생각했죠. '그래, 이렇게 해보자.' 그건 일종의 '모 아니면 도'인 상황이었죠. 좀 더 안전한 방법으로 갈 수도 있었어요. 볼을 컨트롤하고 다시 시도하는 거죠. 아니면 일단 받은 후에 돌 수도 있고. 하지만 저는 수비수가 들어오는 걸 알았기 때문에, 볼의 속도가 저를 도울 수 있다고 생각했어요. 작은 터치로도 페이스가 유지되기 때문에, 저는 볼에 회전을 넣을 수 있었고, 여전히 저의 터치가 닿을 수 있는 위치에 둘 수 있었죠."

토니 애덤스는 당신이 전에도 그런 비슷한 턴을 시도한 적이 있었다고 회상했어요. 혹시 그전에 그런 움직임을 생각하고 연습했다가 기회가 와서 경기에서 한 것인가요?

베르캄프 "아니, 아니에요. 그런 게 아니에요. 만약 제가 처음에 '볼을 컨트롤하고 싶은데'라고 생각했다면, 그런 턴을 절대 할 수 없었을 거예요. 하지만 제가 한 첫 생각은 '일단 골문까지 가자. 볼이 어떻게 오든지 간에 골문까지 가기 위해 뭐든 해보자'였어요. 저에게 볼이 오기 10미터 전에 결정했죠. '수비수를 돌아서 들어가자'라고."

수비수의 반응을 계산했나요?

베르캄프 "아니에요! 하지만 수비수들이 어디에 있을 것인지는 알 수 있었어요. 그의 무릎이 조금 굽혀지고, 약간 넓게 서 있어서 저를 따라 돌지 못할 것이라는 것도 짐작했죠. 그는 예상하지 못했을 거예요. 제 생각은 '일단 볼을 튕기고, 무슨 일이 일어날지 보자'였어요. 수비수가 막을 수도 있고, 볼을 튕겼지만 멀리 안 나갈 수도 있어요. 아니면 수비수가 이미 예측하고 앞서서 나올 수도 있었죠. 하지만 그는 제 시도에 놀랄 거고, 원래는 그보다 1~2미터 앞에 제가 있을 거였어요. 그 장면에서 나온 것처럼 저는 그보다 많이 앞에 있지는 않았어요. 그래서 저는 그를 조금 밀어내야 했죠. 물론 행운도 따라야 했어요."

그러면, 파울이었나요?

베르캄프 "전혀 아니죠! 다만 그 플레이의 중간에는 결정을 내려야 했어요. 대부분의 선수들은 안전하게 오른발로 받은 후에 슈팅하는 걸 택하겠죠. 아마 왼발이 약할 수도 있어요. 아니면 왼발 슈팅이 더 좋은 슈팅일 수도 있죠. 놓을 곳이 없지만, 오른발로는⋯. 마지막 순간에 저는 (골대 코너 4곳을 가리키며) 하단이나 상단으로 슈팅할 수도 있어요. 그리고 먼 코너 구석을 향해 차는 겁니다."

그러면 그 순간에 정말 엄청난 속도로 그걸 다 계산한 거였군요.

베르캄프 "그건 계산이라기보다는 좀 더 본능적인 거였어요. 왜냐하면 훈련이나 다른 경기를 치르면서 알게 되잖아요. 어떻게 볼이 튈 것이고, 수비수들이 어떻게 턴할 것인지 아는 거죠. 볼이 멈추는 곳에서 언제 수비수를 밀어낼 건지, 그리고 골키퍼는 어디 있는지 다 아는 거예요. 그런 슈팅이나 수비수와의 싸움을 처음 해보는 게 아니니까요. 그전에 해본 경험을 통해서 아는 거죠."

앙리 "제가 그 골 장면에서 가장 좋아하는 게 뭔지 알아요? 베르캄프가 다비자스 앞에서 몸을 밀어 넣은 거예요. 베르캄프는 턴을 하면서 수비수를 막았어요. 그게 베르캄프에게 슈팅을 마무리할 시간이 생긴 이유였죠. 일반적으로 놀라운 일을 하면 자제력을 잃게 되죠. 엄청난 볼 컨트롤을 하고 마무리하기 위해 돌진하는 선수들을 우리는 얼마나 많이 봤나요? 그런데 베르캄프는 놀라운 장면을 만들면서도 매우 침착했어요. 그게 바로 훌륭한 선수와 일반적인 선수의 차이예요. 일반적인 스트라이커들은 턴을 하고 나면 흥분할 거예요.

진정해! 진정하라구! 그 순간에 흥분을 하면 슈팅을 망치게 되죠. 하지만 베르캄프는 그 턴 이후에도 아주 침착했어요. 엄청 어려운 걸 한 겁니다. 다시 한번 그 장면을 보세요. 다비자스와 본인 사이에 몸을 밀어 넣은 방법을 말이에요. 그 골은 그저 놀라운 경지의 골이었어요."

◆◇◆

당연히 그게 당신의 최고 골일 거 같은데요?

베르캄프 "아니에요."

왜요?

베르캄프 "그 골에는 운이 많이 따랐기 때문이에요. 만약 수비수가 한 발짝 뒤에 있었더라면 끝난 상황이었죠. 그러니까 운이 좀 따른 거죠. 사람들이 그 골에 대해 너무 많이 이야기해서 TV로 한번 보기로 결심했어요. 제가 기억하는 모습과는 좀 다르더군요. TV에서 수비수를 보세요. 저는 그가 거기 있다는 걸 알았지만, 본 적은 없어요. 그저 그의 존재감을 느꼈을 뿐이고, 이쪽에 있다는 것만 알았죠. 볼은 여기 있고, 저는 저쪽으로 가고 싶었던 거예요. 그게 다예요."

와우!

베르캄프 "그런데 일반적으로 저는 속임수를 좋아하지 않아요. 다른 사람들이 하거나, 저를 위해 운동할 때면 즐기지만, 제가 하고 싶지는 않아요. 저는 속임수 쓸 기회를 노리지 않아요. 그건 저의 축구가 아니에요. 제가 하는 게임은 퍼스트 터치, 컨트롤, 패스 이런 거죠. 패스 한 번, 볼 컨트롤 한 번으로 골키퍼 앞에서 누군가 혹은 제 자신에게 기회를 만들 수 있을까? 패스하면서 공간을 만들 수 있을까? 그런 것이 저의 열정이에요. 저에게 있어 속임수는 글쎄요… 그게 다예요. 모든 플레이에는 그 이면에 생각과 의미가 있어야 해요. 속임수는 뭘 가져다주는 거죠? 그저 기능적인 거예요. 예술을 위한 예술은 흥미롭지 않거든요."

하지만 그 골은 사실 기본적으로 속임수를 쓴 거잖아요.
베르캄프 "특별해 보이긴 했죠. 그게 골이었기 때문에 그런 거예요. 더 큰 것의 일부가 되는 속임수를 정당화하는 거죠. 속임수가 골을 만들었고, 골이 속임수를 만든 거죠."

이안 라이트가 말하길, 당신이 훈련에서 비슷한 장면, 혹은 더 나은 모습으로 득점하는 것을 보았기 때문에 뉴캐슬과의 경기에서 넣은 골도 초 단위로 하나하나 의도했다는 것을 알겠다고 하더군요.
베르캄프 "그래요? 저는 기억이 안 나요."

라이트에 의하면, 당시 최고 수비수였던 키언이 당신을 압박해 수비하고 있었고, 당신은 골대를 등지고 있었어요. 측면에서 패스가 오자, 당신은 키언을 둘러서가 아닌, 키언 안쪽으로 볼을 튕겼다고 하더군요. 라이트는 그가 봤던 최고의 장면들 중 하나라고 했어요. 왜냐하면 키

언은 항상 훈련장에서 전력으로 임했기 때문이죠.

베르캄프 "맞아요. 키언은 항상 그랬어요."

그 골이 들어간 후에 분명 모두가 멈춰서 박수를 쳤을 거예요. 심지어 키언도.

베르캄프 "글쎄, 생각 좀 해봐야겠는데요…. 아, 라이트가 무얼 말했는지 알 것 같아요. 훈련장이었는데, 하이버리는 아니었어요. 가끔 유소년 팀 훈련 세션이 있었는데, 아마 거기서 게임을 했을 거예요."

많은 사람들이 봤나요?

베르캄프 "아마 88명쯤! 아니면 77명쯤? 온 것 같아요. 어찌 됐든 키언은 포백 수비에서 왼쪽 중앙 수비수였어요. 그가 저를 수비할 거라는 걸 확신했거든요. 그리고 저는 왼쪽 측면에서 중앙으로 달려들고 있었고, 키언은 뒤에 바짝 붙어서 살짝 오른쪽에 있었죠. 설명하긴 어렵지만, 저는 볼이 터치라인에서 온다고 생각했어요. 그 말은 볼이 제 왼쪽에서 제 몸을 가로질러 간다는 거죠. 키언은 제가 볼을 컨트롤하고 그를 제치려 할 거라고 예측했어요. 그의 관점에서 봤을 때, 전혀 위험할 부분이 없었죠. 하지만 저는 오른발 안쪽으로 볼을 컨트롤하는 대신, 발을 볼 위로 넘겨서 발 바깥쪽으로 튕겨냈죠."

뭐라고요? 달리고 있다가. 갑자기 멈춰서 볼을 튕겨냈다고요?

베르캄프 "아니에요. 볼이 저를 가로질러 왔고, 저는 볼을 넘어서… 탁! 그 후에 다른 방향으로 돌아 나간 거죠. 균형을 잘 잡아서 자신이 다치지 않도록 해야 해요. 마치 이런 거죠. 볼에 발을 살짝 올려서, 뒤로 튕기는 거예요. 하지만 이 동작은 한 번에 해야 해요. 보통 방향을 바꾸지 않고 볼을 컨트롤하죠. 여기서 볼이 움직이는데 넘어서는 것처럼 발을 오른쪽으로 틀어요. 볼은 만지지 말고! 이제 발을 볼 반대쪽에 두고, 안쪽으로 볼을 터치해요. 여기서 차이를 만드는 건 볼과의 접촉이에요."

그리고 멈추는 건가요?

베르캄프 "아니에요. 볼을 넘어 턴을 해야죠. 정지하는 게 아니라 빠르게 돌아야 해요. 저는 제가 돌 것을 알지만, 수비수는 모르죠. 그래서 저는 턴을 하지만, 수비수는 수비 범위를 벗어나 있는 거죠. 그리고 2미터 앞서서 슈팅을 하는 거고, 골로 연결되는 거죠. 사실 저는 몇 번이나 연습했었어요. 간단한 움직임이죠. 제가 뭘 해야 하고, 어디로 가야 하는지 미리 알고 하는 창의적인 플레이예요. 당시 영상이 없는 게 아쉽네요. 키언은 그 장면을 본 걸 고마워할 거예요."

19

요리사

앨런 로드에서 열린 리즈전에서 리그 우승을 놓친 지 3년 반이 지난 2002년 9월 28일, 완전히 달라진 아스널은 같은 경기장에서 리즈 팬들로부터 박수갈채를 받으며 경기장에 들어섰다. 누구보다 축구를 잘 이해하고 있는 요크셔 주의 팬들은, 자신들이 응원하는 팀을 4-1로 패배시킨 아스널의 강력하고 독창적인 축구에 감탄하고 있었다. 아스널 선수들의 사인을 받기 위해 리즈 홈 팬들이 줄지어 서자, 리즈의 감독인 테리 베너블스Terry Venables는 새로운 아스널은 지난 수년간의 맨유보다 강하며, 70년대 초반 위대했던 아약스와 견줄만하다고 말했다.

아스널이 '무패 우승'을 달성하기까지는 아직 2년이 더 남아 있었지만, 그들은 매주 새로운 기록을 쓰고 있었다. 리즈와의 경기 결과는 지난 시즌 '더블'을 달성한 아스널이 47경기 연속 득점을 했고, 22번의 원정 경기에서 패배하지 않았으며, 이는 체스터필드와 노팅엄 포레스트의 기록을 깼다는 것을 의미했다. 훗날 거짓으로 판명되었지만, 당시 대부분의 사람들은 아스널이 리그 챔피언 자리에서 물러날 것이라고 예측했으며, BBC 홈페이지에는 '지금의 아스널은 잉글랜드 최고의 팀인가?' 같은 진부한 질문들이 올라오고 있었다. 아르센 벵거는 그의 계획이 거의 실현되고 있는 것에 큰 감흥을 드러내지는 않았지만, 그가 이끄는 아스널은 경기장 전체에서 포지션을 바꾸며 상대에게 위험한 상황을 만들어내는, '토털 축구'를 구현하고 있었다.

돌이켜보면 리즈와의 경기에서 가장 흥미로웠던 점 중 하나는 베르캄프의 어시스트를 연상시키며 터진 4번째 골이었다. 치명적인 패스가 35미터 떨어진 거리에서 홈팀 수비수를 가로질러 카누Nwankwo Kanu에게 이어졌다. 하지만 그때 베르캄프는 경기장에 없었다. 베르캄프는 당시 33살이었고, 피레스, 융베리와 함께 3일 전 챔피언스리그에서 PSV 에인트호번을 4-0으로 격파한 뒤 휴식을 취하고 있었다. 리즈전에서 나온 그 패스는 19살의 유망주 저메인 페넌트Jermaine Pennant가 한 것으로, 그는 아스널에서 고작 12경기를 뛴 상태였다. 또 다른 유망주였던 파스칼 시강Pascal Cygan은 수비를 단단하게 지켰고, 아스널의 교체 선수 프랜시스 제퍼스Francis Jeffers(훗날 32살에 애크링턴 스탠리에서 은퇴한다)와 올렉 루즈니Oleh Luzhnyi(왼쪽 미드필더에서 뛰었던 백업 라이트백)도 리즈의 페널티박스 근처 깊숙한 곳에서 패스를 주고받으며 경기를 지배했다. 이 네 명의 선수 중 그 누구도 클럽에 오래 머물지 않았고, 아스널의 레전드로 여겨지지도 않는다. 하지만 그날 그들은 모두 아주 멋진 축구를 했다. 어떻게 그것이 가능했을까?

'동종요법'의 원리에 따르면, 물은 어떤 물질과 섞여도 그 성질을 유지하며 원래 물질이 더 이상 없을 때도 그 특성을 유지한다고 한다. 앙리는 당시 그런 축구가 가능했던 것은 팀 전체가 베르캄프의 영향을 받았기 때문이라고 쉽게 설명했다.

앙리 "베르캄프는 우리 모두에게 있어 롤모델이었어요. 베르캄프에게 배울 것이 없다고 말하는 사람은 그냥 바보인 겁니다. 더 이상 말할 필요가 없어요. 그냥 보기만 해도 됩니다. 베르캄프와 직접 만나서 이야기할 필요도 없어요. 그냥 베르캄프가 하는 걸 보세요!"

레이 팔러 역시 2003년 아스널이 산 시로에서 인테르를 5-1로 이긴 경기에서 베르캄프와 에두가 상대 미드필더를 완전히 압도했던 것을 기억하고 있다.

팔러 "인터 밀란 선수들 역시 존경받는 선수들이었지만, 그날은 우리가 경기를 완전히 지배했어요. 그들은 우리 근처에도 올 수 없었어요. 경기가 끝나고 인터 밀란 선수들이 말하길 '우린 너희가 경기를 이렇게 지배할지 몰랐어!'라고 하더군요. 하지만 그 시기, 우리는 기술적으로 더 나아지고 있었어요."

그건 벵거 감독 덕분입니까, 아니면 베르캄프 때문입니까?

팔러 "둘 다죠. 베르캄프는 아스널 선수단에서 항상 커다란 존재였어요. 그는 늘 자기 주변의 모든 것을 주시할 줄 아는, 아주 현명한 선수였죠. 팀의 모든 선수들에게 영향을 끼쳤어요. 그리고 벵거 감독은 항상 생각하면서 뛰도록 우리를 유도했어요. 벵거 감독과 함께 높은 수준의 고강도 훈련을 자주 했었죠. 그는 늘 변화하는 걸 좋아했어요. 선수들이 경기 중에 포지션을 바꾸는 걸 특히 좋아했습니다. 그럴 때면 간격을 잘 지키면서 그 자리를 잘 메꿔야 했죠. 만약 공격이 실패했을 때도 '아, 저기 우리 선수들이 돌아오네'라고 생각하면 안 됩니다. 그 자리를 메꾸기 위해 조직적으로 움직여야 해요. 그게 좋은 팀입니다. 어떤 포지션에서 뛰던 그 주변 사람들을 잘 이해하면서 뛰어야 했어요. 저는 레프트백이나 레프트윙어와 별로 연관이 없었지만, 그들이 박스에 도달하면 그 안으로 침투해 골대 뒤까지 간다는 것을 알고 있었어요. 팀에서 모두가 어디로 가야 하는지 알고 있었던 거죠. 좋은 팀은 항상 다른 유형의 선수들이 있어요. 베르캄프나 피레스처럼 기술적으로 좋은 선수이거나, 저나 비에이라처럼 볼을 컨트롤하면서 유리한 위치에서 볼을 되찾아오기도 하고 수비도 볼 수 있는 선수들 말입니다."

그때 아스널이 잉글랜드 축구에 뭔가 새로운 걸 만들었다고 생각하십니까?

팔러 "그것까지는 생각해본 적이 없는 것 같습니다. 그냥 앞으로 나아갈 뿐이었어요. 우리는 그저 축구를 했고, 그걸 즐겼어요. 그게 굉장히 중요한데, 모두 볼을 잡으려고 노력했죠. 우리 팀에서는 그 누구도 뒤에 숨으려고 하지 않았어요. 때로 별로였던 경기들도 있었겠지만, 대부분 좋은 경기였죠."

아스널의 역대 최고 득점자이자, 팀에서 점차 더 큰 영향력을 갖게 된 티에리 앙리는 네덜란드 축구를 동경했고, 현재 아스널이 어떤 단계를 거치고 있는지 정확히 알고 있었다. 1999년 유벤투스에서 아스널에 왔을 때, 앙리는 유로 1988에서 그의 롤모델 마르코 판 바스텐이 입었던 12번을 달고 싶어 했다. 그러나 이미 그 번호에는 주인이 있었기 때문에, 그는 14번을 골라야 했다. 크루이프가 처음 유명하게 만든 바로 그 등번호였다. 크루이프에게 경의를 표하는 것이 앙리의 첫 번째 의도는 아니었지만, 앙리의 스피드와 기술, 왼쪽으로 드리블해서 꺾어 들어오는 스타일은 실제로 네덜란드 축구 스타일과 비슷했다. 앙리도 크루이프의 '토털 축구'가 아스널에 영향을 주었다는 것을 알고 있었다.

앙리 "크루이프는 감독이 된 이후, 네덜란드 스타일의 경기 방식을 바르셀로나로 가져갔어요. 그리고 벵거 감독도 그만의 방법을 아스널로 가져왔습니다. 아스널에서 우리는 4-4-2 방식을 썼는데, 일부 팬들은 아마 '그건 네덜란드 방식이 아니야'라고 말할 겁니다. 가끔은 3-4-3을 쓰기도 하면서 계속 변화를 시도했죠. 하지만 형태는 중요하지 않았어요. 벵거 감독이 팀을 어떤 방식으로 경기장에 내보내든 간에 아스널의 기본 정신은 토털 축구였으니까요. 4-3-3이든 스트라이커 없는 6-4-0이든 저는 신경 쓰지 않았어요. 우리는 항상 토털 축구를 했어요. 언제든 공격하는 축구 말입니다. 모두 공격하고, 모두가 수비했죠. 그게 네덜란드의 축구 정신입니다. 그 과정에서 자기들만의 토털 축구 방식을 찾는 거죠."

그리고 정말 대단히 멋진 스타일의 축구가 완성됐죠.

앙리 "베르캄프와 저, 그리고 피레스, 윌토르Sylvain Wiltord 그리고 카누는 같은 선상에 있었어요. 우리는 항상 서로에게 골을 만들어 줬죠. 사람들은 그들 모두가 저에게 골을 만들어줬다고 말하지만. 제가 그들에게 골을 만든 적도 정말 많았어요. 그러니까 우리는 서로 골을 만들어줬던 거죠. 하지만 우리 중에서 '요리사'는 단연 베르캄프였어요. 그는 우리 모두가 골을 넣을 수 있도록 요리해줬죠. 그 것이 바로 그 당시 아스널의 아름다움입니다. 그때 우리가 2~3년 동안 상대방 박스 안에서 패스하면서 어떻게 그렇게 많은 골을 넣었는지 모르겠어요. 쾅! 쾅! 쾅! 정말 엄청나게 많은 골을 넣었죠! 그 누구도 볼을 오래 끌고 싶지 않았어요. 누군가 볼을 오래 소유하고 있다면…. 피융~ (비행기 부딪치는 소리), 큰일이 일어났을 겁니다! 모든 패스가 한두 번만에 이어졌어요! 골대 앞에서뿐만 아니라 어디에서든 말이에요. '저기 수비 없이 혼자야! 저쪽으로 패스해! 이제 이쪽에 수비가 없어! 여기로 패스해!' 우린 정말 빨랐어요! 어느 곳이든 패스할 수 있을 정도로 서로에 대한 이해력이 높았죠. 그게 벵거 감독님이 바라는 축구였고, 우리는 그런 팀을 만들었어요. 하이버리는 그렇게 작은 구장이 아니었어요. 하이버리에서 그렇게 빠른 패스 플레이를 하는 게 쉽지는 않았죠. 사람들이 가끔 '수비하지 않아도 되니까 쉽겠네'라고 말할 때가 있어요. 그러면 저는 비꼬는 얼굴로 '그래요. 맞아요. 그런데 우린 항상 움직이고 있었다고요!'라고 답합니다."

벵거 감독은 이렇게 설명했다.

벵거 "제가 추구했던 축구는 높은 수준의 기술 축구로, 선수들의 움직임과 수비 등 모든 면에서 빌드업하는 팀플레이에 기반하고 있습니다. 왜 그런 축구를 좋아하느냐고요? 경기를 뛰는 모든 선수들이 팀에서 자신이 어떤 역할을 하고 있는지 표출할 수 있는 기회가 주어져야 한다고 생각하기 때문입니다. 그렇지 않으면 그저 다른 선수들의 뒤를 받쳐주는 것처럼 보일 뿐이니까요."

벵거 감독에게 있어 그런 축구는 수비적인 축구와는 정서적인 차이가 있었다.

벵거 "선수들은 경기에서 뛰는 즐거움 때문에 경기장에 나서야 합니다. 프로 선수라는 이유로 축구의 즐거움을 느끼지 말라는 법은 없습니다. 이는 축구를 통해 자신이 누구인지 증명하는 인간의 긍정적인 철학적 권리에 기반한 생각입니다."

벵거 감독은 음악적인 비유를 좋아했다.

벵거 "제게 있어 축구는 오케스트라와 같습니다. 사람들은 같은 음악에서 영감을 더 많이 받을수록, 좋은 음악을 연주할 확률이 높아지죠. 선수들은 프로입니다. 어떻게 모차르트 음악을 연주해야 하는지 알고 있어요. 그리고 어떻게 베르디Giuseppe Verdi(이탈리아의 가극 작곡가)를 연주해야 하는지도 압니다. 저는 그들의 지휘자였기 때문에 지성과 감수성, 외부로부터의 지도 모두가 중요했던 거죠."

아스널의 황금 시기는 2001년에서 2004년까지였다. 밥 윌슨은 베르캄프와 앙리가 같이 했다는 사실에 여전히 감탄을 금치 못한다.

윌슨 "저는 제 생에 그런 무패 우승 시즌은 다시 못 볼 거라고 생각합니다. 그리고 팀이 마땅히 받았어야 할 인정이 부족했었다고 생각해요. 당시 아스널은 거의 완벽한 퍼즐이었어요. 베르캄프와 앙리는 모두 위대한 축구 선수였고, 동시에 훌륭한 수비수들도 있었죠. 팀에 큰 차이를 만들어줄 수 있는 선수가 한 명이 아니라 여러 명이었어요. 비에이라, 베르캄프, 앙리, 피레스가 있었으니까요. 정상적인 시대였다면 피레스는 슈퍼스타였을 겁니다. 정말 대단했어요."

아스널은 2002년 리그와 컵대회에서 더블을 달성했고, 2003년에는 FA컵 우승까지 했다. 그리고 2004년에는 무패 우승을 했고, 2004년 10월까지 49경기 무패 기록을 이어갔다. 오직 챔피언스리그만이 아스널을 외면했다.

아스널의 치명적인 역습은 런던 콜니 훈련장에서도 자주 보였다. 팀은 공격 훈련을 위해 마네킹을 수비수처럼 세워놓고, 7~8초 이내에 경기장 한쪽에서 반대편으로 움직이는 훈련을 했다. 2004년 화이트하트레인에서 열린 토트넘과의 리그 우승을 확정 짓는 경기에서 비에이라의 골로 이어진 앙리와 베르캄프의 돌파에 이르기까지 그 경기의 결과는 정말 환상적이었다. 그 경기는 대부분 아스널이 공격의 주도권을 잡았었다.

앙리 "만약 하이버리에 10~30분 늦게 도착했다면, 좀 문제가 있었을 겁니다. 왜냐하면 우리가 이미 3-0으로 앞서가고 있었을 거니까요. 경기장에 들어서기 전에 10분 안에 2-0이 될 것이라는 느낌이 올 때도 있었죠. 어떻게 득점할지, 언제 득점할지 이야기하기도 했어요. 심지어 맨유와 경기할 때도, 득점할 것이라는 느낌을 받았어요. 2골 혹은 3골로 앞서 나갈 거라는 느낌을 갖는 것도 이상하지 않았죠. 당시에는 제대로 인식하지 못했지만, 서로에게 이야기했던 게 기억납니다. '사람들이 우리가 무엇을 하고 있는지 알았으면 좋겠다'고 말이에요. 우리가 얼마나 특별한 플레이를 하는지 모두가 알아주길 바랐거든요. 이후 바르셀로나에서도 비슷한 감정을 느낀 적이 있습니다. 심판을 바라보며 '제발 경기 종료 휘슬을 불지 마세요! 우리 몇 분만 더 뛰면 안 되나요? 20분만 더요!'라는 생각이 들었을 정도였죠.

그것은 어떤 완벽한 경지에서 볼 수 있는 아름다움이었어요. 상대방도 우리의 축구를 받아들이는 걸 느낄 수 있었거든요. 단순히 결과를 만들어내는 게 아니라 올바른 방향으로 경기를 하면서 상대가 포기하게 만들었던 거죠. 강요했던 게 아닙니다. 누구를 협박할 필요도 없었어요. 그저 우리의 축구를 잘하면서 해야 할 일을 했던 겁니다. 다른 팀이 '그래, 너희가 이겼어. 뭘 하든지 간에 지금 멈춰줘…'라고 생각하는 걸 느낄 수 있었어요. 우리는 맨유가 얻은 챔피언스리그 우승 트로피를 차지하지는 못했지만, 그래도 우승을 해냈죠. 제게 있어 가장 거대했던 우승 트로피는 이탈리아, 프랑스, 스페인에 갔을 때 거리에서 사람들이 '난 아스널이 싫지만, 너희 플레이는 정말 대단해'라고 말하는 것이었어요. 저는 경쟁을 즐기는 사람이었고, 중요한 것은 언제나 우승이었어요. 하지만 그것도 우리에겐 예외였죠."

아르센 벵거 감독이 특히 30세 미만의 공격수를 선호하는 건 잘 알려진 사실이다.

벵거 "일정 수준이 되면 선수들을 의심하기 시작하죠. 하지만 베르캄프에게는 늘 같은 존경심으로 경의를 표했습니다. 베르캄프는 항상 집중력을 잃지 않았어요. 물론 34, 35, 36살 이렇게 나이가 들면 이를 유지하기 어려운 게 사실이죠. 결정적인 경기에서 이길 수 있는 능력이 줄어듭니다. 하지만 베르캄프는 눈에 띌 만큼 변화에 잘 적응했어요. 신체적으로도 그렇게 떨어지지 않았죠. 왜냐하면 베르캄프는 더 큰 목표가 있었고, 여전히 특유의 패스로 팀의 퀄리티를 높여 주고 있었기 때문입니다."

베르캄프가 30대 중반에 접어들 무렵, 매 여름마다 그의 은퇴가 임박했다는 루머가 떠돌았다. 하지만 베르캄프는 사람들의 그런 예측을 비웃듯이 계속 경기에 나섰고, 연 단위로 새로운 계약에 서명했다. 2006년 새로운 에미레이츠 구장에서 열린 첫 경기가 그의 기념비적인 경기가 되었을 때, 베르캄프의 나이는 37살이었다. 하지만 그는 2003-04시즌 이전에 아스널을 거의 떠날 뻔했다. 즉 아스널의 무패 우승은 존재하지 않았을 수도 있었다는 것이다. 2003년 아스널이 베르캄프에게 제시한 연봉은 기존 계약의 절반도 되지 않았다. 굴욕감을 느낀 베르캄프는 그의 경력에서 최초로 에이전트 롭 얀센에게 현 상황에 대해 언론에 알리도록 했다. 당황한 데이비드 딘 아스널 부회장은 하루 만에 문제를 해결했고, 베르캄프는 프리시즌 훈련에 합류할 수 있었다.

하지만 아스널은 무패 우승 신화를 또 한 번 눈앞에서 망칠 뻔하기도 했다.

앙리 "우리가 화이트하트레인에서 우승을 차지했던 게 기억납니다. 감독님은 우리가 무패로 시즌을 마감할 수 있다고 했지만, 우리는 큰 감흥이 없었죠. 시즌 종료까지 4~5경기 정도 남았던 걸로 기억합니다. 감독님은 이미 장기간 축구 감독으로 일했고 그 상황을 잘 이해하고 있었어요. 벵거 감독님은 '모두들, 무패 우승을 노리자. 역사상 아무도 해내지 못한 성과를 이뤄내는 거다'라고 하셨지만, 우리는 '이미 리그 우승을 했는데요'라는 태도였죠. 무패 우승도 괜찮게 들렸지만, 우리의 첫 반응은 '되면 좋은 것' 정도였던 거 같아요. 우리가 2002년에 더블을 달성했을 때도 원정 경기에서 한 번도 패하지 않았어요. 사람들은 잘 기억하지 못하지만 그것도 나쁘지 않았죠. 그리고 그다음 시즌에 벵거 감독님은 '이 팀은 계속 무패 우승을 할 수 있다' 라고 말하셨어요. 왜 그런 말로 모두를 자극하려 했던 걸까요? 하지만 그건 벵거 감독님의 말이었어요. 그렇다면 누군가를 자극하려고 한 말은 아닐 겁니다. 그냥 그의 생각을 말했을 뿐이죠.

2003-04시즌에 우승을 차지한 후에 대충하려고 했던 것은 아니에요. 저는 권투 선수에 비유하곤 합니다. 권투 선수는 그냥 재미 삼아서 다른 경기를 뛰지는 않아요. 다음 경기에서 뛰더라도 잃을 게 없어요. 왜냐하면 이미 챔피언이니까. 그러니 이렇게 생각하는 겁니다. '만약 상대가 뛰더라도 막을 필요 없어. 우리가 골을 먹더라도, 우리가 지더라도 상관없어. 우린 이미 챔피언이거든. 심지어 팬들도 신경 쓰지 않을 거야.' 우리의 다음 경기는 홈에서 버밍엄을 상대하는 거였는데, 충격적이었어요. 아마 우리가 하이버리에서 했던 최악의 경기 중 하나일 겁니다. 아무도 제대로 뛰지 못했거든요. 아무도. 심지어 기회도 제대로 만들지 못했어요. 그리고 포츠머스 원정을 갔죠. 전반전에 1-0으로 지고 있었는데, 우리는 하프타임에 모여서 다짐했죠. '좋아, 경기에 집중하자!' 그리고 우리는 결국 그 시즌을 무패로 마감했고, 모두가 그에 대해 이야기했어요. 하지만 그 시기에는 어떻게 그런 걸 생각하지 않았었는지 모르겠어요. 저는 훌륭했던 바르셀로나나 프랑스 대표팀에서도 뛸 기회가 있었죠. 거기에서는 그런 생각을 해보지도 않았어요. 역사를 만들어 갈 생각을 하지 않은 거

죠. 아스널에서 우리는 무패로 우승하는 것에 대해 말해본 적이 없어요. 우리는 '세상에, 우리가 아직도 무패인 걸 믿을 수 있어?'라고 말한 적이 없어요. 저는 그다음 시즌 우리가 노팅엄 포레스트의 42경기무패 기록을 깬 순간을 항상 기억할 겁니다. 하지만 우리는 미들즈브러를 상대한 경기에서 이 기회를 놓칠 뻔했어요. 하이버리에서 우리는 경기 시간 27분을 남기고 1-3으로 지고 있었는데, 결국 5-3으로역전에 성공했습니다."

무패 우승을 달성하는 데 있어 베르캄프가 얼마나 중요한 역할을 했습니까?

앙리 "엄청 중요했죠. 베르캄프가 경기장에 있는 것, 행동하는 것, 경기에 입장하는 것, 그가 생각하는 것 그 모든 것이 중요했어요. 그누구보다 3~4초 먼저 경기를 읽었던 그의 시야까지도 말입니다. 제가 보기에 베르캄프는 드레싱룸에서도 경기를 읽을 수 있었을 겁니다. 그런 사람이 한 팀에 있어서 얼마나 행운이었는지 몰라요. 저는연륜이 아니라 그의 배짱에 대해 말하는 겁니다. 제가 베르캄프를좋아했던 건 그의 태도 때문이었어요. 벤치에서 나와서 경기를 바꿔야 할 때마다, 베르캄프는 늘 그렇게 했어요. 어쩌면 그는 이런 태도를 보였을 수도 있어요. '나는 제대로 뛰지 않을 거야. 골을 넣으려고시도는 하겠지만 그 이상은 아니야…' 하지만 그가 홀딩 미드필더로얼마나 많은 경기를 치렀는지 혹시 아시나요? 오른쪽에서도 마찬가지였어요. 그는 수비도 열심히 했습니다! 태클도 했고! 게다가 득점까지 하려고 했어요! 35살의 나이에도 말입니다! 그게 왜 베르캄프가 아스널 맨인지를 보여주는 모습입니다. 그는 경기 종료 10분 전에도 차이를 만들 수 있는 실력이 있었고, 정말 올바른 마음가짐으로 경기장에 나왔어요. 제가 늘 '그래! 베르캄프는 너무나 중요해! 그는 아스널의 전부야. 경기장에서 누군가에게 태클하고 있는 베르캄프를 보면 정말…' 하고 외치는 이유입니다."

하지만 1990년대 후반부터 아스널의 최다 득점자는 당신이었고, 많은 움직임이 당신을 중심으로 이뤄졌습니다. 그래도 베르캄프에게 영향 받았다고 생각하시는 건가요?

앙리 "그의 눈을 보고 있으면 더 그런 것 같아요. 그는 좋은 의미에서, 거의 누군가를 죽일 것처럼 경기에 임하곤 했어요. 그 모습이야말로 베르캄프의 진짜 모습이고 제가 그를 사랑하는 이유입니다. 경기 종료 10분 전에 나오더라도 정말 열심히 뛰는 그의 모습을 볼 수 있었어요. 그의 헌신과 경기에 대한 열망과 사랑까지도 확인할 수 있었어요. 심지어 1초를 뛰더라도 그는 이기기 위해 뭐든 하려고 했어요. 정말이지, 그는 우리의 표본과도 같았습니다. 그에 대해 뭐라 말할 필요가 없었어요. 팀의 커다란 존재 그 자체였죠. 자신이 경기에 더 적게 뛰게 되는 것을 받아들였고, 이해하고 포용하면서 그 이상을 하는 것! 그런 그의 모습은 저에게는 너무 훌륭한 모습으로 다가왔어요. 그와 함께 뛸 수 있었던 것은 영광이었고, 특권이었습니다."

◆◇◆

많은 사람들이 아스널의 무패 우승 신화를 좋아했다. 그러나 특히, 브루스 리오치 전 감독이 벵거 감독이 이뤄낸 무패 우승이 자신이 꿈꿨던 이상적인 축구라고 말한 것은 더욱 감동적이다.

리오치 감독은 무패 우승에 대해 꽤 감정적이었어요. 그는 이렇게 말했어요. "정말 아름다워요! 마치 발레 공연 같아요! 그들이 원하는 대로 상대 팀을 다루잖아요. 축구 선수라면 누구라도 이런 팀에서 경기하고 싶지 않을까요? 누구든 감독으로서 이런 팀플레이를 보고 싶지 않을까요? 그건 당연한 거죠!"

베르캄프 "맞는 말이에요. 리오치 감독에게 정말 고맙다는 말을 전하고 싶네요. 그는 좋은 사람이고, 후회하거나 그 누구를 원망하지 않았어요. 그의 말이 맞아요. 저는 우리가 축구를 다시 쓰고 있는 것 같다고 말했던 그 시절에 제가 했던 인터뷰를 본 적이 있어요. 그것도 맞는 말 같아요. 벵거 감독이 완벽에 도달하려고 하는 제게 해줬던 말은 그 당시 팀 전체에 해당하는 말이었어요. 우리는 정말 완벽에 가까웠어요. 물론 볼을 제대로 차지도 못한 어리석었던 경기들도 있었지만, 대부분의 경우 우리는 믿을 수 없을 정도로, 축구란 이래야 한다고 생각하는 모습에 가까운 축구를 했어요.

앙리는 이기러 가는 걸 아는 상태로 경기장에 가는 기분에 대해 말한 적이 있어요. 맞아요. 그런 식이었죠. 얼마나 많은 골을 넣을지, 언제 골을 넣을지는 모르지만, 늘 승리할 거라는 걸 알고 있었죠. 저와 앙리는 자주 그런 느낌을 받곤 했지만, 그건 정말 믿을 수 없는 기분이었어요. 마치 100m 달리기를 해야 하는데 우사인 볼트가 된 것 같은 기분이에요. 스포츠맨으로서 믿기 힘든 일이죠. 이게 바로 우리가 목표로 삼았던 '완벽함'이라는 목표였어요. 그리고 그것이 당시 우리가 해냈던 일이었어요. 우리 팀이 리그 최고의 팀이라는 걸 알았고, 모두가 웃으며 행복해했고, 모두가 그 일에 기여하고 있었어요. 정말 환상적이었죠. 볼을 어디에 놓아야 하는지, 다른 선수들이 서로를 위해 어떻게 뛸지도 정확히 알고 있었어요. 왜냐하면 모두가 그것만 생각하고 있었거든요. 정말 재미있었어요. 우리 모두가 그걸 경험했던 거죠. 되돌아보면, 정말 환상적인 시기였어요. 놀라운 경기력이었죠. 앙리가 어떻게 그런 세부적인 모든 내용을 기억하는지 참 재미있네요. 돌이켜보니, 제가 아스널에 합류해서 팀이 성공하기까지 굉장히 짧은 시간이 걸린 것 같네요. 사실, 2년 반에서 3년 정도 걸렸죠. 하지만 제 생각에는 꼭 반 시즌밖에 안 되는 것 같아요. 그러고 나서 우리는 성공하기 시작했어요. 잠시 주춤하기도 했지만 곧 정말 좋은 시기에 도달했고, 새로운 수준에 오르면서 우리 스스로 다른 기준을 세웠던 거예요."

그 위대했던 시기를 당신이 뛰었던, 혹은 지켜봤던 다른 팀과 비교할 수 있을까요?

베르캄프 "모두들 1998년과 2000년의 네덜란드 대표팀을 비교해서 이야기합니다. 그 시기에 네덜란드는 정말 아름다운 축구를 했어요. 다른 팀을 보자면, 물론 많은 사람들이 AC 밀란을 꼽을 텐데,

제 생각에는 과르디올라가 있던 바르셀로나가 아닐까 해요. 그들은 2009년 챔피언스리그 결승전에서 맨유를 꺾었어요. 그 시즌 그들의 모든 움직임과 터치는 대단했어요. 특히 메시는 매 순간 정말 다른 행성에서 온 것 같은 완전히 차원이 다른 모습을 보여줬어요. 그건 다른 모든 팀들이 본받을 만한 축구였어요. 그들은 새로운 기준을 정립했고, 다른 팀들은 그들의 모습을 보면서 자신은 무엇을 할 수 있을지 생각하기 시작했던 거죠."

그 팀들은 모두 결국 네덜란드 대표팀에 뿌리를 둔 것 같은데, 저의 편견인 걸까요?

베르캄프 "편견이라고 생각하지 않아요. 많은 사람들은 네덜란드 축구를 진심으로 좋아하고 있어요. 아리고 사키의 밀란과 펩 과르디올라의 바르셀로나를 보세요. 과연 우연일까요? 프랑스 대표팀 주장에게 가장 좋아하는 선수가 누구인지 물어보면, 비에라는 아마 프랑크 레이카르트라고 할 거예요. 앙리는 판 바스텐이라고 말할 거고요. 벵거 감독도 '네덜란드 축구를 사랑해'라고 늘 말하죠. 이 모든 팀들은 다른 방식으로 경기에서 차이를 만들어냈고, 많은 사람들의 존경을 받았어요. 하지만 모두 네덜란드 축구에 그 뿌리를 두고 있죠. 동시에 네덜란드 축구의 영향이 어디에서 끝나는지 보는 것도 흥미로워요. 아스널에서 네덜란드 축구의 영향은 어디에서 끝나고, 프랑스의 영향은 어디서부터 시작하는 걸까요? 밀란에서 네덜란드 축구의 영향은 어디에서 끝나고 이탈리아 축구의 영향은 어디에서부터 시작할까요? 그리고 스페인은? 제게 있어 훌륭한 팀은 많지만, 모두 축구를 다시 쓰지는 않았어요. 물론 맨유는 큰 팀이었지만, 이전에 다른 팀이 했던 것들과 다른 어떤 차이점을 만들어냈을까요? 제가 기억하는 리버풀은 1980년대 후반 존 반스John Barnes의 팀이었어요. 리버풀은 그동안 많은 트로피를 땄지만, 반스의 리버풀은 정말 환상적인 축구를 했어요. 그들은 하루 종일 패스할 수도 있었을 거예요. 아스널도 좋은 축구를 했고 트로피도 차지했었죠. 하지만 제 마음속에 남아 있는 축구를 한 팀은 어디일까요? 위대한 시절의 AC 밀란 같은 팀을 보면 이렇게 생각하겠죠. '그들은 정말 축구 경기를 바꿨어'라고요."

아스널 팬들 사이에서 앙리와 당신 둘 중 누가 더 나은지에 대한 논란이 있어요. 앙리는 항상 당신에게 존경을 표하면서 당신이 '마스터'였다고 말하죠. 아스널은 항상 '베르캄프의 팀'이었다고 말이에요. 당신은 어떻게 생각하시나요?

베르캄프 "간단해요. 앙리가 더 위대한 선수였어요. 우리는 서로에 대해 그렇게 말할 정도로 서로를 존경하고 있어요. 앙리가 아스널에서 이룬 것들을 보세요. 짧은 시간 동안 최다 득점자가 됐고, 많은 우승 트로피를 들어올렸어요. 그의 속도와 득점력은 정말 믿을 수 없을 정도였죠. 그리고 그는 항상 추진력을 가지고 있었어요. 사람들은 저에 대해 이야기하지만, 앙리를 보세요. 훈련장에서 앙리는 다른 사람들을 바보로 만드는 선수예요. 저는 항상 앙리는 매 경기, 매 훈련 세션에서 자신을 증명한다고 느꼈어요. 그건 저와도 비슷했지만, 그의 방식은 조금 달랐어요."

앙리도 당신처럼 이탈리아에서 제대로 평가받지 못하고 아스널에 왔어요. 유벤투스가 다른 선수와의 트레이드의 일환으로 앙리를 우디네세로 임대 보낼 계획이라는 걸 들었을 때 앙리는 루치아노 모기Luciano Moggi(유벤투스 단장으로, 후에 징역형을 받는다)에게 이렇게 말했죠. '저는 고기조각 같은 게 아니에요.' 그리고 방을 나오면서 돌아서서 이렇게 말했죠. '저는 더 이상 이 팀을 위해 뛰고 싶지 않아요. 떠나야 한다면 아스널로 가고 싶어요.' 그날 앙리는 파리로 날아갔고, 우연히 비행기에서 벵거와 만났어요. 그리고 아스널로 오고 싶다고 이야기했어요.

베르캄프 "비행기에서 벵거를 만난 건 저와 다른데요? 하지만 앙리의 아스널에서의 첫 시즌을 보면 저와 비슷하긴 하네요. 사람들은 앙리의 진정한 잠재력을 보지 못했어요. 앙리는 사우스햄튼을 상대로 첫 골을 넣었어요. 그리고 포지션을 변경했을 때, 팀에 더 녹아들면서 팀에 차이를 만들어냈어요."

당신이 비에이라는 선수로서, 또 사람으로서, 그의 영웅인 프랑크 레이카르트와 무척 닮았다고 말했던 게 기억이 나네요. 앙리는 마르코 판 바스텐과 어떻게 비교할 수 있을까요?

베르캄프 "완전히 달라요. 앙리는 좀 더 빠르고, 기술적이었고, 파괴력이 있었어요. 정말 폭발적이었죠. 판 바스텐은 수비수를 제치고 경기를 끝장낼 수 있는 완전한 스트라이커였어요. 수비수들의 커리어자체를 끝낼 수 있었다고요! 그는 경기장의 특정 지역에서만 뛰었지만, 앙리는 더 많은 공간이 필요했고, 모든 자리에서 뛸 수 있었어요. 성격도 완전히 달랐죠. 앙리는 축구를 제외하면 정말 현실적인 사람이에요. 앙리는 저를 아스널에서 가장 위대한 선수라고 말하지만, 저는 반대로 말하죠. 한때 사람들이 저와 판 바스텐을 비교하던 것 기억하나요? 그런 비교는 아주 불공평한 거예요. 모든 선수들은 저마다 독특한 특성을 가졌으니까요. 하지만 지난 30년간 최고의 선수들을 살펴보면, 앙리나 판 바스텐 둘 다 정상에 가까운 선수일 거예요. 득점이나 마무리 기술, 그리고 중요한 순간에 해결하는 능력까지도 말이에요.

앙리는 상대 골키퍼를 얼어버리게 만드는 그의 마무리 기술에 대해 설명했어요.

베르캄프 "뭐라고 했나요?"

이렇게 말하더군요.

앙리 "대부분의 스트라이커는 볼을 컨트롤한 다음에 마무리를 해요. 위대한 스트라이커는 볼을 멈출 줄 알아요. 볼을 제어하면서 잠시 멈춘 다음, 마무리하는 거죠. 가끔 제가 빠르게 마무리하는 것도 봤을 거예요. 왜냐하면 그때는 그렇게 해야 했거든요. 하지만 가능하다면 시간을 두면서 전진한 다음에 골키퍼를 보고 마무리 지으려고 해요. 저는 볼을 보지 않아요. 볼이 어디 있는지 알고 있거든요. 사실 두 가지 방법이 있는데, 호마리우처럼 마무리할 수도 있어요. 호마리우는 항상 골키퍼가 먼저 점프하기를 기다렸다가 그 다음에 슈팅을 해요. 호마리우는 항상 골키퍼를 공중에 고립시키는 거죠. 이게 한 가지 방법이고, 다른 방법은 저나 베르캄프가 하는 방법에요. 일단 볼을 컨트롤하는 거예요. 그러다 골키퍼가 앞으로 나오려는 동작을 하면, 잠시 멈추는 거죠. 멈추고 나서 골키퍼를 쳐다봐요. 그러면 골키퍼는 얼어붙죠. 당신이 상대 골키퍼를 얼어붙게 한 거예요. 그렇게 길 필요는 없지만, 상대를 속수무책으로 만들어야 해요. 상대 골키퍼가 당신에게 돌진하고 싶어 한다고 생각해 보세요. 만약 볼만 쳐다보고 있다면, 골키퍼가 달려들 때 그 모습을 보지 못하겠죠. 그렇기 때문에 볼이 아니라 골키퍼를 쳐다봐야 하는 거예요. 볼을 컨트롤한 다음에 머리를 들고, 상대 골키퍼를 쳐다보면서 얼게 만드는 거죠.

그 게임 기억나세요? 뭐라고 부르더라. '무궁화 꽃이 피었습니다'였나? 뒤돌아보고 있는 사람 뒤로 조심조심 걸어가다가 그 사람이 뒤돌아보면 멈춰야 하는 게임 있잖아요. 골키퍼와 마주할 때도 그런 것과 비슷해요. 다른 사람한테 패스할 때도 비슷하죠. 피레스가 이걸 엄청 잘했어요. 볼을 컨트롤하면서 골키퍼를 쳐다보다가 슈팅하는 거죠! 하지만 이게 얼마나 어려운지 아세요? 만약 상대 수비수에게 달려들 틈을 준다면 공격수가 달릴 때 그도 함께 달릴 거예요. 그러니 멈춰야 해요. 크리스 와들처럼요. 그리고 다시 가다가 멈춰야 해요. 가다가 멈췄다가 다시 달리는 게 얼마나 어려운지 잘 알 거예요. 하지만 상대 골키퍼나 수비수를 꼼짝 못하게 얼어붙도록 해야 해요. 베르캄프는 그런 걸 잘 이해했어요. 베르캄프는 그들과 잘 놀아야 한다는 걸 알았어요. 그는 골키퍼와 노는 걸 좋아했죠. 저에게도 이건 굉장히 중요했는데, 골키퍼를 보지 않고 있으면 골키퍼들은 당신이 어디로 갈지 읽을 수 있어요. 하지만 그의 움직임을 깨버리면 마무리 슈팅이 그렇게 훌륭하지 않아도 괜찮아요. 그러니 상대를 꼼짝 못하게 해야 해요! 상대 골키퍼가 누구든 상관없어요! 모두에게 통하거든요. 베르캄프가 하는 모든 행동은 그가 의도한 것이었어요. 만약 볼 터치를 3번 해야 한다면 3번 했죠. 스트라이커가 처음부터 자신이 의도한 대로 골을 기록하는 것은 정말 멋진 일이에요. 베르캄프의 골은 대부분 그런 골이었어요."

앙리는 당신도 상대를 얼어붙게 했다고 하더군요.

베르캄프 "그의 말은 정말 멋져요. 왜냐하면 저도 그와 같은 감정을 느꼈고, 제가 가르치는 선수들에게도 그걸 설명하려고 하거든요. 우리는 이렇게 말해요. '골대 앞에서 침착하게 몸을 안정시키고, 잠시 동안 멈춰 서.' 앙리가 말한 방식으로 골키퍼를 얼어붙게 하는 거예요. 그건 참 좋은 방식이에요."

앙리가 직접 당신에게 그런 이야기를 한 적이 있나요?

베르캄프 "아니오. 우리는 매일 훈련장에서 함께 훈련에 집중해요. 선수 생활을 마치고 나서도 다른 선수들과는 어떻게 지내는지, 뭘 하고 있는지 그런 얘기만 해요. 때로 선수들은 인터뷰할 때 무언가 말할 수도 있지만, 대부분은 다들 자기 할 일을 하죠. 이렇게 앉아서 서로에게 '이게 내가 너에 대해 생각한 거야!'라고 하지는 않죠."

축구 선수들의 약속 같은 건가요?

베르캄프 "축구의 시간이 너무 빨리 흘러가는 거죠. 모두들 다음 경기나 훈련에 집중하고 있어요. 그러니 시간이 없는 거죠. 한 시간 정도 잠시 앉아서 서로에 대한 이야기를 할 시간이 없어요."

당신은 반대 아니었나요? 항상 농담을 했잖아요?

베르캄프　"맞아요. 하지만 선수들끼리 서로에 대한 생각을 전하는데는 약간의 끄덕임이나 미소만으로도 충분해요. 제가 미드필터 자리에서 융베리나 다른 누군가에게 훌륭한 패스를 준다면 앙리는 저를 한번 쳐다볼 거예요. 그러면 앙리가 제 패스가 얼마나 좋았는지 인정했다는 걸 알게 되는 거죠. 말이 필요 없어요. 그냥 고개를 끄덕이거나 약간의 미소를 짓거나 눈을 마주치면 그걸로 충분해요."

밥 윌슨은 만약 피레스가 다른 시대에 태어났다면 슈퍼스타가 됐을 거라고 하던데요.

베르캄프　"피레스는 정말 대단히 훌륭한 선수였어요. 그의 역할은 아스널과 아주 잘 맞았죠. 하지만 그의 주변에 있었던 기술적으로 훌륭하고 영리한 선수들이 피레스의 잠재력을 최대한 이끌어내는 데 도움이 되었다고 생각해요. 그는 달리기와 패스, 축구 지능, 그리고 골 득점력 등 그 모든 것들로 상대를 완전히 파괴시켜버릴 수 있었던 아주 환상적인 선수였어요."

그 선수들이 어떻게 그렇게 잘할 수 있었던 걸까요? 리즈에서의 경기처럼 말이에요.

베르캄프　"항상 느끼지만, 프리미어리그에 있는 어떤 팀이라도 좋은 선수들로 선발 11명을 꾸릴 수 있어요. 그러나 좋은 팀이라면 12~16명까지는 꾸려야 하고, 챔피언스리그에 나갈 팀이라면 12~21명을 꾸리는 것이 중요해요. 결국 그런 선수들이 훈련장에서 어떻게 훈련하는지의 차이예요. 만약 훈련장에서 선발 11명이 아주 높은 수준으로 훈련한다면, 그 스쿼드의 선수들은 더 높은 수준에 오를 수 있을 거예요. 만약 그중에서 누군가를 대체해야 한다면, 그 팀은 계속 같은 수준의 경기를 할 수 있을까요? 감독에게 그런 문제는 늘 퍼즐 조각 맞추기 같은 거예요. 저는 그 당시 루즈나 프랜시스 제퍼스가 선발 11명 명단에는 들지 못했지만 매일 높은 수준에서 플레이해야 했기 때문에, 팀에서 뛸 수 있었다고 생각했어요. 그런 게 정말 중요한 거죠. 그런 목표를 달성하는 게 감독의 주요 관심사예요. 벵거 감독의 말이 옳았어요. 팀은 항상 5~6명의 주요 선수를 중심으로 이루어지기 마련이죠. 그런 다음 그 팀에서 가장 약한 부분이 얼마나 잘하느냐에 따라 성패가 결정되는 거예요. 만약 팀의 모든 선수들이 5~6명의 주요 선수를 따라 갈 만큼 훌륭하다면, 그 팀은 아주 행복한 경우인 거죠. 하지만 한 선수가 팀의 수준을 떨어뜨릴까 봐 두렵다면 그건 문제가 있는 경우예요. 팀에 차이를 만들어줄 선수가 많을수록 다른 선수들도 한 단계 더 성장할 기회가 많아질 겁니다.

하지만 그것은 벵거 감독이 존중하는 지점을 강조한 것이기도 해요. 1~2명의 훌륭한 선수에만 의존할 필요가 없는 팀을 만드는 것 말이에요. 모든 관심이 그 선수들에게만 가면 안 돼요. 한 시즌에 10~15경기는 주요 선수들이 경기를 결정지을 수 있지만, 그들만으로 리그 우승은 할 수 없거든요. 경기에서 차이를 만들어내면서도 덜 주목받는, 그런 선수들을 존중하는 팀이 리그에서 우승하는 거예요. 그게 매우 중요한 점이죠."

돌이켜보면 챔피언스리그에서 한 번도 우승해보지 못한 것이 참 이상하군요. 사람들은 첫 2년 동안 웸블리에서 홈 경기를 치른 것을 안타까워하더군요.

베르캄프 "우리 수비수들 중 몇몇은 웸블리 구장을 싫어했어요. 경기장이 더 컸기 때문에 수비해야 할 범위가 더 넓었기 때문이죠. 하지만 스트라이커로서는 공간이 더 넓어서 항상 즐거웠어요. 매 경기 7만 명이 함께하는 분위기도 좋았죠. 하지만 우리가 팀으로서는 아직 준비되지 않았다고 느꼈어요. 우리가 몇 년 후에 그곳에서 뛰었더라면 더 파괴적이었을 거예요. 제 말은, 더 넓은 공간에 있는 앙리와 융베리, 피레스가 뭘 했을지 상상할 수 있느냐는 거예요."

앙리는 2004년의 경기 일정에 대해 비판했어요. 리그에서는 리버풀을 상대해야 했고, FA컵 준결승에서는 맨유를 상대해야 했어요. 그리고 챔피언스리그에서는 첼시와의 1, 2차전이 있었죠. 이 모든 경기가 단 8일 내에 열렸어요. 당신에게는 휴식이 필요했고, 그래서 첼시와의 챔피언스리그 2차전에서는 후반전에 출전했지요. 그래서 앙리는 잉글랜드 축구협회가 맨유와의 경기를 연기해야 했었다고 말했어요.

베르캄프 "그 시즌에 우리는 이렇게 생각했어요. '자, 이제 우리는 챔피언스리그에서 우승할 준비가 됐어'라고요. 저는 그때 우리가 정말 훌륭한 팀이었다고 생각했고, 8강을 통과한다면 끝까지 갈 수 있다고 봤어요. 하지만 우리는 정말 많은 경기들을 치러야 했죠. 겨우 1~2주 사이에 8강전과 준결승전, 리그 주요 경기 등의 일정을 소화해야 했어요. 그런 경기에는 중요한 선수들을 반드시 투입해야 하죠. 만약 그 선수들이 시즌 초반에 부상당하거나 A매치 등에 참가하느라 피로가 쌓여 있다면 어려움을 겪었을 거예요. 하지만 변명의 여지는 없어요. 그건 빅클럽에서는 항상 일어나는 일이니까요."

챔피언스리그에서의 당신의 존재감에 대한 논쟁도 있었어요. 캠벨, 비에이라, 앙리 모두 당신이 비행기를 타지 않는 결정을 존중한다고 강조했지만, 만약 당신이 모든 경기에 출전했다면 아스널이 대회에서 우승할 수 있었을 거라고 생각했던 것 같아요.

베르캄프 "글쎄요. 그건 모르는 거죠. 하지만 저는 아스널이 '원맨팀'이었다고는 생각하지 않아요."

당신이 아스널에서 차지하는 비중은 정말 컸어요.

베르캄프 "맞아요. 하지만 그건 초반에 제가 정점에 달했을 때의 이야기예요. 저는 피오렌티나나 바르셀로나와의 경기처럼 일부 경기에는 차로 이동했어요. 그런 어려운 원정 경기에서 제가 차이를 만들어낼 수 있었을지는 아직도 확신할 수 없어요. 제 말은, 그건 앙리를 무시하는 발언이라는 거예요. 앙리는 전성기 때 오히려 레알 마드리드나 인터 밀란과의 경기에서 훨씬 더 잘했어요. 5-1로 이겼을 정도였죠. 홈에서 열린 경기에서는 제가 출전했지만 지고 말았어요."

그러니까 당신이 출전한 경기에서는 아스널이 3-0으로 졌지만, 당신이 출전하지 않은 경기에서는 아스널이 5-1로 이겼다는 걸 말하는 건가요?

베르캄프 "바로 그거예요. 그러니까 제가 비행기를 타고 원정 경기에 출전했다고 하더라도 우리가 반드시 이겼을지는 전혀 모른다는 거죠."

그 말을 하는 당신의 표정이 왠지 쓸쓸해 보이는데요.

베르캄프 "글쎄요. 경기에서 못 뛰는 게 슬픈 부분이긴 하죠. 여러 번 말했지만, 축구에서는 부상이나 출장 정지로 결장할 수도 있어요. 안타까운 일이죠. 한편으로 저는 높은 수준의 경기력으로 한 주에 3경기씩 뛰는 게 어려운 나이가 되어 가고 있었어요. 아스널은 그것에 대해서는 괜찮다고 했어요. 저도 괜찮았고요. 저는 주말 경기에서 뛰면, 주중에는 쉬었다가 다가오는 주말에 다시 뛰었죠."

그게 2002년 이후부터의 패턴인가요?

베르캄프 "그런 것 같아요."

더블을 달성한 시즌에는 대부분의 경기에서 뛰지 않았나요?

베르캄프 "그런 것 같아요. 겨우 32, 33살일 때의 일이죠. 그리고 그 후로 서서히 경기력이 떨어지기 시작했어요. 정확히 어떤 경기부터였는지는 기억나지 않지만요."

당신의 이름이 선발 명단에 오르지 않기 시작한 때도 그 무렵이었나요?

베르캄프 "그런 일은 처음이었어요. 보통 카누가 제 자리에서 뛰었을 텐데 정확히 기억이 안 나네요. 카누나 윌토르 아니면 다른 선수들이 뛰었어요. 하지만 그 시기는 제가 스트라이커나 골잡이에서 점점 어시스트를 올리는 역할 위주로 바뀌던 시기였어요. 물론 이안 라이트도 그런 일을 겪은 적이 있었죠. 그리고 저는 니콜라 아넬카의 뒤로 물러나서 그를 도왔고 그가 골잡이가 됐죠. 저는 항상 그렇게 플레이했어요. 저는 제가 프리미어리그 최고의 득점자였다고 생각하지 않아요. 그리고 제 커리어 말미에 포지션을 바꿨던 것도 잘 맞았던 것 같아요. 그 자리에서는 제 속도가 그렇게 중요하지 않았거든요. 가끔 제가 빠르게 뛰면 사람들이 놀랄 정도였죠. 저는 레스터 시티전에서 하프라인에서부터 올라가면서 골을 넣었어요. 매튜 업슨 Matthew Upson과 스프린트 경쟁을 했고, 골키퍼 키를 넘겨서 슈팅을 했죠. 다들 '저 속도 좀 봐!'라고 했지만, 그건 평소의 저와는 조금 다른 모습이었어요. 물론 제 속도가 좀 떨어지긴 했지만, 그건 제가 늙어서 그랬다기보다는 다른 방식으로 플레이했기 때문일 거예요. 아니면 둘 다일 수도 있고요."

2005년 컵대회 결승전에서 본 당신의 속도는 이전 같지 않았어요. 그 경기에서 앙리가 부상을 당하는 바람에, 당신이 최전방으로 올라가야 했죠. 아스널은 경기 대부분을 수비에 치중하다가 페널티킥을 얻어서 이겼어요. 정말 이상한 경기였죠.

베르캄프 "굉장히 이상한 경기였던 것 같네요. 하지만 저는 여전히 제 속도에 확신이 있었어요. 하지만 경기 내내가 아닌, 아주 짧은 순간이었죠. 앙리는 제가 느려 보일 정도로 굉장히 빨랐어요. 하지만 제가 볼을 컨트롤하거나 패스하는 속도는 항상 제가 달리는 속도보다 빨랐어요."

당신이 마지막 몇 년간 이런 일을 얼마나 잘 받아들였는지 벵거 감독에게 물어봤어요. 벵거 감독이 대답하길, 당신은 훨씬 어렵다는 걸 알면서도 스스로 집중력이 떨어지는 걸 절대 용납하지 않았다고 하더군요.
베르캄프 "클럽은 다음 단계를 보고 있었죠. 아마 클럽은 '우리가 이렇게 훌륭한 팀을 만들었지만, 베르캄프는 일정한 나이에 도달했고 이제 앙리가 핵심 선수가 됐어. 하지만 그렇게 특정 선수에게만 집중하는 건 벵거 감독의 철학이 아니야. 왜냐하면 모든 것이 한 선수에게만 집중되면 그건 곧 그 팀의 약점이 될 수 있거든' 하고 생각했던 것 같아요. 그러니 문제가 있었던 거죠. 그 당시 나이 든 많은 잉글랜드 선수들이 팀을 떠나면서, 제가 새로운 선수들을 이끌 만한 나이가 되었던 거죠. 그래서 팀에서는 제가 드레싱룸에서 큰 영향력을 가질 거라고 생각했었죠. 하지만 그들이 고민했던 것은, 제가 경기에 덜 나서는 것에 대해 어떻게 반응할지였던 것 같아요. 그게 문제였던 거죠."

그런 문제에 대해 당신과 상의하지 않았나요? 벵거 감독이 당신과 함께 앉아서 '어떤 것 같아?'라고 말하는 게 당연하다고 생각하지 않나

요?

베르캄프 "그게 축구에서 재밌는 부분인 것 같아요. 제 말은, 아무도 그렇게 하지 않았다는 거예요! 물론 저도 '글쎄요, 한 시즌에 20경기만 뛰면 만족할 겁니다'라고 말할 만한 그런 선수는 아니었죠. 그게 서로 충돌이 나는 지점이었어요. 물론 저는 모든 경기에서 뛰고 싶었어요. 그리고 경기에서 뛸 수 없다면, 경기를 뛰기 전까지 벵거 감독에게 화가 나기도 했었죠. 그래도 그때는 괜찮았어요. 때로 사이가 굉장히 틀어진 적도 있었죠. 벵거 감독은 통계를 즐겨 사용했는데, 한번은 제가 물었어요. '그 통계에 제가 결정적인 킬패스를 했다고 나와 있나요?' 그러자 감독님은 '지난 30분간 더 적게 달렸고, 부상당할 위험이 있어. 네 속도가 떨어지고 있다고'라고 답했어요. 사실 그가 했던 말의 의미는 '네가 팀의 속도를 떨어트리고 있어'였어요. 그리고 그건 사실이었죠. 하지만 그때도 저는 여전히 경기에 변화를 줄 수 있는 사람이었어요. 우리 사이는 그렇게 가끔씩 틀어질 때가 있었어요. 그럴 때마다 감독님은 '넌 너만 생각해!'라고 말했었죠. (웃음) 그래요, 제가 나빴어요!"

서로 언성이 높아졌었나요?

베르캄프 많이는 아니지만 그럴 때도 있었어요. 하지만 서로 존중하는 마음은 있었죠. 욕설 같은 건 하지 않았어요. 경기장에서 감독님이 저에게 잘 뛰지 않는다고 할 때 주로 그랬던 것 같네요. 심지어 제가 35, 36세가 되었을 때, 감독님은 '경기에서 뛰고 싶어? 벤치에 앉고 싶어?'라고 물으시더군요. 저에게 결정권을 주신 거예요. 물론 대부분 저는 '벤치에 앉을게요'라고 했어요. 감독님이 무슨 생각을 하고 있었는지 모르겠어요. '너를 벤치에 두지 않는 편이 낫겠다', 혹은 '나는 너를 너무 존중한다' 둘 중 하나였을 거예요. 물론 저는 35, 36세가 된 후로 매 경기에 뛸 수 없다는 걸 알았어요. 하지만 마음 한구석에서는 할 수 있다고 믿었던 거죠.

그냥 20분만 뛰기는 싫었던 건가요?

베르캄프 "글쎄요. 별로 신경 쓰지는 않았어요. 그래도 벤치에 앉아 있으면 경기에서 뛰고 싶었죠. 솔직히 감독님은 대부분 자신의 결정이 명확하지 않으면, 저에게 와서 무엇을 어떻게 할 것인지 말해줬어요. 그래서 우리 사이에는 서로 존중하는 마음이 있었죠. 우리가 언쟁을 했던 건 그저 축구와 관련된 것들이었어요. 제가 뛸지 말지 같은 것 말이에요. 굉장히 유치했던 거죠. (웃음) 하지만 그건 축구에 대한 진정한 마음에서 우러나온 언쟁이었어요. 우리 둘 다 그랬죠."

그때 호세 안토리오 레예스 Jose Antonio Reyes**가 당신의 자리를 대신한 건가요?**

베르캄프 "맞아요."

지금 생각하면 좀 이상하군요.

베르캄프 "맞아요."

또 누가 당신을 대신할 수 있었을까요?

베르캄프 "카누, 윌토르, 앙리, 그리고 제가 있었을 때는 두 자리를 두고 4명의 스트라이커가 경쟁했어요. 축구에서 중요한 로테이션 시스템과 관련된 거죠. '모든 경기를 뛸 수 없다'는 그런 흔한 말이요. 나중에는 아데바요르Emmanuel Adebayor나 레예스도 그 리스트에 합류했어요. 제게는 이상한 시간이었죠. 이런 거예요. '그래요, 이해해요. 감독님의 결정을 존중합니다. 하지만 제가 뭔가 할 수 있어요. 경기에서 차이를 만들어낼 수 있다고요.' 가끔 경기가 혼란스러워지면, 감독님은 막판 20여 분간 저를 투입해서 경기 속도를 조절하면서 볼을 소유하거나 패스 리듬을 유지하려고 했어요. '베르캄프에게 볼을 줘. 그러면 모두 진정하고 각자 위치를 잡을 수 있어' 그런 생각이었던 거죠. 왜냐하면 어떤 선수들은 볼을 너무 빨리 잃어버렸거든요. 저는 여전히 뛸 수 있었기 때문에 별로 개의치 않았어요. 저는 여전히 중요하지만, 조금 다른 역할을 맡고 있었던 거죠. 아마 아스널에서의 마지막 2~3년간 그랬던 것 같아요. 그 시기 감독님은 '더 이상 널 1군 선수로 보지는 않아. 물론 너는 팀에서 매우 중요해. 너는 어떻게 하고 싶어?'라고 묻기도 했죠. 저는 1년만 더 뛰고 하이버리에서 은퇴하고 싶다고 말했어요. 여기는 제가 11년간 뛰어온 집이었으니까요. 저는 제 역할을 받아들였고, 그렇게 하는 데 아무런 문제도 없었죠."

그런 상황에서 화가 나지는 않았나요?

베르캄프 "그러지는 않았어요. 물론 챔피언스리그에서는 실망스럽기도 했지만, 충분히 받아들일 수 있었어요."

2006년 파리에서 열린 바르셀로나와의 챔피언스리그 결승전. 그 경기는 어쩌면 베르캄프에게는 가장 완벽한 마지막 경기가 될 수도 있었다. 그러나 옌스 레만이 퇴장당하면서 아스널은 10명만으로 싸워야 했고, 솔 캠벨이 선제 득점하면서 경기를 리드했지만, 결국 막판에 2골을 허용하고 말았다. 그리고 베르캄프는 결국 출전 기회를 잡지 못했다.

베르캄프 "그 경기는 감독님도 아주 실망했던 경기였어요. 아마 감독님 머릿속에도 다른 시나리오가 있었던 것 같아요."

아스널이 3-0으로 앞선 채로 10분이 남았을 때, 당신을 투입해서 마지막으로 영광스럽게 선수생활을 마무리하는 그런 시나리오 같은 것 말이죠?

베르캄프 "그와 비슷한 거죠. 아니면 2-0으로 지고 있을 때도 마찬가지였을 거예요. 결승전에서 저에게 그렇게 짧은 시간을 내주는 거죠. 우리는 그런 관계였어요. 그러니까 팀을 함께 만들어서 모든 트로피를 얻고, 개인적인 성공도 거두면서 마침내 챔피언스리그 결승에 진출하는 거죠. '5년만 젊었더라면!' 하지만 그게 아마 우리가 기대할 수 있었던 가장 큰 도전이었을 거예요. 아스널은 이미 2년 전과 같은 팀이 아니었어요. 우승 후보가 아니었다는 말이에요. 그래도 우리가 이겼을 수도 있었죠. 운이 더 있었다면 좋았을 텐데…. 하지만 우리는 거기에 만족했어요. 저도 그 순간이 행복했어요."

20

골퍼

레이 팔러는 잉글랜드에서 처음으로 베르캄프를 골프 게임에 데려갔던 일을 잘 기억하고 있었다.

팔러 "우리는 매주 수요일 골프를 치곤 했죠. 베르캄프가 '나도 가도 될까?'라고 물었고, 우리는 '당연하지! 와도 돼! 전혀 문제없어'라고 했어요. 그런데 그 당시 우리는 골프를 별로 못 쳐서 조금 걱정이 됐죠. 베르캄프는 잘할 것 같았거든요. 베르캄프는 뭐든지 다 잘해요. 어쨌든 베르캄프가 차를 세우더니 말끔한 모습으로 내리더군요. 모든 장비를 적절하게 가져와서 우리는 모두 '세상에, 베르캄프. 잘할 것 같은데'라고 했죠. 그가 티샷을 준비할 때 우리는 '베르캄프, 먼저 시작해. 오늘은 네가 손님이니까'라고 했어요. 그리고 페어웨이(골프 코스 중 잔디가 일정한 길이로 잘 정돈된 구역)를 내려다봤죠. 1마일쯤 되어 보였어요. 베르캄프는 자신의 큰 골프채를 꺼냈어요. 베르캄프가 스윙했을 때, 우리는 모두 이렇게 (햇빛에 눈을 가리고 거리를 확인하며) 쳐다봤죠. '볼이 어디로 갔지?' '나도 몰라.' '봤어?' 갑자기 베르캄프가 말했죠. '저기 덤불 속에…' 그렇게 그의 볼을 봤죠. 그리고 그린으로 가서 13퍼팅을 하고 그것을 적었어요. '13…' 그다음 홀은 9, 그다음 홀은 12…. 점점 별로였어요. 세상에 베르캄프는 정말 골프를 못했어요! 결국 그는 180타를 기록했어요. 우리 모두 베르캄프에게 '그냥 다트를 하는 건 어때?'라고 물었죠. 그는 우리와 악수를 나누며 '정말 즐거웠어'라고 했는데, 우리는 아니었어요! 베르캄프는 사방에서 볼을 잃어버렸다고요!

그는 그다음 주에도 나왔는데, 조금 나아졌어요. 그게 베르캄프죠. 베르캄프는 모든 스코어카드를 가지고 있었고, 매주 5, 6, 7, 8타씩 실력이 좋아졌어요. 베르캄프의 아내가 더 잘했던 것 같은데, 결국 그는 레슨을 받기 시작했어요. 우리한테는 레슨받는다는 걸 이야기하지 않았죠. 갑자기 무언가 깨닫고는 수업을 듣기 시작했죠. 100타 이상에서 100타 이하로 점수를 낮추기 시작했어요. 그의 스윙을 보면 정말 날로 좋아졌죠. 골프도 결국 축구와 비슷한 게임일 뿐이고, 베르캄프는 열심히 연습했어요. 점점 볼을 칠 때 눈이 판단하는 것과 손의 위치가 일치했어요. 그는 골프를 사랑했고, 아주 잘했죠. 우리는 매주 훈련 후 골프를 치러 갔고, 그는 점점 성장했습니다. 도대체 그의 단점이 뭔지 모르겠어요. 제 생각에 베르캄프는 스포츠라면 무엇을 하든 다 비슷했을 것 같아요. 그가 어떤 스포츠를 즐기든 확실히 잘하게 될 겁니다. 축구에서도 그런 식이었으니까요. 축구에서도 톱클래스 선수가 될 것이라고 확신했죠."

빅 에이커스는 베르캄프의 어리둥절한 모습을 본 유일한 날을 아직도 기억한다.

에이커스 "우리는 정기적으로 함께 골프를 치러 갔는데, 한번은 워번(런던의 북쪽 밀턴 케인즈에 위치)에 갔어요. 프로 골퍼인 이안 폴터Ian Poulter가 거기 있었는데, 그는 아스널의 광팬이었죠. 베르캄프, 팔러, 나, 그리고 내 아들 폴이 함께 갔어요. 우리는 마지막 그룹이었는데, 폴터가 말했죠. '내가 한 홀 같이 쳐줄게.' 그리고 베르캄프가 말했죠. '이렇게까지 긴장한 건 처음이야. 7~8만 명 관중 앞에서 경기하는 것보다도 최악이야'라고요. 왜냐하면 베르캄프는 어떤 것이든 다 잘하고 싶었거든요. 바보가 되는 게 싫었던 거죠. 그런데 훌륭한 프로 골퍼가 옆에서 그를 보고 있었던 거죠. 운 좋게도, 우리는 티샷을 괜찮게 쳐서 안심했습니다. 하지만 저는 베르캄프가 그런 상태로 있는 것을 본 적이 없었어요. 믿을 수 없었죠. 그는 골프장에 갈 때마다 깔끔하게 차려입고 나왔어요. 흠잡을 데 없이 깨끗한 볼이랑 말이에요. 무엇을 하든 훈련과 마찬가지로 항상 프로답게 진지하게 임했죠. 그는 건물에 들어가는 순간부터 장비를 두고, 옷을 갈아입고 집에 가는 순간까지 항상 모든 것이 완벽했죠. 그는 어떻게 접근할지 완벽하게 알고 있었어요. 세부사항 하나하나까지도. 그건 일종의 강박관념이 아니라 최고가 되고 싶었기 때문이죠. 그리고 절대 변하지 않았어요. 그는 항상 최고의 결과를 얻고 싶어 했고, 모두에게 영향을 주었죠."

◆◇◆

베르캄프는 이렇게 회상했다.

베르캄프 "런던 해들리 우드에 있는 우리 집 옆에 골프 클럽이 있었어요. 하지만 제가 처음 살기 시작했을 때는 갈 수 없었죠. '좋은데? 저는 정말 골프를 좋아해서 저 클럽의 멤버가 되고 싶어'라고 말했어요. 그리고 나서 저는 아스널에 문의했고, 그들이 편지를 써줬어요. 하지만 결국 제 잉글랜드 생활이 끝날 무렵에나 갈 수 있었어요."

켄 프라이어는 골프 클럽에 축구 선수가 있는 게 싫었을 거라고 하더군요. 축구 선수들은 시끄럽고, 술에 취해서 그린이나 다른 곳에서 소변을 볼 거라고 생각했다죠. 그래서 당신을 그 클럽에 들여보내기 위해 연줄을 써야 했었다고 하더군요.

베르캄프 "그것까지는 몰랐어요. 그러니까 예약이 있었다는 건 이해할 수 있었는데, 완전 악몽이었죠. 클럽 회원 9명의 추천을 받아야 했어요. 그리고 나서 면접도 봐야 했죠. 정말 완전히 새로운 경험이었어요. 저는 그저 골프를 치고 싶었을 뿐인데! 우리 집 바로 옆에 정말 좋은 골프장이 있었을 뿐인데! 마침내 저는 그 골프 클럽 멤버로 있던 다른 아이들 아버지와 골프를 칠 수 있었죠. 그 이후에는 멤버가 되기 쉬웠어요."

팔러와 빅의 이야기가 맞나요?

베르캄프 "하하. 팔러가 말한 대로 정확히 기억하지는 않지만, 그렇게 말해준 게 더 나은 거 같네요. 제가 항상 멋지게 보이고 싶었던 건 맞아요. 그리고 처음에 저는 볼을 잘 못 쳤어요. 그러니까 치긴 쳤는데, 다른 사람들이 하는 것처럼은 아니었죠. 하지만 동기부여가 생겼어요. 매 게임을 정말 즐겼고, 열심히 연습하기 시작했어요. 물론 네덜란드에서도 조금 해봤고, 아내도 골프 치는 걸 좋아해서 이탈리아에서도 몇 번 쳤어요. 좋은 골프장들이 있더군요. 하지만 실력이 향상될 만큼 많이 치지는 않았어요. 그리고 잉글랜드로 갔죠. 프리시즌에 스코틀랜드에 갔던 게 기억나네요. 팀원 대부분은 비행기로 이동했고, 저는 폴 머슨과 버스를 탔죠. 버스는 다른 선수들의 골프 가방으로 가득 찼어요. 무슨 일이람? 모두 골프를 좋아했어요! 아침에 시간이 날 때마다, 1~2라운드씩 골프를 쳤어요. 이건 그저 첫 시작일 뿐이었어요. 그들이 말하는 용어가 어려웠죠. 이건 핸디캡 2다, 핸디캡 4다 이야기하는데, 아직 초보라 무슨 말인지 알 수 없었죠.

저는 천천히 실력이 늘었어요. 팔러와 여러 번 골프를 치러 갔는데, 팔러가 이안 폴터를 알고 있었어요. 우리는 가끔 워번에도 갔어요. 저는 특히 모든 홀이 새로운 도전인 코스를 좋아했는데, 특히 그린을 벗어날 때 더 큰 코스를 좋아했죠. 다음 홀로 가는 길은 완전히 달랐고, 매주 핀의 위치가 바뀌었어요. 그게 좋았어요! 자연스러운 건지, 도전적인 것인지, 완벽한 게임에 도달할 수 없는 건지 아무것도 알 수 없었죠. 그저 자신과 게임할 뿐이에요. 골프장에 있는 것들로 게임을 하고 있는 건데, 완전히 신비로웠죠."

골프는 굉장히 정신적인 부분이 중요한 게임이에요. 소설가 앤 킨스만

피셔Anne Kinsman Fisher는 《정신의 마스터들The Masters of the Spirit》이라고 불리는, 골프 챔피언들이 그들의 삶의 교훈을 가르치는 책을 냈어요. 그에 따르면 골프는 자기 자신과의 경쟁이고, 늘 완벽함을 추구하는 게임이라고 하더군요.

베르캄프 "맞아요! 저는 정말 레벨이 낮았어요. 가끔 5~6홀짜리 짧은 코스를 발견할 수 있었는데, 그런 곳에서 모든 것을 연습하고, 볼을 정확하게 치도록 집중력을 찾을 수 있었죠. 그리고 이렇게 생각한 거죠. '나도 이제 골프를 할 수 있다!' 그랬는데 또 갑자기 볼이 완전히 없어졌어요! 라운드 중간쯤에나 볼을 찾을 수 있었죠. 완전히 잘못 친 거예요. 그렇게 많은 골프 라운딩을 마친 후에야 겨우 볼을 맞출 수 있었어요. 재밌는 건 프로 선수들도 가끔 이렇다는 거예요. 심지어 타이거 우즈Tiger Woods도 실수를 하더군요. 저는 골프가 너무 재밌었어요. 새로운 도전이었죠. 잉글랜드에 있을 때, 2년 후 저 혼자 해들리 우드로 정말 많은 라운딩을 나갔어요. 캐디도 없이 그냥 골프 가방만 들고 다니면서요. 어떤 날씨든 상관없이 갔죠. 저는 빗속에서 골프를 치는 것도 좋아했어요. 그냥 골프장에 있는 것 자체가 좋았죠."

골프에도 볼이 있지만, 축구와는 완전히 달라요. 패스도 없고, 팀 동료도 없죠.

베르캄프 "맞아요. 그저 원하는 곳으로 보내는 것뿐이죠. 그리고 그렇게 하는 게 정말 재미있어요. 그래서 저는 TV 스카이 채널로도 정말 골프를 많이 봤어요. 가끔은 선수들의 스윙을 정말 가까이에서 분석해주더군요. 정말 잘해줘요. 이미지도 보여주고 말이에요. 굉장히 기술적이라서 그 분석 영상을 보고 들으면서 제가 느낀 것과 연결해보려고 했죠. 그게 나아지려고 노력했던 거예요. 물론 효과가 있었죠. 여러 번 하면 확실히 효과가 있고 실력이 좋아졌어요."

그러니까 아무도 당신에게 지불하지 않고, 보는 사람도 없고, 그 누구도 모르는 상황인데, 그냥 순전히 당신의 열정 때문에 했다는 거네요. 축구할 때와 같은 비슷한 방식인 것 같은데요?

베르캄프 "맞아요. 왜 저 혼자 나가서 스스로 공부하는 걸까요. 네덜란드에서는 가끔 이렇게 하는데, 처음으로 수업도 들었어요. 그리고 팔러와 하는 게 항상 재밌었죠. 하루는 이렇게 말하기도 했어요. '베드포드 근처에 골프 코스 하나를 아는데, 새 코스이고, 자선 경기를 할 거야.' 저는 '좋은데? 괜찮아. 그런데 어떤 자선 경기야?' 하고 물었더니, 그는 '아, 걱정 마. 그냥 내 친구를 위한 거야'라고 해서 우리는 그 골프 코스에 도착했어요. 200~250명 되는 사람들이 우리를 기다리고 있었어요. 저는 '잠깐만, 나는 아직 골프를 그렇게까지 잘 못해'라고 했죠. 빅과 팔러는 이미 웃고 있더군요. 저는 '이 모든 사람들이 보고 있으니, 아이언을 꺼내서 안정적으로 경기해야겠다' 생각했죠. 저는 너무 긴장했는데, 생각보다 샷이 괜찮았어요. '저기까지 쳐서 다행이다…' 그랬더니 그 많은 무리의 사람들이 우리를 따라서 코스를 내려오더군요. 팔러는 내내 웃어댔죠. '베르캄프, 미안해!' 다행히 따라오는 사람들의 수는 점점 줄어들었어요. 왜냐하면 골프를 정말 좋아하는 사람들이 우리 경기를 보면 그렇게 재밌는 건 아니었거든요. 마침내 관중들이 모두 집에 갔어요. 저는 그제야 긴장이 풀렸어요."

스타디움의 수만 명의 관중들 앞에서도 축구를 했던 사람이 그랬다니 정말 이상한데요? 수백만 명이 TV로 당신의 경기를 보는 건 괜찮고, 고작 몇백 명의 사람들이 당신이 아직 잘하지 못하는 골프를 보는 건 안 괜찮다는 건가요?

베르캄프 "너무 이상해요. 제 전문 분야가 아닌 다른 것을 하면 그것도 잘하고 싶어요. 그게 저예요. 저는 그 사람들이 집에 가서 모두에게 '베르캄프 있잖아. 골프도 잘 치더라'라고 말하길 바라는 거죠. 그러니까 긴장했던 거예요. 실패를 두려워하는 것과는 다르죠. 그냥 잘하고 싶었을 뿐이에요. 사람들에게 좋은 인상을 남기고 싶었고, 그래서 자기 자신에게 높은 기준을 제시하는 거죠. 너무나 압박감을 느꼈지만, 사람들은 이렇게 말했겠죠. '내가 타이거 우즈와 경기를 해 봤는데, 베르캄프가 훨씬 더 좋은 샷을 치더라…' 어리석은 일이지만, 자존심 같은 게 아니에요. 그냥 순수하게 잘하고 싶었을 뿐이라고요."

그리고 초라한 운동복도 안 입을 거니까요.

베르캄프 "절대 안 입죠! 골프는 풀 세트로 입어야 하고 완벽한 복장을 갖춰야 해요. 모든 게 정확해야죠. 바지며, 신발이며…"

축구가 당신을 매료시켰던 것처럼 골프공을 컨트롤하는 것이 당신을

매료시켰던 것 같네요.

베르캄프 "한 가지 화가 났던 건 골프공을 치는 게 진짜 제가 볼을 컨트롤하는 게 아니라는 점이었어요. 어떻게 할지 거의 알기는 했지만, 정확히 아는 게 아니었죠. 그러니까 제가 볼을 오른쪽에서 왼쪽으로 옮기는 것 같은 건 할 수 있지만, 정확히 지배하는 건 아니었던 거죠. 그리고 한동안 또 실력이 후퇴했는데, 어떻게 된 건지 모르겠어요. 그런 부분이 정말 화가 났죠! 축구공으로는 모든 슈팅을 할 수 있었으니까. 그래서 그걸 골프장에 가져와서 해보려고 했던 거예요."

테니스는 어떤가요?

베르캄프 "비슷해요. 제 에이전트는 매년 대회를 열었는데, 골프, 테니스, 포커 어떤 것이든지 다 했죠. 한번은 테니스였고, 오베르마스와 복식으로 결승전에 나서기도 했어요. 사이드라인에서 정말 많은 그랜드 슬램 우승을 했던 복식조 자코 엘딩Jacco Eltingh과 폴 하르후이스Paul Haarhuis 같은 프로 선수 출신들이 앉아서 우리를 보고 있었어요. 또다시 이런 기분이 들었죠. '저들에게 깊은 인상을 남기고 싶다!' 테니스는 골프보다는 쉬웠어요."

왜 그런가요?

베르캄프 "테니스를 할 때는 축구할 때 했던 것들을 다 적용할 수 있어요. 자신의 몸을 최대한 활용하는 거죠. 속도를 이용하고, 작은 스킬들도 쓸 수 있어요. 반면에 골프는 굉장히 달라요. 스윙 한 번 하면 그냥 공에 쾅! 맞는 거죠. 그리고 완벽하게 쳐야 했어요. 1mm만 실수해도 공이 50미터 이상 잘못된 곳에 떨어지거든요. 그래서 흥미로운 스포츠죠."

생각나는 것 중에 괜찮은 샷이 있었나요? 홀인원을 노리기도 했었나요?

베르캄프 "아뇨. 그런 건 아니에요. 그리고 홀인원은 생각해본 적도 없어요. 그것보다는 질적으로 잘하고 싶었죠. 샷을 보고, 공을 치고, 그리고 제가 원하는 곳으로 정확히 볼을 보내는 걸 해보고 싶어요. '이글이나 버디가 필요한데?' 이러는 게 아니라 '재밌는데? 좀 더 완벽하게 쳐 볼까?' 이런 생각이었던 거죠."

축구에서 완벽한 패스나 완벽한 어시스트를 해줬던 모습과 비슷한데요?

베르캄프 "그럴 수도 있겠네요."

왜냐하면 당신의 내면 깊은 곳에서 항상 같은 목표를 찾기 때문은 아닐까요?

베르캄프 "그런 것 같네요."

21

미래의 미래

2006년 여름 아스널에서 은퇴한 후 베르캄프는 골프를 치면서 가족과 함께 휴식을 취했다. 즐거운 시간이었다. 2007년 말, 완벽한 드라이버 샷을 칠 수 있게 된 베르캄프는 언젠가부터 지루함을 느끼기 시작했다. 몇 달 뒤 베르캄프와 아내 헨리타는 가족과 함께 네덜란드로 돌아갔다. 베르캄프는 네덜란드에서 전직 선수들을 위한 네덜란드 축구협회의 트레이너 육성 속성 프로그램에 등록했다. 프로그램의 일부는 마르코 판 바스텐이 감독으로 있던 시기의 아약스에서 진행됐다. 아약스는 1995년 챔피언스리그에서 우승한 이후 점점 유럽의 정점에서 멀어졌고, 경쟁력을 잃어 갔다. 베르캄프는 U-12 팀의 코치가 되기 위해 자신이 처음으로 큰 성공을 거둔 아약스에 가벼운 마음가짐으로 돌아왔다. 베르캄프에게 아약스는 밝으면서도 평온해 보였다. 하지만 그들은 네덜란드 축구 역사상 가장 치열한 내전을 준비하고 있었다. 베르캄프는 익숙지 않은 감정의 영역에 열을 올리면서 그의 축구 인생의 또 다른 전환점을 맞이했다.

네덜란드 축구에서 자주 그렇듯 핵심 인물은 요한 크루이프였다. 크루이프는 네덜란드에서 가장 많이 팔린 신문인 〈데 텔레그라프De Telegraaf〉에 실린 주간 칼럼을 통해 꾸준히 아약스를 비판했다. 심지어 90년대 중반에도 크루이프의 주요 불만은 클럽의 유소년 시스템에 심각한 문제가 있다는 것이었다. 루이 판 할 감독의 팀이 유럽에서 최고의 팀이었을 때도 그는 뭔가 마음에 들어 하지 않는 것처럼 보였다. 실제로 그는 이후 그 사실을 인정했다. 지금은 결과가 좋아 보이지만, 유소년 팀을 보면 몇 년 후에는 뛰어난 선수들의 흐름이 끊길 것이 분명하다는 것이 그의 생각이었다. 그가 이후 늘 강조했던 것이지만, 클루이베르트가 아약스에서 배출한 마지막 스트라이커였다. 1990년대 후반 그 점에 주목한 사람은 거의 없었다. 하지만 10년 후 크루이프의 비판은 더 많은 사람들의 존중을 받았다.

외부인들은 편안한 눈으로 아약스의 몰락을 지켜보며 피할 수 없는 일이라고 생각했을 것이다. 세계 축구를 움직이는 경제의 규모가 너무 거대하고 빠르게 변했다. 아약스가 더 이상 '제2의 판 바스텐'과 '제2의 베르캄프'를 발굴하지 못한다고 불평하는 것은 마치 렘브란트의 도시에 왜 그렇게 그래피티 화가들이 많은지 궁금해하는 것과 비슷한 일이었다. 아약스 축구의 황금기는 그들이 통제할 수 없는 외부 요인으로 인해 지나갔다. 어쨌든 아약스에게는 아직 그 영광이 남아 있었다. 2010 남아공 월드컵 요하네스버그에서 스페인과의 결승전을 치른 14명의 네덜란드 선수 중 7명은 아약스에서 경력을 시작한 선수들이었다. 대부분의 팀들은 월드컵 결승에 나간 선수의 절반을 배출했다는 사실에 대해 자부심을 가졌을 것이다.

하지만 아약스는 달랐다. 구단의 이사들조차 장기간의 몰락에 대해 걱정했고, '코로넬 보고서Coronel Report'로 알려진 연구를 의뢰했다. 이는 2008년 2월 회의에서 발표된, 구단의 구조적인 문제에 초점을 맞춘 것이었다. 다만 크루이프 때문에 그 보고서를 읽은 사람들은 거의 없었다. 크루이프는 그 회의를 무산시키고 더 큰 화제가 된 사건을 일으켰다. 그 사건은 크루이프의 유명한 일화를 떠올리게 했다. 1980년, 크루이프와 클럽 간에 공식적인 관계가 없었을 때, 크루이프는 관중석에서 트벤테와의 컵대회 경기에서 아약스가 3-1로 지는 장면을 지켜봤다. 크루이프는 아약스의 경기력에 너무 화가 난 나머지 관중석에서 빠져나와 선수단 통로를 통해 터치라인으로 다가가 벤치에 앉았다. 레오 벤하커 감독보다 훨씬 더 주목을 받은 크루이프는 몇 가지 변화를 제시했다. 그리고 아약스는 곧바로 5-3으로 승리했다. TV 카메라는 크루이프가 개입한 모든 순간을 포착했고, 그 경기는 크루이프의 초인간적인 축구 능력의 상징이 됐다.

2008년 2월 크루이프는 또다시 판을 바꿔 놓았다. 크루이프는 이사회 회의에 예고 없이 등장했다. 1979년 파리에서 아야톨라 호메이니Ayatollah Khomeini가 왔을 때 그를 환영했던 사람들은 그 이사회 회의에는 별 흥미가 없어 보였다. 그들은 크루이프의 등장에 열광적으로 환호했고, 그에게 어려운 상황에 처해 있던 클럽을 다시 구해 달라고 요청했다. 크루이프는 흔쾌히 동의했다. 크루이프의 존재감에 오래된 이사회는 쉽게 무너졌다. 일종의 부드러운 벨벳 혁명이었다.

얼마 지나지 않아 회장이 사임했고, 크루이프가 추천했던 후보였던 마르코 판 바스텐이 감독에 임명됐다. 하지만 17일 후, 그 혁명은 시작할 때와 마찬가지로 갑자기 끝나버렸다. 판 바스텐은 유소년 아카데미의 스태프 대부분을 해고하라는 크루이프의 조언을 따르지 않았다. 크루이프는 다시 바르셀로나로 돌아가며 이렇게 말했다. "그렇다면 제가 더 이상 아약스에서 할 일은 없습니다." 하지만 그 일은 와전되어 마치 크루이프의 굴욕인 것처럼 전해졌다. 사실 크루이프와 판 바스텐은 계속 좋은 관계를 유지했고, 사람들은 그 일에 숨은 더 깊은 의미를 놓친 것이었다. 크루이프는 클럽의 아이콘이자 팬들이 가장 좋아하는 레전드로서 놀라운 영향력을 드러냈다. 새 회장으로 당선된 코로넬Uri Coronel은 후에 이렇게 쓴소리를 했다. "크루이프는 단순히 한 사람이 아닙니다. 여기에서는 신과 같은 존재이고, 아니 어쩌면 신일지도 모릅니다." 2010년 말 우리의 오랜 영웅 크루이프가 다시 등장할 준비가 되었을 때, 다시 상황이 바뀌었다. 판 바스텐 체제는 결국 실패했으며, 그는 한 시즌도 안 되어 떠났다. 판 바스텐은 팀을 떠나며, "나는 아약스의 기준에 부합하지 않습니다"라며 인정했다. 크루이프는 이제 이사회가 지명한 또 다른 감독 마틴 욜Martin Jol에게 그 화살을 돌렸다. 그는 마틴 욜의 임명에 동의하지 않았다.

한편, 베르캄프는 유소년 코치의 관점에서 자신만의 결론에 도달했다. 그의 결론은 분명히 당시의 클럽 유소년 시스템은 뭔가 잘못 돌아가고 있다는 것이었다. 그는 뭔가 잘못되어 가고 있지만 그 누구도 인지하려고 하지 않거나, 아니면 아예 그런 점을 보고 싶어 하지 않는 클럽의 태도에 실망했다고 말했다.

베르캄프 "마치 모두들 이렇게 말하는 것 같았습니다. '우린 아약스야, 우리가 최고라고! 1995년에 챔피언스리그에서 우승했을 때를 떠올려 봐.' 하지만 저는 '그게 뭐? 1995년은 이미 13년 전이야'라고 생각했어요."

아약스의 유소년 팀은 여전히 트로피를 차지하기는 했지만, 그들은(종종 미래라는 의미의 '데 투콤스트De Toekomst'라고 불렸다) 축구계의 스텝포드(로봇처럼 따르기만 하는 것을 의미한다)로 변했다는 것이 베르캄프의 의견이었다.

베르캄프 "마치 모든 아이들이 같은 공장에서 만들어진 것 같았어요. 이상했죠. 그들은 모두 훌륭하고 기술이 좋은 선수들이었어요. 하지만 모두 다 특별하다거나, 사고가 유연하다거나 창의적이지는 않았어요. 그냥 클럽에서 하라는 것만 하는 선수들이었죠. 그들의 포지션도 알았고, 그 포지션에서 해야 할 역할도 수행했지만, 심지어 1군에서도 창의적인 모습을 거의 보이지 못했어요. 즉흥적으로 게임을 해야 할 때도 무력하게 터치라인을 바라보며 마치 '이제 우리 뭘 해야 해요?'라고 말하는 것 같았어요. 유소년 팀부터 1군까지 모두 아약스의 4-3-3 포지션으로 경기를 했어요. 하지만 그들에게는 영감이 없어서 완전히 무기력했죠. 오른쪽 윙어는 오른쪽 윙 자리를 잘 지키면서 골라인까지 도달해 크로스를 올리며 오직 오른쪽 윙어가 해야 할 일만 했어요. 레프트백은 정확히 레프트백이 할 일만 했고, 수비형 미드필더도 그저 아약스의 수비형 미드필더처럼 뛰었죠. 모두 원칙대로 하고 있었지만 감흥이 없었어요. 예전 아약스 선수들이 '볼 좀 줘봐. 내가 뭔가 좀 해볼게' 했던 것 같은 특유의 자신만만한 모습을 보이는 선수는 한 명도 없었어요."

한편 2010년 9월 레알 마드리드와의 경기에서 아약스가 당한 굴욕적인 패배는 크루이프가 참을 수 있는 인내심의 한계였다. 경기 결과는 2-0이었지만, 아약스는 유효 슈팅을 겨우 1개만 기록했고, 마드리드는 10골도 쉽게 넣을 수 있을 만한 경기력을 보였다. 영광의 시기에 아약스는 베르나베우에서 압도적인 승리를 거두며 그들의 위대함을 보여줬었다. 1973년 게리 뮤렌Gerrie Mühren은 거의 볼을 가지고 놀았고, 아약스는 결국 3연속 유러피언컵 우승을 차지했었다. 베르캄프는 베르나베우에서 그의 위대한 골 중 하나를 기록했다. 그리고 1995년 판 할 감독의 아약스가 놀랄 만한 경기력을 보여주었을 때, 레알 마드리드의 감독 호르헤 발다노Jorge Valdano는 이렇게 읊었다. "아약스는 90년대의 팀이 아닙니다. 축구 유토피아에 다가가고 있어요."

2010년 9월, 아약스의 처참한 경기력은 상황이 얼마나 나빴는지를 보여줬다. 크루이프는 몇 달간 마틴 욜의 역습 스타일과 몸값은 비싸지만 평범한 외국인 선수들의 영입을 비판했다. 그러고는 아약스 유니폼을 입은 과체중의 이집트 스트라이커 미도Mido를 보면서 진짜로 아픈 것 같다고 말하기까지 했다. 크루이프는 이제는 정중하지 않았다. 마틴 욜의 특이한 복장은 크루이프가 본 아약스 감독들 중 최악이었다. 그에게 있어 아약스는 더는 우리가 아는 아약스가 아니었기에, 그는 이사회를 떠나야만 했다. 크루이프는 결국 대안을 제시했다.

그 무렵 베르캄프는 그의 옛 멘토인 크루이프의 전화를 받았다.

베르캄프 "크루이프는 우리가 이제 아약스를 바로잡을 때라고 말하면서, 저와 헨리타를 저녁 식사에 초대했어요. 그리고 아약스에서 제 미래를 어떻게 보고 있는지를 물었죠. 저는 그에게 아직 많이 생각해보지 않았다면서, 상황이 어떻게 이어질 것인지 지켜볼 것이라고 말했어요. 그때 저는 그저 가장 어린 U-12 팀의 코치였을 뿐이에요. 하지만 크루이프는 다른 시각을 갖고 있었죠. 더 먼 미래를 내다보면서 클럽에서 감독의 역할에 대해 말하기 시작했어요. 경기장 위에서뿐만 아니라 디렉터 역할까지 포함하는 이야기였죠. 저는 그가 저와 아약스에 대해 이야기하는 걸 들었어요. 저는 '무슨 일이 일어나고 있구나. 크루이프가 뭔가 하고 있어'라고 생각했고, 그의 말에 흥분하기 시작했어요."

크루이프는 다른 아약스 출신 선수들과도 이야기하며 새로운 미래를 위한 전례 없는 혁명을 위해 아약스 스타 출신 간부들을 준비했다. 몇십 년간 현장에서 활약한 디렉터와 회장, 사장, 그리고 다른 직원들과 함께한다는 그의 믿음은 기본적으로 최고의 전직 선수들이 그저 행정만 하면서 경기를 운영하는 사람들보다 훨씬 더 축구를 잘 안다는 것에 기반하고 있었다. 그러므로 그는 훌륭한 전직 축구 선수들이 구단을 책임져야 한다고 생각했다. 베르캄프와 같은 선수들 말이다.

크루이프의 계획은 그가 2008년 갑자기 이사회에 등장했을 때에 비해 훨씬 더 발전했고 심오해졌다. 언론계에서도 지지를 받은 그의 혁신안은 아약스 팬들까지 점점 동참하면서 경기장에서 그의 이름이 연호되기 시작했다. 반대로 욜의 자리는 점점 위태로워졌다. 2010년

12월 어느 날 오후, 베르캄프는 주차장에서 코로넬 회장과 만났다. 코로넬 회장은 암울한 목소리로 말했다. "감독이 해고되었다네." 베르캄프는 어깨를 으쓱했다.

베르캄프 "저는 그냥 '알겠습니다'라고 말했지만, 속으로는 생각했죠. '이제 무슨 일이 일어날지 지켜볼까.' 욜의 해고를 시작으로 모든 것이 하나씩 시작됐어요. 저는 그다음 달이 악몽이 될 줄은 꿈에도 몰랐죠."

프랑크 더 부르는 아약스의 고문 자격으로 함께했던 크루이프의 동의를 얻어 감독에 임명됐다. 하지만 그건 크루이프가 관여한 많은 일의 시작일 뿐이었다. 크루이프는 클럽의 DNA를 바꾸고 싶어 했다. 2011년 4월, 아약스 이사회는 크루이프와 일하는 것이 불가능하다는 이유로 사임했다. 변호사이자 심리학자인 스티븐 텐 하브Steven ten Have가 이끄는 임시 이사회가 부임했다. 하지만 크루이프의 캠페인은 지속됐다. 그는 자신의 계획이 모든 면에서 실행되기를 원했다.

그들의 계획은 크루이프와 가까운 이사회 멤버들이 작성한 보고서 형식으로 윤곽을 드러냈고, 크루이프의 의견을 반영했다. 그 자료는 빔 용크, 루벤 용킨트Ruben Jongkind, 토드 빈Todd Beane이 작성했다. 루벤 용킨트는 경기력을 향상시키는 데 전문인 선수 트레이너였으며, 빔 용크와 함께 실험적인 트레이닝 프로그램을 만들었다. 토드 빈은 크루이프의 사위이자 미국인 코치로, 8년간 크루이프의 축구 연구소 국제지부를 발전시켰다. 이 연구소는 스포츠 분야에서 경력을 쌓고자 하는 청소년들을 교육하고, 그 이후의 삶을 준비하도록 도와주는 곳이었다. 그들의 개혁안은 유소년 선수들을 통해 클럽의 뿌리를 변화시키는 것을 핵심으로 삼았다. 전술, 시스템 그리고 팀워크에 초점을 맞춘 판 할 감독 스타일의 오래된 방법은 사라졌고, 개개인의 능력을 발전시키는 접근방식으로 대체됐다. 유소년 아카데미 '데 투콤스트'의 공장 같았던 모습은 점점 사라졌고, 영재들을 격려하고 교육하기 위한 워크숍에 더 가까워졌다. 즉 직업 견습소 같은 곳이 아니라, 옥스포드나 캠브리지 대학 혹은 프랑스의 그랑 에콜에 가까워진 것이다.

전 아약스 선수들 중 가장 위대했던 선수가 그들의 선생님이 되어 이 재능 있는 어린 선수들에게 그들의 지식과 지혜 그리고 경험을 전수해줬다. 그곳에서 성장한 선수들은 그저 훌륭한 선수로 성장할 뿐만 아니라 더 나아가 현명한 성인으로 성장할 것이라 기대되었다. 테크니컬 디렉터와 수석코치의 역할은 사라졌고, '기술위원the technical heart'으로 불리는 위원회로 대체되었다. 이 위원회는 프랑크 데 용 감독과 빔 용크, 데니스 베르캄프로 구성됐다. 재정적인 부분에서도 신중하게 계획을 짰다. 크루이프와 판 바스텐, 베르캄프 같은 레전드들은 이제 미래의 선수들에게 이상적인 표본으로 여겨졌다. 주니어 선수들을 1군 팀 기준으로 가르치면서 아약스는 비용적인 부분을 절감했고, 꾸준히 선수들을 1군으로 보냈다. 이 선수들은 구단이 영입하는 평범한 외국인 선수들보다 훨씬 나았다. 나중에 스타 선수들이 아약스 1군에서 몇 년을 보낸 후 유럽의 빅클럽으로 이적하면서 선수들과 아약스는 재정적인 보상을 받았다.

과도기였던 2011년, 크루이프 측 일부 인사들은 너무 과도하게 급진적인 아이디어보다는 작은 변화부터 추진했다. 너무 급진적인 변화는 분란을 일으킬 것이고, 소중한 직원들의 일자리를 희생시킬 것이라고 판단한 것이다. 하지만 크루이프는 개혁적인 프로그램을 모두 계획대로 추진했고 그러면서 점차 '내전'이 발생하기 시작했다. 아약스 내부 사람들 간의 비난과 욕설, 그리고 무성한 소문들이 클럽과 언론을 돌면서 더욱 격렬해졌다. 말다툼을 잘하는 네덜란드 사람조차도 그렇게 심한 상황은 본 적이 없을 정도였다.

베르캄프는 그때 그런 긴장감이 돌았던 상황을 이렇게 회상했다.

베르캄프 "끔찍한 시간이었어요. 저녁에 집에 와서 아내에게 이렇게 말하곤 했죠. '지금 아약스 내부에서 무슨 일이 일어나는지 알고 싶지 않을 거야. 너무 긴장감이 돌아서 두려워.' 빔 용크와 저는 아약스의 적이 됐어요. 우리는 변화를 원했지만, 아약스에 있는 많은 사람들은 그렇지 않았죠. 그들은 현재 위치가 편안했고, 그들이 원하는 유일한 것은 이 편안함을 유지하는 것이었어요. 그들이 우리에게 저항하는 이유였죠. 유소년 아카데미 '데 투콤스트'의 분위기는 적대적이었어요. 저와 용크가 가면 대화가 중단됐죠. 우리에 대해 이야기하고 있었다는 의미였어요. 온갖 일들이 우리 뒤에서 벌어지고 있었지만, 우리는 최선을 다해 우리가 할 일을 할 뿐이었어요."

한동안 편안함을 유지하고 싶어 하는 기존 권력들과 변화를 주고자 하는 혁명가들 사이에서 불안한 균형이 유지됐다. 그러던 중 예기치 않게 발생한 일이 있었다. 크루이프도 모른 채 고용된 임시 CEO 마틴 슈터큰붐Martin Sturkenboom이 자신에게 반대하는 사람들에게 징계성 경고를 하기 시작한 것이었다. 빔 용크는 2번의 경고를 받았고, 해고될 위기에 처했다. 그리고 대니 블린트(당시에는 크루이프 반대 세력이었으나, 두 사람은 20년 전에는 가까웠다)가 테크니컬 디렉터에 선임되었다. 그러고 나서 그에 대한 반대 의견을 내는 사람들이 들고 일어나려는 시도가 있었다. 아약스의 최고 기구는 이제 크루이프를 포함한 5명의 이사회 감독기구로 구성됐다. 텐 하브, 에드가 다비즈를 포함한 다른 4명의 멤버들은 크루이프의 중요한 CEO 후보자를 차단하고, 크루이프가 없는 사이에 그의 최대 앙숙인 판 할에게 중요한 자리를 제안했다. 그 소식을 듣고 놀란 크루이프는 '정말 이제 정신이 나간 거야?'라고 소리쳤다.

베르캄프 "그 저항이 너무 강하고 도발적이었기 때문에 우리는 강력하게 나가야 했어요. 크루이프는 변호사를 고용해야 한다는 느낌을 받았고, 궁극적으로 법원에 가는 방법밖에 없었죠. 크루이프는 자신의 클럽을 상대로 소송을 거는 것을 원치 않았지만 다른 대안이 없었어요. 그 시점에서 모든 전직 축구 선수들은 크루이프를 중심으로 똘똘 뭉쳤고, '우리는 함께한다'고 말했죠. 처음에 판사는 판 할의 임명을 무효화했어요. 어리석게도 클럽은 그 결정에 항소했고, 그로 인해 오히려 자신들에게 불리한 결정타를 초래했죠. 2012년 2월, 암스테르담 항소 법원은 5명의 구성원 중 4명의 보드진이 크루이프에 반대하기 위해 판 할을 고용하려고 한 것은 불합리한 결정이었다고 판결했어요. 결국 그 이사진은 스스로 무너졌죠. 마침내 저항이 무너지고, 내전이 막이 내렸어요."

그 오랜 분쟁 중에 크루이프는 네덜란드 언론을 통해 무책임하고 복수심에 가득 찬 악당 같은 나쁜 사람으로 묘사되었고, 그와 함께 뭉친 전직 선수들은 클럽을 운영할 능력이 부족한 어리석은 사람이라는 비난을 받았다. 베르캄프는 이 모든 것에 단호하게 반박하면서, 자신과 크루이프 지지자들에게 행해진 더러운 공작들 중 일부를 놀랍도록 자세하게 설명했다. 베르캄프는 그 주제에 대해 공개적으로 말하는 것을 선호하지는 않았지만, 논쟁에 대한 크루이프의 입장을 믿었다. 가장 큰 비판을 받은 것은 크루이프와 그 지지자들에게 비난받은 사람들이었다. 지금 이 책을 쓰는 시점에서 아약스의 혁명이 앞으로 어떻게 될지 말하기는 너무 이르다. 하지만 클럽은 활기를 되찾았고, 새로운 방식으로 코칭받는 홈그로운 선수들로 구성됐다. 아약스는 3년 연속 네덜란드 챔피언에 올랐다. 이는 1960년대와 1990년대의 위대한 아약스의 성과에 필적하는 것이었다. 베르캄프가 인터 밀란과 아스널에서 보여준, 겸손하고 참을성 있지만 동시에 강력한 면모는 그를 당시 아약스의 급격한 변화의 주체로 만들었다.

그 시기에 당신이 아약스에서 보여준 모습은 당신의 강한 면모를 보여주는 것이었어요.

베르캄프 "제가 말하고 싶은 것은 아약스가 1995년의 클럽으로 돌아갔다는 겁니다. 사람들은 '우리는 1995년 챔피언스리그에서 우승했고, 1996년에도 결승에 갔지'라고 쉽게 말하죠. 맞아요. 잘했었죠. 하지만 지금은 2013년이고, 우리는 계속 발전하면서 앞으로 나아가야 해요. 그러면 누군가는 또 이렇게 말하겠죠. '하지만 보세요. 우리는 계속 한두 개의 작은 변화를 만들고 있어요. 그러니 우리는 발전하는 거죠.' 그러면 저는 이렇게 말할 거예요. '아닙니다. 발전하는 게 아니에요. 여전히 같은 걸 하고 있지만, 대신 아이들과 함께하는 훈련이 1시간이 아니라 1시간 30분인 거죠. 그건 변화가 아니에요. 계속 발전하려면 매년 완전한 변화가 필요해요.' 이게 바로 그들이 이해하지 못하는 거였어요."

지금 아약스가 추구하는 변화는 과거의 아약스 시스템, 그리고 그걸 기반으로 한 바르셀로나의 라 마시아 La Masia**와도 비슷해 보이는데요?**

베르캄프 "바라건대, 결과가 더 좋을 것 같아요. 왜냐하면 웨슬리 스네이더Wesley Sneijder, 라파엘 판 더 바르트Rafael van der Vaart 이후 우리는 단 한 명도 1군으로 보낼 만한 특출한 선수가 없었거든요. 아약스 1군에서 3~4년을 보낸 뒤 레알 마드리드나 밀란 혹은 맨유로 가는 선수가 단 한 명도 없었어요. 여전히 좋긴 한데, 그 기준이 좀 낮아졌죠. 지금은 좀 더 작은 팀으로 가고, 가끔은 그 팀의 1군에도 진입하지 못할 때도 있어요. 아약스 아카데미는 그런 게 아니었는데 말입니다. 그래서 우리는 좀 다른 방법을 써야 했어요. 왜냐하면 우리는 다르고 독특함을 추구했기 때문이죠. 지금 우리의 계획은 완벽하고 특출한 선수를 양성하는 겁니다.

우리는 한계에 부딪치곤 했어요. 그 당시에도 빔 용크는 루벤 용킨트와 함께 개인 훈련을 시작했고, 받아들여졌어요. 하지만 그렇게 하는 선수는 겨우 3~4명이었고, 제한적이었죠. 용크는 이 선수들과 집중적으로 훈련했어요. 마무리하거나, 볼을 컨트롤하거나 패스하면서 말입니다. 매우 흥분했었어요. 용크는 이렇게 말했죠. '이게 앞으로 나아가야 할 방향이야!' 그는 더 나아가고 싶어 했어요. 하지만 클럽은 이렇게 말했어요. '축구는 팀 스포츠이고, 우리가 생각하는 방식이 아니기 때문에, 그렇게 하지 않을 겁니다. 아마 미래의 어느 순간에는 할 수도 있겠죠.' 그 사람들은 1995년 무렵부터 아약스 유소년팀에서 일했던 사람들이에요. 쉽게 변하지 않죠. 크루이프가 몇 마디하고, 팬들도 경기장 위에서 안 좋은 것들을 많이 보게 되어 만족스러워 하지 않자, 그제야 효과가 있었어요. 아약스는 더는 우리가 뛰던 시절의 아약스로 받아들여지지 않았죠. 우리는 변화해야만 했어요."

사람들은 크루이프가 계속 바르셀로나에 살면서 당신이나 프랑크 더부르, 용크 같은 사람들에게 클럽을 맡겼다고 불평했어요. 그들은 크루이프가 책임감이 없다고도 말했죠.

베르캄프 "하지만 크루이프는 책임감이 강한 사람이었어요. 항상 아약스에 관심이 있었고, 아약스에 대해서도 말하고 다녔죠. 저는 그가 책임감이 없다고는 생각할 수 없어요. 크루이프는 아약스에 대한 그의 의견을 계속해서 말했거든요. 그런 방식 자체로 책임감이 있는 거죠. 사람들은 그걸로 그를 공격하더군요. 하지만 그는 정말 그가본 대로 이야기하는 사람이었어요. 세상에 얼마나 많은 사람들이 '이건 틀렸어. 다르게 접근해야지. 나는 어떻게 다르게 할지 알고 있어'라고 말할 수 있을까요? 네덜란드는 작은 나라예요. 어떻게 우리가성공할 수 있었을까요? 우리는 과거에 어떻게 성공했을까요? 우리는 세상에 특출 난 재능과 축구를 선보이면서 성공했어요. 당신이 말했듯이, 축구는 거의 종교 같은 위상을 품게 됐죠. 네덜란드 사람들이 가장 잘할 수 있는 것으로 말이에요. 그게 우리의 철학입니다.

저는 우리가 아약스에서 하는 일을 믿어요. 그리고 네덜란드 사람들이 이제는 정해진 시스템을 숭배하는 걸 그만둬야 한다고 생각하죠. 수년 동안 우리는 전술에 대해서만 너무 많이 이야기하고 가르쳤습니다. 제가 이탈리아에서 2년, 잉글랜드에서 13년(경기에서 뛴 건 11년이지만) 있었을 때, 축구에 대해 생각하고 경기를 하는 다른 방식을 경험했었죠. 재밌었고 흥미로웠어요. 그래서 그런 느낌을 아약스에도 가져오고 싶습니다."

조금은 '이단자' 같은 거 아닌가요?

베르캄프 "하하, 글쎄요. 과거의 생각들은 너무 편협해요. 제가 본 것들 중에서 특히 좋아했던 것은 그들은 항상 새로운 무언가를 더 추가하려고 했다는 거예요. 그리고 우리가 지금 아약스에서 하고 있는 것들은 새로운 것이죠. 완전히 새로운 거예요. 그 변화는 크루이프와 함께 시작되었고, 우리는 미래에 팀과 클럽, 국가에서 그를 따라 할 거라고 믿어요. 우리는 다시 정상에 오를 겁니다.

우승 트로피를 최우선 목표로 노려야 하는 건 1군 팀뿐이에요. 유소년 팀은 그럴 필요가 없죠. 그저 선수들이 더 발전하면 되는 거예요. 그렇다면 특정 연령대에서 개인에게 필요한 것은 무엇일까요? 14세 이전 선수들에게 전술을 이야기해야 할까요? 그 나이 때에는 한 귀로 듣고 한 귀로 흘리죠. 그러니 별 의미가 없어요. 그래서 전술과 관련된 것은 14세 이후에 시작하죠. 14세 이전에는 재미있는 기술을 알려줘야죠. 그리고 이런 기술들을 측정하고 개발하면서 볼 컨트롤이나 패스, 위치 선정 같은 좋은 습관을 발전시키는 새로운 방법들이 있어요. 정신적인 측면에 대해서도 많이 생각하고 있죠. 그러니까 결국 완벽한 축구 선수뿐만 아니라 세상에 의미 있는 좋은 사람이 되는 게 중요한 겁니다. 단지 축구만 아는 바보 같은 축구 선수가 아니라, 자신만의 스토리를 가진 외향적인 사람이 되는 거죠. 예를 들어 소녀들과 차에만 관심 있는 것이 아니라 세상을 변화시키거나 돕는 데 진심으로 관심 있는 사람을 말하는 거예요. 모두가 '그래, 이게 아약스 선수지!'라고 말할 만큼 더 똑똑한 사람 말입니다. 그게 우리의 철학이에요."

요한 크루이프는 아약스의 미래와 베르캄프에 대해 낙관적이었다. 보수를 마치고 새로 열린 암스테르담의 올림픽 스타디움에 자리한 요한 크루이프 재단 사무실의 비좁은 사무실에서, 그는 두 가지 서로 다른 그림을 그렸다. 그의 재단은 청소년과 장애인이 스포츠를 즐길 수 있도록 지원한다. 크루이프는 선수이자 감독으로서 주도권을 잡고 그의 재단에 대한 다양한 질문에 대해서, 또 아직 누구도 물어보지 못한 질문에 대해서도 답을 했다. 그의 말은 마치 축구의 드리블이나 슈팅, 턴과도 같이 굉장히 흥미로웠다. 그의 생각은 다음과 같이 요약된다. 1) 베르캄프는 사람으로서 그리고 축구 선수로서 믿을 수 없을 만큼 훌륭하다. 2) 크루이프는 현재 자신의 클럽이 최고의 전직 축구 선수들에 의해 운영되고 있다는 사실을 매우 자랑스럽게 생각하며, 가끔은 그것이 크루이프를 감정적으로 만든다. 3) 아약스는 올바른 길을 가고 있지만 그 길은 매우 멀다.

현재 베르캄프와의 업무적인 관계는 어떻습니까? 베르캄프에게 무엇을 해야 할지 직접 지시하는 편입니까? 그가 아약스 개혁 과정에서처럼 당신의 '실행자'입니까?

크루이프 "아니오, 베르캄프와 용크 그리고 테크니컬 분야의 다른 사람들은 언제든지 저를 불러서 도움을 청합니다. 저는 그들에게 무엇이든 맹목적으로 제 말에 따르지 말라고 강조합니다. 그들은 제 말에 귀를 기울이지만 결정은 스스로 합니다."

만약 그 결정이 당신이 원하는 게 아니라면요?

크루이프 "그런 일은 일어나지 않습니다. 우린 너무 오랜 시간 동안 같은 생각을 공유했거든요. 그들의 결정은 제가 생각하는 방식과 크게 다르지 않습니다. 왜냐하면 우리는 주요 원칙에 대해 정확히 같은 방식으로 생각하니까요."

하지만 그들이 당신 말을 들어야만 하는 건가요?

크루이프 "물론입니다. 그들이 자신의 의견을 듣고 싶어 하는 클럽의 다른 사람들 말을 들어야 하는 것처럼 말이죠. 축구에서는 민주주의 내에서 독재를 상대해야 할 때가 많습니다. 처음에는 모든 사람들이 의견을 제시하지만 나중에는 책임자가 결정하죠. 그 책임자가 독재자인 겁니다. 하지만 저는 아닙니다. 저는 그 어떤 책임도 없습니다. 공식적인 직책도 없고요. 아약스에서는 기술 핵심부서와 이사회가 각자의 역할을 담당합니다. 그들이 독재자인 것이고, 그 독재자들은 제 말을 들으면 되는 겁니다."

그 혁명에서 아약스의 종착지는 어디입니까?

크루이프 "정상입니다."

그게 구체적으로 어떤 뜻이죠?

크루이프 "꾸준히 챔피언스리그 8강에 진출하는 겁니다."

축구의 재정적 불평등을 고려했을 때, 그게 가능할까요? 가장 먼저 재정적 페어플레이FFP를 지켜야 하지 않습니까?

크루이프 "아뇨. 꼭 그런 건 아닙니다. 유럽에서 가장 잘 훈련된 11명의 축구 선수들이 팀에 있다면 자동적으로 유럽 정상에 오를 수 있을 겁니다."

그렇다면 아약스는 그 어떤 곳보다 선수들을 더 잘 훈련시킬 수 있을까요?

크루이프 "물론이죠. 전 세계적으로도 어린 선수들에게 아약스보다 좋은 곳은 없습니다. 데니스 베르캄프, 프랑크 더 부르, 로날드 더 부르 형제, 야프 스탐, 빔 용크, 리하르트 비츠서Richard Witschge 같은 위대한 축구 선수보다 더 많은 것을 배울 곳이 있습니까? 이 리스트는 끝이 없습니다. 저는 이들이 자랑스럽습니다. 그들은 한때 아무것도 모르는 무지한 사람으로 여겨졌죠. 사실은 우리가 아무것도 할 줄 모르는 멍청이였는데 말입니다. 결국 우리는 승리했습니다. 세계 축구 역사에서 아약스에서 일어난 일은 매우 독특합니다. 축구 선수 그룹으로서 우리는 이사회 및 디렉터들과 맞서 싸웠죠. 그리고 우리가 이겼습니다. 저는 이렇게 일어난 일들이 믿을 수 없을 만큼 자랑스럽고, 너무 자랑스러운 나머지 감동적이기까지 합니다. 그리고 우리들 모두 필사적으로 직업이 필요해서 하는 게 아니라 진정으로 원해서 하고 있는 것입니다. 자기 스스로를 위해 하는 게 아니라 축구를 위해 하는 것이고, 모두 같은 생각을 하고 있죠. 이제 아약스는 모든 레벨에서 정말 엄청난 축구 노하우를 보유하고 있고, 이는 큰 발전을 가져올 겁니다."

베르캄프는요?

크루이프 "그는 모든 걸 지켜보고 있어요. 항상 사람들과 관계를 유지하고 있고요. 그는 다재다능한 팔방미인입니다. 하지만 저는 그를 아약스의 기술핵심부서의 플레이메이커라고 부르고 싶습니다."

크루이프가 직접적으로 말하지는 않았지만, 베르캄프는 지금 아약스에 있어서 분명한 핵심 인물이다. 최소한 크루이프의 핵심 인물에 속한다.

크루이프 "베르캄프는 항상 균형을 유지하는데, 자신이 중심을 잘 잡기 때문이죠. 그를 압박할 수는 없습니다. 주변 사람들이 아무리 큰소리로 외쳐도 그는 항상 침착하게 생각을 하죠. 그리고 더 넓게 생각하고, 그 사이의 연관성을 보죠. 항상 모든 것 위에 있습니다. 그리고 꼭 필요할 때는 다른 사람들을 압박하는 방법도 알고 있어요. 그런 다음 정확한 지시를 내립니다. '이것 먼저 하고 그 다음에 저걸 해'라고 말이죠. 베르캄프는 화가 났을 때를 제외하면 정말 다정한 사람입니다. 그가 화를 낼 때는 진짜 분노와 동시에 그의 지성도 보게 되죠. 그의 의견은 믿을 수 없을 정도로 예리합니다. 때로 그것이 상처를 주기도 하지만, 항상 사려 깊은 것들이죠. 그러니 그러한 사람이 조직에서 가장 유명한 사람이 된다면, 자동적으로 일어나는 게 당연한 일이 될 겁니다."

◆◇◆

이제 아약스 유소년 시스템의 미래에 있어 베르캄프가 매우 중요한 역할을 한다는 것을 알게 됐다. 그는 자기 자신을 어떻게 보고 있을까? 아스널의 많은 사람들은 그가 돌아오기를 바라고 있다. 또한 일부 고위 관계자들은 베르캄프를 미래의 감독으로 보고 있다.

베르캄프 "저는 제가 하는 일을 잘하고 싶고, 중요한 사람이 되고 싶어요. 하지만 명예를 좇는 것은 아닙니다. 감독직에 관심이 없는 이유죠."

혹시 그건 당신이 비행기를 타지 않는데, 감독은 반드시 그렇게 해야 하기 때문인 건가요?

베르캄프 "그런 것과 상관없이 저는 소규모로 하는 걸 더 좋아합니다. 특히 스트라이커를 세부적으로 훈련시키는 것 같은 일 말입니다. 그게 제가 가장 잘할 수 있는 겁니다. 물론 저는 팀 전체에 대해 어떻게 해야 하는지는 말할 수 있지만, 프랑크 더 부르나 헨니 스페이커르만Hennie Spijkerman(아약스의 어시스트 코치) 같은 코치들보다 전술적인 부분에 대해서는 아직 많이 알지 못합니다. 프랑크는 수비수였고,

스페이커르만은 골키퍼였죠. 그들은 경험을 통해 전술적인 통찰력을 갖고 있고 전반적으로 전술 전체적인 부분에 더 익숙하죠. 저는 아직 약간의 통찰력만 있을 뿐입니다. 그래서 지금도 전체적인 부분을 위해 공부하고 있어요. 저는 최전방 혹은 거의 최전방에 가까운 위치에 서만 뛰었어요. 항상 그 자리에 섰기 때문에 경기장 전체를 볼 수 없었죠. 하지만 프랑크나 스페이커르만은 경기에 필요한 순간 전술적으로 어떻게 들어가야 하는지 알겠죠. 저는 그렇지 못하거든요. 저는 모두 어디에 위치해 있는지, 그리고 어떤 변화가 어떻게 필요한지 전술판에서 먼저 확인해야 해요. 계속 공부하고 있고 발전하고 있지만, 전술적인 분야에서는 욕심이 없습니다. 저에게 있어 가장 중요한 것은 선수들을 어떻게 발전시킬 것인지입니다. 특히 스트라이커에 관심이 많습니다."

그 말은 다른 사람의 그늘에 가려진다는 거 아닌가요?

베르캄프 "그게 더 나아요. 저는 세상의 관심을 받는 것에는 별로 관심이 없어요. 그리고 앞에 나서는 사람이 되고 싶지도 않습니다. 그게 제 모습이에요. 선수로서도 제 자신이 아스널의 얼굴 같은 존재라고 보지 않았어요. 물론 선수로서 팀에 중요한 사람이 되고 싶었지만, 눈에 띄지 않게 하는 방법을 좋아했죠. 저는 제 주변에서 문자그대로 들고 있는 것을 받아줄 스트라이커가 필요했어요. 아약스에서는 그게 페테르손이었고, 아스널에서는 라이트와 앙리였죠. 제가패스를 하거나, 저에게 패스를 보내서 골을 넣을 수 있는 선수가 필요했어요. 저는 통찰력이 있는 게 강점이에요. 볼을 받고, 패스하는 게 제 특기였고, 마무리를 할 수도 있었죠. 저는 메시나 마라도나처럼 모든 걸 다하는 선수는 아니에요. 원맨쇼를 보여줄 야심도 절대 없었어요. 저는 너무 많은 관심을 받고 싶지도 않았어요. 축구계에는 그런 관심을 독차지하고 싶어 하는 사람들도 있어요. 감독 중에도 있죠. 하지만 저는 팀의 한 선수였고 그게 제 목표였어요. 지금 코치로서의 포부도 그렇지만 저는 팀 전체에 퀄리티를 더해주고 싶었어요.

경기장에서 저의 가장 큰 장점은 공간이 있는 곳을 보고, 어디에서 공간을 만들지 아는 것이었죠. 지금도 코치로서 계속 집중하고 있는 부분이기도 해요. 상대 팀에는 어디에 공간이 있지? 수비수 뒤에 있을까, 아니면 중앙 수비수와 수비수 사이에 있을까, 아니면 수비수 앞쪽 라인에 있을까? 그런 연습을 위한 훈련을 만들죠. 공간으로 뛰어 들어가게 하는 거예요. 언제, 어디로, 그리고 어떻게? 이 모든 것은 제 경험과 주변에서 본 것들을 기반으로 만들어요. 저의 장점은 스트라이커와 깊이 들어가 있는 선수들의 스프린트를 최적화하는 겁니다. 물론 그런 것은 남들에게 드러나지 않는, 뒤에서 하는 일들이죠. 하지만 저는 충분히 만족스러워요. 그리고 클럽에서도 보이지 않는 곳에서 조직적인 업무를 하는 걸 좋아하죠. 저는 꽤 중요한 결정에 관여했었고, 지금은 공식적으로 클럽 경영진의 일원이 되었지만, 그렇다고 그걸 드러내고 싶지는 않아요."

CEO가 되는 것에는 관심이 없나요?

베르캄프 "없어요!"

왜 그렇죠? 당신은 똑똑하고, 말도 잘하고, 정장도 꽤 잘 어울리는데.

베르캄프 "저는 뒤에서 제 방식대로 일하고 싶을 뿐이에요. CEO는 전형적으로 외향적이어야 하지만 저는 그렇지 않죠. 저는 축구 선수로서도 외향적이지 않았어요. 종종 리더가 아니라고 비판도 받았었지만, 저는 다른 누군가에게 본보기가 되는 방법으로도 리더가 될 수 있다고 생각해요. 저는 경기장 위에서는 롤모델이었지만, 지금은 조직 내부에서 본보기가 되고 싶어요.

디자이너들이 만든 정장을 입고 과시하는 것은 저의 스타일이 아니에요. 저는 묵묵히 좋은 일을 하면서 모두를 이끄는 리더가 되고 싶어요. 저는 사람들의 잠재력과 단점을 보고, 관찰하는 걸 잘해요. 제가 지켜보고 있는데, 우리가 기대하는 수준에 미치지 못하는 경기력을 보면 마음이 아파요. 누구든 열심히 하지 않는다면 그걸 받아들일 수 없는 거죠."

그리고 난 뒤에는 무얼 하고 싶은가요?

베르캄프 "우리가 그들을 돕기 위해 나서는 거죠. 시즌이 끝나면 우리는 선수들에게 하는 것처럼 트레이너나 의료진, 경기장과 장비 책임자들에게도 똑같이 해요. 모든 사람들을 되돌아보고 누가 계속 함께할 수 있을지 결정하는 거죠. 물론 우리가 엄격할 수도 있겠지만, 우리는 최고의 클럽이 되고 싶어요. 높은 수준을 유지하기 위해서는 무자비해져야만 그 목표를 달성할 수 있거든요."

데니스 베르캄프 자서전

1판 1쇄 인쇄 2022년 10월 18일
1판 1쇄 발행 2022년 10월 27일

지은이 데니스 베르캄프, 데이비드 빈너, 야프 비서
옮긴이 이성모
펴낸이 김기옥

실용본부장 박재성
편집 실용1팀 박인애
마케터 서지운
판매전략 김선주
지원 고광현, 김형식, 임민진

디자인 푸른나무 디자인(주)
인쇄·제본 민언프린텍

펴낸곳 한스미디어(한즈미디어(주))
주소 121-839 서울시 마포구 양화로 11길 13(서교동, 강원빌딩 5층)
전화 02-707-0337 | **팩스** 02-707-0198 | **홈페이지** www.hansmedia.com
출판신고번호 제 313-2003-227호 | **신고일자** 2003년 6월 25일

ISBN 979-11-6007-629-5 (03690)